탄트라祕典 II

The Book of Secrets : -
112 Meditations to Discover the Mystery Within

이 책의 텍스트는 『The Book of Secrets: 112 Meditations to Discover the Mystery Within』로,
1972년부터 1973년 11월까지 인도 봄베이에서 오쇼가 강의한 것인데 경전 부분의 강의는 전역(全譯)되고
질문 부분은 발췌해서 옮겼다. 이 책의 원전(元典)인 『Vigyana Bhairava Tantra』는 1903년 미국인 폴
렙스(Paul Reps)에 의해 영역되어 비로소 세상에 알려지게 되었는데 그는 인도 북부 카슈미르 지방 스리나
가르를 여행하다가 은자 락쉬만쥬(Lakshmanjoo)에게서 산스크리트어 필사본을 입수했다고 한다.

마음을 변형시키고 초월시키는 112가지 수행법

탄트라 祕典 II

The Book of Secrets :
112 Meditations to Discover the Mystery Within

오쇼 라즈니쉬 강의
이연화 옮김

태일출판사

옮긴이 **이연화**

서울대학교 종교학과 졸업. 명상서적 전문 번역가로
『물도 없고 달도 없다』, 『머리 속의 바람』, 『구루의 땅』, 『달마』 등의 작품을 번역하였다.

21세기를 사는 지혜의 서 02

마음을 변형시키고 초월시키는 112가지 수행법

탄트라祕典 II

펴 낸 날 | 2011년 9월   5일   중판 1쇄
         2023년 4월 25일   개정판 1쇄

지 은 이 | 오쇼 라즈니쉬
옮 긴 이 | 이연화
펴 낸 이 | 이태권
펴 낸 곳 | 태일출판사
         서울특별시 성북구 성북로5길 12 소담빌딩 301호 (우)02880
         전화 | 02-745-8566 팩스 | 02-747-3238
         e-mail | sodambooks@naver.com
         등록번호 | 1979년 11월 14일 제6-58호
         홈페이지 | www.dreamsodam.co.kr

ISBN 979-11-6027-304-5 (04150)
     979-11-6027-297-0 (세트)

마음을 변형시키고 초월시키는
모든 길들이 여기에 다 있다.

– 오쇼 –

차례

탄트라 秘典 II

1. 시각(視覺) 명상법 I · 11

2. 시각(視覺) 명상법 II · 53

3. 소리를 통해 가는 길 I · 91

4. 소리를 통해 가는 길 II · 137

5. 소리를 통해 가는 길 III · 177

6. 소리를 통해 가는 길 IV · 215

7. 탄트라적 성행위의 영적 의미 · 253

8. 환상에서 실재로 · 291

9. 삶을 흐르는 물처럼 지켜보는 기법 · 333

10. 파도에서 바다까지 · 371

탄트라 秘典 I

1. 탄트라의 세계

2. 호흡(呼吸), 우주에 이르는 다리

3. 다섯 개의 신비

4. 그대의 마음을 쉬게 하는 방편들

5. 중심에 이르게 하는 방편들 I

6. 중심에 이르게 하는 방편들 II

7. 중심에 이르게 하는 방편들 III

8. 중심에 이르게 하는 방편들 IV

9. 정지(靜止) 명상법

10. 지성파와 감성파를 위한 각각의 방편

탄트라 秘典 Ⅲ

1. 자각과 판단 정지를 위한 탄트라 방편

2. 변화를 통해 변함없음을 발견한다

3. 욕망으로부터 자유에 이르는 길

4. 빛과 함께 하는 탄트라 명상

5. 현존에 관한 방편들

6. 존재계로 되돌아오라

7. 에고를 조복받는 방편들

8. 허공의 발견

9. 자유를 찾아서

10. 언덕 위에서 내려다보면

탄트라 秘典 Ⅳ

1. 그대의 집은 불타고 있다

2. 약도(略圖) 없는 길

3. 삶은 하나의 신비다

4. 마음도 아니고 물질도 아니다

5. 그대 자신은 그대에게 낯설다

6. 위험 속에서 살아라

7. 변형의 공포

8. 붓다의 오르가즘

9. 존재가 되라

10. 텅 빔의 철학

옮긴이의 말

인생을 살아가는 동안 우리는 여러 가지 질문들에 부딪친다. 그리고 그 질문들에 대해 어떤 식으로든 해답을 찾는다. 우리는 학교에서 그리고 사회에서 그 질문들에 대한 해답을 배운다. 하지만 우리가 인생을 마칠 때까지 풀지 못하는 특수한 유형의 질문들이 있다. 그 해답은 박사 과정에서도 배울 수가 없다. 이를테면 '나는 왜 태어나고 죽는 것인가?', '지금 나는 왜 살고 있는가?', '나는 왜 살고 싶어 하는가', 그리고 '이 <나>라는 것은 도대체 무엇인가?' 등의 질문들은 쉽사리 해답을 찾을 수 없다. 어쩌면 불가능하기까지 하다. 그래서 우리는 종교를 만들었다. 철학을 만들었다. 하지만 그런 것들을 만들면 만들수록 더욱 복잡하고 어려워져서 그만 최초의 질문을 잊어버리고 만다. 그러고는 그 질문을, 그 근원적인 의심을 해결했다고 생각한다.

그러나 이 질문은 곧바로 해답이 나올 수 있는 것이 아니다. 논리적인 사고 활동으로 해결되는 것이다. 우리의 모든 생각이 더 나아갈 수 없는 데까지 나아가서 은산철벽에 부딪칠 때, 어쩔 수 없이 생각이 멈추어진다. 머리 굴림이 멈추어진다. 그리고 거기에서 폭발이 일어난다. 그때 그 질문은 저절로 풀린다. 삶 자체가 완전한 우연성에서 완전한 당위성으로 돌아서는 것이다. 더 이상 질문은 일어나지 않는다. 더 이상 의심하려야 할 수 없게 되는 것이다. 그리고 이것은 오직 개인의 실존적인 체험이어야만 한다.

그 체험을 추구하는 일단의 무리들이 있었다. 그리고 이들을 사람들은 수행자, 혹은 구도자라고 불렀다. 이들은 그 숫자의 많고 적음을 떠나 전 세계 모든 종교에 존재하고 있었다. 그리고 황당하게 보일지 모르지만 그들이 발견한 것을 한 권의 책에서 모두 찾아볼 수 있다. 만약 누군가가 그것들을 그 책 속에서 발견할 수 있다면 그는 엄청난 행운을 만난 것이 된다. 그 책이 바로 '비그야나 바이라바 탄트라(Vigyana Bhairava Tantra)',

즉 우리말로 풀이하면 '의식 초월 탄트라'라는 책이다.

이것은 탄트리즘이 티벳으로 건너가 불교 탄트리즘으로 재구성되기 전, 힌두 탄트리즘의 근본 경전이 되는 책으로, 그 연원은 BC 3000년 전으로까지 거슬러 올라간다. 여러 탄트라 경전 중에 가장 고대의 탄트라 경전인 것이다. 그 책은 매우 간결하고 단순한 문장들의 112가지 소절들로 이루어져 있다. 그리고 이 112가지 소절은 앞에서 말한 궁극적인 질문들을 푸는 방법을 적어놓았다. 인생에서 가장 궁극적인 체험을 할 수 있는 길을 제시해놓은 것이다. 그리고 누구나가 이 112가지 방법 중에 한 가지만이라도 통달한다면 그는 종교를 만들 수 있는 교조(Founder)의 역량을 갖게 된다고 알려져 있다. 하지만 그 책의 이런 특수성과 여러 가지 역사성 때문에 그동안 일반에게 공개되지 않았다. 그리고 모든 종교들의 수행 방법이 이 112가지 중의 한두 가지를 채택하고 있어 지구상의 어떤 명상 방편도 여기에서 벗어나는 것은 없다고 이 경전을 강의한 오쇼는 말하고 있다.

한편 아직 한국에서는 일부 예술과 문학에만 도입되고 정신운동으로까지 파급되지는 않았지만 대단한 반향을 불러일으키는 사조가 있다. 그것은 포스트 모더니즘이라고 불리는 것인데 신신국에서는 이미 이것이 단순한 사조에 그치는 것이 아니라 '뉴에이지 무브먼트(New Age Movement)'라 불리는 정신 운동으로 활발하게 전개되고 있다. 이 운동은 60년대와 70년대에 세상을 풍미했던 히피 운동과는 그 차원이 다르다. 히피 운동은 어떤 의미에서는 사회 병리 현상의 한 반응이지만 이 뉴에이지 무브먼트는 사회 각 방면의 지식인들이 주축이 되어 벌이는 일종의 문화 운동이며 제2의 르네상스라고까지 불리는 것이다. 그리고 이 운동에는 거대한 사상적 기둥이 둘 있다. 국내에서도 잘 알려진 두 사람, 지두 크리슈나무르티(Jidu Krishnamurti)와 오쇼(Osho)라는 사람이 바로 그들이다. 이

들이 주장하는 것은 인간 의식의 개혁이다. 이들은 사회 제도나 종교의 개혁을 부르짖는 것이다. 신인류(New Man)의 탄생을 요구하고 있다. 그리하여 후세에 이 두 사람은 21세기 우주 문명을 예언한 20세기 지구 문명의 마지막 선지자로서 기억될 것이다.

흔히들 바둑 애호가들은 바둑을 인생에 비유해서 말하곤 한다. 그래서 인생 애호가라고 할 수 있는 역자는–딱히 무엇이라고 부를 만한 주의를 갖고 있지 않기에–인생의 일면을 바둑에 비유해서 말하고 싶다. 한 판의 바둑은 유희를 벌이는 두 사람의 실력에 따라서 그 질이 달라진다. 똑같은 흑돌과 백돌을 쥐고서 똑같은 바둑판에 돌을 놓아가지만 그 차원은 모두 다른 것이다. 그처럼 인생 역시 똑같은 구조를 가진 육체와 똑같은 시간과 공간 속에서 삶의 유희를 벌이고 있지만 그 차원은 제각기 다르다. 인생이라고 하는 면에서는 같지만 그 질이 제각기 다른 것이다. 그리고 바둑의 급수를 획기적으로 발전시키기 위해서는 여러 가지 정석과 방편들을 적어놓은 기서(棋書)를 읽어야 하듯이 인생의 급수를 올리기 위해서는 그에 상응하는 과정을 거쳐야 할 것이다.

여기에 '비그야나 바이라바 탄트라(Vigyana Bhairava Tantra)'라고 하는 최고(最古)의 인생 기서가 있다. 그리고 이 기서를 명쾌하게 현대어로 강의하는 인생의 명인 '오쇼'가 있다. 그리하여 이 책 '탄트라 비전'은 그것을 읽는 사람이라면 그가 누구든지, 어떤 일에 종사하는 사람이라 할지라도 그의 인생 급수가 18급에서 초단으로 도약하리라고 역자 본인은 의심치 않는다. 그리고 이 책은 미약한 역자보다 더 재능 있고 훌륭한 사람의 손에 의해 앞으로도 계속 재번역의 작업이 이루어져야 할 책이라는 점도 확신한다. 부족한 번역에 독자 제위의 애정 어린 지도를 기다리는 바이다.

광릉 거북정에서, 이연화

시각(視覺) 명상법 I

이 세상은 여기에 있다.
니르바나 역시 여기에 있다.
이 세상은 가까이 있다.
마찬가지로 니르바나 역시 가까이 있다.

시각(視覺) 명상법 Ⅰ

30

눈을 감아라. 그리고 감은 눈으로 그대 내부의 세밀한 부분들을 자세히
살펴보라. 그리하면 자신의 진정한 본질을 알게 되리라.

31

하나의 그릇을 볼 때 그릇 전체를 보라.
그것의 표면이나 재질을 보지 말고 그릇 전체의 형태만을 보라.
머지않아 자신의 존재를 깨닫게 되리라.

32

사람이나 사물을 처음 보는 것처럼 보라. 거기에 아름다움이 있다.

오늘 저녁 이야기할 방편들은 특별히 시각(視覺)과 관련되어
있다. 우리가 이 방편들을 살펴보기 전에 눈에 대해서 몇 가지 알
아야 할 것들이 있다. 앞으로 소개될 일곱 가지 방편들이 모두 이
눈에 관한 것이기 때문이다. 첫째로, 눈은 우리 몸에서 가장 비육
체적인 부분이다. 만약 물질이 비물질로 옮겨 가는 과정에 있다
면 눈은 바로 거기에 해당되는 경우이다. 눈은 물질이지만 동시
에 비물질적인 것이기도 하다. 눈은 그대와 그대의 육체가 만나
는 지점이다. 육체 속에서 눈만큼 깊이 의식 속으로 들어갈 수 있
는 입구는 없다.

육체와 그대는 많은 부분에서 분리되어 있다. 그러나 눈에서만
큼은 그대와 그대의 육체가 가장 가까이 만난다. 그래서 눈이 내
면의 여행(명상)에 사용되고 있는 것이다. 눈을 통해 조금만 깊
이 들어가도 그대의 근원에 도달할 수 있다. 그런 일이 손에서는
가능하지 않다. 심장에서도 가능하지 않다. 신체의 다른 어떤 부
분에서도 가능하지 않다. 그러나 눈에서는 한 걸음만 깊이 들어
가도 그대 자신 속으로 충분히 들어갈 수 있다. 탄트라나 요가 수
행에서 눈이 그토록 중요시되어 온 것도 바로 그 때문이다.

만약 그대가 다른 사람의 눈을 들여다볼 줄 안다면 그대는 그
의 깊이를 들여다볼 수 있다. 그는 거기에 있다. 그는 육체의 다
른 어떤 부분에도 없다. 오직 그는 눈동자 속에 있다. 그러나 다
른 사람의 눈을 들여다보기란 쉬운 일이 아니다. 그것은 자신의
눈 속을 들여다볼 수 있는 사람에게만 가능하다. 그렇지 않으면
그대는 다른 사람의 눈을 들여다볼 수 없다. 눈을 들여다보는 것
은 그 사람의 내면을 들여다보는 것이기 때문이다.

그대는 사랑하는 관계 속에 있을 때만이 타인의 눈을 들여다볼
수 있다. 만약 그대가 낯선 사람이나 친하지 않은 사람의 눈을 뚝

바로 쳐다본다면 그는 곧 화를 낼 것이다. 그것은 내면을 관통하는 것이기 때문이다. 그대는 몸의 다른 부분을 볼 수는 있다. 그것은 꿰뚫어보는 것이 아니다. 하지만 눈을 보는 순간 그것은 그의 내면을 들여다보는 것이기 때문에 상대방은 자존심이 상하게 된다. 그것은 초대하지 않은 집을 마구 쳐들어가는 것과 같은 것이다. 그래서 타인의 눈을 쳐다보는 데는 시간 제한이 있다. 3초 이상 타인의 눈을 똑바로 응시해서는 안된다. 그 이상 쳐다보면 무례한 행동에 해당된다.

오직 깊은 사랑 속에서만이, 서로 믿고 사랑하는 사람끼리만이 서로의 눈을 쳐다볼 수 있다. 거기에는 아무런 비밀도 없기 때문이다. 그대는 가슴을 열고 그를 받아들인다. 그 역시 그대에게 숨기는 것이 없다. 그럴 때만이 서로의 눈을 응시할 수 있다. 그때의 만남은 육체적인 만남이 아니다. 그것은 영혼의 만남이며 의식의 만남이다. 그리고 눈을 통하지 않고 몸의 다른 부분을 통해서는 절대로 그런 만남이 이루어지지 않는다. 따라서 눈이란 물질과 비물질, 육체와 의식이 만날 수 있는 접점이 된다.

그래서 소경의 얼굴은 죽은 자의 얼굴이다. 단지 눈만 없는데도 그 얼굴은 이미 생기가 없다. 살아 있는 얼굴이 아니다. 그만큼 눈이 중요한 것이다. 눈은 얼굴의 빛이다. 눈은 살아 있는 의식을 반영한다. 그래서 그대는 장님의 마음속은 알 수가 없다. 그의 눈을 볼 수 없기 때문에, 그의 심경을 읽을 수가 없기 때문이다. 그대가 그에게 비밀을 말해도 그대는 안심할 수 있다. 그가 간직한 비밀은 쉽사리 밝혀지지 않을 것이다. 하지만 눈을 가진 사람에게는 비밀이 감추어지지 않는다.

예를 들면 그대가 좌석표 없이 기차를 탔을 때 그대의 눈은 그대의 비밀을 드러낸다. 겉으로는 태연하게 자리에 앉아 있지만 그 자리의 임자가 오면 그대의 눈은 벌써 달라진다. 그는 그대가 좌석표를 갖고 있지 않다는 것을 즉시 알 것이다. 그대의 눈이 좌석표를 갖고 있지 않다고 이미 말하고 있기 때문이다.

눈을 감추기란 정말로 어렵다. 몸에서 통제하기 가장 어려운 부분이 바로 눈이다. 그래서 첩보 훈련을 받을 때는 제일 먼저 눈부터 훈련을 한다. 자신의 눈을 감추는 훈련 뿐만 아니라 상대방의 눈을 관찰하는 것까지 배우게 된다. 하지만 여기에는 한계가 있다. 그것은 무의식까지 살펴볼 수 없기 때문이다. 그러나 깨달은 사람은, 이미 자신의 무의식을 살펴본 사람은 상대방의 눈을 보면 그의 무의식까지 알아차릴 수가 있다. 그 앞에서는 어떤 비밀도 통하지 않는다.

예를 들어 어떤 사람이 독신 수행을 하고 있다. 사람들은 그가 브라흐마챠리아인 줄 안다. 그는 여자들에 대해서는 무관심하다고 말한다. 그러나 그의 눈은 그의 내면을 모두 드러내고 있다. 그는 자신의 끌림을 감추고 있다. 아름다운 여자가 방 안에 들어오는 것을 보는 순간 그는 얼른 시선을 돌린다. 일부러 그녀를 보지 않으려고 애를 쓴다. 거기에 미묘한 억압이 있다. 그는 시선을 돌리지만 동공이 확대된다. 그는 그 동공을 어떻게 할 수가 없다. 눈동자의 근육은 불수의근이다.

그리고 둘째로 기억해야 할 것은 그대의 눈은 그대의 비밀을 푸는 열쇠라는 것이다. 어떤 사람이 그대의 비밀 세계로 들어가고자 할 때 그대의 눈은 그 문이 된다.

그것은 그대가 자신의 내면의 세계로 들어갈 때도 마찬가지다. 그때에도 그 문은 바로 그대의 눈이다. 그 눈을 통해서만 그대는 들어갈 수 있다.

세번째로, 눈은 매우 유동적이며 계속 움직인다. 그 움직임은 고유한 리듬을 갖고 있다. 그대의 눈은 무질서하게 움직이는 것이 아니다. 그것들은 일정한 리듬을 갖고 있으며 그 리듬은 많은 것을 시사한다. 만약 그대가 마음으로 성적인 것을 생각한다면 그대의 눈은 평소와 다른 리듬으로 움직인다. 눈동자가 움직이는 것만 봐도 어떤 종류의 생각을 하고 있는지 알 수 있다.

그래서 이제 타인은 그대의 꿈마저 훤히 알 수 있게 되었다. 눈동자의 움직임은 잠들어 있는 동안 기록될 수 있다. 그 움직임은 낮에 그대가 깨어 있을 때와 똑같이 움직인다. 예를 들어 그대가 꿈속에서 벌거벗은 여자를 보면 그것은 눈동자의 움직임으로 알 수 있다.

이런 눈동자의 움직임을 심리학에서는 '수면 안구운동' 즉 '렘(REM)'이라고 부른다. 렘은 뇌파처럼 그래프로 기록될 수 있다. 만약 그대가 일생 동안 잠만 잔다면 그대의 눈동자는 그 렘을 계속 기록할 수 있다. 그리고 그대가 꿈을 꾸는지 안 꾸는지의 상태를 보여줄 것이다. 꿈을 안 꿀 때에는 눈동자가 움직임을 멈춘다. 사념이 일어나지 않을 때 눈동자는 움직이지 않기 때문이다. 만약 그대가 영화를 본다면 눈동자는 계속 움직여야 한다. 움직인다는 것은 뭔가를 보고 있다는 것이다. 장면들의 움직임에 따라 눈동자도 움직인다. 눈동자가 움직이는 것은 실제로 영화를 보는 것과, 꿈을 꾸는 것의 차이가 없다.

그래서 이 렘 기록기는 우리가 하룻밤에 얼마나 많은 꿈을 꾸는지, 그리고 얼마나 꿈을 꾸지 않는지를 보여준다. 사람들은 자기는 밤에 꿈을 꾸지 않는다고 말한다. 하지만 그것은 그들이 기억을 못할 뿐이다. 꿈은 누구든지 꾸고 있다. 붓다가 아니라면 말이다.

여기에서 그대가 기억해야 할 것은 사념과 눈동자의 움직임이 서로 연결되어 있다는 점이다. 만약 그대가 눈동자를 고정시킨다면 사념의 흐름이 즉시 멈출 것이다. 그 반대로 그대가 생각을 멈춘다면 눈동자의 움직임도 자동적으로 멈출 것이다.

그리고 마지막으로 한 가지 더 있다. 눈동자는 하나의 대상에서 머무르지 않고 계속 이것에서 저것으로 저것에서 또 다른 것으로 움직여 간다. 그 움직임은 그것의 본질이다. 그것은 강물이 흘러가는 것과 같은 것이다. 그 움직임 때문에 그것이 살아 있는 것이다.

그대는 눈동자를 어떤 한 점에 고정시키려고 시도할 수 있다. 그리고는 어떤 움직임도 허용하지 말아 보라. 그러나 움직임은 눈동자의 본질이다. 그것은 움직임을 필요로 한다. 만약 그대가 갑자기 멈추고 더 이상 외부를 향하여 움직이지 못하게 하면 그것은 내면을 향해 움직이기 시작할 것이다.

그래서 움직임에는 두 가지 가능성이 있다. 그 하나가 외부적인 대상을 향해 계속 움직이는 것이다. 이것은 지금도 자연스럽게 일어난다. 나머지 하나는 탄트라나 요가에서 사용되는 가능성이다. 그것은 외부의 대상을 향해 움직이는 것을 멈추는 것이다. 그러면 갑자기 눈동자는 외부의 대상에서 내면의 의식으로 방향을 바꾼다. 그것은 내면으로 움직이기 시작할 것이다. 이 점을 명심하라. 그러면 다음 방편을 이해하기가 무척 쉬울 것이다.

30

눈을 감아라. 그리고 감은 눈으로 그대 내부의 세밀한 부분들을 자세히 살펴보라. 그리하면 자신의 진정한 본질을 알게 되리라.

여기서 눈을 감는 것은 일상적인 것과 완전히 다르다. 이것은 눈동자를 고정시킨다는 것을 의미한다. 그렇게 하지 않으면 눈동자는 계속 외부를 향해 움직일 것이다. 사념이 계속 일어나 내면으로 들어가지 못할 것이다. 사념도 하나의 대상이며 외부에 속한다. 내면은 대상이 아닌 주체이며 그대의 의식이다. 그대는 눈을 감고도 계속 뭔가를 볼 것이다. 거기에는 기억이나 인상에서 받은 잔상이 계속 남아 있기 때문이다. 그러므로 눈동자를 완전히 닫아야 한다. 아무것도 볼 수 없도록 말이다. 그렇게 하려면 그대는 눈을 감고 눈동자가 움직이지 못하도록 의식적으로 붙잡아 두어야 한다.

그대가 그냥 눈을 감는 것은 매우 쉽다. 모든 사람은 언제든지 눈을 감을 수 있다. 밤에 그대는 눈을 감는다. 하지만 그대 앞에 내면이 드러나지 않는다. 아무것도 그대에게 보이지 않도록 눈을 감아야 한다. 현실도 꿈도 어떤 환영도 보여서는 안된다.

그것은 훈련을 통해서 가능하다. 오랜 기간이 걸릴 것이다. 그것은 하루아침에 이루어지지 않는다. 눈을 감는 것은 쉬운 일이다. 하지만 감고 난 뒤에도 눈동자가 움직이지 않도록 집중해야 한다. 눈동자에 감각을 집중해서 그것이 조금도 움직이지 않도록 하라. 그리고 마치 그것이 돌이 되었다고 느껴라. 그 어떤 동작도 취하지 말고 그 상태로 남아 있어라.

그대는 지금 이 건물 밖으로 나가서 이 건물을 쳐다볼 수 있다. 그리고 다시 이 건물 안으로 들어와서 내부를 쳐다볼 수 있다. 그때 그대는 같은 벽을 바라보지만 그 면이 다르다. 한 번은 바깥쪽을 보고 다른 한 번은 안쪽을 보는 것이다. 물론 벽은 같은 벽이다.

마찬가지로 그대는 외부에서 그대의 몸을 볼 수 있다. 거울을 통해 볼 수 있다. 하지만 그대 몸의 내부가 어떤지는 볼 수 없다. 그대는 자신의 몸 속으로 한번도 들어가 보지 않았기 때문에 그대의 중심을 둘러싼 육체가 어떤지, 그 안쪽 면이 어떻게 생겼는지 알 수가 없다.

이 방편은 그대가 내부를 둘러보는 데 많은 도움이 될 것이다. 그리고 그대의 의식을 전체적으로 변형시켜 줄 것이다. 그대의 전 존재를 말이다. 만약 그대가 육체의 내부를 한 번만 볼 수 있어도 그대는 즉시 지금까지와는 다른 가치관을 갖게 될 것이다. 지금까지 그대는 '나는 육체다'라고 생각해 왔다. 왜냐하면 항상 육체의 바깥 면만 보아 왔기 때문이다. 그런데 그대가 육체의 내부로 들어가서 안쪽 면을 보게 된다면 그때는 육체가 그대는 아니다. 육체는 그대가 살고 있는 집이 되고, 그대의 옷은 될 수 있지만 그대 자신은 아닌 것이 확실하다. 그때 그대는 거대한 속박에서 풀려나 자유로움을 만끽하게 될 것이다. 이제 그대는 중력에도 얽매이지 않는다. 그대는 절대적으로 자유롭다. 그대는 몸 밖으로 나갈 수도 있고, 몸 안으로 들어올 수도 있다. 그때 여러 가지 일들이 가능해진다.

그때 육체는 민감한 도구가 된다. 그대는 그것을 상상조차 할 수 없다. 그때 그대가 누군가를 만진다면 그대는 그대의 손 안으로 완전히 녹아 들어갈 수 있다. 그때 그 만짐은 상대를 변형시킬 것이다. 이것이 바로 스승의 만짐이다. 마스터의 만짐이란 것이다. 그는 만짐 속에 자신을 전적으로 쏟아부을 수 있다. 만약 그대가 그대의 몸 어딘가에 전적으로 쏟아부을 수 있다면 그 부분은 그대가 상상할 수 없을 만큼 생기를 띠게 된다. 만약 그 부분이 그대의 눈동자라면, 눈동자에 그대를 전적으로 담을 수 있다면, 그때 그대의 시선은 상대방을 꿰뚫을 것이다. 그대는 그의 내면 깊숙이 들어갈 것이다.

이제 정신분석가들은 정신분석 요법을 통해서 내면의 깊은 곳에 들어가고자 한다. 하지만 그때는 1년, 2년, 3년 아니 더 이상 걸릴지도 모른다. 그것은 공연한 시간 낭비이다. 인생은 너무 짧기 때문에 한 사람의 심리를 분석하는 데 몇 년씩 걸린다면 그것은 완전히 넌센스이다. 그리고 분석 역시 완전하게 끝마칠 수 있는 것도 아니다. 그것은 어둠 속에서 길을 헤매는 것과 다름이 없다. 차라리 동양에서는 눈을 통해서 접근한다. 그렇게 되면 한 사람을 놓고 그토록 오랜 기간을 분석할 필요가 없다. 그의 눈 속으로 들어가서 그의 내면을 살피면 그 자신도 몰랐던 많은 사실들을 알아낼 수 있는 것이다.

이 역할을 하는 것이 바로 구루, 즉 스승이다. 스승은 해야 할 일이 많다. 그 기본적인 것 중의 하나가 바로 그대를 분석하는 일이다. 그대 속으로 깊이 들어가 그대에게서 어두운 부분, 미지의 부분을 찾아내어 그대에게 말해준다. 그대는 그것을 믿지 않을 것이다. 어떻게 그대가 그것을 믿을 수 있겠는가? 그대도 모르는 것을 남이 안단 말인가? 하지만 그대는 마음의 아주 작은 부분, 표면만을 알고 있을 뿐이다. 그것은 빙산의 일각에 불과하다. 물에 잠긴 나머지 9할은 모르고 있다. 그것은 그대에게 무의식이라는 부분으로 남아 있다. 그러나 눈동자를 통해서 그것을 꿰뚫는 것이 가능하다.

눈을 감아라. 그리고 그대의 내면을 자세히 보라. 그대 몸의 내부 모습이 펼쳐지기 시작한다. 거기에 서서 관찰하라. 동요하지 마라. 그대는 몸으로부터 분리될 것이다. 왜냐하면 보는 자는 결코 보여지는 대상이 아니기 때문이다.

만약 그대가 내부로부터 그대의 몸을 전체적으로 볼 수 있다면 그대는 결코 자신이 육체라는 환상에 빠지지 않을 것이다. 그때 그대는 육체와는 완전히 다른 존재로서 몸 안이나 몸 밖에서 자유롭게 몸을 볼 수 있다. 그러면 그대는 육체와 자신의 동일시의 끈을 끊어 버릴 것이다. 그리하여 이제 그대는 마음속으로 깊이 들어갈 수 있다. 이제 그대 마음의 9할대를 차지하고 있는 무의식 속으로 깊이 들어갈 수 있다.

이것은 마음의 동굴과 같다. 만약 그대가 마음의 동굴 속을 자유롭게 드나들면 그대는 몸에 대해서 그랬던 것처럼 마음과도 분리된다. 그때 그대는 마음이 자신이 아니라 자신이 보고 있는 하나의 대상임을 알게 될 것이다. 경전에 나오는 '내면 속의 세밀한 부분들'이 바로 그대 자신의 무의식적 마음을 가리키는 것이다. 몸과 마음은 그대가 내면으로 들어가면서 하나의 대상으로 보여진다. 그때 그대는 지켜보는 의식이지 몸이나 마음이 아니다.

이 지켜보는 의식이 바로 그대 자신이다. 보여질 수 있는 것은 모두 보여진 상태에서 더 이상 보여지는 대상이 아닌 지켜보는 주체가 바로 그대인 것이다. 보여지는 것은 그대가 아니다. 그대는 대상이 아니다. 그대는 주체인 것이다. 그 주체는 영원히 불타는 의식의 불꽃이다. 그것은 더 이상 주체와 대상으로 나누어질 수 없는 것이다.

인도의 위대한 논리가 챠르박(Charwak)은 세상에서 가장 철저한 논리철학 체계를 세운 사람 중의 하나다. 그는 이렇게 말했다.

"그대는 진정한 자아(Self)에 대해서 알 수 없다. 거기에는 '자기인식(Self-knowledge)'이란 것이 없다. 왜냐하면 자아는 대상이 될 수 없으며 그것은 주체이기 때문이다. 그것은 결코 대상이 되지 않는다. 자아는 '아는 자'이다. 그래서 '나는 자아에 대해서 알았다'란 말은 단순히 논리적인 모순이다. 그대가 어떻게 그대의 자아에 대해서 알 수 있겠는가? 그대와 그대의 자아는 둘이 아닌데 말이다. 안다고 하는 것에는 반드시 이중성이 존재한다. 아는 자와 알아지는 대상이 필요한 것이다. 주체는 주체를 알 수 없다."

그래서 챠르박은 자아에 대해서 알았다고 말하는 모든 사람은 거짓말장이이며 넌센스를 말하는 것이라고 단언했다. 그리고 그는 여기에서 멈추지 않았다. 만약 그대가 자아에 대해서 알 수 없다고 말한다면 그대는 거기에 자아가 있는지를 어떻게 아느냐고 묻는다. 챠르박과 같은 사람은 자아의 존재에 대해서 믿지 않았다. 그런 사람들은 '아나트마바딘(anatmavadin)'이라고 불린다. 그들은 자아란 것이 존재하지 않는다고 말한다. 알 수 없는 것은 없다는 주장이다. 물론 그들은 논리적으로 옳다. 만약 논리가 전부라면 말이다.

그러나 이것이 삶의 신비이다. 논리는 단지 시작일 뿐이다. 그것은 끝이 아니다. 논리가 끝나는 순간에도 그대는 끝나지 않는다. 그대는 여전히 거기에 있다. 삶은 논리를 초월한다. 그래서 삶이 무슨 의미인지 이해하기가 그처럼 어려운 것이다. 그 대답은 오직 그대가 순수한 의식의 불꽃으로 삶을 지켜볼 수 있을 때만이 가능하다. 예를 들면 이 방 안에 등잔이 하나 있다. 그때 그대는 그대를 둘러싼 방 안의 여러 가지 물건들을 식별할 수 있다. 그러나 등잔의 불이 꺼지면 캄캄해지면서 아무것도 보이지 않는다. 등잔에 불이 밝을 때에만 그대는 방 안의 모든 것을 볼 수 있는 것이다.

과학자들은 빛이 없으면 아무것도 보이지 않는다고 말한다. 하늘을 보라. 그것은 푸르게 보이지만 실제로는 푸른 색이 아니다.

그것은 우주 광선으로 가득 찬 상태이다. 거기에는 어떤 물체가 없기 때문에 푸르게 보인다. 그 광선들은 그대의 눈에 들어올 때까지 어떤 물체에 부딪치지 않았다. 우주 공간을 들여다보라. 거기에는 어둠밖에 없다. 그런데 별이라도 보이는 것은 빛이 대상과 만나기 때문이다. 만약 빛만 있고 물체가 없다면 어둠과 마찬가지로 아무것도 보이지 않는다. 그대의 눈에 뭔가가 보이려면 빛과 물체가 동시에 존재해야 하는 것이다.

챠르박은 그대가 내면으로 들어가 오직 지켜보는 의식만이 남아 있는 상태에 이르게 되면 거기에는 지켜볼 만한 대상이 아무것도 없다고 말했다. 그렇다면 그대는 어떻게 그 사실을 알 수 있는가? 뭔가를 지켜보려면 반드시 대상이 필요하다. 오직 그때만이 자신이 지켜보고 있다는 사실을 인식할 수 있는 것이다. 오직 그때만이 그대는 '지켜봄'을 인식할 수 있다. 논리적으로나 과학적으로나 이 생각이 옳다. 그러나 존재론적으로는 그것이 틀렸다.

실제로 내면으로 들어가는 사람은 어떤 대상도 없이 오직 존재라는 의식만이 남아 있는 한 점에 이르게 된다. 거기에는 오직 보는 자만이 있을 뿐 보여지는 대상은 아무것도 없다. 순수한 주체만이 있을 뿐이다. 그대가 이 지점에 이르는 순간 그대는 존재의 궁극적인 목표에 들어간 것이다. 그대는 그것을 알파, 즉 시작이라고 부를 수 있다. 그리고 그것을 오메가라고 불러도 좋다. 그것은 끝이다. 그것은 알파와 오메가 둘 다이며 자아에 대한 지식이라고 부를 수 있다.

하지만 그대가 무슨 말로 표현하든지 그것은 옳지 않다. 노자는 말로 표현된 진리는 진리가 아니라고 말했다.

"눈을 감아라. 그리고 감은 눈으로 그대 내부의 세밀한 부분들을 자세히 살펴보라."

그것은 육체와 마음이다. 그대가 육체와 마음을 자세히 살펴볼 수 있게 되면 육체와 마음이 그대가 아니라는 것을 알게 될 것이다.

"그리하면 자신의 진정한 본질을 알게 되리라."

기억하라. 육체의 세밀한 부분이 마음이며 마음의 거친 부분이 육체이다. 그리고 그대는 마음도 육체도 아니다. 그래서 그대가 이 전체 구조를 이해하게 되면 그대는 이 구조로부터 자유로워진다. 그리고 이 구조와 분리되어 있다는 것을 아는 것이 바로 그대의 진정한 본질이다. 그것을 무엇이라고 불러도 좋다. 육체는 죽을 것이다. 그러나 이 본질은 결코 죽지 않는다. 그것은 영원한 것이다. 마음 역시 죽는다. 하지만 이 본질은 결코 죽지 않는다. 그대가 이 본질을 무엇이라고 불러도 좋다. 이 본질은 그대의 이름도 아니고 모양도 아니다. 그 둘 다를 초월해 있다.

그렇다면 이 방편을 어떻게 수행해야 하겠는가? 먼저 눈동자가 움직이지 않도록 눈을 완전히 감는 것이 필요하다. 그대의 눈동자가 돌처럼 굳어지게 하라. 어떤 움직임도 허용하지 마라. 매일 그대가 이렇게 훈련하는 동안 어느 날 문득 그대는 내부를 들여다볼 수 있게 될 것이다. 눈은 항상 밖을 향해 보아 왔지만 이제 내부에 대해 일별을 갖게 될 것이다.

그때는 어렵지 않다. 한번 그대가 내부의 일별을 대하고 나면 그대는 어떻게 해야 하는지 알게 된다. 처음의 일별이 어려운 것이다. 그러므로 눈을 감을 때마다 항상 눈동자를 고정시키는 훈련을 하라. 그러면 그대는 색다른 영역으로 들어갈 수 있다.

붓다는 죽음을 맞이해 눈을 감으며 마지막으로 이렇게 말했다.

"그대들이 더 물을 것이 없다면 내 몸에 죽음이 일어나기 전에 나는 내 몸을 떠날 것이다. 죽음이 내 몸으로 들어오기 전에 나는 몸에서 벗어날 것이다."

그는 눈을 감았다. 그의 눈은 고정되었다가 다시 움직이기 시작했다. 그것은 그가 내면으로 들어가는 네 가지 단계가 있음을 말해주는 것이다. 첫째, 그는 눈을 감았다. 두번째로 그의 눈은 고정되었다. 세번째로 그는 자신의 몸 속을 들여다보았다. 그리고 네번째로 그는 자신의 마음을 보았다. 이 네 가지 단계를 불교에서는 사선정(四禪定)이라고 부른다. 붓다는 이 사선정에 들어간 뒤 죽음을 맞이했다. 자신의 몸에서 죽음이 일어나기 전에 그는 먼저 자신의 중심으로, 근원으로 들어갔다. 그래서 그의 죽음을 우리는 죽음이라고 부르지 않는다. 그의 죽음을 가리켜 우리는 그가 열반에 들었다고 말한다. 열반이란 흐름이 그쳤다는 뜻이다. 그것은 죽음이 아니다. 보통 우리는 죽음이 일어나기 때문에 그냥 죽는다. 하지만 붓다에게는 결코 그런 죽음은 일어나지 않는다. 죽음이 오기 전에 그는 이미 근원으로 되돌아가 버린다.

죽음은 단지 그의 주인 없는 몸에서만 일어났다. 그는 거기에서 발견되지 않았다. 그래서 불교 전통에서는 그가 결코 죽지 않는다고 말하고 있다. 죽음은 그를 따라잡을 수 없다. 모든 사람이 죽음을 기다리고 있지만 붓다만큼은 절대로 죽음의 덫에 걸려들지 않는다. 그는 틀림없이 죽음 저편에서 웃고 있었을 것이다. 그리고 죽음은 이미 주인 없는 몸에서만 일어났다.

이 방편 역시 같은 단계를 갖고 있다. 네 가지 단계를 나누어 하나씩 거쳐갈 때 그대는 내부에 대한 일별을 대할 것이다. 그러면 모든 것이 쉽고 자연스럽게 이루어진다. 그때는 얼마든지 그대가 제집 드나들듯 내면과 외부 세계를 들락날락할 것이다.

31

하나의 그릇을 볼 때 그릇 전체를 보라. 그것의 표면이나
재질을 보지 말고 그릇 전체의 형태만을 보라. 머지않아
자신을 깨닫게 될 것이다.

어떤 사물을 보라. 그 사물의 부분을 보지 말고 전체를 보라.
보통 우리는 사물의 전체가 아닌 부분을 본다. 내가 그대를 볼 때
먼저 그대의 얼굴을 본다. 그 다음 그대의 몸통을 보고 발로 내려
간다. 그러나 대상을 전체적으로 보라. 부분으로 나누어 보지 마
라. 왜인가? 부분으로 나누어 볼 때 눈은 하나의 부분에서 다른
부분으로 이동할 수 있는 기회를 갖기 때문이다. 그때 눈동자는
움직여지고 그대의 사념은 시시각각으로 피어난다. 그러므로 그
대는 대상을 볼 때 전체를 보라.

나는 두 가지 방법으로 그대를 볼 수 있다. A에서 B로, B에서
C로……. 이런 식으로 계속 옮겨 가면서 볼 수 있다. 또 그대가
나를 A나 B, 또는 C의 지점에서 볼 때 나는 현존(現存)하지 않
는다. 존재하는 중심이 아니라 주변에서 맴돌고 있을 뿐이다. 내
가 B를 볼 때 나는 A를 떠난다. C를 볼 때 A를 완전히 망각해
버린다. A에서 바라본 내 시각은 완전히 사라져 버린다. 나는 이
런 식으로 그대를 볼 수 있다. 이것은 내가 나의 중심에 서서 바
라본 것이 아니다.

그러나 또 다른 방법으로 나는 그대를 볼 수 있다. 그대의 부분
부분을 보지 않고 전체로써 그대를 볼 수 있다. 그것은 내가 나의
중심에 서서 그대를 보는 것이다.

이를 시험해 보라. 우선 첫째로 한 부분에서 다른 부분을 보라.
그 다음 이 물건을 전체로써 보라. 부분으로 나누어 보지 말아라.

물건을 전체적으로 볼 적에 눈은 더 이상 움직일 필요가 없다. 아니 눈동자가 움직일 어떤 기회도 주지 않는다. 그러므로 우선 대상을 전체적으로 보도록 하라. 그리고 그 대상에 대해서 생각을 꾸려가지 마라. 만약 그대가 그릇을 볼 때 그 그릇이 나무로 만들어졌다면 나무를 보지 마라. 재질을 보지 말고 오직 그릇만 보라. 재료가 금일지도 모른다. 또한 은일지도 모른다. 하지만 무엇으로 만들어졌든지간에 그 재질을 보지 마라. 그저 형태만을 보라.

첫째, 부분 부분을 보지 말고 전체를 보며, 둘째, 재질을 보지 말고 형태만을 볼 것이다. 왜인가? 재질은 물질적인 부분이다. 그러나 형태는 정신적인 부분. 그러므로 그대는 이 방편을 통해서 물질적인 차원에서 비물질적인 차원으로 옮겨 갈 수 있다.

이 방편은 혼자서도 얼마든지 수련이 가능하다. 지금 그대 앞에 한 남자가 서 있다고 하자. 그 남자를 손, 얼굴, 몸통 등등으로 나누어 시선을 옮겨 다니면서 보지 말고 전체적으로 보도록 하라. 처음에는 묘한 느낌이 들 것이다. 전체적으로 보는 것이 아직 익숙하지 않기 때문이다. 그러나 시간이 지날수록 더할 수 없는 지복감이 찾아온다. 그런 연후에 그의 몸이 멋지다거나 추한 것에 개의치 마라. 검든지 희든지, 또는 남자든지 여자든지 그런 것들에 전혀 개의치 마라. 오직 형태만을 보라. 세부적인 성질에 대해서는 잊어버려라.

그러면 곧 그대의 의식은 각성의 차원으로 들어가게 된다. 부분이 아닌 전체를 보라! 물질이 아닌 형태를 보라! 그리고 눈동자를 움직이지 마라. 그 대상이 어떤 성질을 갖고 있는지에 대한 어떤 사념도 떠올리지 마라. 아무 생각도 일으키지 마라. 여기 무슨 일이 일어나는가? 그대는 자신의 존재를 깨닫게 된다. 왜인

가? 눈이 외부를 향해 움직일 가능성이 없어졌기 때문이다. 그래
서 대상의 형태는 전체로써 받아들여졌다. 이제 그 대상의 조목
조목으로 시선이 옮겨 다닐 필요가 없게 되었다. 그리고 물질적
인 성질도 제거되었다. 형태만이, 오직 순수한 형태만이 있을 뿐
이다. 이제 금이뇌 은 따위의 재질에 대해서는 아무런 관심도 없
게 되었다.

　형태는 순수한 것이다. 형태는 그저 형태일 뿐이다. 따라서 그
것에 대한 사념이란 불가능하다. 형태가 아니라 재질을 생각하면
많은 생각이 떠오른다. 금이라면 그대는 무심하게 있을 수 없다.
그대는 특히 금을 좋아한다. 그러므로 갖고 싶은 욕망이 일어난
다. 금을 팔아서 무엇을 살까 생각한다. 시가가 얼마나 나갈까를
생각한다. 이런 식으로 그 사념의 흐름은 끝이 없다. 그러나 그저
순수한 형태만을 바라보고 있다면 여기 어떤 생각도 불가능하다.
생각이 발붙일 곳이 전혀 없다. 순수한 형태는 생각이 끊어진 바
로 그 차원이다. 그리고 하나의 형태에서 다른 형태로 옮겨갈 가
능성마저 없다. 부분이 아니라 전체를 한눈에 보고 있기 때이다.

　눈동자를 고정시키고 어떤 사념도 피우지 말며 순수한 형태 속
에 몰입한 채 그대로 머물러라. 그때 외부로 나갔던 그대의 시선
은, 주의력은, 인식 능력은 그대의 존재를 향해 돌아올 것이다.
그리고 바로 이때 그대는 자신의 존재를 깨닫게 된다. 그리고 이
순간이야말로 그 어느 것에도 비할 수 없는 지복의 순간인 것이
다.

　처음으로 그대는 자신의 존재를 알게 되었다. 그것은 바로 그
대 자신의 본모습이다. 그대는 번갯불의 섬광처럼 그 일별을 경
험했다. 그러면 왜 이런 일이 일어나는가?

　여기 하나의 그림이 있다. 주로 아동 교육용 그림인데 보는 각

도에 따라서 그 모습이 달라지는 그림이다. 거기 같은 선과 얼굴 형태 속에 두 사람의 얼굴이 들어 있다. 그 두 얼굴은 늙은 여자와 젊은 여자의 얼굴이다. 그런데 그림 속의 두 여자가 동시에 보이지는 않는다. 아무리 노력해 봐도 둘 중 하나를 볼 수밖에 없다. 그렇지 않으면 아무런 그림도 나오지 않는다. 늙은 여자의 그림이 선명해지면 그 늙은 여자 속에 숨어 있는 젊은 여자는 절대로 볼 수 없다. 마찬가지로 젊은 여자를 볼 때 늙은 여자는 보이지 않는다. 둘을 동시에 보기란 불가능하다.

그래서 여기에 하나의 기술을 수련할 필요가 있다. 먼저 늙은 여자만을 뚫어지게 쳐다보라. 젊은 여자에 대해서는 까맣게 잊어버리도록 늙은 여자에게 익숙해져라. 늙은 여자를 계속 응시하라. 그러면 어느 순간 늙은 여자는 사라져 버린다. 그리고 거기 젊은 여자가 나타나게 된다. 왜 이런 현상이 일어나는가?

이런 식의 그림이 하나의 퀴즈로서 어린이들에게 주어진다. 이 그림을 주면서 '다른 또 한 사람을 발견하라'고 말한다. 그러면 어린아이들은 그 젊은 여자를 찾아내려고 무척 애를 쓴다. 하지만 그 노력 때문에 그들은 젊은 여자를 찾아낼 수 없다. 따라서 여기에 비결이 있다. 늙은 여자만을 뚫어지게 응시하라. 그러면 늙은 여자가 사라지면서 동시에 젊은 여자가 나타날 것이다. 눈동자는 한 지점에 오래 머물 수가 없다. 그러므로 늙은 여자를 오래 응시하게 되면 눈이 피로해진다. 그때 시선은 자연 다른 쪽으로 옮겨 간다. 아주 미세하게 말이다. 그 순간 젊은 여자가 보이게 된다. 늙은 여자 속에 숨겨져 있는 또 하나의 모습을 말이다. 그리고 일단 젊은 여자를 보게 되면 동시에 늙은 여자를 볼 수가 없게 된다. 하지만 이제 그대는 알고 있다. 늙은 여자와 젊은 여자를 둘 다 알고 있다.

처음에는 믿을 수 없었다. 젊은 여자가 숨겨져 있다는 사실을 도저히 믿을 수 없었다. 그러나 이제는 알고 있다. 그대가 앞에서 늙은 여자를 보았기 때문이다. 그리고 지금은 그 늙은 여자 속에 숨겨져 있던 젊은 여자를 보고 있기 때문이다. 그러나 젊은 여자를 보면서 동시에 늙은 여자를 볼 수는 없다. 외부를 보면서 동시에 내부를 볼 수 없는 것도 이와 같은 이치이다. 결코 둘을 동시에 볼 수 없다. 대상을 보는 것은 외부를 보는 것이다. 그때 그대의 인식 능력은 시선과 함께 외부로 흘러 나간다. 그대는 지금 대상에 초점을 맞추고 있다. 계속 그 대상을 응시하라. 응시하고 응시하다가 절정에 이르게 되면 그대의 인식 능력의 흐름은 정반대로 향한다. 밖이 아니라 안을 향해, 그대의 내부를 향해 흘러 들어오게 된다. 그대의 두 눈은 피로해졌다. 눈은 끊임없이 움직이려 하고 있다. 밖으로 흘러 나갈 곳이 더 이상 없게 되면 그대 시선은 그 자각의 강물로 되돌아오게 될 것이다. 그대 자신에게로 되돌아오게 될 것이다. 그리하여 그대 자신을 깨닫게 될 때 그대는 아까의 그 대상물을 잊을 것이다.

이 때문에 상카라(Shankara)와 나가르쥬나(Nagarjuna, 龍樹)는 이렇게 말했다.

"이 세상은 환영(幻影)이다."

그들은 이런 이치를 이미 알고 있었다. 우리가 우리 자신을 깨닫게 될 때 이 세계는 존재하지 않게 된다. 엄밀히 말하자면 이 세상은 환영이 아니다. 이 세상은 이 세상대로 엄연히 존재하고 있다. 그러나 그대는 동시에 둘을 볼 수 없다. 바로 이것이 문제다. 상카라가 자신의 내면으로 들어갔을 때, 그가 그 자신을 깨닫게 될 때, 이 세상은 더 이상 존재하지 않는다. 그러므로 이 말은 옳다. 그는 이것을 마야(maya)라고 불렀다. 이 점을 깨달아라.

이 세상을 의식할 때 그대는 사라져 버린다. 그때 이 세상은 그대에게 너무나 확실하게 존재하고 있다. 그래서 그대 자신을 직접적으로 깨달을 수가 없다. 깨달으려는 노력이 오히려 장애가 될 것이다. 그래서 탄트라는 말한다. 이 세상 어딘가에, 어느 특정한 대상에 그대의 의식을 집중하라고. 그리고 거기에서 움직이지 말고 그대로 머물러 있으라고. 그때 그대는 의식의 방향 전환이 가능해진다. 그대 자신의 존재를 자각할 수 있는 것이다.

그러나 그대가 자신의 존재를 깨닫게 될 때 대상으로서의 이 세상은 더 이상 존재하지 않는다. 이 세상은 마치 허깨비나 환영처럼 보일 것이다. 그것은 더 이상 그대에게 존재로 다가오지 않는다. 그래서 상카라나 나가르쥬나는 '이 세상이 환영이다'라고 말했던 것이다. 이전에는 그대에게 자신의 존재가 환영이고 이 세상이 실재였는데 이제 그 반대가 된 것이다.

그러나 인도의 챠르박이나 그리이스의 유물론자 에피쿠로스, 그리고 그대가 잘 아는 유물론자 마르크스 등은 이렇게 말했다.

"이 세상은 실재다. 그대의 존재가 환영이다. 과학은 실재한다. 오직 객관적인 물질만이 실재다. 주관은 존재하지 않는다. 그것은 관념이며 허구다."

그들의 이런 주장은 그들의 관점에서 보면 옳다. 그들은 어디까지나 객관에 초점을 맞추고 있기 때문이다.

과학자들은 그 의식의 초점을 객관적인 것에 맞추고 있다. 그들은 자신의 존재를 완전히 망각하고 있다. 그래서 그들은 자신에게 보이는 세계의 모습을 무조건 객관적인 것으로 받아들였다. 자신들의 시각 자체가 변할 수 있다는 사실에 대해서는 전혀 고려하지 않았다. 관찰자의 위치는 항상 고정되어 있는 것으로 여겨졌던 것이다. 그러나 그대 의식의 초점이 진짜로 변하지 않고 또 보이는 대상에만 고정되어 있다면 그대의 존재는 환영처럼 변한다. 그것은 마치 관념이나 꿈으로 보이게 될 것이다. 물론 그런 입장에서 보면 그 말도 맞다. 그러나 그대는 이 양자를 동시에 깨달을 수는 없다. 바로 이것이 문제점이다.

그대는 늙은 여자를 보든지 젊은 여자를 보든지 둘 중에 하나만 보게 될 것이다. 하나를 옳다고 보면 또 다른 것은 틀린 것이 되며 기껏해야 환영이 되고 만다.

그대가 의식의 방향 전환을 알게 되면 어디에서든지 이 방편을 수행할 수 있다. 굳이 어떤 특정한 대상이 필요치 않다. 어떤 대상을 상대로 하든지 이것이 가능하다. 어느 것이라도 그저 전체적으로 보라. 그때 그대의 인식 능력은 자신의 내면을 향해 흘러들어오게 될 것이다. 그와 동시에 대상은 사라진다. 내면의 여행이 시작되는 것이다.

이 방편을 수련하는 사람은 이 세상을 살아가기가 한결 쉬워진다. 어느 순간이라도 그들은 원하는 것을 자신의 시야에서 사라져 버리게 할 수 있다. 이 점을 기억하라. 그대는 지금 그대의 아내 혹은 남편 때문에 고민하고 있다. 그러나 그녀를 그대의 마음에서 사라져 버리게 할 수 있다. 그녀가 그대 앞에 앉아 있다. 그러나 그녀는 이미 그대의 심중에서 사라져 버렸다. 그녀는 마야이며 환영이 되어 버린 것이다. 그녀를 전체적으로 응시하고 있는 동안 그대의 인식 능력은 그녀에게서 그대 자신의 내면으로 방향 전환을 해버린다. 그 순간 그녀는 그대의 시야에서 사라져 버린다.

소크라테스의 아내는 소크라테스에게 매우 포악하게 굴었다. 그러나 이 세상의 어느 아내라도 소크라테스 같은 남편을 만났다면 아마 그 같은 지경에 빠졌을 것이다. 소크라테스는 스승으로

서, 철학자로서 훌륭했다. 하지만 남편으로서는 무능한 사람이었다.

어느 날 그 일이 일어나고야 말았다. 이 일 때문에 소크라테스의 아내인 크산티페는 2천 년이 훨씬 지난 오늘날까지 비난을 받고 있다. 하지만 그것은 꼭 그녀의 잘못만도 아니다. 소크라테스는 그때 의자에 앉아 있었다. 그는 여기 이 방편과 흡사한 것을 수련하고 있었던 것이다. 그 자신의 인식 능력을 방향 전환시키는 연습을 하고 있었다. 물론 이것은 순전히 내 짐작으로 기록에는 없는 것이다. 그때 그의 아내는 마실 물을 뜨겁게 데워달라는 소크라테스의 부탁을 듣고 물을 데워 그에게로 다가갔다. 그런데 소크라테스는 아무런 반응도 보이지 않았다. 문득 그녀는 그가 없어져 버렸다는 것을 알았다. 그래서 그 물을 그만 소크라테스의 얼굴에 부어 버렸던 것이다.

그 순간 소크라테스는 돌아왔다. 하지만 뜨거운 물에 데인 얼굴의 상처는 영원히 지워지지 않았다. 이것 때문에 그의 아내는 많은 비난을 받았다. 그러나 그때 소크라테스가 하고 있었던 일은 그 누구도 알지 못했다. 그는 분명히 여기 이 방편과 비슷한 어떤 수련을 하고 있었을 것이다. 그래서 그의 아내는 급한 김에 그에게 뜨거운 물을 붓지 않을 수 없었다. 기절한 사람에게 찬물을 끼얹듯이 말이다. 소크라테스는 그때 무아지경에 빠져 있었음이 틀림없다.

내가 이렇게 추측하는 것은 그럴만한 이유가 있어서다. 소크라테스의 경우, 이 같은 예가 여러 번 언급되고 있다. 어느 땐가 만 이틀 동안 그가 행방불명 되었다. 그래서 아테네의 시민들이 그를 찾아나섰다. 그러나 그는 시내 어디에서도 발견되지 않았다. 한참 후에야 아테네 근교의 한 숲에서 그를 발견했다. 그는 나무 밑에서 장승처럼 서 있었다. 그의 몸은 꽁꽁 얼어붙은 채 눈을 뜨고 멍하니 서 있었다. 그의 시선은 전혀 움직이지 않았다.

아테네 시민들이 그에게 다가가서 그의 눈을 보았다. 그들은 그가 눈을 뜬 채 죽었다고 생각했다. 그의 눈은 돌처럼 굳어 있었고 아무것도 보고 있지 않았기 때문이다. 그들은 그의 심장에 손을 대어 보았다. 심장은 아직 뛰고 있었다. 그는 살아 있었다. 그들은 그에게 심한 충격을 주었다. 그 충격 때문에 그는 제정신으로 돌아왔다. 그리고 주위 사람들을 둘러보면서 '지금 몇 시나 되었는가?'라고 물었다. 그는 48시간 동안 그런 식으로 서 있었던 것이다. 그는 48시간 동안 이 세상으로부터 떠나 있었던 것이다. 이 시간과 공간으로부터 빠져 나가버렸던 것이다.

그래서 그들은 물었다.

"선생님, 여기서 무엇을 하고 계십니까? 우리는 선생님이 돌아가신 줄 알았습니다. 48시간 동안 여기 이렇게 서 계시다니⋯⋯"

이 말을 듣고 소크라테스는 말했다.

"나는 여기서 별을 보고 있었다. 별을 보고 있는데 갑자기 어느 순간 별들이 사라져 버렸다. 그리고 나서는 나도 어떻게 된 것인지 모르겠다. 이 세계가 송두리째 사라져 버렸고 ⋯⋯ 하지만 나는 여기 이렇게 남아 있지 않은가. 이 고요하고 잔잔한 축복 속에 남아 있지 않은가. 이것이 죽음이라면 죽음은 삶보다 수백 배 더 가치가 있다. 진정 이것이 죽음이라면 나는 이 죽음 속으로 다시 들어가고 싶다."

이 일은 그 자신도 모르게 저절로 일어난 것이었다. 소크라테스는 요기가 아니었다. 탄트리카(탄트라 행자)도 아니었다. 그는 어떤 명상 수행도 몰랐다. 그는 오직 사색가였다. 위대한 사색가였다. 그런데 그가 밤하늘의 별을 보고 있는 동안에 이 일이 일어났다. 별을 향하던 그의 시선이 갑자기 방향 전환을 해서 그의 내면으로 향한 것이다. 그대는 소크라테스처럼 이것을 수련할 수 있다. 별이야말로 더없이 좋은 대상이 아니겠는가.

우선 대지에 누워라. 그리고 밤하늘을 쳐다보라. 밤하늘에 빛나는 저 별에 그대의 시선을 고정시켜라. 하나의 별을 정해서 계속 거기에만 시선을 집중하라. 그대의 인식 능력을 그 별에만 쏟아 붓고 다른 나머지 별들에 대해서는 잊어버려라. 그대의 시선은 점점 좁아져서 오직 그 별만 보일 것이다. 그래도 눈동자는 움직이지 말고 계속 밀고 나가라. 어느 순간 그 하나의 별마저 사라져 버릴 것이다. 바로 그 순간에 그대는 드디어 그대 자신에게로 되돌아오게 될 것이다. 자 그럼, 다음 방편으로 넘어가자.

32

사람이나 사물을 처음 보는 것처럼 보라. 거기에 아름다움
이 있다.

이 방편을 수련하기 전에 그대는 먼저 기본적으로 할 것들이 몇 가지 있다. 그대는 항상 사물을 볼 때 구태의연한 시각으로 사물을 본다. 예를 들어 그대가 외출했다가 집에 돌아왔다. 그 집은 수년 동안 그대가 살아온 집이다. 그래서 그대는 집의 구조를 잘 알고 있다. 그대는 그것을 쳐다볼 필요가 없다. 수천 번 드나들던 곳이다. 그래서 그대는 쳐다보지도 않고 문으로 간다. 그리고 쳐다보지도 않고 문을 연다.

이 모든 행동이 마치 로봇처럼 기계적이고 무의식적이다. 만약 뭔가가 잘못된다면, 열쇠 구멍에 열쇠가 잘 들어가지 않으면 그때는 그것을 자세히 살펴볼 것이다. 하지만 열쇠가 잘 들어가면

그대는 그냥 지나치게 될 것이다. 이런 일련의 행동이 끊임없이 이어진다. 그대는 주목해서 쳐다보는 능력을 잃어버렸다. 그대의 바라봄은 산뜻함을 잃어버렸다. 실제로 그대는 눈동자의 기능을 잃어버렸다. 이 점을 기억하라. 그대는 기본적으로 장님이다. 눈이 더 이상 필요없기 때문이다.

그대가 아내를 마지막으로 주시해서 쳐다본 때가 언제인지 기억해 보라. 아마 수년 전 아니면 수십년 전이 됐을지도 모른다. 결혼식을 올린 몇 개월 후, 아니 며칠 후부터 그대는 아내를 건성으로 보아 왔다. 다시 아내를 처음 바라보는 것처럼 주목해서 보라. 그대의 눈에는 신선함이 가득 찰 것이다. 그대의 눈은 생기로 가득 찰 것이다.

그대가 길을 걷고 있다. 미녀가 지나간다. 순간 그대의 눈동자는 빛난다. 살아난다. 거기에 불꽃이 튄다. 그녀는 누군가의 아내일지도 모른다. 하지만 그 남편은 그녀를 주목해서 바라보지 않는다. 그대가 그대의 아내를 바라보는 것처럼 그도 건성으로 바라볼 것이다. 처음에는 눈이 필요하다. 두번째는 눈이 조금만 필요하다. 세번째는 아예 눈이 필요없다. 몇 번만 반복하면 그대는 장님이 된다. 우리는 장님으로 살아가고 있는 것이다.

깨어 있으라. 그대는 자녀들을 만날 때 그들을 주목해서 보는가? 그대는 그들을 보지 않는다. 이 습관이 그대의 눈을 죽인다. 눈은 지겨움으로 가득 찬다. 계속해서 과거와 똑같은 방식으로 바라본다. 하지만 실제로는 아무것도 낡은 것은 없다. 그대의 습관 때문에 그렇게 보일 뿐이다. 그대의 아내는 어제의 그녀와 같은 사람이 아니다. 그녀는 그럴 수 없다. 만약 그렇다면 그것은 기적이다. 삶은 강물처럼 계속 흘러간다. 아무것도 똑같을 수 없다.

어제의 태양이 오늘 떠오를 수 없다. 태양은 매순간 변하고 있다. 거기에 기본적인 변화 과정이 있다. 오직 그대의 눈길만이 예전 그대로다. 모든 사물에 너무 익숙한 나머지 아무것도 새로운 것이 없다. 그래서 그 어떤 것도 신명나는 것이 없다. 신비한 것도 없다. 모든 것이 그저 그렇고 그럴 뿐이다.

그러나 어린아이들의 눈을 보라. 그들의 눈은 살아 있다. 신선함이 있다. 그들은 사물을 그 자체의 신비를 갖고 있는 그대로 본다. 그리고 감동을 느낀다. 그 사물의 신비가 그대로 그들의 눈에 비춰지는 것이다. 그래서 이 방편은 말하고 있다.

"사람이나 사물을 처음 보는 것처럼 보라."

무엇이라도 좋다. 그대의 신발을 쳐다보라. 그대는 3년 동안 그것을 신고 다녔다. 그러나 처음 보는 것처럼 그것을 주시해서 본다면 그것은 다르게 보일 것이다. 그때 그대의 의식은 갑자기 변화될 것이다.

혹시 그대는 빈센트 반 고호(Vincent Van Gogh)가 자신의 신발을 그린 그림을 본 적이 있는가? 그 구두는 여기저기 터져 있어 곧 내버려야 할 만큼 낡은 것이다. 하지만 고호는 그 구두를 어떻게 보았는가?

그대 역시 낡은 구두를 갖고 있을 것이다. 하지만 그것을 한번도 눈여겨보지 않았다. 그대는 그것을 어떻게 취급했는가? 그러나 그 구두는 그대의 지난 세월을 말해줄 수 있다. 그것은 언제나 그대와 함께 있었기 때문이다. 그대가 괴로웠을 때, 기뻤을 때 그대의 모든 감정, 기분들을 속속히 알고 있다. 그것은 구두 뿐만이 아니다. 사실 모든 것이 흔적을 갖고 있다.

고호의 그림을 보라. 그대는 고호가 자기 구두를 어떻게 바라보았는지 이해할 수 있을 것이다. 한 사람의 자서전이 그 구두에 있다. 그 구두를 새롭게 보라. 주목해서 보라. 그는 그 구두에서 모든 것을 볼 수 있다. 가장 평범한 사물에서 말이다.

폴 세잔느(Paul Cezanne)는 의자를 그렸다. 그저 평범한 하나의 의자를 말이다. 그대는 그 그림을 처음 봤을 때 궁금했을 것이다. '도대체 무슨 의미가 있어서 낡은 의자 하나를 그려 놓았을까' 하고 말이다. 그러나 그는 그 의자를 그리는 데 몇 달이 걸렸다. 그대는 아마 한순간도 그런 의자를 눈여겨보지 않을 것이다. 하지만 그는 몇 달 동안 그 의자에만 매달려 있었다. 그것은 그 의자를 진정으로 바라볼 수 있었기 때문이다. 그 의자는 세잔느와 동고 동락해 왔다. 세잔느는 그 의자에서 그런 사실을 발견할 수 있었고 결국 그림으로 표현하였다. 그러나 그대는 한번이라도 자신의 의자를 눈여겨본 적이 있는가?

어떤 사물이라도 좋다. 이 방편을 수련하면 그대의 눈동자는 생기에 넘치게 될 것이다. 살아 있는 눈이 될 것이다. 그대는 그 눈으로 자신의 내면까지도 쳐다볼 수 있을 것이다.

사물을 마치 처음 보는 것처럼 보라. 여기에서 처음 본다는 말을 건성으로 넘기지 마라. 그대가 이전에 한번도 보지 못한 것, 일찍이 이 세상에 없었던 것, 그대가 상상도 못해본 것, 그런 것을 처음으로 대면할 때 그대는 얼마나 놀라겠는가? 그런 식으로 쳐다보라. 그대의 아내를 그런 기분으로 쳐다보라. 그대가 이전에 느꼈던 첫사랑의 감동을 다시 느끼는 것은 당연한 이치이다. 이제 세상은 마치 장님이 처음 눈을 떴을 때 다가오는 광경처럼 보일 것이다. 이제까지 그대는 장님이었다. 그것은 육체적인 장님보다 훨씬 지독한 것이었다. 볼 수 있다는 최면에 스스로 걸려 있었기에 말이다. 예수는 항상 이렇게 말했다.

"눈 있는 자는 볼지어다. 귀 있는 자는 들을지어다."

그의 말은 마치 장님과 귀머거리를 모아 놓고 하는 말처럼 들린다. 하지만 그는 이 말을 늘 되풀이했다. 엄연히 눈을 갖고 있는 사람들에게 말이다. 그렇다면 그의 의도는 무엇인가? 그가 말하는 눈은 무엇인가? 그것은 이 방편을 통해 갖게 되는 눈을 말한다.

모든 것을 마치 처음 보듯이 보라. 그리고 만져 보라. 무슨 일이 일어나겠는가? 그대는 과거로부터 자유롭게 될 것이다. 모든 과거의 불편했던 기억과 관념들로부터 그대는 자유로워질 것이다.

매순간 과거가 그대를 침투해 들어온다. 그대는 그것을 막아야 한다. 과거가 더 이상 힘을 쓸 수 없도록 말이다. 이것은 과거로부터 자유로워질 수 있는 가장 훌륭한 방편이다. 그때 그대는 계속 현재 속에 머무를 수 있다. 점점 그대는 현재의 깊은 순간 속으로 빠져들 수 있다. 그때 모든 것은 새롭게 될 것이다. 그때 그대는 '같은 강물에 두 번 발을 담글 수 없다'는 헤라크리토스(Heraclitus)의 말을 실감하게 될 것이다.

그대는 똑같은 사람을 두 번 바라볼 수 없다. 모든 것이 변하고 있기 때문이다. 지금 이 순간에도 모든 것이 빛의 속도만큼 빠르게 변하고 있다. 그대가 과거라는 고정관념에서 자유롭게 된다면 그대는 현재를 볼 수 있게 될 것이다. 그때 그대는 존재계로 들어가게 될 것이다. 그것은 그대 자신 속으로 들어가는 것과 같다. 또한 모든 것 속으로 들어가는 것이다. 모든 명상들이 그대로 하여금 바로 이 현재 상태를 볼 수 있게 하기 위함이다. 그래서 이 방편은 매우 아름답고 쉬운 방편이다. 그대는 아무런 위험 부담 없이 이것을 수련할 수 있다.

만약 그대가 하루에 몇 번이고 똑같은 길을 다시 지나가더라도 그것은 언제나 새로운 길이 될 것이다. 같은 친구를 만나도 낯선 사람을 만나는 것처럼 신선하다. 그대의 아내를 볼 때에도 처음 한눈에 반했을 때의 감정이 되살아난다. 이전에 수년, 아니 수십 년 같이 살아왔지만 그런 감정을 느껴본 적이 있는가? 그대는 매일 똑같은 아내의 습관과 행동을 알고 있다고 생각할지 모르지만 그녀의 내면은 미지의 영역이다. 그대의 손이 닿지 않는 부분이다.

다시 한번 신선함을 갖고 바라보라. 마치 처음 보는 것처럼 말이다. 그대는 똑같은 낯선 사람을 보게 될 것이다. 아무것도, 결코 그 어떤 것도 오래된 것은 없다. 모든 것이 새롭다. 이 방편을 통해 그대의 눈길에 생기가 넘칠 것이다. 그리고 그대의 눈은 순수해질 것이다. 그 순수한 눈은 내면의 세계를 들여다볼 수 있다.

〈 질문 〉

"보통 눈과 제3의 눈의 관계를 설명해 주십시오. 이 방편이 어떤 방식으로 제3의 눈에 영향을 미칩니까?"

우선 두 가지 사실을 이해해야 한다. 첫째, 제3의 눈에 해당되는 에너지도 보통 눈에서 움직이는 것과 같다. 그것은 같은 에너지이다. 하지만 새로운 중심 속에서 움직이기 시작한다. 물론 제3의 눈은 벌써부터 거기에 있었다. 단지 기능을 하지 않고 있었을 뿐이다. 보통 눈이 보이지 않을 때까지는 그것을 볼 능력이 없다.

보통 눈에 흐르는 에너지가 그 속으로 흘러 들어가야 한다. 에너지가 보통 눈으로 흐르지 않을 때 제3의 눈 속으로 들어간다.

그러면 보통 눈은 급격하게 시력이 떨어질 것이다. 평소에 공급받는 에너지가 단절되기 때문이다. 그때 눈의 중심은 보통 눈에서 제3의 눈으로 옮겨 간다. 그리고 새로운 중심을 통해서 흘러가기 시작할 것이다. 그 중심은 두 눈썹 사이에 있다. 그것은 본래부터 완전한 것이다. 언제든지 그것은 기능을 시작할 수 있다. 그러나 그것이 기능을 시작하려면 에너지가 필요하다. 같은 에너지가 변형되어 사용된다.

두번째로 그대가 보통 눈을 통해서 보고 있을 때 그대는 신체의 눈을 통해 보는 것이다. 하지만 제3의 눈은 신체에 속하는 부분이 아니다. 그것은 숨겨진 제2의 몸이다. 그것은 유체(幽體)로서 산스크리트어로 '수크슈마 샤리르(sukshma sharir)'라고 부른다.

그대가 죽을 때 신체도 죽는다. 그러나 그대의 수크슈마 샤리르, 즉 그대의 유체는 그대와 함께 움직인다. 그것은 죽지 않고 또 다른 탄생을 얻는다. 유체가 죽지 않는 한 그대는 삶과 죽음의 순환, 즉 윤회에서 결코 자유로울 수 없다.

제3의 눈은 바로 이 유체에 속한 것이다. 에너지가 신체로 이동할 때 그대는 신체를 통해서 본다. 그래서 보통의 눈이 신체적인 것, 즉 물질적인 것밖에 볼 수 없는 것도 이 때문이다. 보통눈은 신체이며 물질이다. 이 눈을 통해서 볼 수 없는 것은 물질적인 것이 아니다.

제3의 눈이 기능할 때만이 그대는 다른 차원으로 들어갈 수 있다. 이제 그대는 신체적인 눈에 보이지 않는 것들을 볼 수 있다. 그것들은 유체의 눈, 즉 제3의 눈을 통해 보이는 것이다. 그때 그대는 상대방의 영혼을 볼 수 있다. 그 눈으로 볼 때에는 거기에 더 이상 육체가 없다. 거기에는 비물질적인 것만이 있을 뿐이다.

두 가지 사실을 기억하라. 첫째 에너지는 같다. 보통눈과 제3
의 눈으로 흐르는 에너지는 같은 에너지이다. 둘째로 제3의 눈은
물질적인 신체에 속한 것이 아니다. 그것은 신체 속에 깃든 유체
에 속한 것이다. 그것이 유체의 부분이기 때문에 그대는 유체의
세계를 볼 수 있다. 그대는 여기에 앉아 있다. 만약 유령이 여기
에 앉아 있다면 그대는 볼 수 없다. 그러나 그대의 제3의 눈이 기
능하기 시작하면 그때는 유령을 볼 수 있다. 오직 유체의 존재계
는 유체의 눈을 통해서만 보여지기 때문이다.

어떻게 제3의 눈이 이 시각 명상법의 방편들과 연결되어 있는
가? 거기에는 깊은 연관이 있다. 실제로 이 방편들은 제3의 눈을
열기 위한 것이다. 만약 그대의 두 눈이 완전히 멈춘다면 더 이상
거기로 에너지가 흐르지 않는다. 에너지가 흐르는 것은 거기에
움직임이 있기 때문이다. 그대의 눈이 죽은 자의 눈처럼 움직이
지 않으면 그때 에너지는 흘러가 다른 곳을 찾을 것이다.

한 점을 바라보라. 눈동자의 미동도 허용하지 말고 말이다. 그
러면 눈동자는 갑자기 굳어지고 에너지의 흐름이 멈춘다. 에너지
는 본래 움직이지 않는 곳에 갈 수가 없다. 에너지는 그 성질 자
체가 동적인 것이다. 그래서 갑자기 문이 닫히고 에너지가 나아
갈 길이 막히면 새 길을 찾는다. 제3의 눈이 가까이에 있다. 두
눈썹 사이에 1인치 깊이로 들어가 있다. 그곳은 에너지가 흘러갈
수 있는 가장 가까운 통로이다.

만약 그대의 에너지가 눈에서 해방된다면 첫째로 일어나는 일
은 에너지가 제3의 눈으로 흘러가는 것이다. 마치 흐르는 물의
구멍을 막으면 다른 구멍을 찾아서 흐르는 이치와 같다. 그것은
자동적인 현상이다. 그대는 보통눈을 통해서 움직이는 에너지를
막아야 한다. 그때 에너지는 그 자신의 길을 찾을 것이다. 그리고

그것은 제3의 눈을 통해서 움직이게 될 것이다.

제3의 눈에 에너지가 공급되기 시작하면 그대는 다른 차원의 세계를 맛볼 수 있다. 그대는 이전에 결코 본 적이 없는 것들을 보기 시작할 것이다. 이전에 느끼지 못한 것들을 느낄 것이며, 이전에는 맡아보지 못한 냄새를 맡게 될 것이다. 새로운 세계, 유계(幽界)가 그대 앞에 펼쳐지는 것이다. 사실 그것은 본래부터 있었다. 단지 그대의 눈이 열리지 못했을 뿐이다.

한번 그대가 그 차원을 맛보면 많은 사실들이 그대에게 분명해질 것이다. 예를 들면 어떤 사람이 죽을 때 그대의 제3의 눈이 기능하면 즉시 그 사람이 죽어 가고 있음을 알게 된다. 어떤 신체적 검사나 분석도 그 사람이 곧 죽을 것이라는 것을 미리 예언할 수 없다. 기껏해야 가능성을 말할 뿐이다.

의학적 검진은 죽음에 대해 확실한 것을 말할 수 없다. 그래서 죽음에 대해 그처럼 많은 불확실성이 남아 있다. 의학은 죽음을 해명하려고 했다. 신체적인 증상들을 통해서 그 과정을 정확히 추적하려 했다. 하지만 죽음은 유체의 현상이다. 그것은 다른 차원의 일이기 때문에 눈에 보이지 않는다. 그러나 제3의 눈이 작동한다면 그대는 갑자기 누군가가 죽는 것을 알게 될 것이다. 그때 죽음은 이미 그 그림자를 거기에 드리우고 있다. 그리고 그런 그림자를 제3의 눈은 언제라도 포착할 수 있다.

아기가 태어날 때 제3의 눈을 사용하는 수련에 아주 깊이 들어간 사람은 그 아이의 죽는 시간을 정확히 알 수 있다. 그러나 그 그림자는 너무나 미묘하다. 사람이 죽기 6개월 전쯤 되면 죽음의 그림자는 확실하게 드리워지기 시작한다. 하지만 그대 주위에 어두운 그림자가 드리워져 있다는 것을 느낄 수는 있지만 두 눈에 보이지는 않는다.

제3의 눈으로는 그대가 오오라를 보기 시작한다. 어떤 사람이 그대에게 다가온다. 그는 그대를 속일 수 없다. 그가 말하는 것이 무엇이든지 그의 오오라와 일치하지 않으면 아무 의미도 없기 때문이다. 어쩌면 그는 자신이 절대로 화나지 않았다고 말할지 모른다. 그러나 분노로 가득 찼다면 붉은 오오라가 보일 것이다. 그는 오오라의 상태만큼은 속일 수 없다. 그래서 그가 무슨 말을 하든지 오오라의 상태를 보아 분별할 수 있는 것이다.

옛날에는 스승이 사람들을 입문시킬 때 그의 오오라를 보고 받아들였다. 스승은 제자가 될 수 있는 준비가 된 사람을 마냥 기다렸다. 스승은 결코 오오라의 상태로 보아 준비가 덜 된 사람을 섣불리 입문시키지 않았다. 그래서 어떤 때에는 몇 생을 기다리곤 했다. 그리고 사람은 기다려야 한다.

예를 들어 붓다는 수년 동안 여자를 입문시키라는 유혹에 저항했다. 수많은 압력이 그에게 가해져 왔지만 그는 그것을 거절했다. 나중에 그가 여자들의 입문을 허락하면서 그는 이렇게 말했다.

"그대들의 뜻대로 한다면 나의 종교는 생명이 5백 년 단축될 것이다. 나는 약속했다. 그대들이 나에게 강권해 오기 때문에 나는 여자들을 입문시키지만 그 때문에 5백 년이 더 단축될 것이다."

여자들은 생리기간이 되면 오오라의 색깔이 완전히 바뀐다. 그것은 매우 성적이며 공격적이며 우울하게 변한다. 모든 부정적인 분위기가 매달마다 그때가 되면 여자들을 감싼다. 오직 이것 때문에 붓다는 여자들을 입문시킬 준비가 되지 않았다고 말한 것이다. 당시에 여자들은 생리기간이 되면 아무것도 자발적으로 할 수 없었다. 그리고 그것은 집단 생활에서 매우 어려운 상황이었다.

마하비라는 여자는 결코 해탈을 할 수 없다고 말했다. 여자가 먼저 남자의 몸으로 바뀌어 다시 태어나야만이 해탈이 가능하다는 것이다. 그래서 자이나교 여성들은 모든 노력을 남자로 다시 태어나기 위한 준비로 삼았다. 왜 이렇게들 극성스러웠던가? 그것은 오오라의 문제였다.

만약 그대가 한 여자를 입문시킨다면 매달 그녀는 본래 상태로 떨어질 것이다. 모든 노력이 허사가 될 것이다. 그때는 여자와 남자가 평등하고 안하고는 완전히 다른 문제이다. 그것은 차별도 아니고 비하도 아니다. 마하비라는 오직 이렇게 생각했다.

'어떻게 도울까?'

그래서 그는 더 쉬운 방법을 발견했다. 그것은 여자로 하여금 남자로 다시 태어나게 하는 것이다. 그것이 더 쉬웠다. 여자는 다음 생까지 기다려야 했다. 그래서 남자로 태어난 뒤에야 비로소 그녀의 궁극적인 목적을 향해 모든 노력을 아낌없이 쏟아부을 수 있는 것이었다.

마하비라에게는 이것이 여자를 입문시키는 것보다 더 쉬운 방법이었다. 왜냐하면 매달 일정 기간이 되면 여자들은 원초적인 상태로 돌아가 버리고 모든 노력이 허사가 되기 때문이다. 그러나 그 동안의 2천 5백 년이라는 세월이 지나면서 많은 것이 변화되었다. 특히 거기엔 탄트라가 많은 공헌을 했다.

탄트라는 다른 문들을 발견했다. 탄트라는 이 세상에서 남성과 여성에 차이를 두지 않는 유일한 시스템이다. 오히려 여자가 더 쉽게 해탈할 수 있다고 탄트라는 말한다. 그 이유는 같은 현상을 다른 각도에서 보기 때문이다. 여자의 몸은 주기적으로 조절되기 때문에 남자보다 훨씬 쉽게 자신의 몸으로부터 자신을 분리시킬 수 있다고 보았다. 남자의 마음은 육체에 더 깊이 얽혀 있다. 그것은 자신의 성을 조절할 수 있기 때문이다.

여자의 마음은 남자보다는 육체에 덜 깊게 매여 있다. 여자의 몸은 자신의 의지와는 상관없는 남자보다는 훨씬 자동 기계적인 성향이 강하다. 그래서 여자는 자신의 몸과 자신을 분리하기가 더 쉽다. 거기에 남자만큼 강한 동일시가 없다. 한번 분리가 일어나면 그때는 자신의 몸을 완전히 잊어버린다. 섹스 행위 속에서 여자가 훨씬 오르가즘의 시간도 길고 횟수도 많은 것은 바로 이 때문이다. 여성은 섹스를 통해 몸을 잊어버린다. 그녀는 새로운 차원으로 들어간다. 하지만 남자는 그럴 수 없다. 남자는 눈을 감고 자신을 잊어버릴 수가 없다. 그것은 자신이 몸을 통제할 수 있기 때문이다. 남자는 매일 자신의 몸을 통제한다. 사실 섹스 행위 없이 건강하게 살 수 있는 것은 남자 쪽이다. 남자는 섹스보다 자위행위에 더 만족을 느낀다. 반면에 여성의 섹스는 수동적이다. 그래서 여성은 섹스를 통해서 충분히 이완될 수 있다. 섹스 속에서 상대방을 훨씬 효율적으로 이용해서 자신을 이완할 수 있는 것이다. 그러나 남자의 섹스는 능동적이디. 그는 섹스 속에서도 자신과의 갈등이 있다. 그는 섹스를 통해서 이완하지 못한다. 오히려 자신과 성적 관계를 나눈 여자를 하나의 전리품으로 생각한다. 남자는 섹스를 통제할 수 있기 때문이다. 그러나 여자는 섹스가 자신의 의지보다 훨씬 강하다. 여자는 더욱 자연적이다. 남자보다 훨씬 자연에 가깝다.

그래서 탄트라는 여러 가지 방법들을 찾아내었다. 탄트라는 여자의 특이한 구조를 십분 활용한다. 그래서 탄트라야말로 남성과 동등한 아니 그 이상의 자격을 주는 유일한 시스템이다. 그 외에 다른 모든 종교가 남성을 여성보다 우월한 것으로 본다. 그것은 특히 기독교, 이슬람교, 유태교에서 강하다. 불교도 마찬가지다. 그것은 모두 제3의 눈으로 보는 오오라의 분석에 따른 것이기 때문이다. 매달 일어나는 생리기간 동안의 오오라를 보고 규정지은 것이다.

제3의 눈으로 본다면 거기에 있는 그대로의 모습을 보는 것이다. 하지만 때때로 제3의 눈은 그 시력이 흐려지는 경우가 있다. 그것은 그대가 유계, 즉 에너지계의 차원에 대해 익숙하지 않기 때문이다. 그대의 고정관념이 제3의 눈에 비치는 현상을 부정하려 하기 때문이다. 그래서 때때로 에너지가 시원스럽게 흘러가지 못하고 막히는 때가 온다. 그래서 티벳에서는 일종의 외과 수술의 방법을 쓴다. 제3의 눈에 에너지가 시원스럽게 흘러 그 시력을 회복할 수 있도록 말이다.

2,3일 전에 한 산야신이 나를 찾아왔다. 그녀는 지금 여기 어딘가에 앉아 있다. 그때 그녀는 제3의 눈이 있는 부분에 매우 강한 열기를 느낀다고 말했다. 그것은 그냥 감각으로 끝나는 것이 아니라 그 열기 때문에 피부마저 타버려서 다른 사람이 보아도 금방 알 수 있을 정도였다. 그녀는 덜컥 겁이 났다. 무슨 일이 일어났는지 도무지 알 수가 없었다. 그러나 그 일이 있은 뒤에는 느낌이 매우 좋았다. 그 느낌은 따뜻한 물에 뭔가가 녹는 듯한 것이었다. 하지만 신체에 실제로 불에 검게 그을린 흔적이 생겼다.

왜 그런 일이 생겨났는가? 제3의 눈이 작동을 시작한 것이다. 에너지가 그 속으로 흘러가기 시작한 것이다. 그것은 처음으로 뜨거워진 것이다. 그때까지 수십년 간을 차갑게 식은 채로 있었다. 그리고 에너지가 처음 거기로 흘러갔을 때 살갗이 타는 느낌을 받았다. 그것은 막혔던 통로를 처음으로 뚫었기 때문이다. 에너지가 집중되어 마치 레이저 광선에 의해서 타버린 것과 같은 상태였다.

　인도에서는 향나무 가루나 버터 기름을 그 자리에 바른다. 그리고 그것을 틸락(tilak)이라고 부른다. 그것은 피부 표면에 시원한 느낌을 주기 위한 것이다. 내부의 열기가 너무 강하게 일어나기 때문에 잘못하면 피부가 화상을 입는 경우가 있다. 어떤 때에는 피부 뿐만 아니라 두개골에까지 그 흔적을 미친다.

　나는 이전에 어떤 책을 읽었는데 그 책은 인류의 존재가 다른 별에서 왔다고 주장했다. 단지 시간적인 여유로 봐서 동물에서 갑자기 인간이 진화된다는 것은 불가능한 것처럼 보이기 때문이다. 사실 침팬치에서 인간으로 바로 진화되었다는 것은 별로 가능성이 없어 보인다. 거기에는 어떤 연결점이 없다. 인간과 침팬치의 두개골이 비슷하게 생겼다는 것 외에는 말이다.

　진화는 단계적인 변화를 뜻한다. 하루아침에 갑자기 침팬치가 인간이 될 수는 없다. 거기에는 아주 점진적인 단계가 따라야 한다. 그러나 그런 증거는 어디에도 없다. 그래서 다아원의 진화론은 아직까지 하나의 가설일 뿐이다. 그것은 증거 자료가 불충분하다.

　그래서 항상 환상적인 생각들이 제시되곤 했다. 인간은 이 지구상에 갑자기 출현했다는 것이다. 십만 년 전에 발견된 인간의 두개골 역시 지금의 두개골과 전혀 다른 점이 없다. 그렇다면 우리는 십만 년 동안 조금도 진화하지 않았다는 뜻이다. 그것은 신체의 진화 뿐만 아니라, 마음의 진화 역시 똑같은 상태이다.

　그래서 지구상에 인간이 갑자기 출현했다는 생각이 설득력 있는 것이다. 지금 우리가 우주를 비행하는 것처럼 다른 별에서 우주선을 타고 지구에 왔다는 것이다. 내가 읽은 책도 그런 종류의 책인데 저자는 여러 가지로 그 증거 자료들을 제시하고 있었다.

특히 멕시코와 티벳 등지에서 발견되는 두개골은 제3의 눈이 있는 자리에 구멍이 뚫려 있었는데 그것들은 오직 총탄에 의해 뚫린 흔적이라는 것이다. 만약 그 흔적이 화살에 의한 것이라면 그토록 둥글게 될 수 없으며, 오직 총알만이 두개골을 둥글게 구멍낼 수 있다는 것이다. 그런데 그 두개골들은 적어도 백만 년 전의 것으로 추정된다. 그렇다면 백만 년 전에 무슨 총알이 있을 수 있겠는가? 그렇지 않다면 그렇게 흔적을 낼 수 있는 무기가 없다는 것이다.

그러나 실제로 총알에 대한 증거는 어떤 것도 발견되지 않았다. 사실 제3의 에너지가 막혀 있다가 폭발하면 꼭 그와 같은 구멍이 생긴다. 그것은 일종의 내부적인 탄환이다. 그것은 레이저 광선처럼 아주 둥근 구멍을 만들어 낸다. 이들 두개골은 총탄에 의한 것이 아니라 제3의 눈 자리에 막혀 있던 에너지가 폭발한 것으로 그때의 보통눈은 완전히 정지된 상태에서 일어날 수 있는 일이다. 에너지가 움직일 수 없게 되면 그것은 불이 된다. 그때 그것은 폭발한다. 그래서 티벳에서는 에너지가 쉽게 흘러갈 수 있도록 미리 양미간에 구멍을 뚫는 방법을 발견했다.

그대는 이 '시각 명상법'의 방편들을 수련할 때마다 이것을 기억하라. 만약 양미간이 타는 듯한 감각이 느껴지면 두려워하지 마라. 만약 그대의 에너지가 거대한 불이 되는 것처럼 느껴지면 그때는 수련을 멈추고 즉시 내게 오라. 더 이상 진전시키지 마라. 그 에너지가 마치 탄환처럼 그대의 두개골을 구멍낼 것처럼 느껴지면 즉시 수련을 그만두라. 다시 눈동자를 움직여 에너지가 눈으로 흐르도록 하라. 그러면 그 감각은 금방 진정된다. 하지만 욕심 때문에 끝까지 견디면 두개골에 구멍이 나는 수가 있다.

물론 그런 일이 일어나도 전혀 잘못된 것은 없다. 그렇게 해서 그대가 죽는다고 해도 그것은 잘된 것이다. 그대는 이생에서 죽음을 초월하는 것을 성취한 것이다. 육체의 안전이 중요하다고 생각될 때 뭔가가 잘못되고 있다고 느껴지면 즉시 수련을 중단하라. 이것 뿐만 아니라 다른 방편도 마찬가지다. 그대가 뭔가가 잘못되고 있다고 느껴지면 그때는 멈춰라.

오늘날 인도에서는 많은 방편들이 가르쳐지고 있다. 그리고 많은 구도자들이 불필요한 고통을 겪고 있다. 그것은 가르치는 사람들이 위험을 인식하지 못하고 있기 때문이다. 그것은 마치 장님이 장님을 인도해서 구덩이에 같이 빠지는 식이다. 그들은 자신들이 하는 짓이 무슨 짓인지 모르고 있다.

나는 지금 112가지의 방편들에 대해서 그저 설명만 하고 있을 뿐이다. 어떤 방편이 그대에게 적합한 것인지는 그대 자신이 찾아야 한다. 그리고 그것을 찾는 것은 그리 어렵지 않다. 그대에게 맞는 방편을 찾아서 수련해 나가면 그때는 어떤 일이 일어날 것이며 그것을 어떻게 막아야 하는지도 저절로 인식하게 될 것이다.

오늘은 이만!

시각(視覺) 명상법 II

눈은 물질이지만 동시에 그것은 비물질적인 것이기도 하다.
눈은 그대와 그대의 육체가 만나는 지점이다.
육체 속에서 눈마늘 깊이 의식 속으로 들어갈 수 있는 입구는 없다.

시각 (視覺) 명상법 II

33
구름 너머 푸른 하늘을 그저 바라보라.
거기에 평정이 있다.

34
궁극적인 신비의 가르침이 전달되는 동안
그대는 눈동자도 깜빡이지 말고 경청하라.
즉시 절대적인 자유를 얻게 되리라.

35
깊은 우물의 가장자리에서 그 깊음을 계속 응시하라.
거기에 놀라운 비밀이 있다.

36
어떤 대상을 바라보라.
그리고 나서 천천히 그 대상으로부터 그대의 시력을 지워 버려라.
그리고 그대의 사념 또한 지워 버려라. 그러면……

　우리는 우리 자신의 표면만을 살고 있다. 중심이 아닌 주변만을 맴돌고 있다. 우리는 인생을 피상적으로 살고 있다. 그리고 그대가 다섯 가지 감각에서 머무르기만 한다면 그것은 수박 겉핥기 식의 삶이다. 순수한 의식에까지 그대가 도달할 때 드디어 그대는 삶의 중심 속으로 깊이 들어가는 것이다. 하지만 우리는 감각에서 머무르고 있다. 그리고 그것이 자연스럽고 당연한 것처럼 느껴진다. 하지만 그것은 시작일 뿐이다. 우리가 감각에만 머무는 것은 대상에만 집착한 삶이다. 감각은 대상의 즐거움에만 매여 있기 때문이다. 예를 들어 그대의 눈은 오직 보이는 것에만 소용이 있다. 그대의 귀는 들리는 것에만, 그리고 손은 만져지는 것에만, 코는 냄새나는 것에만, 그리고 입은 맛이 있는 것에만 소용이 있는 것이다.

　이처럼 우리는 감각에만 얽매여 산다고 해도 과언이 아니다. 다시 말해서 대상에 얽매여 살아가는 것이다. 따라서 우리는 이 방편에 들어서기 전에 먼저 세 가지 사실들을 이해해야 한다. 첫째, 의식은 중심에 있다. 둘째, 의식은 감각을 통해 주변으로 나와서 외부의 대상과 만난다. 그리고 세째, 대상은 주변의 경계선 너머에 있다. 이 세 가지, 즉 중심에 있는 의식과, 주변에 있는 감각과, 주변의 경계선 너머에 있는 대상을 각각 이해해야 한다. 이 방편들을 쉽게 수련하려면 말이다.

　여러 각도에서 이 사실들을 바라보자. 첫째, 감각은 의식과 대상 사이에 있다. 한쪽 편은 의식이고 다른 한쪽 편은 대상이다. 감각은 그 사이에서 중계 역할을 하고 있다. 감각의 통로를 통해 그대는 의식으로 혹은 대상으로 다가갈 수 있다. 그 거리는 같다. 단지 방향이 정반대일 뿐이다. 그래서 감각이 문이 된다. 그 문을 통해 대상으로 혹은 의식으로 다가갈 수 있다.

그대는 지금 감각에 머물고 있다. 그래서 위대한 선사(禪師)들은 사바(娑婆) 세계와 니르바나(涅槃)가 같은 거리에 있다고 한결같이 말했다. 그런데 우리는 니르바나가, 모크샤(解脫)가, 천국이 매우 멀리 떨어져 있다고 생각해 왔기 때문에 선사들의 이런 말을 들으면 어리둥절해진다. 하지만 선사들의 말이 백번 옳다. 그들은 정확하게 말한 것이다.

이 세상은 여기에 있다. 그리고 니르바나 역시 여기에 있다. 이 세상은 가까이 있다. 마찬가지로 니르바나 역시 가까이 있다. 단지 거기에 이르는 방향이 다르다. 니르바나에 이르기 위해서는 그대가 내면으로 들어가야 한다. 그리고 대상의 세계, 즉 이 세상에 이르기 위해서는 외부로 나가야 한다. 그 거리가 똑같다는 뜻이다. 내 눈에서 내 중심에까지 이르는 거리는 내 눈에서 그대와의 거리와 같다. 내가 외부로 나간다면 나는 그대를 볼 수 있다. 내가 내면으로 들어간다면 나 자신을 볼 수 있다. 그래서 우리는 언제나 이 감각의 문지방 위에 서 있는 것이다. 그리고 육체의 생존을 위해서 의식은 자연스럽게 외부로 나간다. 우리는 음식을, 물을 필요로 한다. 우리의 육체가 살 집이 필요하다. 이런 것들은 외부 세계 속에서 찾을 수 있다. 그래서 의식은 매우 자연스럽게 감각을 통해 세상으로 나간다. 그리고 내면 세계도 같은 원리가 적용된다. 그대가 내면으로 들어가야 할 필요성을 만들지 않는 한 그대는 내면으로 들어가지 않는다.

왜 그대는 내면으로 들어가지 않는가? 그대가 아직 내면으로 들어갈 필요성을 느끼지 못하기 때문이다. 그대가 외부 세계로 자연스럽게 나가는 것은 그대가 죄인이나 속인이기 때문이 아니다. 그대의 육체가 필요로 하는 것이 거기에 있기 때문이다. 마찬가지로 그대가 내면 세계로 들어가지 않는 것은 절실한 욕구를 느끼지 못하기 때문이다. 그대가 내면으로 들어가지 않아도 육체가 생존하는 데는 지장이 없다. 그래서 그대는 먼저 필요를 느껴야 한다. 그 필요는 종교와 관련되어 있다. 그런 필요를 느끼지 않는 한 그대는 종교적인 사람이라고 할 수 없다. 그럼 어떻게 그런 필요성이 만들어지는가? 어떤 과정을 거쳐서 내면 세계를 향한 절실한 욕구를 느끼게 되는가?

여기에도 세 가지 과정이 있다.

첫째, 죽음이다. 모든 생명은 생존을 위해 외부로 향하게 되어 있다. 만약 그대가 내면으로 향하기를 원한다면 그때 죽음이 기본적인 관심사가 되어야 한다. 그래서 붓다와 같은 사람에게 죽음이 심각한 문제가 되었던 것이다. 그는 죽음을 깊이 인식했다. 그리고는 내면으로 향하기 시작했다. 오직 그대가 죽음을 깊이 인식할 때만이 그대는 내면으로 향하려는 욕구를 느끼게 될 것이다.

삶은 외부를 향해 시선을 던진다. 그대가 죽음을 인식하지 않는 한 종교는 그대에게 무의미한 것이다. 동물이 종교를 갖지 않는 이유도 바로 여기에 있다. 그들은 인간만큼 살아 있다. 아니 그 이상이다. 그러나 그들은 죽음을 인식할 수 없다. 그들은 미래에 죽음이 올 것이라는 사실을 모른다. 그들은 다른 동물들이 죽어 가고 있는 것을 보지만 그것이 곧 자신의 죽음을 의미한다는 사실을 깨닫지 못한다.

그대 역시 타인의 죽음을 자신의 죽음으로 심각하게 받아들이지 못한다면 그때는 동물의 마음과 다름이 없다. 그대는 동물의 마음을 갖고 사는 것이다. 그대의 육체는 사람이지만 마음은 사람의 마음이 아니다. 동물과 인간의 차이점이 바로 여기에 있다. 오직 인간만이 죽음을 인식할 수 있고 그래서 내면으로 들어가려

059
시각(視覺) 명상법 II

는 욕구를 만들 줄도 안다.

나에게는 인간이라는 것이 '죽음에 대한 인식'이란 의미로 다가온다. 그 말은 죽음을 두려워하라는 뜻이 아니다. 그것은 진정한 인식이 아니다. 단지 죽음이 그대 곁으로 다가오고 있으며 그것에 대해 준비해야 한다는 사실을 인식하라는 뜻이다.

삶은 그것 자체의 필요한 요소들을 갖고 있고, 죽음 역시 그 자신의 필요성을 만들어 낸다. 그 때문에 사회가 젊을수록 그 사회는 불규칙하다. 그 사회는 변화의 유동성이 크다. 그들은 죽음의 현상에 대해서 별로 인식하지 않는다. 하지만 사회가 노령화될수록, 예를 들면 인도와 같은 데서는 죽음에 대해 많은 인식을 하고 있다. 그래서 인도는 종교적인 나라이다. 그러므로 먼저 죽음을 인식하라. 그것에 대해 생각하고 사색하라. 그것을 회피하거나 두려워하지 마라.

그대의 죽음은 그대의 탄생과 함께 시작된다. 이제 그대는 죽음을 피할 수 없다. 그것은 그대 속에 이미 들어 있다. 그것을 인식하라. 죽음을 인식하는 순간 죽음은 확실한 실체로 다가오며 그대의 전 마음이 다른 차원으로 작동하기 시작할 것이다. 아무리 육체에게 좋은 음식과 의복을 제공한다 하더라도 죽음은 반드시 오고야 만다. 단지 삶의 시간을 좀더 연장할 수 있을지는 몰라도 말이다. 그대가 아무리 좋은 집에서 산다고 해도 그것으로 죽음을 막을 수는 없다. 그저 푹신한 침대에서 죽음을 맞이할 수 있게 해줄 뿐이다.

삶 속에서는 그대가 가난할 수도 부유할 수도 있다. 그러나 죽음은 삶 속에서 불평등한 것을 모두 평등하게 만든다. 그대가 어떻게 살았든지 죽음은 평등하게 일어난다. 삶 속에서는 평등이 불가능하다. 그러나 죽음 속에서는 불평등이 불가능하다. 그러므로 죽음을 인식하라. 죽음에 대해서 사색하라. 하지만 그대의 생각에는 한계가 있어서 죽음이란 결국 미래 어느 때에 일어난다는 것 외에 더 이상 생각이 미치지 못한다. 마음은 매우 좁은 시야를 갖고 있다. 그것은 아주 극소한 부분밖에 초점을 맞출 수가 없다. 30년 뒤에 죽음이 일어날 것이다. 그대는 30년 이상의 세월에 대해서는 생각할 수가 없다. 그대만큼은 죽지 않을 것처럼 보이기도 한다. 왜냐하면 30년이란 시간은 굉장히 긴 시간이라고 느끼기 때문이다.

그대가 죽음에 대해 사색하고 싶다면 또 다른 사실을 알아야 한다. 그것은 죽음이 바로 다음 순간에 일어날 수 있다는 점이다. 죽음은 언제나 그대 곁에 있다. 그대의 죽음을 인간의 평균 수명에 맞추어 생각하지 마라. 지금 내 이야기가 끝나기 전에 죽을지도 모른다. 나의 외할아버지는 내가 태어났을 때 한 점성가를 찾아갔던 일을 내게 이야기해 주곤 했다. 당시에 그는 매우 유명한 점성가였는데 그가 나의 운명에 대해 이렇게 말했다고 한다.

"이 아이가 7년 이상을 산다면 그때 다시 이야기하자. 이 아이는 7년을 넘기지 못할 것이다. 그러니 지금 그가 자라서 어떻게 되리라고 미리 말할 수 없다."

불행인지 다행인지 모르지만 나는 7년을 넘겼고 외할아버지는 다시 그 점성가를 찾아갔다. 하지만 그는 이미 죽고 없었다. 나는 이 일에 대해 항상 궁금증을 갖고 있다. 그는 내가 7년을 넘기지 못하고 죽을 것이라고 믿었다. 그는 다른 사람들의 운명에 대해서는 잘 맞추었다. 그래서 그는 신통한 점성가로 유명해져 있다. 하지만 자신이 7년 뒤에 어떻게 되리라는 것은 몰랐던 것이다.

죽음은 바로 다음 순간에 일어날 수 있다. 하지만 마음은 결코 그런 사실을 믿지 않는다. 내가 이렇게 말하면 그대의 마음은 도리어 이렇게 생각할 것이다.

'아니다! 어떻게 내가 다음 순간에 죽을 수 있는가? 나는 지금 매우 건강하다.'

그러나 젊고 건강한 사람이 하룻밤 사이에 심장마비로 죽을 수도 있다. 그런 일은 도처에서 흔히 일어나고 있다. 그대는 자신의 죽을 날에 대해 정확히 예견할 수 없다.

어떤 사람이 죽어 가고 있다. 조금 전까지만 해도 그는 자신이 죽으리라고 생각하지 않았다. 하지만 죽음은 항상 바로 다음 순간에 일어난다. 따라서 그대는 죽음이 가까이 있다는 사실을 명심하라. 그때 그대는 내면으로 들어가려는 욕구가 생겨나게 된다.

둘째로, 그대는 지금 삶을 계속 영위하고 있다. 그대는 계속 다음 순간을 위해 삶의 의미와 목적을 억지로 만들어 내고 있다. 그대는 삶 전체를 통틀어 생각하지 않는다. 그리고 어떤 의미라도 계속 끌어다 붙이고 있다. 가난한 사람들은 부자들보다 삶에 대해 더 많은 의미를 부여한다. 가난한 사람들은 소유해야 할 물건들이 더 많기 때문이다. 그것이 그들에게 삶의 의미를 부여한다. 만약 그대가 정말 부자라서 모든 것이 가능하여 더 이상 이 세상이 그대에게 아무것도 줄 수 없을 때 그대의 삶은 무의미해진다. 이제 더 이상 그대는 삶의 의미를 만들 수 없다. 부유한 사회일수록 삶에 대한 허무감이 팽배한 것도 바로 이 때문이다.

가난한 사람들은 자신의 집을 마련하는 것에 온 관심이 쏠려 있다. 그들은 수년 동안 그것만을 생각하며 살아간다. 그때 그는 자신의 삶이 의미가 있다고 생각한다. 그는 그 희망 때문에 삶이 허무하다는 생각을 할 여유가 없다. 그리하여 그가 마침내 집을

장만하게 되면 당분간은 행복감을 느낄 것이다. 하지만 그는 거기에서 만족할 수 없다. 더 큰 집을 갖고 싶은 것이다. 그래서 그는 또다시 돈 버는 일에 열중한다. 그는 삶을 전체적으로 생각할 시간이 없다. 삶의 의미란 것이 본래 있는 것인지 아니면 없는 것인지조차 돌아볼 여유가 없다.

그대가 모든 것을 갖고 있다고 상상해 보라. 집과, 자동차와, 그대가 원하는 것은 무엇이든지 갖고 있다고 생각해 보라. 그러면 어떻게 되겠는가? 그대가 필요로 하는 것은 어떤 것이든지 모두 갖추어져 있다면 그때 갑자기 모든 삶의 의미가 사라져 버린다. 그러나 본래부터 그대의 삶은 의미가 없었다. 단지 그대가 인식하지 못하고 있었을 뿐이다.

알렉산더가 인도를 정복하고 돌아왔을 때 그는 디오게네스를 만났다. 디오게네스는 인간의 마음을 가장 깊이 꿰뚫어본 사람 중의 하나였다. 그는 마하비라처럼 벌거벗고 살았다. 그는 그리이스의 마하비라였다. 그는 모든 것을 포기했다. 모든 것을 떠난 사람이었다. 그는 뭔가 다른 것을 얻기 위해 세상을 포기한 것이 아니다. 만약 그가 뭔가를 얻기 위한 것이라면 그의 포기는 진짜가 아니다. 만약 그대가 천국에서 뭔가를 누리기 위해 이 세상을 포기한다면 그것은 진정한 포기가 아니다. 그것은 체념이 아니다. 영적인 즐거움을 위해 육체적인 즐거움을 버리는 것은 하나의 거래이며 장삿속이다.

디오게네스는 모든 것을 버렸다. 그리고 다른 그 무엇을 원치 않았다. 모든 것을 버린 뒤에도 삶의 의미가 여전히 존재하는지 안하는지를 그는 확인해 볼 수 있었다. 그런데 그가 버리지 않은 것이 하나 있었다. 그것은 나무 그릇 하나였다. 물을 떠마시는 데 그것을 사용했던 것이다. 그런데 어느 날 개 한 마리가 그릇 없이 물을 마시는 것을 보고 그는 그것마저 내버렸다.

어느 날 알렉산더는 인도를 정복하기 위해 출정했다. 그는 인도만 정복하면 전세계를 지배하는 군주가 되는 것이었다. 그런데 그가 그리이스를 떠나기 전에 디오게네스라는 위대한 현자가 살고 있다는 소문을 들었다. 그는 어떤 부하에게서 이런 말을 들었던 것이다.

"대왕께서는 세계를 정복할 위대한 황제이십니다. 그리고 디오게네스는 그의 마지막 소유물이었던 나무 그릇마저 내버렸습니다. 그는 갖고 다니던 그릇을 버리고 매우 즐거워했습니다. 그런데 대왕께서는 전세계를 정복하지 않고서는 도저히 만족할 수 없다고 말씀하십니다. 그는 완전히 대왕의 반대극입니다. 그러니 그를 한번 만나보시는 것도 재미있으실 것입니다."

알렉산더는 그 말을 듣고 매력을 느꼈다. 언제나 반대극끼리는 서로 끌리는 법이다. 남자는 여자에게 끌리고 여자는 남자에게 끌린다. 그것 역시 반대극이기 때문이다. 그래서 알렉산더는 디오게네스를 그냥 지나칠 수 없었다.

디오게네스 역시 그 소식을 들었다. 많은 사람들이 그에게 와서 이렇게 말했다.

"위대한 황제 알렉산더가 이곳을 지나갑니다. 그를 한번 만나보는 것이 좋을 것입니다."

그 말을 듣고 디오게네스는 이렇게 말했다.

"위대한 황제라고? 누가 그대에게 그렇게 말하던가? 그는 그 자신일 뿐이다. 그대의 위대한 황제 알렉산더에게 가서 말하라. 그는 나에게 아무것도 줄 수 없으며 나를 만날 필요조차 없다고 말이다."

그는 또 이렇게 덧붙였다고 전해진다.

"나는 한 마리의 개일 뿐이다. 나는 개보다 나은 것이 하나도 없다. 그러니 위대한 황제가 개를 만나는 것은 명예를 더럽히는 일일 뿐이다."

알렉산더는 디오게네스를 불러올 수 없었다. 할 수 없이 그는 디오게네스를 만나러 가야 했다. 디오게네스는 자신을 찾아온 알렉산더를 보고 이렇게 말했다.

"나는 당신이 전세계를 정복한다고 들었소. 그래서 나는 눈을 감고 생각했소. '좋다! 나는 이제 이 세상을 정복했다. 그런데 뭔가?' 그렇소! 나에게는 '그런데 뭔가?'라는 이 질문이 계속 일어났소. 내가 세상을 정복하고 나면 정말로 그땐 무엇을 하며 그것이 무엇이란 말이오?"

알렉산더는 그 말을 듣고 갑자기 슬퍼졌다. 그는 디오게네스에게 이렇게 말했다.

"'그런데 뭔가?'라고 말하지 마시오. 그런 식으로 말하지 마시오. 당신 때문에 나는 매우 슬퍼졌소."

디오게네스가 말했다.

"하지만 당신이 이 세계를 정복하고 나서도 슬퍼진다면 그것을 내가 어떻게 하겠소? 나는 단지 내가 그렇게 되면 아무 쓸모도 없을 것이라는 상상을 했을 뿐이오. 당신은 당신 나름대로 생각하시오. 세계를 정복하고 나면 그때는 무엇을 어떻게 해야 할지 말이오."

알렉산더는 마음이 뒤숭숭해져서 그곳을 떠났다. 그는 갑자기 슬픔이 몰려오는 것을 느꼈다. 그래서 그의 신하들에게 이렇게 말했다.

"그는 매우 위험한 사람이다. 그는 나의 행복과 꿈을 산산히 부수어 버렸다."

그 후로 그는 디오게네스를 잊을 수가 없었다. 한번도 그의 말이 머리를 떠나지 않았다. 그는 인도를 정복하고 돌아오는 도중에 임종을 맞이하게 되었다. 그는 이렇게 말했다.

"아마 그 친구의 말이 옳았는지 모른다. 지금도 '그런데 뭔가?'란 말이 나에게서 떠나지 않는다."

그대가 할 수 있는 일을 모두 마쳤을 때 이 말을 기억하라. '그런데 뭔가?'를 말이다. 그러면 그대는 비로소 자신이 한 모든 일이 아무런 의미도 소용도 없는 일이며 그저 에너지 낭비였다는 사실을 알게 될 것이다. 만약 그대가 아무것도 없이 즐거워할 수 있다면, 어떤 것에도 의존하지 않고 자신의 존재만으로 홀로 행복할 수 있다면, 그대의 행복에 아무런 조건도 붙지 않는다면 그때 비로소 그대는 진짜로 행복해질 수 있다. 그렇지 않는 한 그대는 언제나 불행 속에 있을 것이다. 언제나 말이다.

의존한다는 것은 불행을 의미한다. 소유물에 의존하는 사람, 지식에 의존하는 사람, 이것저것에 의존하는 사람, 그런 사람의 불행은 끝이 없다. 그는 결코 불행에서 벗어나지 못할 것이다.

오래 전의 일이다. 나를 자주 찾아오는 노인이 한 사람 있었다. 그는 자기 아들들이 대학에 들어갈 수만 있다면 진짜로 행복해질 수 있을 것이라고 말했다. 그는 가난하고 평범한 점원이었는데 자기 아들들이 대학에 들어가는 것이 그의 유일한 꿈이었다. 그런데 그 아들들이 얼마 후에 대학에 들어갔다. 그리고 나서 몇 달 뒤에 나를 찾아와 이렇게 말했다.

"나는 한 달에 겨우 600루삐(약 3만원)를 벌 뿐입니다. 나에게는 두 아들이 있는데 그들이 좋은 교육을 받는 것이 나의 유일한 꿈입니다. 이제 그들은 대학에 들어갔으니 나는 그들을 외국으로 유학을 보내고 싶습니다. 그래서 매달 얼마의 돈을 그들에게 부쳐줄 수 있다면 얼마나 행복하겠습니까? 내가 원하는 것은 그것 뿐입니다.”

이제 그 노인은 죽고 없다. 그에게 있었던 삶의 의미는 두 아들을 교육시키는 것뿐이었다. 이제 그 아들들은 그의 소원대로 교육을 잘 받아 사회적 지위를 얻었다. 그런데 이제는 그들이 똑같은 생각을 하고 있다. 그들의 아버지가 바라던 그대로의 넌센스를 계승하고 있다.

이 모든 것의 의미가 무엇인가? 그대는 무엇을 하고 있는가? 그대를 행복하게 만드는 진짜 의미를 그대는 찾았는가? 진정한 삶의 의미를 찾을 때 그대는 내면으로 향하게 된다.

이제 세번째로, 인간은 계속 망각 속에 산다. 그대는 과거를 잊어버린다. 그대는 어제 화를 내었고 그것을 후회했다. 그런데 그 사실을 또 잊어버리고 같은 상황이 벌어지면 여전히 화를 낸다. 이것이 그대의 삶이다. 그대는 똑같은 것을 반복하고 있다. 그러면서 말은 잘도 한다. 인생에서 뭔가 특별한 것을 찾고 있다고 말이다. 하지만 아무도 그것을 찾을 수 없다. 만약 그대가 그것을 찾는다면 그대는 똑같은 실수를 두 번 다시 저지르지 않을 것이다. 하지만 그대는 전철을 반복한다. 그리고는 계속 후회를 한다. 그대는 인생을 통해 아무것도 배운 것이 없다.

어떤 자극이 주어지면 그대는 화를 낼 것이다. 예전과 똑같이 미칠 것이며 그 다음 그것을 후회할 것이다. 만약 그대가 진짜로 변화되기를 원한다면 배워라! 그대가 하는 것이 무엇이든지 거기에서 진실을 배워라! 그대가 살아왔던 과거를 돌이켜보고 똑같은 바보짓을 더 이상 계속하지 마라.

결론적으로 말하자면 그대의 삶은 다람쥐 쳇바퀴 도는 것과 다름이 없다. 그대가 쳇바퀴를 돌고 있다고 말한다면 그대는 싫어

할지 모른다. 차라리 쳇바퀴가 그대를 돌리고 있다고 말하는 것이 더 나을 것이다. 어쨌든 그대는 기계처럼 계속 같은 행위를 반복한다. 그리고 이 쳇바퀴를, 이 굴레를 '삼사라(Samsara)'라고 부른다. '삼사라'란 그대를 붙잡아맨 채 영원히 멈추지 않고 계속 돌아가고 있는 바퀴를 말한다.

그대가 이 바퀴로부터 뭔가를 알아내지 못하는 한 그 악순환은 멈추지 않는다. 그대는 거기에서 헤어날 수가 없다. 그러니 이 세 가지 말들을 기억하라. 죽음, 의미, 그리고 앎. 그대가 끊임없이 생각해야 할 '죽음'과, 그대가 인생을 통털어서 찾아내어야 할 '의미'와 다른 아무것도 더 배울 것이 없다고 느낄 때 드디어 알게 되는 '앎'을 말이다. ― 경전은 아무것도 그대에게 가르쳐 줄 수 없다.

만약 그대의 삶이 그대에게 아무것도 줄 수 없다면 그때는 그 어떤 것도 그대에게 줄 것이 없다. 그대는 자신의 삶을 통해서 배워야 한다. 그것을 통해 결론을 얻어야 한다. 그대가 자신에 대해서 할 수 있는 것이 무엇인가? 그것은 단 한 가지, 그대를 얽어맨 거대한 바퀴, 즉 삼사라에서 뛰쳐나오는 것이다. 그 길은 그대의 내면으로 들어가는 길밖에 없다. 이제 방편으로 들어가자.

33

구름 너머 푸른 하늘을 그저 바라보라.
거기에 평정이 있다.

내가 여러 가지 잡다한 것들을 이야기하는 것도 방편들에 대한 구절들이 너무나 간단하기 때문이다. 그대가 만약 이 방편만 보고서 아무런 이해 없이 그대로 행한다면 백날을 수련해봤자 아무것도 일어나지 않는다. 그리고 그대는 이렇게 말할 것이다.

"이 방편은 도대체 무슨 종류인가? 시바는 왜 이렇게 비합리적이고 애매모호하게 말을 해놓았을까? 그는 그저 나오는 대로 말해 놓았다. 그저 푸른 하늘을 바라보라니."

그러나 그대가 죽음, 의미, 앎을 기억한다면 이 방편을 통해 내면으로 향할 수 있다. 그냥 바라보라! 아무런 생각 없이! 하늘은 무한하다. 그것은 끝이 없다. 그저 그 속으로 들어가라. 거기에는 어떤 대상도 없다. 굳이 하늘을 들먹이는 것도 바로 이 때문이다. 하늘은 대상이 아니다. 언어상으로는 그렇겠지만 존재론적으로는 그것은 대상이 될 수 없다. 대상은 시작과 끝이 있다. 하늘은 시작과 끝이 없다. 그리고 추상명사가 아닌 보통명사로서 대상이 아닌 것은 하늘뿐이다. 그대가 하늘 속에 있을 때, 다시 말해서 그대가 허공 속에 있을 때 그대는 어디로도 갈 곳이 없다. 그래서 하늘은 대상이면서 동시에 대상이 아니기도 하다. 그대는 그 속을 들여다볼 수 있다. 동시에 그대는 그 속을 들여다볼 수 없다. 만약 들여다본다면 그것은 끝이 없다. 계속 들여다보는 것이다.

그래서 푸른 하늘을 들여다보는 동안 그 대상은 무한하다. 거기에는 어떤 경계선도 없다. 그것에 대해 생각할 수도 없다. 그것이 아름답다고 말하지 마라. 그 색깔을 감상하지도 마라. 어떤 생각도 만들어 내지 마라. 그대가 생각을 시작하는 순간 바라보는 것은 멈추게 된다. 푸른 하늘의 푸르다는 것조차 잊어버려라. 거기에는 오직 푸르름뿐이기에 더 이상 그것은 색깔이 아니다. 그것은 하나의 허공이다. 그때 갑자기 그대는 자신을 인식하게 된다. 왜인가? 허공 속에 있을 때는 그대의 감각이 아무런 소용이 없게 되기 때문이다. 감각은 반드시 대상이 있을 때에만 소용이 있다. 사실 모든 대상은 허공 속에 있다. 따라서 허공 자체는 대상이 될 수 없다. 푸른 하늘을 바라보라는 말은 허공을 바라보라는 말이다. 그래서 경전에서는 '구름 너머'라는 표현을 쓰고 있다. 별도 없고 달도 없고 해도 없는 오직 푸른 하늘만을 바라보라.

거기에는 아무것도 없다. 아무것도 없을 때, 그대의 감각이 더 이상 기능을 멈출 때 그대의 사념 역시 멈춘다. 그때 드디어 그대는 자신의 존재를 인식하게 될 것이다. 그것은 사념이 아니다. 그것은 각성이며 순수한 의식이다. 그리고 그대는 허공이 될 것이다. 왜인가? 그대의 눈은 하나의 거울이기 때문이다. 그 거울 앞에 있는 것은 무엇이든지 거울에 비친다. 나는 그대를 바라본다. 그대는 슬프다. 그때 갑작스런 슬픔이 나에게 들어온다. 만약 슬픈 사람이 그대의 방으로 들어오면 그대는 슬퍼진다. 무슨 일이 일어났는가? 그대는 슬픔을 보았다. 그대는 하나의 거울이다. 슬픔이 그대에게 반사되었다.

어떤 사람이 속에서부터 터져나오는 웃음을 웃는다. 그때 갑자기 그대 자신도 웃게 된다. 웃음에 전염된 것이다. 아름다운 것을 바라보면 그것은 그대 속에 반사된다. 추한 것을 바라보아도 마찬가지다. 그대가 무엇을 바라보든지 그것은 그대를 깊이 관통한다. 그것은 그대 의식의 일부분이다.

하지만 만약 그대가 허공을 바라본다면 거울에는 아무것도 비치는 것이 없다. 그저 텅 비어 있을 뿐이다. 그 속에서 어떻게 걱정을 할 수 있고 긴장을 할 수 있겠는가? 그 속에서 어떻게 마음이 작용할 수 있겠는가? 마음은 사라져 버릴 것이다. 그리고 마음이 사라지는 것이야말로 진정한 침묵이다.

그리고 텅 비어 있음이 비칠 때 그것은 욕망 없음이 된다. 욕망은 하나의 긴장이다. 그대는 욕망하고 걱정한다. 그대가 미녀를 바라보면 그녀를 소유하고 싶다. 그대 곁을 지나가는 고급 승용차를 보면 그것도 소유하고 싶다. 욕망하는 마음은 걱정하게 한다. 저것을 어떻게 손에 넣을까? 과연 무사히 손에 넣을 수 있을까? 마음은 기대에 부푼다. 그렇지 않으면 좌절한다. 이런 마음의 작용 모두가 꿈이다.

욕망이 거기에 있을 때 그대의 마음은 혼란스럽다. 마음은 여러 조각으로 나뉘어 산산이 흩어진다. 그 많은 계획들, 그 많은 꿈들. 그대는 미치게 된다. 욕망은 정신병의 씨앗이다.

그러나 허공은 대상이 아니다. 그것은 그저 텅 비어 있는 것이다. 그대가 그것을 바라볼 때 거기에 어떤 욕망도 일어날 수 없다. 그대는 허공을 소유하고 싶지 않다. 허공을 사랑하고 싶지도 않다. 그대는 허공과 아무것도 할 수가 없다. 마음의 모든 작용이 정지한다. 어떤 욕망도 일어나지 않는다. 거기에 정적이, 침묵이 흐른다. 갑작스런 평화가 그대 속에서 터져나온다. 그대는 하늘과 같이 되었다.

그대가 무엇에 대해서 사색하든지 그대는 언제나 그 대상과 하나가 될 수 있다. 왜냐하면 그대의 마음은 무한한 모습을 갖고 있기 때문이다. 그대가 욕망하는 것은 무엇이든지 그대의 마음이 그 형태로 변한다. 그대는 그것이 된다. 돈을 추구하는 사람은 그의 마음이 재물로 변해 있다. 그를 흔들어 보라. 돈 소리만 날 것이다. 그는 이미 돈이 되어 있다. 그대가 무엇을 꿈꾸든지 그대는 그것이 되어 있다. 그래서 그대가 무엇을 욕망하고 있는지 인식하라. 그대는 그것이 되어 가고 있기 때문이다.

하늘은 언제나 그대 곁에 있다. 그대는 하늘을 만나기 위해 다른 곳으로 갈 필요가 없다. 히말라야나 티벳으로 갈 필요가 없는 것이다. 그래서 시바는 '그저 하늘을 바라보라'라고 말했다.

그럼 이제 다음 방편으로 넘어가자.

34

궁극적인 신비의 가르침이 전달되는 동안 그대는 눈동자
도 깜빡이지 말고 경청하라.
즉시 절대적인 자유를 얻게 되리라.

"궁극적인 가르침이 전달되는 동안……"

이것은 스승이 제자에게 개인적으로 전달해 주는 비밀스런 방
편이다. 이 비의(秘儀)적인 탄트라 속에서 스승은 그대에게 어떤
가르침을 준다. 그것은 비밀스런 만트라(呪文)일 수도 있다. 제
자가 완전히 준비되었을 때 그 가르침이 전달될 것이다. 개인적
인 만남을 통해서 말이다. 그것은 귓속말로 속삭이듯 은밀하게
전달될 것이다. 스승이 그대에게 자신의 비밀스런 체험을 전달하
려고 결심할 때 스승은 이렇게 말한다.

"눈동자도 깜빡이지 말고 경청하라. 그 즉시 절대적인 자유를
얻게 되리라."

그때 그대의 눈동자를 고정시켜라. 그것은 마음에 어떤 사념도
일어나지 않게 하라는 의미이다. 깜빡거리지도 않는 눈동자! 그
때 그대의 의식은 열린다. 완전히 수용적인 자세가 된다. 그 순간
그대는 전체적으로 텅 비게 될 것이다. 어떤 것도 생각하지 않고
단지 기다림만이 있다. 그러나 어떤 것이 일어나기를 기다리지는
마라. 그런 기다림은 곧 사념으로 연결된다. 그러므로 순수한 기
다림, 아무것도 움직이지 않는 순간, 바로 그때 모든 것이 멈춘
다. 시간은 흐르기를 멈추고 마음 역시 전적으로 텅 비게 된다.
그것이 바로 '무심(無心)'의 상태이다. 그리고 오직 무심 속에서

만이 스승의 가슴이, 그 비밀이 전달될 수 있다.

그때 스승은 그대에게 긴 설법을 늘어놓지 않을 것이다. 그는 두세 마디 간단한 말을 해줄 것이다. 그 침묵 속에서 두세 마디의 말은 그대의 핵심을 찌를 것이다. 그리고 그것은 자유의 씨앗이 된다.

인간은 마음으로부터 자유로워질 때만이 비로소 자유로울 수 있다. 다른 자유는 없다. 마음으로부터 자유로워지는 것만이 유일한 자유이다. 아무리 시바의 112가지 방편을 수련한다고 해도 그대가 미리 준비되어 있지 않으면 아무런 결과도 얻지 못할 것이다. 그것은 자갈밭에 씨앗을 던지는 것과 같다. 그것은 씨앗의 잘못이 아니다. 한겨울에 씨앗을 뿌린다면 싹이 나지 않을 것이다. 적절한 토양과 적절한 시기에 씨앗이 뿌려져야 한다. 오직 그때만이 결실을 볼 수 있다.

예를 들어 임제 선사 같은 사람은 스승의 방 앞에 있는 툇마루에 앉아 있다가 깨달음을 얻었다. 그때 스승은 임제가 앉아 있는 툇마루로 나와서 그를 쳐다보았다. 임제의 눈을 쳐다본 것이다. 그리고 갑자기 웃음을 터뜨렸다. 임제 역시 웃음을 터뜨렸다. 그리고 스승에게 자신의 깨달음을 표현하는 뜻으로 절을 했다. 하지만 그는 6년을 기다린 것이다. 그 깨달음을 얻기까지 그에게는 6년의 세월이 필요했다.

스승은 매일 임제를 쳐다보았다. 임제는 깨달음의 순간을 맞이하기 위해서 매일 스승을 기다렸다. 그러던 어느 날 스승과의 만남을 통해 그는 깨달음을 얻었다. 바로 이 방편을 통해서 말이다. 그때 비밀스런 가르침이란 스승의 웃음이다. 그 웃음이 터져나올 때 임제 역시 웃음이 전달되었다. 그리고 거기에는 오직 웃음만이 존재했다. 임제의 마음은 거기에 존재하지 않았다. 그는 그 자신으로부터 자유로워진 것이다. 그대가 자유로워지는 것은 그대 자신으로부터 자유로워질 때이다.

임제는 그 일을 종종 제자들에게 말했다. 그의 기다림은 긴 시간이었다. 6년이 지난 어느 날 드디어 때가 온 것이다. 임제는 완전히 준비되었던 것이다. 그런데 그대는 단지 며칠 동안 명상을 해보고 아무런 깨달음의 소식도 오지 않는다고 말할 것인가? 그대는 얼마나 오랫동안 기다렸는가? 얼마나 간절한 마음으로 기다렸는가?

6년 동안 임제는 아무것도 할 수 없었다. 누구를 만난다든가 어디에 간다든가 하는 것도 금지되었다. 경전을 읽는 것조차 금지되었다. 스승은 임제가 이해할 수 없는 말만 던졌다. 그리고 틀린 대답이 나올 때마다 주장자에 얻어맞기가 일쑤였다. 그러나 임제는 좌절하지 않았다. 그는 끝까지 기다렸다.

그 기다림이 무르익어 그는 점점 침묵 속으로 들어갔다. 여름이 지나고 겨울이 오고 비가 눈으로 변하기를 몇 번이나 했는지 모른다. 그는 시간에 대해 잊어버려야 했다. 그가 이전에 세워 놓았던 모든 인생의 계획들이 완전히 무너질 때까지, 자기 자신마저 잊어버릴 때까지 그는 기다려야 했다. 그리고 시간이 흘러갈수록 그는 점점 침묵 속으로 빠져 들어갔다. 그러던 어느 순간 갑자기 스승은 미친 듯이 웃기 시작했다. 그 웃음은 임제의 내면에 깊이 박혔다. 그것이 핵심을 건드린 것이다.

임제의 제자들은 임제에게 이렇게 물었다.

"그때 스승님께 무슨 일이 일어났습니까?"

임제는 말했다.

"나의 스승께서 웃기 시작할 때 갑자기 나는 이 세상 전체가 하나의 농담이라는 것을 깨달았다. 모든 심각함이 사라져 버렸다. 나는 나 자신으로부터 가벼워졌다. 나 자신도 내게는 문제가 되지 않았다. 이 세상을 포함해서 나 자신 역시 하나의 농담이기 때문이다. 도대체 누가 묶여 있으며 누가 자유로워져야 한단 말인가? 거기에는 어떤 속박도 없기에 굳이 해탈할 필요도 없는 것이다. 내가 자유로워지려고 그토록 오랜 세월을 기다린 것은 이 세상에서 가장 웃기는 일이었던 것이다. 그때 스승은 그런 나를 보고 미친 듯이 웃기 시작했고 그 순간 나를 묶었던 모든 속박이 저절로 풀어졌다."

때때로 그런 일이 일어날 때마다 그대는 완전히 예측 불허의 상황에 놓이게 된다. 그리고 선가(禪家)에서는 그런 일화들이 드물지 않다. 어떤 사람은 두들겨 맞는 순간에 깨달음을 얻는다. 또 어떤 사람은 북소리를 듣다가 깨닫는다. 어떤 사람은 대나무 물통에 물을 지고 가다가 물통이 터지는 순간 깨닫기도 했다. 그때의 주인공은 여자였다. 그녀는 그때를 회상하며 후에 이렇게 말했다.

"물통이 땅에 떨어져 부서지면서 물이 쏟아져 나왔다. 그때 나는 내 몸이 부서지는 것을 보았다. 그때까지 물통 안에 비치던 달은 온데간데없이 사라졌다. 나는 눈을 들어 하늘을 보았다. 거기에는 보름달이 여전히 떠 있었다. 정적 속에서 말이다. 모든 것이 정적 속에 있었고 나 자신 역시 정적 속에 녹아 들었다. 거기에 나는 더 이상 없었다. 나는 사라져 버렸다."

이것이 바로 해탈이며 자유인 것이다.

35

깊은 우물의 가장자리에서 그 깊음을 계속 응시하라.
거기에 놀라운 비밀이 있다.

이 방편 역시 앞의 것들과 유사하다. 단지 작은 차이가 있을 뿐이다. 먼저 그대는 깊은 우물을 들여다보라. 그 우물은 곧 그대속에 비쳐질 것이다. 그리고 생각하지 마라. 사념을 멈춰라. 그저 깊은 우물만 들여다보라. 푸른 하늘을 바라보듯이 말이다. 마음은 그 자체로 깊이를 간직한 우물과 같다. 서양에서는 심층심리학이 연구되기 시작하면서 단지 사념이 일어나는 표면만을 그대의 마음이라고 부르지 않기 시작했다. 그 마음은 그대가 섣불리알 수 없는 깊이를 지니고 있다는 것이다.

아무 생각 없이 그저 우물 속을 들여다보라. 그 깊이가 그대 속에 투영될 것이다. 그 우물은 내면에 대한 외부적인 상징이 될 것이다. 그대의 가슴이 놀라움으로 가득 찰 때까지 한없이 깊이 내려가라. 그때까지 멈추지 마라. 계속 들여다보고 있어라. 매일같이 그 우물가에 와서 그 깊음을 들여다보라. 서서히 그대의 마음에서 사념이 가실 것이다. 그 깊음을 명상하라. 한없이 그 속으로 내려가라. 어느 날 그대의 마음은 완전히 작동을 멈출 것이다. 갑자기 그대 속에 그 우물이 있음을 깨닫게 된다. 그대는 외부의 우물을 들여다보고 있었는데 어느 순간엔가 그대는 내면의 우물을 들여다보고 있었음을 깨닫게 된다. 그때 그대는 놀라움으로 가득찰 것이다.

중국의 장자(莊子)가 그의 스승인 노자와 함께 다리를 건너가고 있었다. 노자는 장자에게 이렇게 말했다고 한다.

"여기에 남아 있어라. 다리 밑으로 흘러가는 강물을 바라보라. 강물이 완전히 멈추면 다리가 흘러가기 시작할 것이다. 그때 나에게 오라."

강물이 흐르는 것이지 다리가 흐르는 것은 결코 아니다. 그러나 장자는 스승이 시킨 대로 계속 강물을 바라보고 있었다. 며칠

이 지나고 몇 달이 지났다. 장자는 모든 일을 전폐하고 그 다리에 앉아서 강물만 바라보고 있었다. 그런데 어느 날 갑자기 스승이 말한 대로 강물이 멈추었다. 그러면서 동시에 다리가 움직이기 시작하는 것이었다. 다리는 강물의 속도만큼이나 빠르게 움직이고 있었다. 그는 흘러가는 다리 위에 앉아 있다고 느꼈다. 그래서 그는 스승을 찾아갔다.

그런 일은 어느 날 갑자기 일어난다. 어떻게 그런 일이 일어날 수 있는지 의아해 하지 마라. 그대의 생각이 완전히 멈추면 무슨 일이든지 일어난다. 강물이 흐르고 있고, 다리는 고정되어 있다는 것은 그대의 고정관념일 뿐이다. 사실 그것은 상대적인 것이다.

아인슈타인은 그의 상대성이론에서 모든 것은 상대적이라고 말했다. 그대가 기차를 타고 갈 때 기차가 움직이는 것이 아니라 차창 밖의 풍경들이 움직이고 있다고 느낀다. 아인슈타인은 그것이 단지 착각일 뿐이라고 말하지 않는다. 그는 같은 공간 안에서 두 대의 기차가 같은 속도로 나란히 움직이고 있으면 마치 정지해 있는 것처럼 느껴진다고 말했다. 만약 차창 밖의 풍경이 기차와 같은 속도와 방향으로 달리고 있다면 그대는 기차가 움직이지 않는 것으로 느낄 것이다. 그리고 반대 방향으로 움직인다면 그대는 속도를 두 배로 느낄 것이다.

마찬가지로 속도가 상대적이라면 그때 강물이 흐르고 있고 다리는 고정되어 있다고 느끼는 것 역시 하나의 상대적인 생각일 뿐이다. 장자는 매일같이 거기 앉아서 명상하고 명상하고 명상했다. 그러다가 모든 것이 상대적이라는 사실을 깨닫게 된 것이다. 강이 흐르는 것은 그대가 다리는 고정되어 있다고 생각하기 때문이다. 그러나 사실은 다리 역시 움직이고 있다. 이 세상에는 그 어떤 것도 고정된 것이 없다. 가장 작은 알갱이인 원자나 전자마저 움직이고 있다. 모든 것이 움직이고 있으며 다리 역시 움직이고 있다.

장자는 명상 속에서 모든 것이 움직이고 있음을 얼핏 일견한 것이다. 거기에는 모든 원자들이 움직이고 있지만 너무나 그 움직임이 빨라서 그대가 감지할 수 없다. 따라서 그대는 그것이 고정되어 있다고 느끼는 것이다.

선풍기의 팬이 빨리 돌아가면 그대는 마치 그 팬이 없는 것처럼 느낀다. 그리고 그것이 더 빨리 돌아서 빛의 속도만큼 빨라지면 고정된 둥근 디스크라고 느낄 것이다. 물체라고 하는 것이 바로 그런 상태이다. 너무나 빠르게 움직이기 때문에 마치 움직이지 않는 고정된 사물처럼 보이는 것이다.

그래서 장자는 바로 이 다리의 원자 상태를 일견한 것인지도 모른다. 하염없이 기다리고 기다리다가 어느 순간 그의 고정관념이 완전히 풀어졌는지도 모른다. 그때 그는 다리가 흐르고 있는 것을 보았다. 그리고 그 움직임이 너무나 빨라서 마치 강물은 그것과 비교하면 고정되어 있는 것처럼 보였다. 그는 노자에게 달려갔다. 노자는 그런 장자를 보고 이렇게 말했다.

"좋다. 이제 나에게 묻지 마라. 일어날 것이 그대에게 일어났을 뿐이다."

무엇이 일어난다는 말인가? 무심(無心)의 상태가 일어난 것이다. 이 방편에서, 그대의 마음이 놀라움으로 가득 찰 때 그때 신비가 드러난다. 그 신비는 바로 무심이다. 그 무심 속에서 그대는 바로 자신의 진면목을 알게 되는 것이다. 그것이야말로 이 세상에서 가장 놀라운 비밀이다.

자, 이제 시각 명상법의 마지막 방편이다.

36

어떤 대상을 바라보라.

그리고 나서 천천히 그 대상으로부터 그대의 시력을 지워 버려라.

그리고 그대의 사념 또한 지워 버려라. 그러면…

어떤 대상을 바라보라. 한 송이 꽃을 바라보라. 그러나 꽃에 대해서는 생각하지 마라. 그냥 꽃을 바라보라. '바라보라'는 것은 그저 단순히 쳐다보라는 것이다. 꽃에 대해 어떤 생각도 하지 말고 말이다. 생각한다면 그것은 보는 것이 아니다. 그저 순수하게 바라봄이어야 한다.

바라보라! 장미꽃 한 송이를 바라보라. 그 다음 서서히 그 장미꽃으로부터 그대의 시력을 지워 버려라. 여기 장미꽃이 있다. 먼저 장미꽃을 본다. 장미꽃에 대한 생각은 지워 버려라. 그저 순수하게 장미꽃을 보라. 이제 장미꽃에 대해 어떤 생각도 남아 있지 않을 때 서서히 그대의 시력을 지워 버려라. 그러면 장미꽃은 그대의 시야에서 천천히 사라져 버릴 것이다. 그대의 초점이 장미꽃에서 허공으로 옮겨지면서 장미꽃은 사라진다. 하지만 그것의 이미지는 아직도 남아 있다. 대상은 그대의 초점에서 사라져 버렸다. 그대의 시력은 대상으로부터 떠나 버렸다. 장미꽃은 이제 더 이상 거기에 없다. 하지만 그대의 의식이라는 거울에 그 이미지가 투영되어 있다. 그 투영의 흔적이 거기 있다. 그래서 먼저 그대의 시력을 서서히 지워 버려라. 그리고 나서 거기에 남아 있던 그대의 사념을, 장미꽃의 이미지를 지워 버려라.

첫째, 객관적인 대상으로부터 그대의 시력을 지워 버려라. 그러면 거기 오직 이미지만 남는다. 장미꽃에 대한 사념이 남는다.

이제 장미꽃에 대한 이 이미지마저 지워 버려라. 이것은 매우 어려운 일이다. 그러나 첫번째 단계를 정확히 수련했다면 이 두번째 단계도 성공할 수 있을 것이다. 그래서 먼저 대상으로부터 그대의 시력을 지워 버려라. 그것은 눈을 감으면 될 것이다. 그리고 나서 눈을 감아도 남는 그 영상을 지워 버려라. 그것을 지우는 것은 거기에 무관심해지는 것이다. 내면을 응시해서 지워졌는지 아닌지 확인하지 마라. 그것은 다시 사념을 일으키는 것이다. 단지 느낄 따름이다. 그것으로부터 완전히 벗어나 버렸다고 느끼게 되면 머지않아 이미지마저, 그 흔적마저 사라져 버린다.

첫번째로 대상이 사라진다. 그 다음 그 대상에 대한 이미지가 사라진다. 이미지가 사라져 버릴 때 시바는 '그러면⋯⋯'이라고 말했다. 그러면 그대만이 홀로 남는다. 이 절대의 고독 속에서 그대 자신을 깨닫게 된다. 드디어 그대는 자신의 중심으로 돌아오게 된 것이다.

이 얼마나 멋진 명상인가? 그대는 이 방편을 수련할 수 있다. 그 대상이 꼭 장미꽃이 아니어도 좋다. 그대가 아끼는 물건이라도 좋다. 그 대상이 무엇이든지 하나만을 선택하라. 그리고 매일 그 대상만을 바라보라. 같은 이미지가 그대 마음에 짙게 투영되도록 말이다. 이것을 위해 사원이 있는 것이다. 사원에 있는 성상(聖像)의 이미지는 이 방편을 수련하기에 안성마춤이다. 사원에 가면 거기 성상이 있다. 불상(佛像)이 거기에 있다. 하지만 오늘날 그 이미지만 남아 있을 뿐 그 방편은 완전히 잊어버렸다. 그러므로 그대는 사원에 가라. 그리고 거기에서 이 방편을 수련해보라. 불상을 바라보라. 그 상(이미지)에 그대의 시선을 집중하라. 마음 전체를 거기에 모아라. 그대의 의식에 불상의 이미지가 선명하게 투영되도록 말이다. 그 다음 두 눈을 감아라. 그러면 그대의 시야에서 그것은 사라질 것이다. 하지만 그대 마음속에는 여전히 투영된 그 상(像)이 남아 있다. 그때 그 상으로부터 관심을 돌려라. 그 상을 외면하라. 그 이미지의 흔적을 말끔히 지워 버려라. 그러면 거기 완전무결한 홀로됨이 조성된다. 그 속에 그대가 있다. 이 본질적인 순수 속에 그대는 있다. 그때 깨달아라. 그것이 자유임을, 그것이 진리임을 말이다.

〈 질문 〉

"심령과학을 연구하고 그것을 수행하는 사람들은 긴장되고 공포스런 눈을 갖고 있는 것처럼 보입니다. 이것은 무슨 현상을 나타내고 있는 것이며 또 이 현상을 어떻게 극복할 수 있습니까?"

심령과학에 나오는 몇 가지 최면적인 방법들을 사용하게 되면 긴장된 눈을 갖게 된다. 그것은 그들의 눈동자에 에너지를 강제로 계속 공급하기 때문이다. 그들은 전 에너지를 그들의 눈에다 쏟아부어 상대방을 눈길로 제압하려는 것이다. 그래서 그들의 눈은 매우 매섭고 에너지로 넘친다. 하지만 그들의 눈은 그 상태를 참을 수 없기 때문에 충혈되고 핏발이 선다. 그대가 그들의 눈을 보면 공포를 느끼는 것도 당연하다. 그들은 그 눈동자를 정치적으로 사용한다. 만약 그들이 그대를 선택하게 되면 그대를 지배하기 위해 그들의 에너지를 보낼 것이다. 그 눈에는 지배욕이 서려 있다.

이것은 제정 러시아 말기의 괴승인 라스푸틴(Rasputin)의 경우이다. 그는 평범한 농민의 아들로 태어나 교육도 받지 못했다. 하지만 그는 매우 강한 자력을 띤 눈을 갖고 있었다. 그는 그 눈을 어떻게 사용하는지를 알게 되었다. 만약 그가 그대를 바라보면 그 순간 그대는 자신을 잊어버리게 된다. 그리고 그가 암시하는 대로 행동하게 된다. 이런 방법으로 그는 짜아르(황제)와 황제의 가족들을 이용해서 러시아 전체를 지배할 수 있게 되었다. 러시아에서는 그의 뜻이 아니면 아무것도 이루어질 수 없었다.

그대 역시 그런 눈을 가질 수 있다. 그것은 어렵지 않다. 그대는 전신의 에너지를 눈으로 흘려 보낼 수 있는 방법을 알기만 하면 된다. 그러면 그대의 눈은 광채와 에너지로 넘친다. 그리고 다른 사람을 쳐다보면 그에게 그대의 에너지가 흘러간다. 그리고 상대방은 그 충격 때문에 생각이 멈추고 만다. 이것은 인간 세계에서 드문 일이 아니다. 그리고 동물의 세계에서는 언제나 일어나고 있는 일이다. 많은 육식 동물들이 사냥을 할 때 다른 동물을 그렇게 노려본다. 고양이가 쥐를 노려보면 쥐는 도망을 못 가는 것도 같은 원리이다.

맹수 사냥꾼들은 이 방법을 잘 이용하고 있다. 그들은 밤에 어둠 속에서 동물들을 찾아다닌다. 어둠 속에서 그들은 사자의 눈을 응시할 수 있다. 이제 누구의 눈이 더 강한가 하는 것이 문제가 된다. 사자의 눈이 강하면 사냥꾼은 사자의 밥이 될 것이다. 반대로 사냥꾼의 눈이 강하면 사자는 잡히고 만다. 그때 사냥꾼은 혼신의 힘을 다해 사자를 노려볼 것이다. 그것은 죽느냐 사느냐의 문제이다.

눈을 통해서 그대는 전 에너지를 모을 수 있다. 그때 눈에는 엄청난 긴장이 생기고 모세혈관이 파열되어 핏발이 설 것이다. 그때는 잠도 오지 않는다. 도무지 이완할 수가 없는 것이다. 그래서 다른 사람을 지배하는 사람은 마음에 쉼이 없다. 그들의 얼굴은 항상 굳어 있다. 최면술사들을 보라. 그들의 눈은 힘이 들어가 있고 에너지가 넘치지만 그들의 얼굴은 굳어 있고 죽은 사람의 얼굴과 같다. 모든 에너지가 눈으로 빨려 들어갔기 때문이다.

다른 사람을 지배하려고 하지 않는 한 그렇게 하지 마라. 지배해서 유용한 것은 그대 자신뿐이다. 사실 나머지 모든 지배 행위는 쓸데없는 것이다. 그대의 에너지를 낭비하는 것일 뿐이다. 그것을 통해서 아무것도 성취할 수 없다. 남을 지배할 수 있다는 오만한 자존심만 더 커질 뿐이다. 그래서 이것은 흑마술에 해당되는 것이다. 마술에는 흑마술과 백마술이 있다. 흑마술은 그대의 에너지를 사용하여 다른 사람을 지배하는 것이고 백마술은 방식은 같지만 그대 자신을 지배하는 것이다. 그것은 그대 자신의 마스터가 되는 것이다.

명심하라. 흑마술과 백마술은 때때로 매우 유사하다. 만약 그대들 가운데 붓다가 한 사람 있다면 그대는 그에게 지배를 당할 것이다. 비록 그는 그대를 지배할 생각이 전혀 없지만 말이다. 하지만 그는 자기 자신의 주인이기 때문에 그대는 그에게 지배당하고 싶어한다. 이것은 인간 누구에게나 있는 영웅 숭배 심리이다. 그래서 붓다의 주위에 있는 모든 사람이 그의 노예가 된다. 하지만 거기에는 어떤 의식적인 노력도 없다. 그는 계속해서 이렇게 말한다.

"그대는 자신의 주인이 되라."

붓다는 자기를 찾아오는 사람들이 결국 자기의 노예가 되는 것을 알았다. 그는 아무것도 하지 않았는데, 그 누구를 지배하려는 생각은 조금도 하지 않았는데 말이다. 그러나 그런 일은 항상 일어났다. 그래서 그가 죽으면서 남긴 마지막 말이 바로 이것이다.

"그대 자신을 빛으로 삼아라."

그가 죽음에 이르기 직전에 아난다는 이렇게 물었다.

"이제 당신께서 돌아가시고 나면 우리는 어떻게 해야 합니까?"

그때 붓다는 이렇게 말했다.

"내가 사라지는 것이 그대를 위해 좋다. 이제 그대 자신을 빛으로 삼아라. 나에 대해서는 잊어버려라. 내가 사라지는 것이 그대에게 훨씬 자유롭다."

남을 지배하려는 사람은 어떤 수를 써서라도 그대를 노예로 만들려고 할 것이다. 그러나 이것은 악(惡)이다. 자신의 주인, 자신의 마스터가 된 사람만이 진정으로 그대를 도울 수 있다. 그때 그대는 자신의 마스터가 되는 것이다. 그것이 바로 진정한 스승이다. 진정한 스승은 때가 오면 모든 방법을 동원해서 그대를 향한 자신의 영향력을 없애 버린다.

금세기 들어서도 그런 예를 찾아볼 수 있다. 구제프의 수제자인 오스펜스키(P.D. Ouspensky)는 구제프 밑에서 10년 동안 일을 해왔다. 사실 구제프 같은 사람 밑에서 일을 한다는 것은 매우 어려운 일이다. 그는 무한한 자력을 띤 사람이어서 누구든지 그를 만난 사람들은 전부 끌려왔다.

그런 사람들과 함께 있을 때 그대는 그들과 함께 끌려가든지 아니면 두려워해서 그들에게 반대하든지 할 뿐 무관심한 채로 그냥 남아 있을 수 없다. 그대는 찬성하든지 아니면 반대하든지 할 것이다. 그리고 반대하는 것은 안전한 수단이다. 그대가 그런 자력을 띤 사람에게 가면 그대는 그에게 이끌려 노예가 되든지 아니면 자신을 보호할 수밖에 없다. 그때 그대는 적이 될 것이다. 그것은 순전히 자기 보호를 위한 것이다.

오스펜스키 역시 구제프에게 와서 그와 함께 머물렀다. 그리고 함께 작업했다. 사실 구제프는 교리적 지식 같은 것을 정립한 사람이 아니다. 그는 행동하는 사람이었다. 그는 방편을 주었고 사람들은 그 방편을 수련해야 했다. 그때 오스펜스키는 열심히 그 방편을 수련해서 한 경지를 열게 된 것이다. 그는 변형되었다. 하지만 완전히 깨달은 것은 아니었다. 물론 그는 우리들처럼 깊이 잠든 상태는 아니다. 그는 그 잠에서 막 깨어나기 직전의 상태였다.

그대가 잠을 자다가 아침이 되었다고 느낄 때, 그래서 아침의 소음들이 여기저기서 들려올 때 그대는 깊이 잠든 것이 아니다. 그렇다고 완전히 깨어난 것도 아니다. 그것은 선잠이 든 상태다. 오스펜스키 역시 그런 상태였다. 그는 이제 구제프가 자신을 조금만 도와주면 그 순간 완전히 깨달을 수 있을 것이라 생각하고 있었다. 그러나 어느 날부터 갑자기 구제프는 오스펜스키에게 이상하게 행동하기 시작했다. 오스펜스키에게 말도 안되는 일들을 시키면서 그로 하여금 자기 곁을 떠나게 했다. 오스펜스키는 할 수 없이 구제프 곁을 떠나야 했다.

구제프는 그에게 떠나라는 말을 직접 하지 않았다. 오스펜스키가 스스로 생각해서 떠나게 한 것이다. 결국 오스펜스키는 구제프가 미쳤다고 생각하면서 그를 떠났다. 그래서 나중에 그는 구제프에 관해 말을 할 때마다 이렇게 표현했다.

"나는 나의 스승 구제프의 방법에 따라 가르치고 있다. 그러나 지금 그는 미쳐 있다. 초기 구제프에 따르면……"

그는 '나중 구제프'에 대해서는 이야기하지 않았다. 여기엔 기본적으로 명백한 이유가 있다. 구제프는 깊은 자비심에서 그렇게 행동한 것이다. 오스펜스키는 구제프의 곁을 떠날 때가 온 것이다. 만약 오스펜스키가 구제프를 떠나지 않으면 그는 계속적으로 의존 상태에 있을 것이다. 그래서 그는 홀로 서야 했고 그러기 위해서 구제프는 그를 떠나게 할 수밖에 없었다.

붓다나 구제프 같은 사람들은 그대에게 의식적인 노력 없이도 영향을 미칠 수 있다. 그러면 그대는 그들에게 이끌려 갈 것이다. 그러나 그런 사람들은 그대가 홀로 서기를 원한다. 그대가 최면에 걸려 자신들에게 지배받는 것을 그들은 원치 않는다. 그들은 그대로 하여금 스스로 자신의 마스터가 되도록 도울 것이다.

다른 사람들을 지배하려는 사람들의 눈은 긴장되고 사악해진다. 그들의 눈은 순수하지 못하다. 그대는 매력을 느끼게 되겠지만 그 매력은 알코올과 같은 것이다. 그대는 그 속에서 자유를 느끼지 못한다.

기억하라. 어떤 에너지도 사람을 지배하는 데 사용하지 마라. 이 때문에 붓다나 마하비라나 예수 같은 사람들이 계속 주장하는 말은 그대가 영적인 탐구에 들어가는 순간부터 모든 사람들을 향해 사랑으로 가득 차야 한다는 것이다. 사랑으로 가득 차지 않으면 남을 지배하려는 내면적 폭력을 행사하게 된다는 것이다.

오직 사랑만이 그 해독제가 될 수 있다. 그렇지 않으면 에너지가 그대 속에서 흘러넘칠 때 그대는 타인을 지배하기 시작한다. 이런 일들은 매일 일어나고 있다. 나는 많은 사람들을 만난다. 내가 그들을 돕기 시작하면 그들은 성장하기 시작하고 어느 순간에 가서는 가득 채워진 에너지로 다른 사람들을 지배하기 시작한다. 이제 그들은 그 힘을 이용하려는 것이다.

그러나 기억하라. 영적인 에너지를 결코 남을 지배하는 데 사용하지 마라. 그대는 그대의 노력을 낭비하는 것일 뿐이다. 조만간 그대는 다시 바닥 상태에 떨어지며 한순간에 무너져 내릴 것이다. 이것은 순전히 낭비 행위이다. 그대는 뭔가를 할 수 있다고 알기 때문에 그것을 제어하기가 쉽지 않다. 만약 그대가 아픈 사람을 만진다면 그는 곧 회복될 것이다. 그렇게 되면 그대는 뒷일을 어떻게 감당하겠는가?

그대는 끊임없이 사람들에게 불려다닐 것이며 그대의 에너지를 모두 소진시켜 버릴 것이다. 그것은 오래가지 않는다. 어떤 징조가 그대에게 일어날 것이다. 하지만 곧 그대는 무시해 버린다. 마음이 교활해져서 자신은 남을 치료할 수 있는 위대한 능력의 소유자라고 생각하게 된 것이다. 하지만 그것은 마음의 속임수일 뿐이다. 그대에게 사랑이 없는데 어떻게 다른 사람의 병에 관심을 가진단 말인가? 그대는 사람들의 병을 고치는 것보다 그들을 지배하는 데 더 관심이 많은 것이다. 그대는 이렇게 말할지도 모른다.

"나는 그저 다른 사람들을 도울 뿐이다."

하지만 거기에는 에고의 만족이 있다. 그것은 에고를 위한 좋은 음식이 된다. 그래서 많은 스승들이 이렇게 말했다.

"그대에게 에너지가 넘쳐날 때 그대는 위험한 고비에 이르게 된다. 그래서 그대의 상태를 아무도 모르는 비밀이 되게 하라."

한편 예수는 이렇게 말했다.

"네 오른손이 하는 것을 왼손이 모르게 하라."

수피 전통에도 그와 비슷한 말이 있다. 즉 에너지가 넘쳐나기 시작하면 다른 사람들 앞에서 기도하지 말라고 말한다. 그리고 모스크(회교 사원)에도 가지 말라고 말한다. 왜인가? 에너지가 넘쳐나기 시작하면 사람들 앞에서 기도할 때 그들은 즉시 뭔가가 일어나고 있음을 느끼게 되기 때문이다. 그래서 그대는 깊은 밤 몰래 혼자서 기도하라고 말한다. 모두 잠들어서 그대에게 일어나는 일을 아무도 알아차리지 못하도록 말이다. 그리고 그대에게 무슨 일이 일어났는지는 아무에게도 말하지 마라.

그러나 절대로 비밀을 저장할 수 없는 것이 바로 마음이다. 어떤 일이 일어나면 그대는 즉시 자신에게 일어난 일들을 퍼뜨린다. 그러나 그것은 좋은 기회를 놓치는 것이다. 그대에게 변형이 일어날 만큼 에너지가 축적될 때까지 기다려라. 그대가 변형된 후에라야 그대는 다른 사람을 진정으로 도와줄 수 있다. 그대가 자신의 주인이 되었을 때 남도 그 자신의 주인이 될 수 있도록 도울 수 있는 것이다.

쥬나이드라는 한 수피가 있었다. 어느 날 어떤 사람이 쥬나이드에게 찾아와서 이렇게 말했다.

"쥬나이드! 위대한 스승이시여! 저는 당신의 비밀을 알기 위해 이렇게 찾아왔습니다. 사람들은 당신이 황금의 비밀을 갖고 있으며 아직 그 누구에게도 비밀을 말하지 않았다고들 합니다. 그러니 제게 그 비밀을 가르쳐 주십시오. 당신이 원하는 것은 무엇이든지 하겠습니다."

그러자 쥬나이드가 말했다.

"나는 30년 동안 그것을 비밀로 간직해 왔소. 이제 내가 얼마나 더 기다리겠소? 하지만 먼저 준비 과정을 마쳐야 하오. 나는 그 비밀을 30년 동안 간직해 왔는데 이제 당신은 그 비밀을 다른 사람에게 말하지 않고 얼마나 오랫동안 참을 수 있겠소?"

그 사람은 갑자기 두려워졌다. 그는 이렇게 말했다.

"당신은 제가 어느 정도 기간 동안 입을 다물고 있어야 한다고 생각하십니까?"

쥬나이드가 말했다.

"적어도 30년이요. 더 이상은 원하지 않소. 하지만 그리 긴 세월도 아니오."

그 사람이 말했다.

"30년이라구요? 저는 그 이상 생각했습니다."

쥬나이드가 말했다.

"그렇다면 그때 다시 내게로 오시오. 지금은 내가 아직 준비가 되지 않았소. 그러나 먼저 당신이 지금 결정을 해야 하오. 그래야 지금부터 30년이오."

그래서 그 사람은 쥬나이드의 말에 동의했다. 그리고 30년의 세월이 지나갔다. 그는 30년째 되는 날 쥬나이드를 찾아와서 이렇게 말했다.

"자, 이제 당신의 비밀에 대해 말씀해 주십시오."

쥬나이드가 말했다.

"먼저 한 가지 조건이 있소. 그것은 당신이 죽을 때까지 다른 누구에게도 이 비밀을 누설하지 않는다는 것이오."

그러자 그 사람은 이렇게 말했다.

"왜 당신은 내 인생을 전부 낭비하려 합니까? 나는 사람들에게 이 비밀을 말해 주기 위해 30년을 기다려 왔습니다. 그런데 또 그런 조건이 있습니까? 아무에게도 말하지 못하면 그 비밀을 아는 것이 도대체 내게 무슨 소용이 있습니까? 그런 조건을 요구하느니 차라리 내게 그 비밀을 말하지 마십시오. 남에게 말할 수 없는 비밀을 나 혼자만이 알고 있다는 것은 견딜 수 없는 일입니다. 그러니 내게 아무 말도 하지 않는 것이 친절한 행동이 될 것입니다. 당신은 이미 내게 30년이라는 세월을 앗아갔습니다. 이제 제가 살 날도 얼마 남지 않았습니다. 차라리 아무것도 모르고 마음 편히 살고 싶습니다."

그대가 영적인 수련을 통해서 얻은 것은 무엇이든지 비밀로 하

라. 그것을 다른 사람에게 말하지 마라. 어떤 식으로든 그것을 써
먹지 마라. 오직 그때만이 그것이 자신의 변형으로 이어질 수 있
다. 만약 그것을 외부로 표출시키면 그것은 부질없는 소모 행위
일 뿐이다.

　오늘은 이만!

소리를 통해 가는 길 I

마음이란 무엇인가?
그것은 말이 쌓인 것이다.
사람들은 이 마음이란 것에 너무 깊이 사로잡혀 있다.
그대가 자신을 깨닫는 것이 점점 불가능해지는 것도
바로 이 때문이다.

소리를 통해 가는 길 Ⅰ

37

데비여,
이 꿀로 가득 찬 각성의 초점 속에서 산스크리트 글자를 상상하라.
먼저 그 글자를 주시하라.
다음에 그 글자의 소리를 명상하라.
그 다음에는 더욱 미묘한 그 소리의 느낌을 명상하라.
그리고 마지막으로 그 느낌마저 넘어가라.
그대는 자유롭게 될 것이다.

38

계속되는 폭포 소리에 젖듯이 소리의 중심 속에서 흠뻑 젖어라.
그 다음 손가락으로 귀를 틀어막고 소리 중의 소리를 들어보라.

장 폴 사르트르는 말년에 자서전을 한 권 썼는데 그 제목을 '말(Words)'이라고 붙였다. 이 제목은 깊은 의미를 갖고 있다. 그것은 사르트르 뿐만 아니라 모든 사람의 자서전이기도 하다. 이 세상은 말로 가득 차 있기 때문이다. 말, 말, 말, … 그대 역시 말로 가득 차 있다. 그리고 이 말은 하루 종일 계속된다. 마음속에서조차 말은 끊임없이 진행된다. 그리고 잠잘 때도 말로 가득 차 있다. 사념으로 가득 차 있다.

마음이란 무엇인가? 그것은 말이 쌓인 것이다. 사람들은 이 마음이란 것에 너무 깊이 사로잡혀 있다. 그대가 자신을 깨닫는 것이 점점 불가능해지는 것도 바로 이 때문이다. 그대의 존재는 이 말에 가려져 있다. 그대의 존재는 말 밑이나 말 위에 있다. 하지만 말 속에는 들어 있지 않다는 것을 기억하라. 그대의 존재는 결코 마음속에 들어 있지 않다. 마음 뒤편에 가려져 있기는 하지만 마음속에 존재하지는 않는다. 그럼에도 불구하고 그대는 마음에다 초점을 맞추어 놓고 그것이 자신의 존재라고 생각한다. 그러나 거기 마음속에는 결코 그대 자신이 없다. 일어서라. 마음에 초점을 맞춘 그곳으로부터 벗어나라. 계속 마음에 초점을 맞추다 보면 그 자체를 인정해 버리는 결과를 가져온다. 그대는 이렇게 생각한다. '나의 본질은 바로 이 마음이다.' 이것이 문제다. 가장 근본적인 문제다. '나는 결코 마음이 아니다'라는 것을 깨닫지 못한다면 모든 것이 무의미하다. 그리고 그대는 불행 속에서 벗어나지 못할 것이다.

마음을 자신과 동일시하는 것이 불행의 근원이다. 그것은 그림자를 자신이라고 생각하는 것과 같다. 이렇게 되면 그대 삶 전체가 좌절의 연속이다. 그것은 오류의 근원이다. 그래도 그대는 계속 이렇게 생각한다. '나는, 나의 본질은 마음이다.' 이 얼마나

어리석은 일인가? 그대는 자신의 마음을 발전시킬 수도 있고 개
발할 수도 있다. 하지만 근본적인 이 무지는 제거되지 않는다. 그
대는 매우 지성적인 사람이 될 수도 있고, 때에 따라서는 천재도
될 수 있다. 그러나 그대가 마음과 동일시를 계속하는 한 그대는
근본적으로 무지의 차원을 벗어나지 못한다.

왜 이런 일이 일어나는가? 이것을 이해하지 못한다면 그대는
결코 이 마음의 굴레를 초월할 수 없다. 그리고 시바가 이야기하
고 있는 모든 명상의 방편들은 바로 이 마음의 굴레를 초월하려
는 것이다. 시바는 절대로 이 세상을 반대하지 않는다. 이 세상
을, 이 현실을 반대하는 것이 아니라 마음을 반대한다. 아니, 마
음을 반대하는 것이 아니라 그대 자신을 마음과 동일시하는 행위
를 반대한다.

그렇다면 마음의 기능은 무엇인가? 마음은 필요한 것이다. 특
히 인간에게 있어서 마음이란 생존에 절대적으로 필요한 것이다.
바로 이 점이 동물과 인간의 차이점이다. 인간은 생각한다. 인간
은 생각하는 것을 무기로 사용하고 있다. 생존하기 위해 가장 강
력한 무기가 되는 것이 바로 이 '생각하는 것'이다. 어떤 악조건
속에서도 인간은 살아 남을 수 있다. 어떤 연유로 그것이 가능한
가? 인간은 생각할 수 있기 때문이다. 인간에게서 사고하는 능력
을 제거해 버린다면 인간은 그 어떤 동물보다도 연약해질 것이
다. 육체적으로 본다면 인간은 지구상에서 도저히 살아 남을 수
없는 동물이다. 그럼에도 불구하고 지금까지 살아 남았고 또 더
욱 번창할 것이다. 그 원인은 바로 이 사고 능력 때문이다. 이 능
력 때문에 인간은 만물의 영장이 된 것이다. 지구의 지배자가 된
것이다.

조금만 깊이 생각해 봐도 금방 이해할 수 있다. 인간이 왜 마음

을 그렇게 중요시하게 되었는가를 말이다. 그대는 자신의 몸에 대해선 별로 중요시하지 않는다. 물론 종교도 '그대가 영원의 길을 가고자 한다면 육체를 인정하지 마라'라고 얘기하고 있다. 하지만 누가 그렇게 하는가? 정말로 몸을 자신이라고 여기는 사람이 누가 있는가? 그대는 몸이 아니라 마음이 자신이라고 인정하고 있다. 몸에 대한 인정은 그저 가벼운 차원이다. 그러나 몸은 마음보다 훨씬 실제에 가깝다. 몸은 그대의 본질과 깊이 연관되어 있다. 마음은 몸이라는 물체의 그림자에 불과하다.

그러나 그대는 몸보다 마음을 더 인정한다. 그것은 사실 몸을 인정하는 것보다 훨씬 어렵다. 그럼에도 불구하고 우리는 마음을 인정하지 않을 수 없었다. 마음을 인정함으로써 생존에 더 많은 도움이 되기 때문이다. 그것은 동물과의 싸움 뿐만 아니라 사람들과의 싸움에서도 승리할 것이고, 보다 지적인 마음을 가지고 있다면 다른 사람들과의 경쟁에서 능히 승리할 것이기 때문이다. 그대는 성공할 것이며 보다 부유해질 것이다. 그것 역시 그대가 몸보다 마음을 인정함으로써 보다 계산적이고 가식적으로 될 것이기 때문이다. 그래서 마음은 인간 관계 속에서도 무기가 된다. 이 때문에 우리는 그토록 마음을 중요시하고 있는 것이다. 이 점을 잊지 마라.

죽음과의 투쟁에서, 질병과의 투쟁에서, 그리고 자연과의 투쟁에서, 다른 사람들과의 투쟁에서 마음은 무기가 된다. 이런 이유 때문에 우리는 마음을 우리 자신이라고 생각하게 되었다. 그대가 타인으로부터 '몸이 건강하지 않은 것 같다'는 말을 듣는다면 아무런 불쾌감도 느끼지 않는다. 그러나 '당신은 마음이 건강하지 않은 것 같다'라는 말을 듣는다면 몹시 불쾌할 것이다. 왜 그럴까? 그대는 몸보다 마음을 훨씬 중요시 여기기 때문이다. 마음이 건강치 않다는 말은 그대가 제정신이 아니라는 뜻이다. 이 말은 그대 자신에 관한 말이지 그대의 몸에 관한 말은 아니다.

우리는 몸을 어떤 도구로 생각하고 있다. 자신에게 속한 껍데기라고 생각한다. 그러나 마음은 그렇게 생각하지 않는다. 마음은 그대 자체라고 생각한다. 몸은 단지 그대가 부리는 종이며 노예라고 생각한다. 그래서 몸을 이야기하는 것에는 그토록 신경을 곤두세우지 않는다. 그러나 그대의 마음을 비난한다면 그대는 마치 자신이 비난받은 것처럼 분노할 것이다.

그대는 몸을 갖고 있다. 그 몸은 나름대로의 본성을 갖고 있다. 예를 들어 몸에는 섹스라는 본성이 있다. 마음은 이 섹스와 투쟁한다. 왜냐하면 섹스를 그대 마음대로 부릴 수 있도록 길들이고 싶기 때문이다. 그래서 몸의 본성인 섹스를 정복하려고 그토록 노력한다.

몸의 본성과 한창 투쟁하다 보면 그대 자신과 몸을 완전히 분리시켜 놓는다. 그리고는 몸을 그대의 적이라고 생각한다. 마음이 반대하는 것을 몸은 곧잘 행동하기 때문이다. 몸이 마음의 말을 잘 듣지 않는다. 그럴 때마다 마음은 좌절한다. 패배감을 느낀다. 아무리 다스리려고 해도 몸은 마음의 말을 잘 듣지 않기 때문이다. 그래서 마음은 언제나 몸을 비난한다.

마음이란 무엇인가? 그것은 바로 그대 자신의 에고다. 그대의 '나'이다. 몸이 성욕을 느낄 때 그대는 분열된다. 그리하여 이렇게 말한다.

"성욕을 느끼는 것은 어디까지나 내 몸이지 나 자신은 아니다. 나는 언제나 내 몸을 반대한다. 나는 깨끗한 독신 수행자다. 이것은 어디까지나 내 몸이지 나는 아니다."

하지만 이렇게 말하는 그대는 도대체 누구인가? 마음은 바로 그대 자신의 에고다. 그 에고가 몸을 반대하는 것은 당연한 일이다. 몸은 사정없이 에고를 무너뜨려 버리기 때문이다. 어떤 것을 결정하든지 몸은 결코 마음의 결정을 따르지 않는다.

이런 각도에서 본다면 모든 금욕주의자들은 넌센스에 지나지 않는다. 몸은 결코 마음의 결정을 따르지 않는다. 몸은 하나의 자연이다. 이 우주의 부분이며 연장이다. 몸은 그 자신만의 법칙을 가지고 있다. 몸의 이 법칙은 무의식적인 차원이다. 그리고 무의식적으로 자신의 법칙에 따라 움직인다. 그런데 마음 역시 자신의 법칙에 따라 몸을 다스리려고 한다. 여기에서 투쟁이 시작된다. 마음과 몸이 싸우기 시작한다. 마음은 마침내 몸을 굶어 죽게 할 것이다. 마음은 모든 수단을 다 동원해서 몸을 죽이려 할 것이다.

보라. 과거에 무슨 일이 일어났는지를 보라. 종교가라는 사람들, 소위 영원을 추구한다는 성자들은 그들 자신의 몸을 반대하기에 혈안이 되어 있는 사람들이다. 그들은 신에 대한 신앙이 적어질수록 몸을 학대해야 한다고 생각했다. 그들은 신의 뜻을 따르는 길이 곧 몸의 뜻에 반대하는 길이라고 생각했다. 그래서 모든 종교인들은 몸을 파괴하는 입장을 취하고 있다. '몸은 적이다'라는 입장에 서 있다. 그러나 이것은 진정한 의미에서의 종교적인 태도라고 볼 수 없다. 사실 우리가 알고 있던 가장 종교적인 태도란 가장 이기주의적인 태도였다. 이것이 바로 에고다.

그대는 스스로에게 맹세한다. 다시는 화를 내지 않겠다고. 그러나 머지않아 분노의 파도가 몰아친다. 그러면 그대의 에고는 패배감을 느낀다. 그대의 결심은 여지없이 무너져 버린다. 분노가 올 때 그대는 생각한다. '이 분노는 몸으로부터 나온다'라고 말이다.

그대는 성욕을 억압하기로 결심한다. 그럼에도 불구하고 성욕은 다시 온다. 이때 그대는 패배감을 느낀다. 그래서 그대는 자신의 몸을 처벌한다. 그러면 금욕주의란 무엇인가? 금욕주의는 처벌 이외에 아무것도 아니다. 그대의 에고가 원하는 대로 몸이 행동하지 못한 것을 처벌하는 것이다.

이것이 바로 마음이다. 그것은 사념의 연속이다. 에고는 그대 존재의 극히 적은 부분에 지나지 않는다. 그런데 극히 적은 이 한 부분이 전체가 되려고 하고 있다. 이는 불가능하다. 부분은 결코 전체가 될 수 없다. 부분이 전체가 되려 하면 할수록 거기엔 패배만이 있을 뿐이다. 이 때문에 삶에는 그토록 많은 패배와 좌절이 있는 것이다. 여기에서 그대는 결코 성공할 수 없다. 그대는 지금 불가능한 것만을 시도하고 있는 것이다. 다시 말하지만 부분은 절대로 전체를 지배할 수 없다.

그것은 나뭇가지 하나가 나무 전체를 지배하려는 것과 같다. 생각해 보라. 도대체 어떻게 한 개의 나뭇가지가 나무 전체를 지배할 수 있겠는가? 도대체 어떻게 나뭇가지가 뿌리까지 자신의 지배 아래 둘 수 있겠는가? 불가능한 일이다. 도저히 불가능하다. 가지가 나무 전체를 지배하려는 것은 미친 짓이다. 그것은 꿈이다. 어느 날엔가 나무 전체를 지배하리라는 가지의 생각은 미친 꿈에 지나지 않는다. 오히려 가지는 나무를 따라야 한다. 가지는 나무가 존재할 때만이 생존할 수 있기 때문이다.

마음은 몸의 일부분이다. 그러므로 마음은 결코 몸을 지배할 수 없다. 몸을 지배하려는 노력은 좌절만을 낳을 것이다. 사람들은 이 때문에 좌절감을 느낀다. 사람들은 괴로워하고 있다. 욕망과 투쟁하면서 괴로워하고 있다. 불가능한 것을 향해 도전하고 있기 때문이다. 그러나 그대의 에고는 언제나 불가능을 향해 도

전하기를 좋아한다. 할 수 없는 일을 해낸다면 아주 만족스러울 것이기 때문이다. 그러나 거기에 가능성이란 전혀 없다. 물론 시도는 해볼 수 있다. 그러나 시도를 하면 할수록 그대의 삶이 낭비된다는 것을 알아야 한다.

주인이 되려는 이 욕심 때문에 그대는 마음을 중요시하게 된 것이다. 그대 자신과 동일시하게 된 것이다. 하지만 노예를 그 자신처럼 중요시하는 주인이 어디 있겠는가? 누가 무의식을 중요하게 인정하려 하겠는가? 그것은 쓸데없는 일이다. 무의식은 잡을 수 없는 것이기에 무의식을 거부한다. 그리고 무의식 속에는 에고가 없다. 거기에서는 더 이상 '나'를 느낄 수 없다.

이것을 이해해야 할 것이다. 섹스 에너지가 그대를 압도할 때 그대는 결코 '나'라고 말해서는 안된다. 섹스 에너지는 그대가 소유한 것보다 더 위대한 어떤 것이다. 섹스 에너지의 강한 물결이 그대를 휩쓸 때 여기 더 이상 그대는 없다. 그대보다 훨씬 강한 그 어떤 것이 그대를 휘몰아 가고 있다. 섹스에 반대하는 사람들이 다음과 같이 말하는 것은 이 때문이다.

"섹스가 나를 휘어잡았다."

분노가, 배고픔이 그대를 휘어잡는다. 그것들은 그대보다 훨씬 위대하다. 그대는 단지 그것들에게 휩쓸려 갈 뿐이다. 분노의 파도가, 섹스의 파도가 밀려오게 되면 그대는 사라져 버린다. 흔적도 남지 않는다. 이것은 일종의 죽음이다. 이 때문에 우리는 그토록 섹스를 반대하고 있는 것이다.

섹스는 확실히 일종의 죽음이다. 따라서 섹스를 두려워하는 사람은 죽음 역시 두려워한다. 그러나 섹스를 두려워하지 않는 사람은 결코 죽음을 두려워하지 않을 것이다. 섹스와 죽음의 이러한 상호 관계를 보라.

  죽음을 두려워하는 사람들은 그 공포를 극복하려고 영원에 대한 개념을 만들어 냈다. 그들은 죽음 너머에 있는 삶을 생각하고 있다. 그래서 영원을 생각하는 사람들은 섹스를 반대한다. 여기에서 양자택일이 생긴다. 섹스는 두려움을 가져다 준다. 이것은 어떤 종류의 두려움인가? 그대는 더 이상 거기 존재하지 않는다. 그대보다 훨씬 강렬한 것이 그대를 휘어잡아 버린다. 그대는 그 속으로 휩쓸려 사라져 버린다.

  그래서 섹스를 반대하는 사람들은 섹스의 심층부에 결코 도달하지 못한다. 그들은 그저 섹스를 꼭 붙잡고서 다시 원상태로 되돌아가려고만 한다. 섹스 에너지가 이끄는 대로 그들 자신을 흘러가게 하지 않는다. 이 에너지의 물결을 따라 흘러가려 하지 않는다. 오르가즘을 느끼지 못하는 것도 바로 이 때문이다. 깊은 오르가즘이란 그대가 지금 그대보다 더 위대한 것 속에 있다는 것을 뜻한다. 그러므로 이는 그대가 지금 그대 자신의 부재(不在) 상태에 있음을 뜻한다. 거기에 에고는 흔적도 없이 사라져 버렸음을 뜻한다.

  에고는 모든 것을 지배하려고 투쟁한다. 마음은 거기에 일조를 할 것이다. 그러므로 그대는 마음을 인정한다. 그리고 이것은 결국 불행의 뿌리가 된다. 그래서 그대는 마음을 이용해야 한다. 그때 마음은 아주 실용적인 도구가 된다. 인간에게 없어서는 안될 도구 말이다. 이 도구를 이용하라. 그러나 그대 자신이 마음이라고 느끼지는 마라. 마음을 그대 자신이라고 느끼기 시작하면 그대는 결코 마음을 하나의 도구로써 사용할 수 없다. 오히려 마음이 그대를 사용하게 될 것이다. 그러면 그대는 마음과 함께 정처 없이 표류할 것이다.

  모든 명상 방편들은 이 마음을 초월하는 데 그 목적이 있다.

'나의 본질은 마음이 아니다'라는 것을 깨닫기 위한 노력이다. 어떻게 하면 이 마음이라는 것을 초월할 수 있을까?

그럼 이제 구체적인 방편으로 들어가 보자.

37

데비여,
의식의 샛별 같은 각성의 초점 속에서 산스크리트 글자를
상상하라.
먼저 그 글자를 주시하라.
다음에 그 글자의 소리를 명상하라.
그 다음에는 더욱 미묘한 그 소리의 느낌을 명상하라.
그리고 마지막으로 그 느낌마저 넘어가라.
그대는 자유롭게 될 것이다.

말이란 무엇인가? 그것은 소리로 이루어져 있다. 생각이란 무엇인가? 그것은 말의 연속이다. 논리적인 말의 연속인 것이다. 어떤 특별한 형태를 지닌 말의 연속이다. 또한 소리는 말의 근본이며 말은 소리에서 태어난다. 그리고 말은, 언어는 생각을 낳는다. 이 생각 속에서 종교며 철학이며 사상 등이 시작된다. 그리고 그것은 사회를 구성하는 근간이 되어 다시 인간의 마음을 재구성한다. 그러므로 모든 철학과 종교의 근원은 바로 소리이다. 인간의 모든 마음의 형태는 소리에서 나온 것이다.

우리는 철학 속에 살고 있다. 어떤 사람은 기독교인이다. 또 어떤 사람은 불교도이다. 어떤 사람은 이슬람교도이며 힌두교도이다. 이런 식으로 우리는 철학 속에 살고 있다. 사념의 시스템 속에서 살고 있는 것이다. 어디 그뿐인가? 이 사념을 고수하기 위

해서는 죽음까지 불사할 정도다. 그토록 사념은 중요한 것이다.

인간은 죽을 수 있다. 말을 위해서. 단지 말을 위해서 죽을 수 있는 것이 인간이다. 사람들은 저마다 자신의 절대적인 개념을 가지고 있다. 한낱 거짓이며 속임수에 지나지 않는 관념에 사로잡혀 있다. 어떤 사람은 그것을 알라신이라고 부르고, 또 어떤 사람은 예수 그리스도라고 부르며, 어떤 사람은 시바라고 부른다. 이렇게 되면 이제 인간은 서로 싸우게 된다. 단지 말을 위해서, 그 말 때문에 서로를 죽이게 된다. 이것이 바로 성전(聖戰)이라고 불리는 종교전쟁이다. 인간에게 있어서 말은 이토록 중요한 것이 되었다. 이 얼마나 우스꽝스러운 일인가? 하지만 이것이 바로 인간의 역사인 것이다. 그리고 우리는 조상들이 반복한 전철을 그대로 답습하고 있다.

단 한마디의 말이 그대를 완전히 뒤집어엎을 수도 있다. 말 한마디 때문에 그대는 죽음까지 각오하게 된다. 상대방을 기꺼이 죽일 준비가 되어 있다. 그만큼 우리는 확실히 철학 속에 살고 있는 것이다. 신념의 시스템 속에서 살고 있다. 그렇다면 과연 철학이란 무엇인가? 사상이란 도대체 무엇인가? 그것은 사념들이 논리적이고 체계적으로 일정한 형식 속에 정리된 것이다. 그렇다면 사념이란 무엇인가? 그것은 말들이 의미와 체계 속에 정리된 것이다. 그러면 또 말이란 무엇인가? 그것은 소리이다. 소리의 연속이다. 각기 다른 리듬과 의미를 지닌 소리의 연속이다. 그러므로 소리야말로 이 모든 것의 근원이다. 소리야말로 마음의 근본 구조이다. 그리고 철학은 그것의 완성이다. 철학이라는 건물의 모든 재료는 소리다.

그런데 무엇이 잘못되었는가? 소리는 그저 소리일 뿐인데 우리가 여기에 의미를 부여한 것이다. 우리 자신들에 의해서 소리가 채택된 것이다. 소리에 의미를 부여하지 않았다면 소리에는 아무 의미가 없을 것이다. 의미는 우리들이 초대했다. 우리들에 의해서 투사되었다. 그렇지 않다면 '알라'는 단순한 소리에 불과할 것이다. '예수 그리스도'나 '시바'도 그저 단순한 소리에 지나지 않을 것이다. 거기엔 아무런 의미도 없다. 그런데 우리는 여기에 의미를 부여했다. 그런 다음 그 주위에 사념의 체계를 만들었다. 이렇게 되면 말은 매우 중요해진다. 이때 우리는 철학적인 체계를 수립하게 되는 것이다. 그대는 이 철학적인 체계를 통해서 그대가 원하는 어떤 일이든지 다 할 수 있게 된다. 그대는 이것을 위해서 죽을 수도 있다. 누가 '예수 그리스도'를 헐뜯는다면 그대는 격분할 것이다. 왜 그럴까? '예수 그리스도'라는 이 소리를 승낙했기 때문이다. 이 말은 이러이러한 것을 의미한다고 법적으로 승낙해 버렸기 때문이다. 그러나 엄밀한 입장에서 본다면 어떠한 종류의 말일지라도 말 그 자체에는 아무런 의미도 깃들어 있지 않다. 말은 그저 단순한 소리일 뿐이다.

여기 이 명상의 방편은 바로 말에서 단순한 소리로 되돌아가는 수련이다. '사념'에서 '말'로, '말'에서 '소리'로 되돌아가라. 거기 소리보다 더 근본적인 것, 소리에의 그 느낌이 숨어 있다. 이를 이해해야 한다. 인간은 말을 사용하고 있다. 말이란 소리가 의미화된 것이다. 그러나 동물들을 보라. 새들을 보라. 그들은 어떤 언어적인 의미도 없이 소리를 사용하고 있다. 그들은 어떤 언어도 갖고 있지 않다. 그러나 그들은 느낌과 함께 소리를 사용하고 있다. 새는 노래하고 있다. 이 노랫소리 속에는 하나의 느낌이 있다. 무엇인가를 암시하는 하나의 느낌이 있다. 파트너를 부르는 소리인지도 모른다. 아니면 엄마를 부르는 소리, 배고픈 소리, 괴로운 소리, 공포에 떠는 소리인지도 모른다. 여하튼 그것이 어떤 느낌을 담고 있는 것만은 틀림없다.

소리 위에는 말과 사념, 그리고 철학이 있다. 소리의 밑에는 느낌의 바다이다. 그러므로 이 느낌의 바다 밑으로 내려가지 않는다면 그대는 결코 마음의 심층에 도달할 수 없다. 이 세상 전체가 소리로 가득 차 있다. 그러나 오직 인간 세계에서만이 이 소리는 말로 가득 차 있는 것이다. 언어를 사용할 줄 모르는 어린아이들조차 소리를 사용하고 있다. 모든 언어는 어린아이들이 공통적으로 사용하고 있는 특별한 어떤 소리로부터 발전되었다.

예를 들면 '엄마'란 말은 모든 언어에서 공통적으로 'M'발음으로 시작된다. 〈ma〉, 〈mater〉, 〈muhter〉, 〈mata〉 등등, 여하튼 모두 'Ma'발음과 연결되어 있다. 어린아이가 가장 쉽게 발음할 수 있는 소리가 바로 이 'Ma'이다. 그러므로 언어의 모든 구조는 바로 이 'Ma'로부터 시작된다. 그것은 인체의 구조가, 목의 조직이 가장 쉽게 낼 수 있는 소리가 바로 이 'Ma'음이기 때문이다.

그리고 엄마는 그대에게 있어서 가장 의미 깊은 첫번째 사람이다. 그러므로 첫소리는 그대에게 있어서 가장 의미 있는 첫번째 사람과 관련되었던 것이다. 그래서 엄마를 가리키는 이 말들은 모두 이 'Ma'에서 파생되었다. 그러나 어린아이가 첫번째로 'Ma'를 발음했을 때 그에게는 언어적인 의미가 전혀 없다. 의미 대신 거기에는 느낌의 파동이 있다. 이 느낌 때문에 'Ma'는 엄마와 연관되었던 것이다. 느낌은 말보다 훨씬 본질적이다.

여기 이 명상의 방편은 말한다. 첫째 산스크리트 글자를 상상하라. 그러나 굳이 산스크리트 글자에 국한시킬 필요는 없다. 어떤 종류의 언어로써도 이 수련은 가능하다. 산스크리트 글자를 상상하라고 한 것은 시바가 산스크리트어로써 데비에게 말했기 때문이다. 그러므로 중요한 것은 글자이지 산스크리트어가 아니라는 점을 알기 바란다. 그대는 영어를 사용할 수 있다. 라틴어를, 아랍어를 사용해도 좋다. 시바가 데비에게 산스크리트어로 말했다는 것을 제외하고는 산스크리트어에 더 이상의 의미는 없다. 그것이 다른 언어보다 우월하다는 것은 결코 아니다. 어떤 언어로든지 이 방편을 수련하는 것이 가능하다.

첫째, 그대의 의식을 느껴라. '가, 나, 다, 라…'로 가득 찬 의식의 샛별 같은 각성을 느껴라. 그러기 위해서는 어떻게 해야 하는가? 두 눈을 감아라. 그리고 말로 가득 찬 그대 의식의 내면을 보라. 내면을 하나의 칠판으로 여겨라. 그 다음 가, 나, 다, … 등등 모든 말과 글자들을 거기 떠올려라. 우선 글자를 글자로서 떠올려라. 글자의 형태를 바라보라. 그대 내면에다 '가'라고 써놓은 다음 이 글자를 주시하라. 그리고 서서히 이 글자를 잊어버려라. 그리고 '가'라는 소리만을 기억하라. 이렇게 글자의 영상화로부터 출발하는 이유는 눈이 귀보다 훨씬 그 능력이 탁월하기 때문이다. 우리의 모든 중심은 눈이다. 눈이야말로 우리가 이 극심한 생존경쟁에서 살아남는 데 가장 필요한 것이기 때문이다. 우리 의식의 90%가 모두 눈에 집중되어 있다고 해도 과언이 아니다.

그대에게서 눈이 없다고 상상해 보라. 그대의 삶은 죽은 것이 될 것이다. 생존이라는 최소한의 부분만이 남게 될 것이다. 우선 첫째로, 이미지를 보라. 그대의 시선을 내면으로 옮겨서 그 글자를 보라. 그러나 엄밀한 의미에서 본다면 글자는 눈보다 귀에 더 밀접한 연관이 있다. 글자는 소리이고, 그 소리가 시각화 현상을 보이기 때문이다. 그러나 인간인 우리는 끊임없이 뭔가를 읽고 있다. 그래서 글자는 부득불 눈과 연결되지 않을 수 없었던 것이다. 그러나 글자는 소리다. 글자의 기본 요소는 소리다. 하지만

우선 눈으로부터 시작하라. 그런 다음 귀로 넘어가라. 글자로서
그것들을 상상한 다음 보라. 그리고 들어라. 가장 미묘한 소리로
서 그것들을 들어라. 느낌의 불가사의함으로 그것들을 느껴라.
이는 참으로 멋진 수련이 될 것이다.

'가'라고 말할 때 어떤 느낌이 오는가? 그대 내부에서 지금 무
슨 느낌이 오는가? 우리는 사고보다 느낌 쪽에 훨씬 가까이 있
다. 우리는 이 느낌을 완전히 잊어버렸다. 그리고 그 소리를 하나
의 글자로서 마음에 떠올려 볼 때 그대 내부에 무슨 일이 일어나
는가? 내가 '가'라는 소리를 낸다면 그대는 먼저 그대 마음속에
'가'라는 글자를 떠올리게 될 것이다. 그러나 내가 '가'라고 할
때 결코 '가'라는 글자를 떠올리지 마라. 그저 그 소리만 듣도록
하라. 그리고 그대 내면에서 무슨 느낌이 오는지 관찰하도록 하
라.

여기서 시바는 말한다. '글자'로부터 소리 쪽으로 옮겨 가라
고. 그 다음 '소리'에서 '느낌' 쪽으로 옮겨 가라고 말한다. 그리
고 무슨 느낌이 일어나는지 살펴보라. 우리는 얼마나 무감각해져
버렸는가? 인간은 이 지구상에서 가장 무감각한 동물이 되었다.

여기 독일의 어떤 시인이 그의 어린 시절을 회상한 글이 있다.

"나의 아버지는 말(馬)을 무척 좋아하는 사람이었다. 집에는
아주 큰 마굿간이 있었는데 나는 마굿간에 들어가는 것이 금지되
어 있었다. 내가 너무 어렸기 때문에 말에 밟히기라도 할까봐 염
려가 되었던 것이다. 그러나 아버지가 외출하고 나면 나는 몰래
마굿간에 들어가곤 했다. 마굿간에는 나의 친구가 있었다. 그는
내가 가장 좋아하는 말이었다. 내가 마굿간에 들어갈 때마다 친
구는 우리 둘만이 느낄 수 있는 어떤 소리를 내주었다. 그럴 때면
나도 어떤 소리로 그의 소리에 답을 했다. 친구인 말과 나 사이에

는 그 이상의 다른 의사 교환이란 불가능했기 때문이다. 말과의 이 대화를 통해서 나는 처음으로 소리를 깨달았다. 소리의 신비함과 그 느낌을 깨닫게 되었다. 하지만 마굿간에 다른 사람이 있을 때면 친구는 그 소리를 내지 않았다. 그리고 나는 친구가 소리를 내지 않는 이유를 알았다. 그것은 '들어오지 마라, 누가 있다, 그리고 너의 아버지가 알면 화를 낼 것이다'라는 뜻이었다. 그러나 아무도 없을 때면 친구는 으레 소리를 냈다. 그것은 '자, 들어와도 좋다, 여기 아무도 없다'는 뜻이었다. 이는 친구와 나 사이의 매우 은밀한 모의였다. 때때로 나는 마굿간에 들어가서 친구를 사랑해 주었다. 친구는 내 사랑을 느낄 때마다 묘하게 고개를 흔들었다. 그러나 내 사랑의 방법이 그에게 맞지 않으면 도무지 고개를 흔들지 않았다. 이렇게 수년이 지나갔다. 나는 친구를 무척 사랑했다. 친구와 나 사이의 사랑은 어떤 사랑보다도 더 깊었다. 어느 날 나는 친구의 갈기를 쓰다듬어 주었다. 친구는 그렇게 좋아할 수가 없었다. 그런데 그때 갑자기 나는 내 손을 의식하기 시작했다. 그 순간부터 친구는 더 이상 고개를 흔들지 않았다. 전혀 반응이 없었다. 나는 뒤늦게 알았다. 내가 내 손을 의식하는 순간부터 나에게 에고가 생겼다는 것을 말이다. 그로 인해서 친구와 나 사이의 교류가 끊어져 버렸다는 것을 나는 뒤늦게 알았다. 불행히도 다시는 친구와의 우정을 되찾을 수 없었다."

말과 이 아이 사이에 무슨 일이 있었는가? 거기에는 느낌을 통한 존재의 교류가 있었다. 그런데 이 느낌 속으로 에고가 들어오는 순간 언어가 들어온다. 사념이 들어온다. 그와 동시에 차원이 변하게 된다. 지금 그대는 소리 속에 있다. 그러나 그때는 소리 밑에 있었다. 어린 시인과 말의 대화는 느낌이었다. 말은 어린 시인의 이 느낌을 충분히 이해할 수 있었다. 그러나 이 어린 시인의 가슴에 에고가 들어오는 순간 말(馬)은 이 어린 시인의 언어를 이해할 수가 없었던 것이다. 그래서 이 어린 시인과 말의 대화는 무참하게 깨어져 버린 것이다. 다시 말과의 관계를 옛날로 되돌리려고 이 어린 시인은 무척 노력했다. 그러나 그 노력에도 불구하고 그는 성공하지 못했다. 모든 노력은 에고의 노력이기 때문이다.

그는 그의 손에 대한 의식을 잊으려 했다. 그러나 결코 잊을 수 없었던 것이다. 그대여, 도대체 어떻게 그대의 손을 잊을 수 있단 말인가? 불가능하다. 불가능하다. 이것은 도저히 불가능한 일이다. 아니 잊으려고 노력하면 할수록 더욱더 의식하게 될 것이다. 잊으려는 노력을 통해서는 아무것도 잊을 수 없다. 그러면 도대체 어떻게 그 말과 어린 시인과의 대화가 단절되었는가?

어린아이들은 느낌 속에서 산다. 첫째, 소리가 들린다. 이 소리는 느낌으로 가득 차 있다. 그 다음 이 느낌 속으로 말이 들어온다. 말에 이어 사념의 먼지가 끼기 시작한다. 그 다음 이 사념의 먼지를 기반으로 하여 종교, 철학 등이 태어난다. 그렇게 되면 그대는 느낌으로부터 점점 멀어지게 될 것이다.

그래서 이 방편은 이렇게 말한다.

"되돌아가라. 느낌의 차원으로 되돌아가라."

느낌은 그대의 마음이 아니다. 그대가 느낌을 그토록 두려워하는 것은 이 때문이다. 그대는 결코 논리나 이성을 두려워하지 않는다. 그대가 두려워하는 것은 바로 느낌이다. 느낌은 그대를 혼돈의 상태로 이끌어갈 것이기 때문이다. 이 상태에서, 이 카오스의 상태에서 그대는 아무것도 통제할 수 없다.

그러나 이성의 차원에 있을 때면 그대는 모든 것을 통제할 수 있다. 머리의 차원에 있을 때 그대는 머리다. 그러나 머리의 차원

밑에 있을 때 그대는 머리를 상실하게 된다. 그대는 아무것도 통제할 수도 조종할 수도 없다. 느낌은 어디에 있는가? 바로 그대의 마음 밑에 있다. 느낌은 하나의 연결이다. 그대 자신과 그대의 마음을 잇는 하나의 연결선이다. 여기 시바는 말한다.

"그 느낌마저 넘어가라. 그대는 자유롭게 될 것이다."

기억하라. 느낌의 심연에 이르지 못한다면 결코 느낌의 차원을 초월할 수 없다. 그대는 지금 즉시 이 느낌의 차원을 넘어갈 수 없다. 그런데 어떻게 느낌으로부터 벗어날 수 있겠는가? 첫째, 철학으로부터 벗어나라. 힌두이즘, 기독교, 이슬람교 등등… 이런 것들로부터 벗어나라.

그대는 지금 철학의 차원에 서 있다. 본질과는 가장 먼 차원에 서 있는 것이다. 종교의 차원을 떠나지 않는다면 결코 참된 종교일 수 없다. 이 방편은 수련하기가 비교적 쉽다. 문제는 '느낌'이 아니라 '말'이다. 그대는 느낌의 차원으로부터 훌훌 떠날 수 있다. 입었던 옷을 벗어던지듯 그렇게 떠날 수 있다. 그러나 지금 당장은 불가능하다. 지금 당장 이렇게 하려고 노력하면 할수록 점점 더 불가능해질 것이다. 그러므로 점차적으로 올라가라.

먼저 글자의 형태를 상상하라. 그 다음 글자로부터 글자의 소리(발음) 쪽으로 주의력을 기울여라. 그대는 깊은 심연으로 막 들어가기 시작했다. 표면은 저 뒤에 남아 있다. 그대는 자신의 본질 속으로 깊이 빠지고 있다. 그런 다음 느껴라. 소리를 통해서 무슨 느낌이 전달되는지 그것을 느껴 보라. 인도에서는 이런 식의 명상 방편이 수없이 개발되었다. 그것은 만트라(呪文)의 시발이다. 어떤 특정의 소리는 또 그 소리만의 특별한 느낌과 연결되어 있다. 그러므로 그대 내부에서 A라는 소리를 연속적으로 진동시킨다면 그대 내부에는 A의 느낌으로 충만하게 될 것이다. 어떤

소리를 연속적으로 반복함으로써 그대 주변을 그 느낌으로 가득
차게 할 수 있다.

그러므로 아무 만트라나 되는 대로 암송해서는 결코 안된다.
그것은 그대 자신에게 도리어 해로울지도 모른다. 잘 알지 못할
경우, 그 만트라의 느낌이 어떤 것인 줄 알지 못할 경우, 그 느낌
이 과연 그대에게 맞는지 안 맞는지 모를 경우에는 결코 아무 만
트라나 마구 암송해서는 안된다.

'죽음의 만트라'가 있다. 그 만트라를 반복함으로써 마침내는
모년 모월 모시에 죽게 되는 만트라가 있다. 그것을 반복하게 되
면 꼭 정해진 그 시간에 죽게 될 것이다. 이 만트라가 그대 내부
에서 죽음에 대한 갈망을 만들어 내기 때문이다.

지그문트 프로이드는 인간에겐 두 가지의 본능이 있다고 말했
다. 이 두 가지의 본능은 무엇인가? 첫째로 '리비도(Libido)'가
있다. 살려는 본능, 존재하려는 의지가 바로 그것이다. 다음으로
는 '타나토스(Thanatos)'가 있다. 그것은 죽음의 본능이다. 소
리에도 '죽음의 소리'와 '생의 소리'가 있다. 죽음의 소리를 연속
적으로 반복함으로써 죽음의 본능이 잠을 깰 것이다. 죽음의 저
심연으로 깊이깊이 빨려 들어가게 될 것이다. 그러나 생의 소리
를 연속적으로 반복하게 되면 리비도의 본능이, 더욱더 살려는
본능이 잠을 깨게 될 것이다. 이 생의 소리를 그대 내부에 진동시
키게 되면 이 소리의 느낌으로 그대는 충만하게 될 것이다. 그뿐
이 아니다. 소리에는 참으로 여러 가지가 있다. 평화의 느낌을 주
는 소리, 침묵을 주는 소리, 위험을 가져다 주는 소리 등등…. 그
러므로 아무 만트라나 함부로 사용해서는 안된다. 그대는 먼저
스승을 찾아가야 한다. 그리고 스승으로부터 그대에게 맞는 만트
라를 받아야 한다.

그리하여 소리로부터 내려갈 때 모든 소리는 그 독특한 느낌과 연결되어 있다는 것을 그대는 깨닫게 될 것이다. 소리 뒤에 감춰져 있는 그 느낌을 깨닫게 될 것이다. 이때 소리에서 느낌 쪽으로 옮겨 가라. 소리를 잊어버려라. 이것은 설명하기 어렵다. 그러나 그대는 충분히 이것을 수련할 수 있다. 여기 이것을 위한 특별한 수련법이 있다.

구루에 의해서 특수한 만트라가 제자에게 주어진다. 그가 구루로부터 받은 이 만트라를 계속적으로 암송하게 되면 구루는 알게 된다. 그의 얼굴을 보고 알게 된다. 구루는 지금 제자가 만트라를 잘 암송하고 있는지 어떤지 그것을 느낌으로 알게 되는 것이다. 이 만트라의 음이 그의 내부를 진동시키게 되면 그의 주변은 이 만트라의 느낌으로 물들기 시작한다. 이때 그의 얼굴에는 서서히 이 만트라의 느낌이 나타나게 되는 것이다. 그대는 결코 구루를 속일 수 없다. 구루는 알고 있다. 그대 얼굴을 보고 그대를 알 수 있다. 그대 내면에서 일어나는 모든 것을 다 알 수 있다. 이 느낌의 차원까지 왔을 때 그대는 위로 뛰어오를 수 있다. 이는 마지막 단계다. 이제 그대는 저 존재의 심연 바로 옆에 서 있다.

이 느낌의 차원으로부터 건너뛰게 되면 그것은 바로 그대 자신 속으로 뛰어들어가게 된다. 심연은, 저 심연은 바로 그대 자신이다. 마음으로서의 그대 자신이 아니라 존재로서의 그대 자신이다. 과거 집적으로서의 그대 자신이 아니라 현재로서의, 지금 여기로서의 그대 자신인 것이다.

마음의 차원으로부터 존재의 차원으로 넘어가는 데 있어서 느낌은 연결 다리가 된다. 그러나 이 느낌의 차원까지 오기 위해서는 많은 것들과 이별하지 않으면 안된다. 말, 소리, 마음의 속임수 등등…. 그런 다음,

"그 느낌마저 넘어가라. 그대는 자유롭게 될 것이다."

'자유롭다'는 말은 자유롭기 위하여 무엇인가를 해야 한다는 뜻이 아니다. 대신 '그대는 그저 자유롭다'는 것을 뜻한다. 그렇다. 존재는 자유롭다. 그러나 마음은 구속이다. 이 때문에 다음과 같이 말하는 것이다.

"마음은 이 세상이다. 마음은 삼사라(윤회)다."

이 세상을 떠나지 마라. 아니 그대는 결코 이 세상을 떠날 수 없다. 아직 마음이 있다면 그대는 또 다른 문제점을 만들어 낼 뿐이다. 명상을 하기 위해 산 속으로 들어갈 수는 있다. 그러나 여전히 마음이 남아 있다면 그대는 결코 이 세상을 떠날 수 없다. 이 세상은 그대를 따라간다. 그대는 깊은 산중에서 또 다른 이 세상을 만들 것이다. 명상조차 이 세상을 만드는 하나의 작업이 되어 버릴 것이다. 씨앗이 거기에 있기 때문이다. 그대는 또다시 인간관계를 갖게 될 것이다. 물론 대상은 반드시 사람이 아닐 수도 있다. 그 대상은 나무일 수도 있고, 동물일 수도 있다. 그러나 또다시 관계를 만들어 내게 될 것이다. 그대는 뭔가를 기대하며 사방에 관심의 그물을 쳐 놓을 것이다. 이렇게 되면 아무리 깊은 산중에 들어간다 하더라도 그곳 역시 이 세상의 연장에 불과하다.

마음은 이 세상이다. 그리고 어느 곳에 가더라도 마음으로부터 벗어날 수는 없다. 마음속으로 깊이깊이 들어감으로써만 마음으로부터 벗어날 수 있다. 이것이 진정한 의미에서의 히말라야인 것이다. 이것 이외의 히말라야는 없다. 말로부터 느낌으로, 느낌에서 존재로 옮겨 간다면 그대는 이 세상으로부터 멀리멀리 벗어나게 된다. 존재의 이 내적인 심연을 알게 된다면 어느 곳에서든지 자기 자신에의 귀환이 가능하다. 지옥에서조차도 이는 가능하다. 이제 지옥이건 극락이건 객관적인 것은 하등의 차이가 없게 된다. 마음이 없다면 지옥조차 그대 속으로 들어올 수 없다. 지옥은 마음이 있을 때만 가능하다. 마음은 문이다. 지옥으로 들어가는 문이다.

자, 이제 다음 방편으로 들어가자.

38

계속되는 폭포 소리에 젖듯이 소리의 중심 속에서 흠뻑 젖어라.
그 다음 손가락으로 귀를 틀어막고 소리 중의 소리를 들어보라.

그대가 어디에 있든지 간에 이 방편을 수련하는 것이 가능하다. 언제 어디에서나 소리는 항상 들려오고 있기 때문이다. 시장 한복판에서도 소리는 들린다. 히말라야 동굴 속에서도 소리는 들린다. 침묵 속에 앉아 있어라. 소리의 한가운데에 앉아 있어라. 소리가 들릴 때면 언제든지 그대는 그 소리의 중심이 된다. 갖가지 소리가 사방팔방에서 그대에게 몰려온다.

그러나 시각을 통해서는 이것이 불가능하다. 시각은 원이 아니라 직선이다. 나는 그대를 본다. 그때는 한 방향으로만 그대를 볼 수 있다. 그대와 나 사이에 직선을 그을 수 있다. 그러나 소리는 직선이 아니다. 직선으로 이동하는 것이 아니라 원형으로 이동한다. 그러므로 모든 소리는 하나의 원형으로 그대에게 다가온다. 그대는 이 소리의 원형에 있어서 중심이 된다. 언제 어느 곳에 있든지 그대는 언제나 소리의 한가운데에 있다. 적어도 소리에 국한시켜 볼 때 그대는 신(神)이다. 그것은 그대가 중심이기 때문이다. 소리라는 전우주의 중심이기 때문이다. 모든 소리는 그대에게 온다. 그대 쪽으로 이동해 온다. 그대라는 중심을 향하여 몰려온다.

"계속되는 폭포 소리에 젖듯이 소리의 중심 속에서 흠뻑 젖어라."

어떤 장소에서도 이 방편을 수련할 수 있다. 지금 그대가 있는 바로 거기에서 두 눈을 감아라. 그리고 이 우주 전체가 소리로 충만하다고 느껴라. 모든 소리들이 그대를 향해 오고 있다고 느껴라. 사실 그러하다. 그대는 이 소리의 중심이다. 그대 자신이 소리의 중심이라는 이 느낌만으로도 깊은 평온의 상태에 몰입하게 된다. 이 우주 전체가 원이 되고 그대는 이 원의 중심이 된다. 그리고 모든 것은 그대라는 이 중심을 향해서 몰려오기 시작한다.

폭포 옆에 앉아 있다면 두 눈을 감아라. 그리고 이 폭포 소리가 그대를 에워싼다고 느껴라. 그대에게 떨어진다고 느껴라. 그대가 이 모든 소리의 중심이라고 느껴라. 왜, 무엇 때문에 그대가 중심이라는 이 느낌을 강조하고 있는가? 소리의 중심에는 소리가 없기 때문이다. 소리의 중심에는 어떤 소리도 존재할 수 없다. 태풍의 눈에 비와 바람이 없듯이 말이다. 소리를 들을 수 있는 것은 바로 이 때문이다. 그렇지 않으면 그대는 소리를 들을 수 없다. 소리는 그 자신의 소리 이외에 결코 다른 소리를 받아들이지 않는다. 그대(중심)에게는 아무 소리도 없다. 때문에 외부로부터 몰려오는 모든 소리를 들을 수 있는 것이다. 소리의 중심은 완벽한 침묵이다. 침묵의 끝없는 공간이다. 이 때문에 소리가 그대 속으로 들어올 수 있는 것이다. 소리가 그대를 관통할 수 있는 것이다. 소리가 그대를 에워쌀 수 있는 것이다.

소리의 그 중심이 어디 있는지 발견할 수 있다면, 모든 소리가 모여드는 그 광장이 그대 내부에 있음을 발견할 수 있다면, 모든 소리는 일시에 사라져 버릴 것이다. 그리고 그대는 소리가 없는 곳으로 들어가게 될 것이다. 소리가 몰려오는 중심을 느낄 수 있다면 거기 의식의 이동이 있다. 차원의 변형이 있다. 처음에 그대는 온 우주가 소리로 가득 차 있음을 느낀다. 그리고 다음 순간 그대의 지각력은 방향을 바꿀 것이다. 그 중심 쪽으로 방향 전환을 하면서 동시에 그대는 듣게 될 것이다. 소리가 없는 그 소리를, 삶의 중심을 느끼게 될 것이다. 단 한 번만이라도 소리 없는 이 소리를 듣는다면 이제 더 이상 소리는 그대를 방해하지 않을 것이다. 소리가 그대에게 다가온다. 그러나 결코 그대의 본질에 닿지는 못한다. 소리는 언제든지 그대를 향해 다가오고 있을 뿐, 결코 그대의 본질에 닿은 일은 없다. 여기 소리가 들어올 수 없는 지점이 있다. 이 지점이 바로 그대 자신이다. 그대 자신의 본질이다. 시장 한복판에서 이를 수련하도록 하라. 이 방편을 수련하는 데는 시장보다 더 좋은 곳이 없다. 시장은 갖가지 소리들로 가득 차 있는 곳이다. 소리의 바다가 바로 시장 바닥이다. 그러나 소리에 대해서 생각을 해서는 안된다. '이 소리는 좋고 저 소리는 나쁘다, 이 소리는 듣기 싫고 저 소리는 아름답다'라는 등의 생각을 해서는 결코 안된다. 소리에 대해서 상상하지 말고 소리의 중심에 대해서 상상하라.

처음에는 현기증을 느낄 것이다. 그대 주변에서 무슨 일이 일어나고 있는지, 무슨 소리가 들려오고 있는지를 그대는 결코 느껴본 적이 없기 때문이다. 그대는 선택된 것만을 듣고 선택된 것만을 보았을 뿐이다. 과학자들은 말한다.

"인간이 들을 수 있는 소리는 2%에 불과하다. 나머지 98%의 소리는 인간의 주위에 있지만 그는 결코 이 98%의 소리를 들을 수 없다."

이것은 사실이다. 100%의 소리를 다 듣게 된다면 어찌 되겠는가? 당장에 미쳐 버릴 것이다. 그래서 우리는 다음과 같이 생각하고 있다.

'감각(청각)은 하나의 문이다. 모든 소리가 들어올 수 있는 문이다.'

그러나 과학자들은 이 생각과는 그 입장을 달리한다. 그들은 결코 감각이 문이 아니라고 한다. 그렇다. 감각은 우리가 생각하는 것처럼 그렇게 활짝 열리지 않는다. 감각은 결코 자신의 문을 열지 않는다. 감각은 문이기보다는 차라리 검열관에 가깝다. 어떤 것을 들여보내고 또 어떤 것을 들여보내지 말아야 하는지를 순간순간 검열하는 검열관이다.

이 가운데 오직 2%만 입장이 허락된다. 그대는 이 2%에 정신이 팔려 있다. 100%가 다 들어오도록 그대 감각의 문이 활짝 열린다면 어떻게 되겠는가? 그대는 미쳐 버릴 것이다. 대번에 미쳐 버릴 것이다. 그러므로 이 방편을 수련하게 되면 먼저 걷잡을 수 없는 혼란의 상태가 온다는 것을 알아야 한다. 그러나 두려워하지 마라. 그 혼란 속으로 뛰어들어가라. 그리고 모든 것을 허락하라. 무슨 일이 일어나든지 다 맡겨 버려라. 모든 소리가 다 들어오도록 허락하라.

푹 쉬어라. 그대 자신을 푹 쉬게 하라. 그대의 감각을 푹 쉬게 하라. 이 모든 것으로 하여금 그대 속으로 들어오도록 하라. 그대는 자신을 열어 유동적으로 되게 하라. 모든 소리들이 그대에게 몰려오고 있다. 그 소리에 파묻혀라.

소리는 귀로 듣는 것이 아니다. 귀는 절대로 소리를 들을 수 없다. 귀는 오직 검열과 전달만 할 뿐이다. 따라서 귀는 그대에게 불필요한 소리들을 모두 잘라 내어 버린다. 간추리고 뽑아서 그

대에게 필요한 소리만을 전달해 준다. 그렇다면 이 소리를 듣는
것은 무엇인가? 소리를 듣는 그 중심이 어디에 있는지 발견해야
한다. 귀는 결코 소리의 중심이 아니다. 중심이 아니라 소리를 전
달하는 통로에 불과하다. 소리를 듣는 것은 그대의 내면이다. 그
렇다면 그대의 내면은 어디에 있는가?

이 소리 명상법을 수련하게 되면 머지않아 그대는 놀라운 사실
을 발견하게 될 것이다. 소리를 듣는 중심은 결코 두뇌가 아니라
는 사실을 발견하게 될 것이다. 그렇다. 두뇌는 결코 중심이 아니
다. 그러나 소리의 중심이 마치 두뇌인 것처럼 느껴지는 것은 왜
일까? 그대는 단 한번도 소리를 제대로 들어 본 일이 없기 때문
이다. 지금까지 그대가 들어온 것은 '말'이다. '소리'가 아니라
'말'이다. '말'이라면 마땅히 두뇌가 그 중심이 된다. 그러나 '소
리'의 경우 두뇌는 결코 그 중심이 아니다.

힌두교 사원에 가면 입구에 매달아 놓은 종을 볼 수 있다. 사원
을 방문하는 사람은 모두 이 종을 한 번씩 치고 들어가도록 되어
있다. 그리고 그 종 옆에는 깊은 명상에 젖은 사두(힌두교 승려)
들이 앉아 있다. 이 종을 칠 때마다 사두들에게는 순례자들이 매우
방해가 될 것이라 생각된다. 사원을 방문하는 사람마다 일일이 종
을 쳐대니 얼마나 방해가 되겠는가? 그 명상은 얼마나 혼란해지겠
는가? 정말 그럴까? 그러나 실은 이와 정반대다. 명상에 들어간 사
두는 전혀 방해받지 않는다. 아니 사두는 오히려 종소리를 기다리
고 있다. 누군가가 와서 종을 쳐주기를 기다리고 있다.

그러므로 사원을 찾는 방문객들은 사두의 명상을 돕고 있는 것
이 된다. 종을 칠수록, 종소리가 날수록 사두는 그 자신 속으로
들어갈 것이기 때문이다. 사두는 이 종소리의 중심축이다. 방문
객이 종을 치게 되면 그 종소리는 동시에 사두의 내면을 치게 된

다. 명상에 든 사두의 단전을 치게 된다. 방문객의 이 종소리가 그대 머리를 치게 되면 이것은 '소리'가 아니라 '말'이라는 것을 알게 될 것이다. 그와 동시에 그대는 소리에 대해서 생각하게 될 것이다. 여기서 순수성은 산산이 부서져 버린다.

어머니의 자궁 속에 있는 아기를 보라. 그 역시 소리에 의해서 자극을 받는다. 그리고 그는 이 소리에 즉각 반응을 보인다. 그는 결코 언어에 대해서 반응하는 것이 아니다. 그는 언어가 무엇인지 모른다. 이 사회의 전통 따위에 찬성할 줄도 모른다. 그는 확실히 언어에 대해서 아무것도 모른다. 그러나 그는 소리를 들을 수 있다. 어머니보다 그 뱃속에 있는 아기가 소리에 자극을 더 받는다. 어머니는 소리를 들을 수 없기 때문이다. 그녀는 소리를 듣는 게 아니라 말을 듣는다. 우리는 수많은 소리들을 만들어 낸다. 그리고 이 소리들은 아직 태어나지 않은 태아를 끊임없이 자극한다. 따라서 아기는 미친 상태에서 태어나게 될지도 모른다. 우리가 그를 너무나 많이 혼란시키고 있기 때문이다.

식물조차도 소리에 의해서 영향을 받는다. 좋은 음악을 들려주면 식물들의 성장이 빨라진다. 그러나 시끄러운 소음을 들려주게 되면 식물들의 성장은 아주 저하된다.

오늘날 우리 주위에는 너무나 많은 소음이 있다. 자동차의 소음 때문에 인간의 감각은 점점 더 파괴되고 있다. 이제 머지않아 그 한계점에 도달하게 될 것이다. 소음이 더 증가한다면 인간에게는 희망이 조금도 남지 않게 될 것이다. 이 소음들은 그대의 두뇌를 치는 것이 아니라 그대의 단전을 치게 된다. 소리의 중심은 두뇌가 아니라 단전이기 때문이다. 그리고 만트라는 전혀 의미가 없는, 단순한 소리에 불과하다. 아무리 훌륭한 스승이라도 만트라의 의미에 대해서 말한다면 그것은 진정한 의미의 만트라가 아니다. 만트라는 아무런 의미가 없어야 한다. 만트라에 있어서 무의미성은 필수적인 것이다. 만트라는 반복되는 암송에 의해서 어떤 효과를 얻을 수 있는 성질의 것이지 결코 무슨 의미가 있는 것은 아니다. 만트라는 그저 순수한 소리다. 모든 만트라가 '옴 (Aum)'으로부터 시작되는 것은 바로 이 때문이다.

AUM….

이 소리에는 아무 의미도 없다. 그저 순수하기 이를 데 없는 한 음절의 소리일 뿐이다. '옴'…… 이 순수음이 그대 속에 진동하게 되면 그 소리를 이 방편에 사용할 수 있다.

두 손가락으로 두 귀를 막음으로써 소리를 만들어 낼 수 있다. 두 귀를 막게 되면 하나의 소리가 들린다. 그렇다면 이것이 무슨 말인가? 두 귀를 막을 때 왜 소리가 들리는가?

다음은 미국의 어느 마을에서 일어난 사건이다. 이 마을 옆으로는 매일 밤 새벽 두 시에 기차가 지나간다. 그런데 새로운 철로가 개통되면서 기차는 이 마을을 지나가지 않게 되었다. 그런데 매우 이상한 일이 일어났다. 기차가 지나가지 않게 되었는데도 기차가 지나갈 시간이 되면 반드시 이상한 소리가 들려오는 것이었다. 그래서 사람들은 도저히 잠을 이룰 수가 없었다. 급기야는 경찰까지 동원되어 이 조사에 나섰다. 기차가 지나갈 때는 결코 듣지 못했던 이상야릇한 소리가 도대체 어디서, 왜 나는지를 조사하기 위해서였다. 마을 사람들은 매일 밤 새벽 두 시에 지나가던 그 기차 소리가 습관화되어 버렸다. 그런데 이제 그 기차 소리가 갑자기 끊어져 버린 것이다. 그들은 잠을 자면서도 매일 밤 두 시만 되면 기차 소리를 기다리고 있었다. 그들은 기차 소리를 듣는 것이 어느새 체질화되어 있었던 것이다. 그들은 기차 소리를 기다렸다. 그런데 어느 날부터 갑자기 기차 소리가 들리지 않았다. 기차 소리 대신 그 소리의 부재(不在)만이 들려왔다. 이 소리의 부재가 그들에게는 전혀 새로운 것이었다. 그래서 그들은 이 소리의 부재에 대해서 불안감을 느꼈던 것이다. 그 때문에 그들은 매일 밤 잠을 이룰 수가 없었다.

계속적으로 어떤 소리를 듣다가 갑자기 듣지 않게 되면 그 소리의 부재를 듣게 될 것이다. 그러므로 그 소리를 듣지 못할 것이라고 생각지 마라. 그 소리를 듣지 못하는 대신 그대는 그 소리의 부재를 듣게 될 것이다. 그것은 마치 사물을 쳐다보다가 눈을 감게 되면 사물의 영상을 보는 것과 같다. 창문을 보다가 눈을 감게 되면 그대는 창문 대신 그 창문의 영상을 볼 것이다. 소리의 영상도 사진의 영상과 같다. 눈만이 영상을 볼 수 있는 것이 아니라 귀도 역시 영상음을 들을 수 있다. 그래서 두 귀를 막게 되면 소리의 영상음을 들을 수 있는 것이다. 모든 소리가 정지되었다. 그때 갑자기 새로운 소리가 들린다. 이 소리가 바로 부재의 소리, 소리의 영상음인 것이다.

"그 다음 손가락으로 귀를 틀어막고 소리 중의 소리를 들어보라."

소리 중의 소리……

이것은 더 이상 소리가 아니다. 이것은 소리의 부재다. 소리의 그림자다. 또는 자연음이다. 이 그림자는 어떤 것에 의해서 만들어진 소리가 아니다.

모든 소리는 만들어진 것이다. 그러나 귀를 막았을 때 들리는 그 소리만은 만들어진 소리가 아니다. 이 세상 전체가 깊은 침묵 속에 잠겨 버린다 해도 그대는 그 소리를 들을 것이다. 그 침묵의 소리를 들을 수 있을 것이다. 그래서 파스칼은 이렇게 말했다.

"무한한 이 우주를 생각할 때 무한한 이 우주의 침묵은 나를 몹시 두렵게 한다."

　우주의 이 침묵은 파스칼을 두렵게 했다. 소리는 오직 지구 위에서만 가능하기 때문이다. 소리는 공기를 필요로 하고 있다. 지구의 이 대기권을 벗어나게 되면 거기에는 침묵만이 있을 뿐이다. 그러나 그 침묵을 그대는 땅 위에서도 얼마든지 들을 수 있다. 그대의 두 귀를 완전히 막음으로써 이는 가능해진다. 두 귀를 막고 '소리 중의 소리'를 듣는 순간 그대는 이 지구에 있으면서 지구로부터 떠나게 된다. 소리 밑으로 침전하게 된다.

　우주 비행사들은 많은 훈련을 쌓는다. 그 가운데 하나가 오랫동안 침묵 속에 있는 것이다. 그들은 침묵의 방에서 훈련을 받는다. 그래서 그들은 침묵에, 이 소리의 부재에 익숙해진다. 그렇지 않게 되면 그들은 미쳐 버릴 것이다. 그들은 우주 비행 도중 많은 어려움과 부딪치게 된다. 그중에서도 가장 견디기 어려운 것이 바로 이 침묵이다. 도대체 어떻게 떠날 수 있단 말인가? 소리로 가득 찬 이 인간 세상을 그대여 어떻게 떠날 수 있단 말인가?

　숲속에서 길을 잃어버렸을 때 무슨 소리라도 들리게 되면 무서움은 덜할 것이다. '저기 무엇인가가 있다, 나는 이제 혼자가 아니다'라고 생각하면 조금 안심이 된다. 그러나 아무 소리도 나지 않을 때, 소리의 부재 속에서 그대는 혼자다. 군중들 속에서 그대의 귀를 막아라. 그대 속으로 깊이깊이 들어가라. 군중은 흔적도 없이 사라져 버린다. 소리를 통해서 그대는 상대방을 의식하게 되는 것이다.

　"소리 중의 소리(sound of sounds)를 들어보라."

　이 소리의 부재에 대한 경험은 아주 미묘하다. 이것이 그대에게 무엇을 가져다 주는가? 소리가 없어지는 순간 그대는 바로 그대 자신에게로 되돌아와 버린다. 그러나 소리를 통해서 우리는

우리 자신으로부터 점점 멀어져 간다. 다른 사람에게로 가 버린
다. 이를 이해하라. 소리를 통해서 우리는 다른 사람과 연결된다.
소리를 통해서 우리는 다른 사람과 대화를 하게 된다.

그대 자신이 진공의 유리 방 속에 있다고 상상해 보라. 방음장
치가 된 방 속에 있다고 상상하라. 소리가 들어올 수도 없고 그대
가 소리를 지를 수도 없다. 그대 자신을 나타내기 위한 어떠한 짓
도 무의미하게 된다. 소리가 도시 방 밖으로 나갈 수 없기 때문이
다. 유리방 밖에서는 이 세상 전체가 끊임없이 움직이고 있다. 그
러나 그대는 방 밖의 저 사람들에게 이야기할 수도 없고 저 사람
들 역시 그대에게 말을 걸 수도 없다. 그대는 이제 전혀 희망이
없다는 것을 알게 될 것이다. 그리고 아울러 모든 것이 한바탕 꿈
이었다는 것을 알게 될 것이다.

소리가 타인에게로 가는 교통 수단이라면 침묵은 자기 자신에
게로 돌아가는 교통 수단이다. 소리를 통해서 그대는 다른 사람
과 대화할 수 있다. 그러나 침묵을 통해서 그대는 그대 자신의 심
연으로 빨려 들어가 버린다. 이 때문에 자기 자신에게로 되돌아
가는 데 있어 많은 명상 방편들이 이 침묵을, 이 소리 중의 소리
를 이용하고 있다.

귀머거리가 되라. 장님이 되라. 단 한순간이라도 귀머거리와
장님이 되라. 그때 그대는 그 어디에도 갈 수 없다. 그렇다면 그
대는 어디로 돌아가는가? 바로 그대 자신에게로 돌아갈 수밖에
없다. 이때 발견하게 될 것이다. 그대 자신 속에 서 있는 바로 그
대 자신을 말이다. 침묵 속에서는 타인에게로 향하는 모든 다리
가 단절되어 버린다.

구제프는 그의 제자들에게 오랜 기간 동안 침묵하도록 가르쳤
다. 여기 이 침묵의 수련 기간 동안은 웃어서도 안되며 또 손짓이

나 발짓 등 어떠한 동작도 금지되었다. 심지어는 눈동자를 움직이는 것까지 용납되지 않았다. 그야말로 외부와의 교류가 완전히 단절되어 버린 것이다. 침묵이란 무엇인가? 침묵이란 교류 없음이다.

그런 다음 구제프는 그의 제자들을 같은 집에 살도록 했다. 50명의 사람들이 이 수련을 하기 위해 한집안에 살도록 한 것이다. 그리고 그는 제자들에게 이렇게 말했다.

"이 집에서 너 혼자만 사는 것처럼 느껴라. 그리고 절대로 밖으로, 나가서는 안된다. 다른 사람이 있다는 것에 대해 전혀 개의치 마라. 눈으로 대화하는 것마저 금물이다. 이 집에 너 혼자만이 사는 것처럼 행동하라."

이렇게 석 달 동안 살아야 했다. 이 기간 동안 수행자들은 그야말로 진짜 벙어리와 장님이 되는 것이다.

그러나 사회적인 입장에서 본다면 말을 많이 하면 할수록 유명하게 된다. 대화를 하면 할수록 그들의 지도자가 되기 쉽다. 종교가가 되기 쉽다. 정치인, 문학가 등등 어떤 종류라도 그대가 원하는 타입이 될 수 있다. 지도자가 되려면 확실히 말을 잘해야 한다. 그리고 많이 해야 한다. 왜 그럴까? 그것은 보다 많은 사람들을 설득할 수 있기 때문이다.

벙어리가 지도자가 되었다는 말을 들어본 적이 있는가? 그러나 장님은 지도자가 될 수 있다. 장님은 비록 앞을 못볼망정 말은 할 수 있기 때문이다. 대화는 가능하기 때문이다.

사회란 무엇인가? 사회란 언어다. 언어는 사회가 존재하는 그 기본 인자이다. 상호 의사 교환의 근본이다. 그러므로 언어를 버린다면 그대는 혼자가 된다. 그대 주위에는 수많은 사람들이 살아가고 있다. 그러나 언어를 버릴 때 그대는 혼자가 된다.

메허 바바(Meher BAba)는 40년 동안이나 침묵 속에서 살았
다. 이 침묵 속에서 그는 도대체 무엇을 했을까? 그러나 침묵 속
에서는 아무것도 할 수 없다. 모든 행위는 직접적이든 간접적이
든 타인과 연결되어 있기 때문이다. 상상 속에서조차 무엇인가를
하려고 할 때면 타인을 생각하지 않을 수 없다. 그대 혼자라면 행
위는 불가능하다. 그때는 상상을 통해서 행동하는 것조차 불가능
하다. 모든 행위는 타인과 연결되어 있는 것이다. 따라서 언어를
버리게 되면 모든 행위도 사라져 버리게 된다. 그대는 존재한다.
그러나 그대는 더 이상 아무것도 할 수 없다.

40년이 지난 어느 날 메허 바바는 그의 제자에게 한 장의 종이
쪽지를 건네주었다. 거기엔 이렇게 씌어 있었다.

'모월 모일에 나는 이 묵언(默言) 수행을 깨뜨릴 것이다.'

그러나 약속한 날이 되어도 그는 그 묵언 수행을 깨뜨리지 않
았다. 그 후 죽을 때까지 묵언 수행을 계속했다. 왜 그랬을까? 왜
묵언 수행을 깨뜨리지 않았을까? 그리고 왜 그것을 깨뜨리려는
생각을 했을까? 그의 내부에서 무슨 일이 일어났을까? 그는 왜
그 약속을 지키지 않았을까?

오랫동안 침묵 속에 있게 되면 다시 소리의 세계로 되돌아온다
는 것이 불가능해진다. 이것은 필연적인 결과이다. 그래서 메허
바바는 다시 이 소리의 세계로 되돌아올 수 없었던 것이다.

인간은 3년 이상 묵언을 하게 되면 다시 이 세상으로 되돌아올
수 없게 된다. 이 소리의 세계로 되돌아올 수 없다. 그래도 그대
는 되돌아오려고 시도할 것이다. 그러나 그것은 불가능하다. 소
리의 세계에서 침묵의 세계로 돌아가기란 쉽다. 그렇지만 침묵의
세계에서 다시 소리의 세계로 되돌아오는 것은 불가능하다. 침묵
을 지킨 채 3년이 지나게 되면 언어의 기능은 더 이상 작동하지

않게 된다.

오랫동안 침묵 속에 있게 되면 다른 사람과 이야기하는 것보다 차라리 벽과 이야기하는 쪽이 편할 것이다. 오랫동안 침묵 속에 있던 사람의 말을 듣게 되면 그것이 무슨 말인지 그대는 전혀 이해하지 못할 것이다. 그는 뭔가를 이야기하고자 하지만 말이 나오지 않는다. 그의 머리 속에서는 이미 모든 말이 사라져 버렸다. 그는 다시 이 소리의 세계로 되돌아올 수 없게 된 것이다.

그래서 메허 바바는 그 침묵을 깨려고 무척 애를 썼다. 그럼에도 불구하고 그는 그 자신을 이 소리의 세계로 되돌아오게 할 수 없었다. 그는 무엇인가 값어치 있는 말을 하려고 했지만 이미 언어의 기능이 말을 듣지 않았던 것이다. 그래서 그는 한마디의 말도 하지 못하고 죽을 수밖에 없었다.

메허 바바의 이야기는 여기 이 방편을 이해하는 데 많은 도움이 된다. 그대여, 그대의 경우를 생각해 보라. 그대가 하는 것은 무엇이든지 메허 바바의 이 경우와는 반대 입장이다. 그대의 이러한 입장도 역시 하나의 수련법으로 사용이 가능하다. 우선 몇 시간 동안만이라도 침묵하라. 그 다음 이야기를 시작하라. 며칠 동안 명상을 계속하라. 그런 다음 그 명상을 그만두고 하고 싶은 것이 있으면 무엇이든지 하도록 하라. 그대 속에 긴장감을 줄 수 있는 일이라면 무슨 일이든지 하도록 하라. 그런 다음 또다시 깊은 명상 속으로 들어가라. 이런 식으로 수련을 계속하게 되면 더욱더 활기에 넘칠 것이다.

어느 한쪽에 집착하지 마라. 한쪽 극에서 다른 극으로 끊임없이 이동하라. 일단 어느 한쪽에 치우치게 되면 그대는 결코 반대쪽으로 이동할 수 없게 된다. 한쪽 극에서 다른쪽 극으로 이동하는 것이 바로 삶이다. 그것은 힘차게 굽이치는 삶을 의미하는 것이다. 만약 다른쪽 극으로 옮겨갈 수 없다면 그것은 이미 죽은 상태다.

구제프는 그의 제자들에게 극에서 극의 변화를 가르쳤다. 먼저 단식을 시킨 다음 그는 말했다.

"자, 지금부터 그대들이 먹고 싶은 대로 얼마든지 먹도록 하라."

그 다음 그는 말했다.

"자, 이제부터 단식이다."

그런 다음 그는 또 이렇게 말했다.

"자, 먹기 시작하라."

그는 또 이렇게도 말했다.

"며칠 동안 뜬눈으로 새도록 하라. 그런 다음 자고 싶은 만큼 푹 자도록 하라."

극에서 극으로 즉, 이 양극에의 이동은 그대에게 활기를 준다. 넘치는 생명력을 준다. 여기 이 방편은 바로 이런 점에서 양극단으로 이동하는 테크닉이다.

'손가락으로 귀를 틀어막고 소리 중의 소리를 들어 보라'는 이것이 한 극이며, '폭포 소리에 젖듯이 소리의 중심에 흠뻑 젖어라'는 것은 다른 극이다. 한 극은 그대 자신이 소리의 중심이 되어 모든 소리를 듣는 것이요, 또 다른 한 극은 모든 소리를 정지시킨 다음 침묵의 중심을 느끼는 것이다. 소리를 사용하는 한 개의 방편을 통해 그대는 양극으로 이동할 수 있다.

하지만 두 개를 따로따로 분리시켜서 수련해서는 안된다. 둘을 동시에 수련하라. 이 양극은 둘이지만 동시에 하나의 방편이다. 양극이 있음으로써만 한 극의 존재 이유가 가능하다. 우선 몇 달 동안 첫번째를 수련하라. 그 다음 또 몇 달 동안 나머지 두번째 부분을 수련하라. 자유자재로 이 양극단을 이동할 수 있다면 그대는 젊어지게 될 것이다. 죽음이란 무엇이며 늙음이란 무엇인가? 그것은 어느 한쪽에 고정되어 있는 것을 말한다.

〈질문〉

"우리가 육체의 중심에서 들려오는 소리를 들을 때면 다른 시끄러운 소음을 듣지 않을 수 있습니까? 그때 신경을 거스르게 하는 도시의 소음에서 해방될 수 있습니까? 그 부정적인 소음들이 긍정적인 소리로 전환될 수 있습니까?"

이것은 언제나 기본적인 문제로 남아 있다. 그리고 그것은 그대의 태도에 달려 있다. 그대가 긍정적일 때는 모든 것이 긍정적이다. 그러나 그대가 부정적이라면 그대에게 긍정적인 것은 하나도 없다. 그대는 그대를 둘러싼 모든 사물의 근원이다. 그대는 자신의 세계를 창조하는 창조주이다. 우리는 같은 세계에 살고 있지 않다. 이 점을 기억하라. 이 세상은 마음의 숫자만큼이나 다양하게 존재한다. 각각의 마음은 그 자신의 세계를 만들어 내고 그 속에서 살고 있다.

따라서 모든 것이 부정적이고 무의미하게 보인다면 그것은 그대가 내면에서부터 부정적인 태도를 갖고 있다는 뜻이다. 그때는 외부의 소리를 바꾸려 하지 마라. 세상은 그대의 내면을 비춰주는 하나의 거울이다. 그대는 그 속에 반사되고 있다.

한때 시골의 한 별장에서 산 적이 있었다. 그 마을은 매우 가난한 마을이었고 주인 없는 개들로 들끓었는데 밤이 되면 내가 있는 별장 근처로 모여들곤 했다. 그것은 그들의 평상시 습관이었다. 그리고 별장은 큰 나무들로 둘러싸인 근사한 곳이었다. 그래서 나는 거기에 머물렀는데 그곳 주지사도 얼마 동안 거기에 머물렀다. 주지사는 개들이 짖어대는 소리에 밤잠을 이루지 못하고 매우 신경을 곤두세웠다. 그러던 중 하루는 내게 찾아와 말했다.

"당신은 잠을 잘 이룹니까?"

나는 잠을 자는 데 아무런 문제가 없었다. 그래서 그가 내 곁으로 와 나를 흔들어 깨워서 물을 정도였다. 그는 내 대답도 기다리지 않고 계속 물었다.

"바깥이 그렇게 소란스러운데도 그렇게 깊이 잠들 수 있는 비결이 뭔지 저에게도 좀 가르쳐 주십시오. 적어도 2,30마리의 개들이 모여 다니면서 밤새 짖어댑니다. 그러면 아무것도 할 수가 없습니다. 그리고 잠도 이룰 수 없습니다. 나는 낮에 복잡한 일들로 피곤한데 잠을 못 자면 정말 고역입니다. 하지만 개 짖는 소리에 잠이 오지 않습니다. 내가 아는 모든 방법, 만트라를 암송하거나 신에게 기도를 드리는 등등의 방법을 다 동원해도 허사입니다. 어떻게 해야 되겠습니까?"

그래서 나는 그에게 말했다.

"이 개들은 당신을 괴롭히려고 이곳에 모여드는 것이 아니다. 그들은 주지사가 여기에 머물고 있다는 사실조차 모른다. 그들은 신문을 읽지 않는다. 그들은 완전히 무지한 상태로, 어떤 고의성도 없다. 그리고 당신의 존재도 알지 못한다. 그들은 단지 자기네들 습관대로 하고 있을 뿐인데 왜 당신은 그렇게도 신경을 쓰는가?"

그가 말했다.

"어떻게 신경을 안 쓸 수가 있겠소? 저렇게 계속 짖어대는데

130

내가 어떻게 잠을 잘 수 있겠소?"

나는 그에게 말했다.

"개 짖는 소리와 싸우지 마라. 당신은 지금 싸우고 있다. 그것이 문제다. 소리가 문제가 아니다. 당신은 소리와 싸우면서 스스로를 괴롭히고 있다. 괜히 '저 개들이 그만 짖어야 나는 잠을 잔다'는 조건을 만들어 놓고 있는 것이다. 그러니 개 짖는 소리에 신경쓰지 마라. 그들의 소리를 자장가처럼 들어라. 밤이 너무 고요해서 그들이 짖지 않으면 오히려 무섭다고 생각하라. 개 짖는 소리를 하나의 만트라로 여겨라."

내 말을 다 들은 그는 이렇게 말했다.

"좋소. 당신의 말을 믿지는 않겠지만 속는 셈치고 한 번 해보죠."

그는 곧 곯아 떨어졌다. 개들이 여전히 짖고 있었는데도 말이다. 다음날 아침 그가 내게 말했다.

"이것은 기적이다. 나는 그 소리를 받아들이고 내 조건을 없애 버렸다. 나는 음악을 듣듯이 그 소리를 경청했소. 그러자 어느 순간 잠에 떨어지고 말았소."

그것은 그대 마음에 달린 것이다. 그대가 긍정적이라면 모든 것은 긍정적으로 들린다. 그대가 부정적이라면 모든 것이 부정적으로 들린다. 그것은 소리 뿐만 아니라 인생 전체에 해당되는 진리이다. 그대 주위에 있는 모든 것이 부정적이라고 느껴질 때 그 원인을 내면에서 찾아라. 그대가 원인이다. 그대는 뭔가를 기대하고 있고 어떤 조건을 걸고 있다.

존재계는 그대의 뜻에 따르도록 강요할 수 없다. 그것은 자신의 방식대로 흘러간다. 그대가 그것과 함께 흘러갈 수 있다면 그대는 긍정적으로 된 것이다. 그렇지 않고 그대가 그것에 대해 싸

우고 거스른다면 그대는 부정적으로 된 것이다. 그때는 그대를
둘러싼 우주 전체가 부정적으로 돌변할 것이다.

그것은 마치 강물을 거슬러 올라가려는 사람과 같다. 강물은
그대를 계속 아래로 떠미는데 말이다. 거슬러 올라가지 마라. 강
물과 싸우지 마라. 강물은 그대를 알지 못한다. 그렇지 않다면 강
물은 정신병원에 보내져야 할 것이다. 강물은 그대와 싸우려는
것이 아니다. 그대가 괜히 싸움을 걸고 있다.

여기 재미있는 일화가 하나 있다. 어느 날 군중들이 물라 나스
루딘의 집으로 모여들었다. 그들은 물라를 보고 이렇게 말했다.

"무슨 일이 있었는가? 자네 마누라가 강물을 거슬러 헤엄치지
못하고 있네. 그녀는 그저 아래로 떠내려가기만 한다네."

물라 나스루딘이 말했다.

"나를 귀찮게 하지 마라. 나는 내 마누라를 잘 알고 있어. 만약
다른 사람이 강에 빠지면 그는 강물을 따라 흘러갈 거야. 하지만
내 마누라만큼은 그렇게 하지 않아. 나는 그녀를 잘 알지. 40년을
함께 살아왔으니까."

마음은 항상 거슬러 올라가려 한다. 그대가 모든 것과 싸우는
이상 그대는 완전히 부정적인 세계를 만들고 있다. 그것은 명백
한 사실이다. 세상은 그대를 반대하지 않는다. 그대가 세상과 싸
우지 않는다면 말이다. 그런데도 그대는 세상이 그대를 반대한다
고 생각한다. 그저 떠 있기만 하라. 그대는 저절로 강물을 따라
흘러갈 것이다. 그때 그대는 힘을 쓸 필요가 없다. 강물이 하나의
배가 될 것이다. 한 번 그렇게 하기 시작하면 만사형통이다. 그대
는 긍정적으로 변한다. 그때 세상은 그대에게 긍정적이 될 것이
다.

그대가 바뀌면 모든 것이 바뀐다. 그런데 그대는 왜 삶에 대해

서 그토록 부정적인가? 왜 끊임없이 갈등하고 힘들어 하는가? 왜 그저 흘러가게 내버려두지 않는가? 무엇이 그렇게 두려운가?

그대는 삶을 그냥 지켜보지 못한다. 삶을 두려워하고 있다. 조금만 이상한 소리가 들려도 죽음의 공포를 느낀다. 그리고 모든 사람이 그렇게 산다. 그대가 죽음을 두려워하는 것은 삶을 두려워하기 때문이다.

왜 삶을 두려워하는가? 그것은 세 가지 이유 때문이다.

첫째, 그대의 에고는 계속 거슬러 올라가려 한다. 그저 흘러가게 되면 거기에 에고는 존재할 수 없다. 그대의 에고는 싸우려 할 때만이 존재할 수 있다. '노우'라고 말할 때 그대의 에고가 생겨난다. 만약 '예스'라고 말한다면 언제나 '예스'만이 있다. 거기에 더 이상 에고는 남아 있을 수 없다. 힘을 쓸 수 없다. 그대는 동일시를 잃어버리고 바닷속에 떨어지는 한 방울의 물이 될 것이다. '예스' 속에는 에고가 없다. 그래서 그대는 '예스'라고 말하기가 그토록 어려운 것이다.

내 말을 이해하겠는가? 그대가 거슬러 올라갈 때만이 그대는 자신이 존재한다고 느낀다. 만약 그대가 흐름이 어디로 인도하든지 그것과 하나가 되어 흘러가면 그대는 자신이 존재한다는 사실을 느끼지 못할 것이다. 그때 그대의 에고는 견딜 수가 없다. 그래서 에고는 굳이 고립된 '나'라고 하는 것을 만들어 낸다. 에고는 삶에 대해 부정적인 태도를 만들어 낸다.

둘째로, 삶은 미지의 것이다. 미리 예견할 수 없는 성질의 것이다. 그리고 그대의 마음은 좁아 터졌다. 뭔가를 알지 못하고는 견디지를 못한다. 마음은 미지의 상태를 두려워한다. 그것이 바로 이성(理性)이라는 것이다. 마음은 지식으로 구성되어 있기 때문이다. 그대가 아는 것은 무엇이든지 마음을 구성한다. 미지의 상태는 마음의 부분이 될 수 없다. 그래서 마음이 가장 싫어하는 것이 바로 미지의 상태다. 결국 이미 알고 있는 것, 진부한 것 속에서 살 수밖에 없다. 그것은 레코드와 같아서 항상 똑같은 궤도를 따라 움직인다.

한편 삶은 언제나 미지 속으로 흘러간다. 그대는 두렵다. 그대는 마음대로 움직여지는 삶을 원한다. 그러나 삶은 그대를 따라주지 못한다. 그것은 항상 미지 속으로 나아간다. 그래서 그대는 삶을 두려워한다. 기회가 있을 때마다 그대는 삶을 죽이려고, 고정시키려고 한다. 그러나 삶은 하나의 흐름이다. 그것이 고정되면 곧 죽음이다. 하지만 그대는 그것을 고정시키려 한다. 고정되어야만 예상이 가능하기 때문이다.

어떤 사람을 사랑하면 마음은 즉시 결혼하고 싶어한다. 결혼은 고정된 것이기 때문이다. 사랑은 흐름이다. 사랑은 예상할 수 없는 것이다. 아무도 사랑이 어디로 흘러갈지 예상할 수 없다. 그대는 다음 순간을 미리 알지 못한다.

그러나 마음은 확실한 것을 좋아한다. 그리고 삶은 불확실성의 연속이다. 그래서 마음은 사랑에 반대한다. 마음은 결혼을 좋아한다. 결혼은 고정된 것이기 때문이다. 흐름이 고정되면 흐름은 그 생명력을 잃어버리고 만다. 흐름의 죽음이다. 더 이상 물은 물이 아니다. 그것은 얼음이 되고 만다. 그때 그대는 사실상 죽은 상태다. 살아 있는 것은 결코 예상할 수 없기 때문이다. 날고 있는 새가 방향을 언제 바꿀지 그대가 모르듯이 말이다.

그래서 인간은 생명을 원치 않는다. 인간은 죽은 것을 좋아한다. 그래야 소유할 수 있기 때문이다. 살아 있는 사람을 소유하기란 불가능하다. 그래서 모든 남편과 아내들이 생기가 없다. 그들은 더 이상 인간이 아니다. 물체다. 남편은 직장에서 집으로 돌아갈 때 아내가 기다리고 있다는 것을 안다. 그는 아내를 예상할 수 있다. 만약 언제고 사랑하고 싶은 마음이 생겨나면 그때는 사랑할 수 있다. 그때 아내나 남편은 쓸모 있는 것이 된다. 따라서 아내와 남편은 움직이는 물체일 뿐이다. 아내는 이렇게 말할 수 없다.

"오늘은 사랑할 기분이 아니예요."

그들은 언제고 준비가 갖추어져 있어야 한다. 그래서 도덕으로 법률로 상대방을 묶어 놓는다. 그것이 결혼이다. 결혼한 관계를 보라. 처음 사랑할 때는 '나'와 '당신'이 있다. 그러나 세월이 지나면 '나'와 '그것'만이 있을 뿐이다. '당신'은 사라지고 없다. 인간이 물체로 변한 것이다. 우리는 언제나 이렇게 말한다.

"이것은 아내의 도리며 임무다. 저것은 남편의 도리며 임무다. 이것을 하라. 저것을 하라. 이것은 하지 마라. 저것은 하지 마라."

모든 것이 미리 정해져 있고 기계적이다. 그대는 이렇게 말할 수 없다.

"나는 그것을 할 기분이 아니다."

삶에 대한 공포 때문에 그대는 모든 것을 고정시켜 놓았다. 그러나 삶은 하나의 흐름이다. 그것에 대해 그 어떤 것도 미리 말할 수 없다. 그러나 마음은 확실한 것을 좋아한다. 그래서 사랑은 언제나 결혼으로 이어진다. 사랑이 결혼으로 성사되지 않으면 불행이라고 말한다. 하지만 그런 식의 결혼은 서로를 죽여서 소유하는 것 외에 아무것도 아니다. 오직 그때만이 안심할 수 있다.

그대는 아내를 소유하기 위해서 그녀를 죽여야 한다. 연인이 아내나 남편이 될 때 그것은 죽는 것이다. 자유가 죽어 버린 이상 인간은 존재 가치가 없다. 그래서 연인은 살아 있고 부부는 죽어 있다. 그래서 부부들은 언제나 서로 이렇게 말한다.

"당신은 이제 나를 사랑하지 않지? 전에는 사랑했는데."

그러나 이제 상대방은 예전의 그가 아니다. 상대방은 사람이 아니다. 하나의 물건이다. 그래서 그대는 그녀를 소유하기 위해 먼저 그녀를 죽인다. 그때 모든 불행이 시작되는 것이다.

삶이 하나의 흐름이기 때문에 우리는 삶을 두려워한다. 그래서 삶을 살아 나가기 위해서는 삶을 죽여야 한다. 그때서야 비로소 안전해지기 때문이다. 절대적으로 안전해지려면 절대적으로 죽어야 한다. 살아 있는 사람은 불안정하다. 불안정이야말로 삶의 핵심이다. 그러나 마음은 안전한 것을 좋아한다.

셋째로 삶 속에는, 존재 속에는 기본적인 이중성이 있다. 존재계는 이중성으로 존재한다. 그러나 마음은 하나를 택하고 다른 하나를 부정하고 싶어한다. 예를 들면 그대는 행복을 원한다. 쾌락을 원한다. 동시에 고통을 원치 않고 불행을 원치 않는다. 그러나 고통과 쾌락, 행복과 불행은 같은 현상의 이중성이다. 동전의 양면이다. 쾌락을 원하면 반드시 고통이 따르고 행복을 찾으면 반드시 불행이 따른다. 어떻게 골짜기 없는 봉우리가 있을 수 있겠는가? 그대가 봉우리를 사랑하면 골짜기도 함께 사랑하라. 그것은 같은 운명이다.

그러나 마음은 한쪽만을 원하고 반대쪽은 싫어한다. 사는 것은 좋고 죽는 것은 싫다고 말한다. 삶이 봉우리라면 죽음은 골짜기다. 삶은 죽음 때문에 존재하고 그 역도 마찬가지다. 죽음이 사라지면 삶도 사라진다. 그러나 마음은 오직 삶만 원한다. 죽음은 싫어한다. 그래서 마음은 언제나 환상 속, 꿈속에서 헤맨다. 모든 것이 반대 면을 갖고 있지만 마음은 그것을 인정하지 않는다. 결국 마음은 피상적인 삶만 살다가 끝난다. 그리고 거기에 갈등과 싸움이 있다. 그대가 반대쪽을 동시에 원하지 않으면 싸움이 시작되기 때문이다.

삶이 이중성이라는 것을 이해하는 사람은 죽음도 받아들인다. 그는 봉우리를 바라보면서 골짜기도 잊지 않는다. 그대가 행복을 느끼는 다음 순간 슬픔도 느낄 것이다. 봉우리가 높을수록 골짜기는 깊어진다. 그대가 높이 올라가는 만큼 깊이 떨어질 것이다. 이 우주에 영원한 오르막길은 없다. 그대가 구도자라면 이 점을 명심하라. 그리하면 헛된 꿈을 꾸지 않을 것이다.

그래서 이해란 이런 사실을 인식한다는 뜻이다. 존재의 이중성을 인식하지 않고서 진정한 이해를 얻었다고 생각하지 마라. 이 사실을 받아들여라. 그대는 이 사실에서 도망칠 수 없다. 그러나 허구를 만들어 낼 수는 있다. 우리는 그런 허구를, 그런 소설을 수세기 동안 만들어 왔다. 우리는 어딘가에 깊은 지옥을 만들어 놓고 동시에 어딘가에 높은 천국을 만들어 놓았다. 그리고는 그 둘을 절대적으로 갈라 놓았다. 그러나 그것은 골짜기와 봉우리의 관계다. 그것을 분리시킨다는 것은 이 세상에서 가장 어처구니없는 짓이다. 그것은 분리되어 존재할 수 없다.

이러한 이해를 통해 그대는 긍정적인 면을 갖게 될 것이다. 그대는 모든 것을 받아들일 수 있게 된다. 내가 말하는 '긍정적'이란 뜻은 그대가 존재계를 나눌 수 없다는 사실을 아는 것이다.

존재계는 숨을 들이쉬면 곧 내뱉어야 하는 호흡과도 같다. 그것은 하나의 흐름이며 하나의 순환이다. 이런 존재계의 이중성을 받아들여라. 삶에서 일어나는 모든 것을 받아들여라. 강물의 흐름에 거스르지 말고 그냥 떠내려가라. 그리하여 그대 속에서 봉우리와 골짜기가 만나게 하라. 그때 초월이 일어난다.

이제 됐는가?

소리를 통해 가는 길 Ⅱ

어떤 글자의 소리를 상상하고 소리가 울리는
처음부터 마지막까지 세밀하게 지켜보라.
그때 각성이 일어난다.

소리를 통해 가는 길 Ⅱ

39

옴(A−U−M)과 같은 하나의 소리를 영창하라.
그 소리가 소리의 충만 속으로 들어갈 때 그대도 함께 들어가라.

40

어떤 글자의 소리를 상상하고
소리가 울리는 처음부터 마지막까지 세밀하게 지켜보라.
그때 깨어 있으라.

41

악기의 현이 울리는 것을 듣는 동안
그것을 이루고 있는 중심 소리를 들어라.
그리하여 편재(偏在)!

그대는 반물질이라는 개념에 대해 들어 보았는가? 그것은 현대 물리학의 새로운 개념이다. 이 우주에서는 상대극 없이 존재할 수 없다는 느낌이 언제나 타당하게 느껴진다. 어떤 것이 그것의 반대 극부 없이 홀로 존재한다는 것은 불가능하다고 생각하는 것이다. 언제나 대칭적인 반대 극부가 있다. 비록 그것이 아직까지는 알려지지 않았지만 말이다.

그림자는 빛 없이 존재할 수 없다. 삶은 죽음 없이 존재할 수 없다. 아침은 저녁 없이, 남자는 여자 없이 존재할 수 없다. 그대가 생각해 낼 수 있는 모든 것이 그렇다.

대칭적인 반대극은 명백하게 필요하다. 철학에서는 언제나 이 개념이 제기되었다. 그러나 물리학에서는 이제 시작이다. 이 개념 때문에 우스꽝스럽게 보이는 명제들이 생겨나게 되었다. 예를 들면 시간은 과거에서 미래로 흐른다는 것이 지금까지의 생각이었는데, 이제 물리학자들은 미래에서 과거로 흐르는 반대 극부의 시간도 틀림없이 존재한다고 믿고 있다. 반시간이라는 것이 존재하는 것이다. 시간이 미래에서 과거로 흐른다? 정말로 이상하게 느껴진다. 어떻게 미래에서 과거로 흐르는 일이 가능할 수 있겠는가?

그들은 또한 물질이 존재하기에 반물질 역시 존재할 것이라고 말한다. 도대체 반물질이란 것이 무엇인가? 물질은 밀도가 있는 것이다. 공간 속에 어떤 질료가 밀집되어 있는 것이다. 그렇다면 반물질이란 공간 속에 '텅 빔'이 있다는 것이다. 밀도가 물질이라면 반물질은 공간 속에 무(無)의 구멍이다. 과학자들은 물질이 존재하기 위해서는 반물질이 있어야만 한다고 말한다. 내가 왜 이런 말을 하는가? 그것은 다음에 나오는 방편들이 바로 이런 반현상에 기초한 것이기 때문이다.

소리가 존재한다. 그러나 탄트라는 침묵 때문에 소리가 존재할 수 있다고 말한다. 그렇지 않으면 소리가 존재하기란 불가능하다. 침묵은 반소리다. 그래서 소리가 있는 곳에는 언제나 그 뒤에 침묵이 깔려 있다. 그것은 동전의 양면과 같다. 침묵과 소리는 언제나 함께 있다. 그래서 예를 들어 내가 '옴(Aum)'이라는 소리를 내면 그 소리가 생겨나는 만큼이나 거기에 반현상인 소리 없음(soundlessness)이 생겨난다. 그래서 그대는 소리 없음의 상태로 들어가기 위해 소리를 그 방편으로 이용할 수 있다. 그때 그대는 명상 속으로 들어갈 것이다. 만약 그대가 말을 초월하기 위해 말을 이용할 수 있다면 그대는 명상 속으로 들어갈 것이다. 이런 식으로 본다면 마음도 하나의 말이다. 그리고 명상은 바로 마음 없음, 즉 무심이다. 마음은 소리와 말과 생각들로 구성되어 있다. 그러나 그것 뒤에는 무심이란 것이 반대극을 이루며 존재한다.

선사들은 명상을 무심의 상태라고 부른다. 마음이 무엇인가? 만약 그대가 그것을 분석한다면 그것은 생각의 흐름이다. 물리학적 용어로 분석한다면 그것은 소리의 흐름이다. 그리고 이 소리의 흐름 뒤에는 무심이 존재한다. 침묵이 존재한다. 그대가 마음이 무엇인지 이해하지 못하고서는 무심을 상상할 수 없다.

서로 반대되는 사상을 가진 두 학파가 있다. 그중 하나가 산카야(Sankaya)로 알려진 학파이다. 산카야는 마음을 이용할 수 없다고 말한다. 만약 그대가 마음을 이용한다면 그것을 초월할 수 없다고 말한다. 이것이 바로 지두 크리슈나무르티(Jidu Krishnamurti)의 가르침이다. 그는 산카야 학파 쪽이다. 그의 말에 따르자면 그대는 마음을 이용할 수 없다. 마음은 쓰면 쓸수록 더 강해져서 그것을 넘어설 수 없다. 그래서 크리슈나무르티는 명상의 모든 방편들에 대해서 반대한다. 그것이 방편인 이상 마음을 기초로 한다는 것이기 때문이다. 그것은 또 하나의 조건 이 된다.

이렇게 주장하는 사람들이 산카야 학파다. 오직 이해를 통해서 만이 초월할 수 있다고 말한다. 그러나 여기에 반대하는 학파가 있다. 그것이 바로 요가 학파다. 그들은 이해조차 마음에 의해서 이루어지는 것이라고 말한다. 그대가 모든 방편을 쓸모 없는 것 이라고 말하며 오직 이해만이 유일한 길이라고 말한다면 요가 학 파는 그것 역시 마음의 일이라고 말한다. 그들은 마음을 사용하 지 않는 길은 있을 수 없다고 말한다. 그래서 그들은 마음을 이용 하라고 말한다. 긍정적인 방법이 아니라 부정적인 방법을 통해서 그것을 사용하라고 말한다. 긍정적인 방법을 통하면 그것은 더욱 강해지고 부정적인 방법을 통하면 약해지기 때문이다. 그래서 마 음을 초월하기 위해서는 마음을 사용하는 수밖에 없되 그것을 하 나의 도약대로 사용하라고 말한다.

요가와 탄트라에서는 마음을 도약대로 이용할 수 있다고 믿는 다. 그때 마음에 속해 있는 것은 무엇이든지 훈련될 수 있다. 소 리 역시 가장 기본적인 것 중의 하나다. 그대는 소리 없음으로 들 어가는 데 있어서 소리를 사용할 수 있다.

자, 그럼 세번째 소리의 방편으로 들어가자.

39

옴(A-U-M)과 같은 하나의 소리를 영창하라. 그 소리
가 소리의 충만 속으로 들어갈 때 그대도 함께 들어가라.

"옴과 같은 하나의 소리를 영창하라."

예를 들어 그대가 옴을 선택할 때 그것은 가장 기본적인 소리들 중의 하나다. 'A－U－M', 이것은 세 개의 발음이 합쳐져서 하나의 소리를 이룬다. 그리고 모든 소리들은 바로 이 세 가지 소리의 결합에서 나온다. 그래서 이 세 가지가 기본이다. 그것은 물리학자들이 물질은 원자로 구성되어 있고, 원자는 전자와 양자와 중성자로 나누어진 것이라고 하는 것과 같은 정도의 기본적인 요소이다.

구제프는 '3의 법칙'이라는 말을 한 적이 있었다. 그는 절대적인 관점에서 본다면 존재계는 하나라고 말했다. 사실 궁극적으로 보면 모든 것은 하나다. 그러나 우리에게 보여질 때는 상대적으로 나타난다. 우리가 무엇을 보든지 그것은 결코 절대가 아니다. 절대는 언제나 감추어져 있다. 그것은 보여질 수도, 느껴질 수도 없다. 우리가 어떤 사물을 보는 순간 그것은 나누어진다. 세 가지로 말이다. 보는 자, 보여지는 대상, 그리고 그 사이에 형성된 관계, 이 세 가지 요소가 언제나 동시에 존재한다. 내가 그대를 볼 때, 내가 있고 그대가 있으며 나와 그대 사이에 인식이라는 관계가 있다. 그래서 언제나 절대는 물질계로 표현되는 순간 이 세 가지 요소로 나뉘어진다. 그래서 우리가 아는 것은 모두 상대적인 세계이다. 절대계는 미지의 영역이다.

그래서 우리가 흔히 말하는 절대는 절대가 아니다. 우리가 '절대'라고 말하는 순간 그것은 우리의 인식 범위 안에 들어온다. 우리가 아는 것은 무엇이든지 상대적인 것이다. 그래서 노자는 진리는 말로 표현할 수 있는 것이 아니라고 말했다. 우리가 진리를 말로 표현하는 순간 그것은 상대적인 것이 되고 만다. '진리', '도', '법', 그것을 우리가 뭐라고 불러도 좋지만 그것을 말하는 순간 이미 그것은 진리가 아니며 상대적인 것이 되고 만다.

하나는 언제나 세 가지로 나누어진다. 그래서 구제프는 '3의 법칙'이야말로 우리가 아는 우주의 기본이라고 말했다. 깊이 들어가면 우리는 모든 것이 이 세 가지로 집약된다는 사실을 알 수 있다. 그래서 이것을 '3의 법칙'이라고 부르는 것이다. 기독교에서는 그것을 '삼위일체(Trinity)'라고 부른다. 그리고 힌두교에서는 '삼성일체(Trimurti)'라고 부른다. 삼위일체는 아버지 하느님과 그 아들 예수와 성령을 가리키는 것이고, 삼성일체는 브라흐마(Brahma)와 비쉬뉴(Vishnu)와 시바(Shiva)를 말한다. 그리고 이제 물리학에서는 이 세상 모든 것이 전자와 양성자와 중성자로 구성되어 있다고 말한다.

시인들은, 인간의 감정을 깊이 파보면 거기에는 진(satyam), 선(shivam), 미(sundaram)라고 하는 세 가지 요소가 그 기초를 이루고 있다고 말한다. 그리고 신비주의자들은 우리의 엑스터시, 즉 삼마디를 분석해 보면 존재, 의식, 축복의 세 가지 요소로 구성되어 있다고 말한다.

인간의 전체 의식은 그 차원이 어떠하든지 '3의 법칙'으로 되어 있다. 그리고 AUM은 이 '3의 법칙'의 상징이다. 그대는 그것을 원자의 소리라고 부를 수 있다. 이 세 가지 소리는 소리에 관한 한 절대에 가장 가깝다. 그것은 최소한의 분석 단위이다. A, U, M은 존재계의 경계선이다. 이 세 가지를 넘어선 곳은 우리에게 있어서 미지와 절대의 영역이다.

물리학자들은 우리의 분석 한계가 전자에까지 이르렀다고 말한다. 그것은 마치 하나의 한계에 도달한 것처럼 보인다. 왜냐하면 전자는 더 이상 쪼갤 수 없는 소립자이기 때문이다. 전자를 넘어선 곳에는 물질이 존재하지 않는다. 하지만 전자를 반물질이라고는 부를 수 없다. 전자는 모든 물질을 구성하고 있는 것이다.

하지만 아직 아무도 전자를 본 사람은 없다. 그것은 물질이라고 부를 수 없는 상황의 것이기 때문이다. 그것은 수시로 사라졌다가 나타나는 것이기 때문에 확률을 통해 그것의 위치를 점칠 수밖에 없다. 그래서 전자는 경계선 위에 있다.

AUM은 소리에 관한 한 경계선이다. 그대는 AUM을 넘어설 수 없다. 그것은 인도에서만 사용되는 것이 아니다. 전세계적으로 사용된다. 기독교와 이슬람교에서는 아멘이라고 부른다. 그것은 옴(AUM)과 같은 것이다. 영어에 '옴니(omni)'라는 접두어가 있다. 그것도 바로 옴에서 나온 것으로 절대, 궁극, 전체의 의미를 갖고 있다.

기독교나 이슬람교에서는 기도를 한 뒤에 '아멘'이라는 말을 사용한다. 그러나 힌두교에서는 완전히 과학적인 방편을 만들어 내었다. 그들은 소리를 초월하려는 방법을 발견했다. 만약 마음이 소리라면 그때 무심은 소리 없음이 된다. 물론 소리 없음은 소리의 충만과도 통하는 말이다. 절대는 항상 동시에 두 가지 방식으로 묘사될 수 있다. 그리고 인간의 언어 역시 긍정과 부정의 두 가지 표현 방식을 가지고 있다. 물론 그대는 절대성을 직접 표현할 수는 없다. 그것은 항상 상징적으로만 표현된다.

예를 들면 붓다는 부정의 방식을 사용했다. 그는 '소리 없음'이라고 말했다. 그는 절대로 '소리의 충만'이라고 말하지 않는다. 그러나 탄트라는 긍정의 방식을 사용한다. 탄트라는 '소리의 충만'이라는 용어를 사용한다. 반면에 붓다는 절대성을 '쑤냐(shoonya)'라고 표현했다. 그것은 무(無), 혹은 공(空)이라는 뜻이다. 반대로 우파니샤드는 절대성을 '브라흐만'이라고 표현한다. 그것은 편재라는 뜻이다. 그렇지만 둘 다 같은 것을 표현하고 있다.

그대는 자신의 개성에 따라 긍정과 부정의 방식 중에서 한 가지만을 선택해서 사용해야 한다. 모든 언어가 긍정 아니면 부정의 이분법밖에 없기 때문이다. 그대는 자유로운 영혼을 보고 '그는 전체가 되었다'라고 말할 수 있다. 그것은 긍정적인 표현 방식이다. 아니면 그대는 자유로운 영혼에 대해서 '그는 더 이상 존재하지 않는다, 그는 무(無)가 되었다'라고 말할 수 있다. 그것은 부정적인 표현 방식이다.

예를 들어 한 방울의 물이 바다와 만날 때 그대는 그 물방울이 무가 되었다고 말할 수 있다. 그 물방울은 더 이상 존재하지 않는다고 말할 수 있다. 이것이 붓다가 사용한 표현 방식이다. 그것은 니르바나의 상태를 상징한 말이다. 하지만 우파니샤드는 그렇게 말하지 않는다. 우파니샤드는 물방울이 바다가 되었다고 말한다. 물방울은 편재한다라고 말한다. 이것은 긍정적인 표현 방식이다.

그래서 이 모든 것이 하나의 접근 방식이며 표현 방식이다. 그리고 붓다는 부정적인 방식을 즐겨 사용했다. 긍정적인 표현을 쓰면 거기에 한계가 보이기 때문이다. 붓다는 바다라는 것 역시 한계가 있다고 보았다. 바다라고 해도 하나의 물방울이다. 그저 조금 큰 물방울일 뿐이다. 결국 유한한 것이며 유한은 무한이 될 수 없다. 그러니 거기에 무슨 차이가 있는가? 그래서 붓다는 바다와 물방울은 크기의 차이밖에 없다고 보는 것이다. 물론 그의 생각은 옳다. 수학적으로 따지자면 말이다.

그래서 붓다에게는 물방울이 바다가 되든, 그대가 신이 되든 똑같이 유(有)가 된다. 그대는 여전히 유한할 뿐이다. 그래서 붓다는 바다나 신이라는 표현 대신 공(空)이라고 말했다. 하지만 우파니샤드는 그대가 진짜로 존재하게 되었다고 말한다. 물방울은 존재가 아니다. 바다가 존재다. 그대는 존재가 아니다. 그대가

신이 될 때 비로소 존재하게 된다. 그래서 그대의 개체성, 그대의
에고가 사라질 때 그대는 존재한다고 말하는 것이다.

이것은 그대의 선택이다. 그러나 탄트라는 언제나 긍정적인 방
식으로 말한다. 탄트라의 철학은 긍정의 철학이다. 탄트라는 모
든 것에 대해 '예스'라고 말한다. 그래서 이 경전은 말하고 있다.

"그대가 옴과 같은 하나의 소리를 영창할 때 그대는 '소리의
충만'으로 들어간다."

소리를 영창하는 것에는 매우 치밀한 과학적 이론이 들어 있
다. 첫째 그대는 그 소리를 크게, 바깥으로 내뿜어야 한다. 다른
사람이 들을 수 있도록 말이다. 그리고 갈수록 그 소리가 커지는
것이 좋다. 왜일까? 그대가 크게 소리를 내어야 자신이 그 소리
를 분명하게 들을 수 있기 때문이다.

그래서 '옴'을 한번 영창해 보라. 그대는 점점 그 소리를 통해
자신의 몸이 진동하며 깊은 조화 속에서 재조정되는 것을 느끼게
될 것이다. 그대가 그것을 영창하면 할수록 몸은 감미로움으로
가득 차게 된다. 발음이 거친 것은 계속 영창할 수 없다. 하지만
옴은 감미로운 소리의 진동이다. 그래서 그대 육체의 각 세포들
이 활기에 차게 되고 섬세한 진동으로 깨어나게 된다. 그대의 육
체가 예민해지는 것이다.

그대가 옴 진동과 일단 조화의 상태 속에 들어가면 그때는 입
을 다물고 내부적으로만 울리게 하라. 그 진동음은 그대의 온몸
으로 퍼질 것이다. 그때 그대는 새로운 생명력이 들어오는 것을
느낄 것이다. 거기에 조화가 필요하다. 조화가 깨어지면 그대는
혼란에 빠진다.

그대가 음악을 들을 때 흐뭇함을 느끼는 것도 바로 그런 이유
다. 음악은 소리의 조화이기 때문이다. 음악이 그대 주변에 있을

때 왜 행복감을 느끼는가? 그리고 소음이 거기 있을 때 왜 신경이 거슬리는가? 그것은 그대 자신 속에 이미 음악이 내장되어 있기 때문이다. 그리고 그대는 악기다. 그 악기는 언제라도 공명할 준비가 되어 있다.

'옴'을 내부적으로 계속 영창하라. 그러면 그대의 온몸이 깨끗하게 청소되는 것처럼 느껴질 것이다. 그것은 그대 몸의 구석구석까지 깊이 파고든다. 귀를 통해 들어가는 소리는 그대의 가슴까지 이르지 못하지만 그대 내부에서 생기는 진동음은 그대의 몸을 구성하는 하나하나의 세포, 그 원자에까지 이르게 된다. 그리고 그 진동은 천천히 그리고 오래도록 계속될 것이다. 그때는 더 이상 인위적인 영창이 필요 없다. 이미 그대의 몸 속에서 공명이 시작되기 때문이다. 바로 이 점을 명심하라. 외부에서 들리는 소리는 소리가 끊어지면 더 이상 내부에서도 그 공명이 계속되지 않는다. 그러나 옴 소리처럼 그대가 내부에서 일으킨 진동은 그대가 입으로 더 이상 영창하지 않아도 그것은 계속된다. 그런데 여기서 그대가 주의해야 할 점이 있다. 이 진동을 매우 섬세하고 느리게 만들어야 한다는 점이다. 섬세한 소리일수록 그것은 그대가 깨어 있게 하는 것이다. 커다란 소리도 얼마든지 그대에게 자극을 주기가 쉽다. 그러나 거기에는 각성이 필요치 않다. 그것은 한낱 지나쳐 버리는 에너지의 조각이 될 뿐이다.

따라서 조화롭고 섬세한 진동음이라야 한다. 그대가 깨어 있어야 느낄 수 있을 만큼 미묘한 소리라야 한다. 그때 그대가 깨어 있지 않으면 그대는 잠이 들 것이고, 그때는 요점을 놓칠 것이다. 바로 여기에 만트라의 문제점이 있다. 그대가 만트라를 암송하다 보면 잠이 온다. 그것이 수면제 역할을 하는 것이다. 만약 그대가 깨어 있지 않은 채 계속적으로 어떤 소리를 반복하기만 한다면 거기에는 지겨움이 발생한다. 옴, 옴, 옴, … 기계적인 반복은 아무런 의미가 없다. 한 번 호흡에 옴을 두 번 발음하지 마라. 한 호흡이 끝날 때까지 옴 소리를 계속하면서 그 진동의 여운을 깬 상태에서 지켜보라. 그것이 그대의 육체에 어떤 변화를 일으키는지 지켜보라. 그냥 기계적인 반복은 지겨움을 만들어 낼 뿐이다. 그리고 지겨움은 결국 잠에 떨어지게 만든다.

과거 이 세상의 삶은 매우 단조로웠다. 거기에는 지겨움이 깊이 자리잡고 있었다. 그대가 산 속에 들어가서 산다면 거기에는 지겨움만 남아 있을 것이다. 그대는 그 삶을 계속 영위할 수 없다. 그래서 산 속으로 가는 것은 휴양차 가는 것이다. 거기에서 평생을 살려고 생각해 보라. 그대는 지겨움을 이기지 못할 것이다. 그래서 사람들은 도시로 몰려들게 되어 있다. 도시에는 새로운 뉴스 거리와 놀랍고 재미있는 일들이 매일 벌어진다. 보통 사람이라면 오직 병든 사람, 완전히 지쳐 버린 사람만이 시골에서 살 수 있다. 그것은 그들이 더 이상 도시에서 버텨낼 에너지가 없기 때문이다.

현대인의 삶, 특히 도시에서의 생활은 흥분의 연속이다. 매일 새로운 책과 영화와 기사 거리들이 쏟아져 나온다. 잠자리에 들어서도 마음은 잠들고 싶지 않다. 잠자는 시간은 그저 시간을 낭비해 버리는 것같이 느껴진다. 사람이 60년을 산다고 하면 20년은 잠을 자는 데 써 버린다. 얼마나 아까운 일인가!

하지만 세상이 산업화되기 전, 누구든지 농사를 짓고 살던 과거에는 삶이 그렇게 복잡하지 않았다. 거기에는 의식주의 똑같은 반복이 계속되었다. 매우 단조로웠다. 그리하여 거기에서 지겨움이 생겨났다. 결국 그것은 각성이 아니라 수면으로 이어지는 것이다.

마하리시의 초월명상이 서양에서는 '비약품성 수면제'로 알려진 것도 바로 그런 이유이다. 만트라의 단순한 반복은 그대로 하여금 잠이 들게 한다. 이것은 그대의 의식을 각성으로 이끌지 못한다. 단순히 외부의 소리를 듣는 것이 아니라 내부에서 진동음을 느끼라고 하는 것도 그대로 하여금 계속해서 깨어 있게 하기 위함이다. 그렇지 않으면 계속되는 소리란 수면제에 불과하다.

따라서 옴 소리를 명상하면서 '소리 없음(soundlessness)', 혹은 '소리의 충만(soundfulness)'의 지점에까지 이르도록 깨어 지켜보라. 그때 그대는 전체적인 각성 상태에 들어간다. 그대의 각성은 하나의 정점에 이르러야 한다. 그때 그대의 의식은 절대의 세계, '3의 법칙'의 원리가 분화되기 전 하나의 세계 속으로 들어간다. 기다려라! 이것은 인간에게 일어날 수 있는 가장 아름다운 경험 중의 하나이다.

미묘하게 울리는 옴 소리를 들어보라. 그 속으로 깊이 들어가라. 그때 거기엔 더 이상 아무것도 없다. 그대는 하나의 세계로 들어간 것이다. 그것을 붓다는 '소리 없음'이라고 부르고 탄트라는 '소리의 충만'이라고 부른다.

이 점에서 만트라는 나름대로의 중요성을 갖고 있다. 그것은 가장 많이 사용되는 방법 중의 하나이며 또한 쉽게 도움을 주는 방법이기도 하다. 소리는 이미 거기에 있고 그대의 마음은 그 소리로 가득 차 있다. 그대는 그것을 하나의 도약대로 사용할 수 있다. 그런데 거기에 한 가지 문제점이 있다. 그것은 바로 잠이 온다는 점이다. 만트라를 사용하는 사람은 누구든지 이 문제를 인식하고 있을 것이다. 그대는 반복을 통해서 잠에 떨어진다. 거기에는 지루함이 있다. 그 잠을 명상이라고는 생각하지 마라. 잠은 명상이 아니다.

잠은 그것 자체로 좋은 것이다. 그대가 만트라를 수면제로 사용한다면 거기에는 아무 문제가 없다. 그러나 영적인 각성을 위해 만트라를 사용한다면 잠은 최대의 적이다. 그것은 너무 쉽게 다가오고 또 아름다운 잠으로 느껴지기도 한다. 보통의 잠과 다르기 때문이다. 만트라를 통한 잠은 일종의 최면이다.

그리이스어로는 그런 상태를 'hypnos'라고 불렀다. 그 말에서 영어의 'hypnotism(최면)'이 나왔다. 요가에서는 그것을 '요가 탄드라(yoga tandra)'라고 부른다. 그것은 보통 사람의 잠이 아닌 요기(요가 수행자)들의 잠이기 때문이다.

최면술도 같은 방법을 사용한다. 최면술사는 일정한 말을 되풀이한다. 혹은 촛불 같은 것을 주고 그것을 계속 쳐다보게 한다. 그러면 그대는 지루함을 느낀다. 그때부터 그대는 최면에 걸려들기 시작한다. 많은 사원에, 교회에 가보라. 사람들이 깊이 잠들어 있다. 경전을 읽고 만트라를 외우는데, 그들은 똑같은 소리를 수없이 들어왔다. 거기에서 일종의 지겨움이 생겨난다.

만약 그대가 똑같은 영화를 계속 반복해서 보게 되면 그대는 잠속으로 빠져들게 될 것이다. 거기에는 그대의 호기심이나 도전, 흥분을 느끼게 하는 것이 아무것도 없다. 인도인들은 라마야나 공연을 보면서 언제나 졸고 있다. 그들은 그 연극의 줄거리를 다 알고 있다. 수없이 많이 보아 왔기 때문이다. 교회에 가보라. 절에 가보라. 그들은 설교를 들으면서 졸고 있다. 매일 똑같은 이야기가 반복되기 때문이다. 그 잠은 일종의 최면이다. 그대가 저녁에 잠자리에서 자는 잠과는 종류가 다르다.

만트라나 최면을 통해 잠이 들면 그대는 어떤 환상을 쉽게 만들어 낸다. 일반적인 수면을 통해 그대가 꾸는 꿈은 잠을 깨면서 동시에 그 꿈에서 깨어난다. 그러나 최면 속에서 꾸는 꿈은 쉽게 지워지지 않는다. 그대는 그것을 현실과 착각한다. 기독교인들은 그런 최면 속에서 자신이 그리스도를 보았다고 말한다. 힌두교도는 크리슈나가 피리를 불고 있는 장면을 보았다고 말한다. 하지만 그것들은 모두 최면에서 생기는 환상이다. 그리고 그것은 위험하다. 자신이 본 것이 실재라고 믿기 때문이다. 그대는 이 삶을 하나의 꿈이며 환상이라 부를 수 있다. 그러면서도 최면을 통해 본 환상은 실재라고 믿는다. 그것은 생생한 기억이며 화려하고 매력적이기까지 하다. 그리고 그것이 실재라고 확신한다.

어떤 사람이 그대가 최면에 걸려 있는 동안 뭔가를 그대에게 말해주면 그대는 절대적으로 그의 말을 믿는다. 거기에는 어떠한 의심의 여지도 없다. 그대는 그를 의심할 수 없다. 만약 최면술사가 어떤 남자에게 최면을 걸고 '당신은 여자다, 이제 걸어보라'라고 말하면 그는 마치 여자처럼 걷는다. 최면술에 걸려 그의 의식적인 사고 능력마저 마비되어 버리는 것이다. 그리고 오직 최면술사의 말만 따르게 된다. 그때 그는 의문을 가질 수가 없다. 의문을 일으키는 마음이 잠들어 버린 것이다.

그대가 일상적인 잠에 빠졌을 때는 의문을 일으키는 마음이 그대로 작용한다. 그 기능이 잠들지 않았기 때문이다. 그러나 최면 속에서는 그대가 잠든 것이 아니라 의문을 일으키는 마음이, 사고 작용이 잠들게 된다. 그래서 그대는 최면술사의 지시대로 움직이게 된다. 그러나 일상적인 잠속에서는 다른 사람의 말을 들을 수 없다. 그대는 잠들었기 때문이다. 하지만 그때는 그대의 사고 작용이 완전히 잠들지 않는다. 잠을 깨야 할 일이 생기면 그대는 즉시 잠을 깬다.

예를 들어 아기를 낳은 어머니들은 자신의 아기와 함께 잠을 잔다. 그때 다른 소음에는 잠이 깨지 않지만 아기가 조금만 움직이거나 소리를 내면 금방 잠을 깬다. 그것은 그녀의 사고 작용이 깨어 있기 때문이다.

그대는 잠을 자지만 그대의 이성은 깨어 있다. 그래서 때때로 그대는 꿈속에서 자신이 꿈을 꾸고 있다는 것을 느낀다. 물론 그대가 이것이 꿈이라고 느끼는 순간 그 꿈은 더 이상 지속되지 않는다. 그래서 그대가 잠이 들더라도 마음의 기능은 부분적으로 계속 작용한다.

그러나 최면이나 요가 탄드라 속에서는 바로 그 부분이 잠을 자게 된다. 사고 작용을 일으키고 의심을 일으키는 이성이 잠들어 버리는 것이다. 대신 다른 기능은 깨어 있게 된다. 보고 듣고 행동하는 기능은 여전히 깨어 있다. 그래서 만트라를 사용하는 사람, 즉 소리를 이용해서 소리의 충만이나 소리 없음의 경지로 들어가려는 사람은 이 문제를 충분히 인식해야 한다. 만트라는 자기 최면술이 될 수 있기 때문이다.

그렇다면 그대는 무엇을 할 수 있는가? 그대는 오직 한 가지만 할 수 있다. 그대가 만트라를 암송하는 동안 단지 그것만 기계적으로 외우고 있지 마라. 그대에게서 나오는 소리를 경청하라. 이것이 중요하다. 한쪽에서는 소리를 영창하고 한쪽에서는 그 소리를 경청하는 것이다. 그렇지 않으면 만트라는 자장가처럼 들릴 것이다. 자기 최면술이나 수면제 역할을 하게 된다. 물론 그렇게 해서 잠이 들면 그것이 건강에는 좋다. 매우 깊이 잠든 효과 때문에 그대의 피로가 말끔히 가실 것이다. 하지만 영적 각성이라는 본래의 의도는 완전히 잃고 만다.

그럼 소리에 관한 네번째 방편으로 넘어가자.

40

어떤 글자의 소리를 상상하고 소리가 울리는 처음부터 마
지막까지 세밀하게 지켜보라.
그때 깨어 있으라.

때때로 스승들은 이 방편을 많이 애용한다. 그들은 자신들만의
독특한 방법을 갖고 있다. 예를 들어 그대가 선사(禪師)와 함께
산다면 어느 날 갑자기 그는 그대에게 고함을 지를 것이다. 물론
그것은 그대를 깨어나게 하기 위함이다. 갑작스런 어떤 소리가
그대의 잠을 깨운다.

갑작스러움은 그대의 잠을 파괴한다. 보통 우리는 잠들어 있
다. 어떤 것이 잘못되지 않는 한 우리는 잠을 깨지 않는다. 우리
는 계속 잠들어 있는 상태다. 그래서 잠들어 있다는 사실조차 느
끼지 못한다. 그대는 아침에 사무실로 출근한다. 그리고 저녁이
면 집으로 돌아온다. 저녁을 먹고 TV를 보다가 잘 시간이 되면
잠자리에 든다. 그리고 다시 아침이 되면 일어난다. 그러면서 자
신은 전혀 잠이 들지 않았다고 생각한다. '이 모든 생활을 어떻게
잠속에서 할 수 있겠는가?'라고 반문할지 모르지만 그것은 얼마
든지 가능하다. 그대는 몽유병 환자에 대해서 아는가? 그들은 걸
어가면서 잠을 잔다. 잠속에서 평상시와 똑같이 행동한다. 눈을
버젓이 뜨고서 말이다. 그리고는 아침이 되면 밤중에 한 일을 하
나도 기억하지 못한다.

그들은 경찰서에 가서 어젯밤 자신의 집에 도둑이 들었다고 말
한다. 그들은 자신이 저지른 행동에 대해서 전혀 기억이 없는 것
이다. 그들은 열쇠로 현관문을 열고 정원을 걸어다니고 이런저런
일들을 한다. 하지만 그들은 완전히 잠에 취해서 자신이 무슨 행

동을 하고 있는지 모른다. 그들은 눈을 뜨고 있지만 여전히 잠들어 있다는 것이다.

깊은 의미에서 본다면 우리 모두는 일종의 몽유병자이다. 그대는 매일 똑같은 일을 반복한다. 그대는 저녁에 집에 들어와 아내에게 사랑한다고 말한다. 하지만 그것은 아무런 의미도 없는 말이다. 그것은 단지 기계적인 반복일 뿐이다. 그대는 아내에게 '당신을 사랑해'라고 말하고 있다는 사실조차 인식하지 못한다. 이 세상은 깊은 잠속에서 헤매는 몽유병자들로 가득 차 있다. 붓다도 그렇게 느꼈고 예수도, 구제프도 그렇게 느꼈다. 깨달은 사람들이 모두 그렇게 느꼈다.

특히 구제프는 이 세상에서 일어날 수 있는 일은 절대적으로 예상될 수 있는 일이라고 말하곤 했다. 전쟁, 폭동, 살인, 자살! 그 무엇이라도 이미 예상할 수 있는 것이다. 어떤 사람이 구제프에게 물었다.

"전쟁을 멈추게 할 수 있는 방법이 있습니까?"

구제프가 말했다.

"아무것도 전쟁을 멈추게 할 수는 없다. 전쟁을 하고 있는 사람은 깊이 잠들어 있기 때문이다. 그리고 평화주의자 역시 깊이 잠들어 있다. 모든 사람들이 잠들어 있기 때문에 이런 일들을 피할 수 없다. 오히려 자연스러울 정도다. 인간의 의식이 잠에서 깨어나지 않는 한 아무것도 변화되지 않는다."

한때 그는 기독교와 이슬람교에 대항해서 싸움을 하였다. 그는 공산주의와 자본주의에 대항해서도 싸웠다. 그는 인간의 무지에 대해서 전체적으로 반기를 든 것이다.

인간은 그 깊은 잠에서 깨어나야 한다. 그대는 어떤 방편을 사용해야 한다. 이 방편은 말하고 있다.

"어떤 글자의 소리를 상상하고 소리가 울리는 처음부터 마지막까지 세밀하게 지켜보라. 그때 각성이 일어난다."

어떤 글자라도 좋다. 예를 들면 옴과 같은 글자를 선택하라. 그리고 그 글자에 대해서 명상해 나가라. 그 글자의 소리가 소리 없음으로 들어가는 그때에 각성하라.

그대는 어떻게 그것을 할 수 있는가? 사원으로 가보라. 그리고 손에 작은 종을 들고 일단 기다려라. 의식을 모아 종소리에 집중할 준비를 하라. 종소리가 막 울리기 시작하는 처음을 놓치지 마라. 마치 그대의 삶이 여기에 집중된 것처럼 그 처음을 놓치지 마라. 마치 어떤 사람이 그대를 죽이려는 순간 그대의 온 정신이 한 점에 모아지듯이 집중하라. 깨어 있어라. 죽음의 문턱에 선 사람처럼 무념의 상태가 되라. 사념이 있는 상태는 잠들어 있는 상태이다. 그대가 깨어 있을 때 거기 사념이 없다. 거기에서 기다려라. 그대가 현재를 느낄 때 마음은 사념이 끼여들 틈이 없다. 그러니 먼저 기다려라. 그대의 마음에 사념의 구름이 가실 때 그때 종을 흔들어 소리가 나게 하라. 소리가 생성되는 그 순간 속으로 들어가 그 소리와 하나가 되라. 그리하여 소리가 끝날 때까지 함께 있어라. 소리의 시작과 끝을 모두 지켜보라.

더 이상 소리가 없는 상태에 도달하면 그때 눈을 감아라. 처음 소리가 시작되는 순간을 포착하고 그것을 따라가다가 소리가 점점 약해지면서 미묘해지는 것을 놓치지 마라. 그러면 소리의 끝도 포착할 수 있을 것이다. 그대는 소리의 양극을 볼 수 있게 된다.

처음에는 종소리와 같은 외부적인 소리를 대상으로 이 방편을 시도해 보라. 그리고 난 다음에는 눈을 감고 어떤 글자라도 떠올려 같은 실험을 해보라. 그것은 어렵다. 왜냐하면 처음에는 외부적인 소리를 갖고 시작했기 때문이다. 외부적인 소리에 대해서는 훈련만 하면 쉽게 할 수 있다. 그러면 그때 내부적으로 해보라. 소리를 상상하면서 해보라. 그대의 마음이 텅 비게 되는 순간이 올 때까지 기다려라. 마음이 비면 그때는 내부에서 소리를 떠올려 보라. 상상으로 말이다. 그리고는 그 소리가 완전히 사라질 때까지 그것에 집중하여 지켜보라. 그것을 느껴보라.

그대가 그렇게 할 수 있기까지는 시간이 걸릴 것이다. 열심히 한다면 3개월 정도 걸릴 것이다. 3개월 후부터 그대는 매우 예민해질 것이다. 지금보다 훨씬 더 깨어 있게 될 것이다. 그대는 소리가 시작되기 직전과 끝난 직후 모두, 놓치지 말아야 한다. 한번 그대가 소리의 양극을 지켜볼 수 있게 되면 이 과정을 통해 그대는 전적으로 다른 사람이 될 것이다.

때때로 이 방편은 너무 간단해서 이것만으로 어떻게 사람이 바뀔 수 있는지 의심스러울 때가 있다. 마치 속임수처럼 보이는 것이다. 만약 그대가 크리슈나무르티를 찾아가 이것이 그 방법이라고 말한다면 그는 이렇게 말할 것이다.

"그것은 정신적인 속임수다. 그것에 속지 마라. 그것을 잊어버려라. 내던져 버려라."

그의 말은 일리가 있어 보인다. 이토록 간단한 방편을 통해서 어떻게 그대가 변형될 수 있단 말인가? 그러나 그대는 모른다. 그것은 결코 간단하지 않다. 그대가 직접 해보면 그것은 지극히 어려운 것임을 알게 된다. 그대가 나에게 이야기로만 들을 때는 쉽게 보이지만 말이다. 내가 만약 독에 대해서 전혀 모르는 사람에게 이것을 한 방울만 마셔도 죽는다고 말한다면 그는 내 말을 믿지 않을 것이다. 그는 '나처럼 건강한 사람이 이 작은 물방울 한 알로 죽을 수 있을까?'라고 말하며 의심할 것이다. 지금 이 방편이 이와 꼭 마찬가지 경우다.

소리의 처음과 끝을 놓치지 않고 지켜보기란 쉬운 일이 아니다. 그대가 한 번이라도 해보면 그것은 어린애 장난이 아니라는 것을 알게 될 것이다. 그리고 그대가 지금까지 잠들어 있었다는 것을 처음으로 느끼게 될 것이다. 하지만 그 느낌만으로는 그대의 잠이 확실히 깨지 않는다. 지금 그대는 자신이 이미 깨어 있다고 생각하고 있다. 그대는 '나는 앞으로 열 번 호흡을 하는 동안에 깨어 있을 수 있다'라고 자신에게 말하라. 그리고 호흡하는 동안 열을 세어 보라. 그리고 자신에게 이렇게 말하라.

"나는 여전히 깨어 있을 것이다. 나는 하나부터 열까지 들어오는 호흡과 나가는 호흡을 셀 것이다. 그러면 내가 깨어 있다는 증거로 충분하다."

하지만 그대는 두세 번만 세고 나면 반드시 놓칠 것이다. 그리고는 다른 생각을 하게 될 것이다. 그러다가 문득 자신이 깜빡 잊고 있었다는 것을 알게 될 것이다. 만약 그대가 열까지 무사히 센다고 해도 그대는 열을 마칠 때 자신이 그 동안 깨어 있지 못했음을 느끼게 될 것이다.

깨어 있는 것은 세상에서 가장 어려운 일이다. 이 방편이 간단하다고 생각하지 마라. 무슨 방편이든 결국 그 목적은 깨어 있음을 얻는 것이다. 그리고 그대는 자신의 방편을 찾을 수도 있다. 그러나 한 가지만은 기억하라. 거기에 깨어 있음이 있어야 한다.

자 이제 다섯번째 방편이다.

41

악기의 현이 울리는 것을 듣는 동안 그것을 이루고 있는
중심 소리를 들어라.

그리하여 편재(偏在)!

그대는 악기가 연주하는 음을 듣고 있다. 시타(인도의 현악기)
도 좋고 다른 것이라도 좋다. 그러나 깨어 있어라. 그 연주음의
중심 소리를 들어보라. 그 핵심을 발견하라. 음악을 경청하라. 음
악을 관통하라. 그리고 그 속에 있는 핵심을, 정수를 찾아내어라.
음악이 끝나면 리듬과 음정과 음색이 모두 멈춰질 것이다. 그러
나 오직 한 가지는 계속 흐른다. 그것이 바로 중심의 소리, 핵심
인 것이다. 그것을 인식하라.

기본적으로 음악은 보통 명상을 위해 많이 이용된다. 특히 인
도의 음악은 명상을 위한 수단으로 발전되었다. 그리고 인도의
춤 역시 명상의 한 방편이다. 그래서 그것을 행하는 사람이나 그
것을 구경하는 사람이나 모두 깊은 명상에 빠진다. 무용가나 음
악가는 하나의 기능인이 될 수 있다. 그 속에 명상이 없다면 말이
다. 그는 위대한 기능 보유자가 될 수 있다. 하지만 영혼은 그 속
에 없다. 오직 영혼이 있을 때 음악가나 무용가는 명상가가 되는
것이다.

악기를 통해 나오는 음악은 외부적인 것이다. 그대가 시타를
연주하는 동안 그대는 자신의 내면에 대해서도 깨어 있어야 한
다. 연주가 진행될수록 그대의 각성은 더욱 강렬해져야 한다. 그
때 그것은 그대에게 삼마디를 선사해 줄 수 있다. 그때 그대는 진
정한 엑스터시를 경험하게 된다.

그래서 진정한 음악가가 되기 위해서는 자신의 악기를 부숴 버
릴 수 있어야 한다는 말이 있다. 만약 그가 계속 악기를 필요로
한다면 그는 아직 진정한 음악가가 되지 못했다. 그는 아직 배우
는 과정에 있는 것이다. 그대가 명상 속에서 음악을 연주할 수 있

다면 곧 내면에서 궁극의 음악이 흐르고 있음을 느끼기 시작한다. 그때 외부의 음악은, 그대가 악기로 연주하는 음악은 덜 중요하게 느껴진다. 아니 그것은 하나의 장애물밖에 되지 않는다. 그때 그대는 악기를 던져 버릴 것이다. 그대에게는 더 이상 외부의 음악이 필요치 않다. 한 번 그대의 각성이 눈을 뜨기 시작하면 그때는 외부가 아닌 내면으로 흘러들어갈 것이다. 그것은 듣는 이도 마찬가지이다. 그 역시 같은 경험을 하게 된다.

그러나 그대는 음악을 들으면서 무엇을 하고 있는가? 그대는 명상을 하고 있는 것이 아니다. 오히려 그대는 음악을 알코올처럼 사용하고 있는 것이다. 그대는 긴장을 풀려고, 자신을 잊어버리기 위해서 음악을 듣고 있는 것이다. 그것은 불행이며 불운의 시작이다. 각성을 위해 개발된 방편들을 잠을 자기 위한 것으로 쓴다면 그것은 그대의 가장 큰 실수가 될 것이다.

이런 경우는 그대를 각성시키기 위해 어떤 것이 주어졌을 때 그대가 그것을 수면제로 사용하는 행위이다. 모든 황금 같은 방편들이 비밀로 유지되는 것도 이 때문이다. 잠자는 사람에게는 그 방편이 별로 중요하지 않다. 그는 잠을 계속 자게 하는 도구로 그 방편을 사용한다. 따라서 이 방편들은 오직 특정한 제자들에게만 주어져 왔다. 그들은 자신의 잠을 부숴 버릴 준비가 되어 있는 사람들이다.

오스펜스키는 게오르그 구제프에 대한 전기를 쓰면서 그를 '나의 잠을 방해한 사람'으로 묘사했다. 그런 사람들은 모두 그대의 수면을 방해하는 훼방꾼들이다. 붓다같은 사람, 예수같은 사람, 구제프같은 사람들은 모두 훼방꾼이다. 그래서 동시대의 사람들은 그들을 싫어했다. 왜냐하면 자신들의 달콤한 잠을 방해했기 때문이다. 그리고 우리는 우리의 잠을 깨우려는 사람이라면 가차 없이 죽여 왔다. 우리는 그를 십자가에 못박을 것이다. 그는 우리에게 좋게 보이지 않는다. 우리의 아름다운 꿈을 깨우기 때문이다. 하지만 우리에게는 그 꿈들이 너무나 아름답다. 차라리 우리는 그들을 죽여 버리는 것이 낫다고 생각한다.

꿈은 아름다울 수도 있고 그렇지 않을 수도 있다. 하지만 한 가지 확실한 것은 그것이 하나의 꿈이라는 사실이다. 아무리 감미롭더라도 우리는 그 꿈을 부숴 버려야 한다. 그렇지 않으면 그것은 결국 우리에게 마약으로 작용할 것이다.

우리는 음악을, 춤을 하나의 마약처럼 사용해 왔다. 그리고 잠을 자기 위한 수면제로 써왔다. 섹스 역시 마찬가지다. 이 점을 기억하라. 성욕은 수면과 동창생이다. 그대가 잠에 깊이 취해 있을수록 더욱 섹스에 탐닉한다. 그리고 깨어 있을수록 성욕은 감소한다. 섹스는 기본적으로 수면에 뿌리박고 있다. 그대가 깨어 있을 때 그대는 더욱 사랑이 넘친다. 섹스의 모든 에너지가 사랑으로 변형되기 때문이다.

경전은 악기가 연주되는 동안 그것의 완전한 중심 소리를 들으라고 말한다. 그것은 바로 편재한다는 느낌이다. 그대는 무엇을 알아야 하고 무엇이 알 가치가 있는 일인지 깨닫게 된다. 그때 그대는 편재할 것이다. 그대는 도처에 존재하게 될 것이다.

그러므로 악기에서 나오는 음악을 들으면서 그 중심 소리를 찾아라. 그대가 머무르는 곳, 그대가 존재하고 싶어하는 그 지점이 바로 그대의 에고다. 그대의 에고가 어디에도 존재하지 않는다면 그때 그대는 모든 곳에 두루 존재할 것이다. 그대는 모든 것이 되어 편재할 것이다. 그대는 바다가 될 것이다. 무한이 될 것이다. 유한함은 마음과 함께 있다. 그러나 무한함은 명상과 함께 들어온다.

〈질문〉

"어젯밤 당신은 의식적인 마음으로 무의식적 본능을 억압하는 것에 대해 말했습니다. 그리고 인간의 무의식적 본능은 진화의 선상에서 본다면 동물의 영역에 속한 것이라고 덧붙였습니다. 그렇다면 의식적인 마음인 지성이나 분별력, 삶의 기술 등으로 그 본능을 다스리고 조절하는 것은 좋지 않습니까?"

인간은 동물이다. 하지만 동물이면서 그 이상이다. 그 이상이란 말은 동물을 부정할 수 없다는 뜻이 된다. 그대는 동물의 영역에 그 뿌리를 두고 있다. 그러면서 동시에 동물의 영역을 초월할 수 있다. 어쨌든 그대는 동물의 영역에 속하는 부분들을 부정하지 말아야 한다는 점을 기억하라. 만약 그대가 그런 부분들에 대해서 부정하기 시작한다면 그것은 그대 자신을 파괴하는 행동이 될 것이다. 그대는 99%가 동물이기 때문이다.

그대가 자신 속에 동물적인 것과 아닌 것을 분별해서 그것과 싸우기 시작한다면 그대는 결코 이길 수 없다. 왜냐하면 그대의 1%만이 인간에 해당되는 영역이고 나머지 99%는 동물이기 때문이다. 결국 그 싸움에서는 의식적인 부분이 질 수밖에 없다. 그래서 그대는 또 좌절하게 된다. 그 싸움에서 그대는 결코 성공할 수 없다. 모든 사람이 자신의 동물적인 부분에 지고 산다. 어떻게 1%가 99%를 이길 수 있겠는가? 그렇다고 해서 따로 떨어져 독립할 수 있는 비율도 아니다.

그것은 마치 한 송이의 꽃과 같다. 꽃은 뿌리에 반항할 수 없다. 꽃은 나무 전체에 반항할 수 없다. 그대가 동물의 영역 전체에 대해서 대항하는 동안 그대 자신은 그것에 의해 생존이 유지되고 있다. 만약 그대의 동물적 영역이 죽는다면 그대는 즉시 죽을 것이다. 그대의 마음이 꽃이라면 그대의 동물적 영역은 나무 전체에 해당된다. 그러므로 부정하지 마라. 그대의 동물적 영역을 부정하는 것은 자살행위다. 그대가 자신을 두 부분으로 나누고 서로 갈등하기 시작한다면 결코 행복해질 수 없을 것이다.

그것은 지옥을 만드는 행위다. 지옥은 다른 데 있는 것이 아니다. 그것은 그대의 분열된 인격 속에 있다. 그대의 존재가 나누어질 때 거기 지옥이 생겨난다. 지옥은 공간적인 것이 아니다. 그것은 심리적인 것이며 천국 역시 마찬가지다.

내가 우선 말하고 싶은 것은 부정적으로 되지 말라는 것이다. 그대 자신을 나누지 마라. 그대 자신에 대항하지 마라. 동물이 거기에 있어도 나쁜 것이 아니다. 동물은 그대 속에 많이 잠재해 있다. 그것은 그대의 과거이며 또한 미래에도 남아 있을 것이다. 그것 속에 많은 것이 감추어져 있다. 그것을 발견하라. 개발하라. 그것이 자라도록 허용하고 그것을 초월하라. 그것과 싸우지 마라. 초월은 싸움을 통해 일어나는 것이 아니다. 이것이 바로 탄트라의 기본 가르침이다.

다른 전통들은 그렇지 않다. 그것들은 그대를 분열시킨다. 그대의 내부에서 싸움을 일으킨다. 그러나 탄트라는 분열을 원치 않는다. 싸움을 원치 않는다. 탄트라는 절대적으로 긍정적이다. 그것은 '아니다'라고 말할 줄 모른다. 탄트라는 언제나 '예스'만을 말한다. 모든 삶, 그 어떤 삶에 대해서도 '예스'라고 말한다. '노우'를 통해서 갈등이 일어나고 '예스'를 통해서 변형이 일어난다. 왜 그대는 자신에게 대항하는가? 그렇게 해서 도대체 이길 수 있다고 생각하는가? 만약 좌절감과 패배감을 느끼고 싶다면 자신과 싸워라. 그러나 승리감을 원한다면 결코 싸우지 마라.

승리는 싸움을 필요로 하지 않고 지식을 필요로 한다. 싸움은 미묘한 폭력이다. 다른 사람들에게 비폭력을 말하는 사람들이 자신들에게는 폭력적이다. 그들은 자신에게 폭력적으로 되라고 가르치고 있다.

금욕주의, 고행주의, 출가주의 그리고 삶에 대해 부정적인 모든 철학들이 바로 그 자신에게 폭력적인 자세를 견지하고 있다. 그것들은 그대에게 자신을 폭행하라고 가르친다.

그러나 탄트라는 절대적으로 비폭력적이다. 그것은 절대적인 비폭력이다! 그대 자신에게 비폭력적으로 될 수 없다면 다른 누구에게도 비폭력적으로 될 수 없다고 탄트라는 말한다. 자신에게 폭력적인 사람은 남에게도 폭력적이다. 그런 사람들은 비폭력을 부르짖으며 자신의 폭력을 감추고 있다. 그리고 공격의 방향이 자신에게로 향한다. 공격적인 태도는 여전히 변치 않는 것이다.

하지만 그것은 그대가 여전히 동물로 남아 있으라는 말은 아니다. 그대가 동물적 유산을, 그대의 과거를 받아들이는 순간 미래는 열리기 시작한다. 수용을 통해 개방이 일어난다. 동물은 그대의 과거다. 그 동물성이 미래에 필요한 것도 아니다. 그러니 과거에 대해 싸울 필요가 없다. 그대는 그것을 창조적으로 활용하라.

그러면 어떻게 해야 창조적으로 활용하는 것이 되겠는가?

첫째로 그것의 존재를 깊이 인식하라. 싸우는 사람들은 그것을 깊이 인식하지 못한다. 그들은 두렵기 때문에 동물성을 뒤로 밀어낸다. 무의식 속으로 자꾸 감춘다. 그러나 무의식은 있을 필요가 없는 것이다. 억압이 무의식을 만들어 낸다. 그대는 내부에서 많은 것들을 느끼지만 그것들을 제대로 이해하지 않고 무조건 비난한다. 그러나 이해하는 사람은 아무것도 비난하지 않는다. 그럴 필요가 없다. 그는 독을 약으로 쓴다. 모든 것이 창조적으로 활용될 수 있다는 것을 그는 알기 때문이다. 그대가 모르기 때문에, 무지 속에서 독은 오로지 독일 뿐이다. 그러나 지혜 속에서는 독이 감로수로 변할 수 있다.

섹스와 분노와 탐욕 등 자신의 동물성과 싸울 때 그가 기껏 할 수 있는 일이란 그것을 억압하는 것이다. 싸움은 곧 억압이다. 그는 자신의 동물성을 어딘가에 밀어 넣는다. 지하로 말이다. 그리고 지상에는 거짓 건축물을 세운다. 하지만 그 건축물은 거짓이다. 그것을 실재로 만드는 에너지가 변형되지 않았기 때문이다. 그 건축물은 말뿐이다. 그 지하에는 여전히 진짜 에너지가 억압되어 있다. 이 진짜 에너지는 언제라도 행동을 개시할 수 있다. 어느 순간 폭발할 수 있다. 그대는 화산 위에 앉아 있다. 화산은 언제라도 폭발할 수 있다. 그때 그대의 건축물은 삽시간에 붕괴될 것이다.

그대가 종교의 이름으로, 도덕의 이름으로, 교양의 이름으로 지은 것은 무엇이든지 무너질 것이다. 그 밑에는 진짜 그대가 숨어 있다. 그대의 동물성은 그리 멀리 있지 않다. 그것은 바로 그대 밑에 숨어 있다. 누군가가 그대를 욕할 때 신사는 사라지고 동물이 튀어나온다. 어떤 순간이 오면 그대의 지성, 그대의 종교성, 그대의 교양, 그대의 도덕성 등 그대의 동물성 위에 지어진 것들은 모두 간단히 사라져 버릴 것이다.

그대가 화가 났을 때 그대의 마음은 어디에 있는가? 그대의 의식은 어디에, 그대의 도덕성은, 다시는 화내지 않겠다고 하던 맹세는 어디에 있는가? 분노가 터져 나올 때 그런 것들은 간단히 사라지고 만다. 그런 것들은 모두 그림자에 불과하다. 분노가 터져나올 때, 그대의 진짜 모습이 나올 때 그림자는 자취를 감출 것이다.

그대의 의식은 지금 당장에는 하나의 그림자이다. 그것은 진실이 아니다. 그 속에는 본질이 없다. 그대는 브라흐마챠리아를 서약한다. 하지만 그것은 그대의 섹스 본능에 아무런 변화도 일으키지 못한다. 숨어 있는 거대한 에너지가 한 번 터져 나올 때 그대의 서약과 맹세는 간단히 지워질 것이다.

그래서 여기에 두 가지 태도가 있다. 하나는 그대가 성을 억압하는 것이다. 그때 그대는 성을 초월할 수 없을 것이다. 또 하나는 그대의 섹스 에너지를 창조적인 방법으로 사용하는 것이다. 그때는 '노우'라고 말하지 마라. 마음 깊은 곳에서부터 '예스'라고 말하라. 예스는 억압하는 것이 없다. 그때 그대는 진짜 자신의 모습으로 돌아올 것이다. 그것은 어려운 일이지만 한편으로는 명백한 것이다. 그래서 우리는 좀더 쉬운 길을 찾고 있는 것이다.

거짓이 아닌 실체를 찾는 것은 어려운 일이다. 그러나 그럴 가치가 충분히 있다. 그대의 진실이 나타난 것은 쉽게 무너지지 않는다. 예를 들어 사랑이라는 방편을 쓴다면 그것은 그대의 진실을 찾는 방편 중에 비교적 쉬운 일이다. 사랑을 하라. 예를 들어 섹스가 변형된다면 그것은 사랑이 된다. 만약 그것이 억압당한다면 질투와 증오로 나타날 것이다.

그대가 섹스를 억압한다면 그때는 사랑이 두려워진다. 왜냐하면 사랑이 나오는 순간 섹스도 따라 나오기 때문이다. 사랑은 영혼이며 섹스는 육체이다. 그래서 사랑을 함부로 하지 못한다. 사람들이 사랑을 두려워하는 것도 바로 이 때문이다. 사랑에는 항상 섹스가 뒤따라오기 때문이다. 섹스를 억압하는 사람은 자유롭게 사랑을 할 수 없다. 사랑이 듬뿍 담긴 애무는 성적인 애무로 변할 수 있기 때문이다. 그래서 그대는 사랑을 두려워한다.

그래서 그대는 합리화가 필요하다. 하지만 그 합리화의 실상은 공포다. 그대가 억누르는 본능에 대해 그대는 두려워한다. 그래서 그대는 억지로 참지만 거기에는 사랑 대신 증오가 쌓이게 되는 것이다. 어떤 에너지라도 억누르면 그 반대 극부가 튀어나오기 때문이다.

반대로 섹스는 쉽게 사랑으로 이어질 수 있다. 그것은 자연스런 흐름이다. 만약 그대가 그것을 막는다면 그것은 증오로 변한다. 그래서 소위 성자나 도덕군자라고 하는 사람들의 심리를 깊이 파고 들면 거기에는 증오가 숨겨져 있음을 발견하게 된다. 그리고 그 밑에는 억압된 섹스가 감추어져 있다. 그들은 폭발하기 직전인 화산 위에 눌러앉아 있다. 지금은 잠시 고요한 것처럼 보이지만 결국 폭발해 버리고 말 것이다.

탄트라는 실제적인 에너지로 그대의 삶을 꾸려 가라고 말한다. 실제적인 에너지란 모든 동물적 에너지이다. 내가 '동물'이라고 말할 때 거기에는 조금도 비난의 뜻이 담겨져 있지 않다. 내게는 그 말이 그대에게서처럼 모욕적이지 않다. 동물은 그 자체로 아름다운 것이다. 동물에겐 비난받을 것이 하나도 없다. 그대 속에 있는 동물성은 자연의 법칙을 따르는 순수한 에너지이다. 그대는 '우리가 의식적으로 무엇을 해야 합니까? 우리는 무의식적 본능을 통제하지 말아야 합니까?'라고 물었다. 그렇다! 그대의 의식은 무의식을 통제하기 위해 있는 것이 아니다. 그대의 의식은 오직 한 가지 목적을 갖고 있다. 그것은 그대의 무의식을 이해하여 변형으로 이끄는 것이다.

탄트라는 섹스를 이해하라고 말한다. 이는 그것을 길들이고 억압하라는 말이 아니다. 만약 그대가 이해하지 못한다면 모든 노력은 허사가 될 것이다. 먼저 이해하라. 그러기 전에는 아무것도 행하지 마라. 이해를 한 뒤에라야 길이 보인다. 그대가 법칙을 알게 되면 그대의 에너지는 자연스럽게 흘러갈 것이고 거기에 자연의 신비가 드러날 것이다. 그대는 에너지를 창조적으로 이용할 수 있다.

자연 법칙을 모를 때 그대의 모든 노력은 무지막지해질 것이다. 그래서 탄트라는 동물성을 이해하라고 말한다. 동물성 속에 그대의 미래를 꾸며 줄 잠재력이 숨어 있다. 동물성 속에 신이 있다고 말할 수 있는 것이다. 동물은 그대의 과거 모습이며, 신은 미래의 모습이다. 그리고 미래는 과거 속에 씨앗의 형태로 숨어 있다. 그대의 자연적인 에너지가 무엇이든지 먼저 이해하라. 그것들을 받아들여라. 그것은 싸울 성질의 것이 아니다.

그대가 이해할 때 그대는 마음을 올바르게 사용할 수 있다. 섹스를 이해하라. 분노를 이해하라. 탐욕을 이해하라. 깨어 있어라. 그것들이 어떻게 작용하는지 그 원리를 발견하라. 동물적 본능이 나오는 그 순간에 깨어 있어라. 그러면 그대의 무의식은 점점 얇아질 것이다. 그대가 이 본능과 함께 움직일 수 있다면 더 이상 무의식이 있을 자리는 없다.

무의식은 억압 때문에 생겨난 것이다. 그대는 존재의 대부분을 어둠 속에 가두어 왔다. 두려움 때문에 말이다. 그대는 자신의 실체를 볼 수 없었다. 그대는 집 밖으로 나와 베란다에 서 있다. 집 안으로 들어갈 용기가 없는 것이다. 그대가 자신과 대면하게 될 때 그대 자신에 대한 모든 환상은 깨질 것이기 때문이다.

그대는 자신을 성자라고 생각한다. 종교적인 인간이라고 생각한다. 이런저런 기호에 맞게 그대 자신을 꾸미고 그것이 자신의 본래 모습이라고 믿는다. 그러나 그대가 자신의 모습과 대면한다면 이 모든 환상은 증발해 버릴 것이다. 모든 사람이 자신에 대한 인상을 갖고 있지만 그것은 모두 거짓이다. 하지만 우리는 여전히 그 인상에 집착하고 그 집착은 내면으로 향하는 길에 장애물이 된다.

그래서 먼저 해야 할 일은 그대의 동물성을 받아들이는 것이다. 그대에게 동물성이 있음을 인정한다고 해도 잘못될 것은 아무것도 없다. 그것은 그대의 과거이며 과거는 부정한다고 없어지는 것이 아니다. 그대는 그 동물성을 잘 활용할 수 있다. 그대가 현명하다면 그것은 미래의 결실을 위한 좋은 씨앗이 될 수 있다. 그러나 그대가 어리석다면 그대는 그것과 싸울 것이다. 그리고 싸움 때문에 좌절 속에서 미래를 보낼 것이다.

동물성은 그대의 씨앗이다. 그것과 싸우지 마라. 탄트라는 그것에 반대하지 않는다. 그 잠재력을 도약의 발판으로 삼아라.

성 프란시스가 임종을 맞이하여 침대에 누워 있었다. 그는 갑자기 눈을 뜨고 자신의 육체에게 고맙다는 인사를 했다.

"자네 속에는 많은 것들이 숨어 있었네. 그리고 나를 많이 도와주었지. 그러나 내가 너무 무지해서 여러 번 자네와 싸웠네. 하지만 이제 자네와 이별하기 전에 자네에게 고맙다는 말을 해야겠네. 자네는 언제나 좋은 친구였어. 자네 덕분에 나는 이렇게 깨어 있는 의식을 갖게 되었지."

이것은 성 프란시스가 그의 육체에게 한 말이다. 그는 임종을 앞에 두고서야 그것을 깨달았던 것이다. 그러나 탄트라는 처음부터 그렇게 시작하라고 말한다. 다 죽게 되었을 때 감사해봐야 무슨 소용이 있겠는가? 그대의 동물성은 감추어진 보물이다. 그것은 신비한 가능성이다. 탄트라는 그대의 육체야말로 소우주라고 말한다. 소우주란 대우주의 축소판이라는 뜻이다. 그것과 싸우지 마라. 그대의 육체가 소우주라면 섹스는 무엇인가? 섹스는 우주를 창조하는 모체이다. 그것을 너무 학대하지 마라. 그대가 창조주가 되려면 말이다.

만약 그대에게서 섹스가 그토록 강력하다면 탄트라에서는 그것이 그대의 유일한 수단이 될 것이라고 말한다. 그대가 창조주가 되어 그대의 삶을 창조해 나가는 데 있어서 유일한 방편이라는 말이다.

위대한 음악가가 음악을 창조하고 있다. 그때 음악이 주는 기쁨이란 어느 누구도 줄 수 없는 것이다. 시인이 시를 창작할 때 그는 기쁨을 느낀다. 그것은 주위 사람이 줄 수 있는 어떤 선물보다도 값진 것이다. 그것은 에너지를 고차원적으로 승화시키는 것이기 때문이다. 창조란 그만큼 값진 것이다.

붓다는 화가도 아니고 음악가도 아니며 시인도 아니다. 그러나 그는 섹스를 초월했다. 그에게 무슨 일이 일어났는가? 그는 자신을 고차원적인 존재로 창조했다. 그것은 의식 전체를 변형시킨 것이다. 그는 히말라야의 봉우리처럼 되었다. 붓다는 그 봉우리에 서 있다. 그는 자신을 창조했다. 그대가 섹스 속에 있을 때 그대는 육체를 만들어 낸다. 자기 복제를 하고 있는 것이다. 그러나 그대가 영혼을 만들어 내는 것은 복제의 차원이 아니다. 그것은 창조의 차원이며 신을 만드는 것이다.

신이 세상을 창조했다는 말을 그대는 들었을 것이다. 그러나 나는 말한다. 그대는 신을 창조해 낼 잠재력을 갖고 있다고. 그대가 자신을 창조하지 못하는 한 그대는 결코 만족할 수 없다. 신이 태초에 있었다고 생각하지 마라. 차라리 신은 종말에 있다고 생각하는 것이 더 낫다. 신은 이 세상의 원인이 아니다. 신은 마지막 꽃이다. 그대가 자신의 전체성을, 자신의 잠재력을 꽃피울 때 그대는 신이 된다. 그래서 붓다가 신이라고 불리는 것이다. 아니신보다 더 높은 존재로 불린다. 하지만 그는 결코 신을 믿지 않았다. 이 얼마나 역설적인 일인가? 그는 본래부터 무신론자였다. 그런데 그 자신이 바로 신으로 불리게 된 것이다.

웰즈(H. G. Wells)는 고타마 붓다에 대해 가장 신적인 사람이라고 묘사했다. 고타마에게 무슨 일이 일어났는가? 그는 가장 높은 가능성을 창조해 내었다. 궁극을 창조해 낸 것이다. 그것은 그가 한 인간으로 태어나 신이 될 수 있었기 때문이다. 그에게는 무의식이라는 것이 없다. 그에게는 오직 의식만이, 밝고 투명한 의식만이 있다. 그에게는 무지가 없다. 완전한 앎만이 있다. 어떤 시로도 그를 묘사할 수 없다. 그에게는 더 이상 동물성이 남아 있지 않다. 어두운 밀림에 숨어 사는 야수성이 더 이상 없다. 그의 씨앗은 완전히 꽃을 피웠다.

예수는 한 알의 밀알이 땅에 떨어져 죽지 않으면 아무것도 일어날 수 없다고 말했다. 한 알의 밀알이 땅에 떨어져 죽을 때만이 거기에서 새로운 생명이 싹을 틔우는 것이다. 죽음 없는 탄생은 없다. 죽음을 통하지 않고서는 새로운 것이 나올 수 없다.

탄트라는 통제하려 들지 말라고 말한다. 통제하려는 그대는 누구인가? 누가 그대에게 통제할 수 있다고 말했는가? 이해하라. 내면의 본성을 이해하라. 그러면 통제하려는 것이 얼마나 무모한 짓인가를 알게 될 것이다. 에너지가 그대를 자연스럽게 변화시키는 자연법칙을 이해하라. 그 변화는 노력으로 이루어지지 않는다. 오히려 노력이 방해가 된다. 노력은 그대를 지복의 상태로 인도하지 못한다.

지복은 결코 노력을 통해 오는 것이 아니다. 노력은 언제나 긴장만 불러일으킨다. 그것은 고통을 줄 것이다. 노력은 추한 것이다. 그대를 강제로 이끌어 가기 때문이다. 그러나 이해는 노력이 아니다. 그래서 그것은 아름답다. 그것은 자발적인 현상이다. 통제하지 마라. 통제하려 든다면 그대는 실패할 것이다. 그대 자신을 파괴할 것이다. 이해야말로 유일한 법칙이다. 유일한 사드하나(영적 수행)이다. 모든 것은 이해를 통할 때 저절로 일어날 것이다.

그래서 탄트라는 수용하라고 말한다. 수용은 이해에 필요한 것이기 때문이다. 그대가 받아들이지 않고는 결코 이해할 수 없다. 부정하고 배타하는 것은 오직 오해만을 낳게 된다. 내가 그대를 싫어하면 나는 그대의 눈을 들여다볼 수 없다. 나는 그대를 직접적으로 볼 수 없다. 내가 그대를 사랑할 때만이 나는 그대의 눈을, 얼굴을 마주볼 수 있다.

오직 사랑만이 대면을 가능케 한다. 그렇지 않고서는 대면할 수 없다. 그대가 외면할 때 거기에는 어떤 이해도 있을 수 없다. 깊이 들어가 관통할 수 없는 것이다. 그러나 그대가 사랑할 때 그때 그대의 에너지는 그대의 눈에 모이게 되고, 그것은 사랑하는 사람에게 깊숙이 흘러 들어가 그의 중심과 만나게 될 것이다. 오직 그때만이 진정한 이해가 일어난다.

그래서 구약성서에서는 섹스 행위를 '알았다'고 표현한다. 구약성서는 '아담이 그의 아내 이브를 알았고 그래서 가인이 태어났다'고 말한다. 여기서 안다는 말은 깊은 사랑을 통한 만남을 의미한다. 거기에는 섹스도 포함되어 있다. 그래서 그대가 누군가를 안다는 말은 사랑한다는 말이다. 사랑하지 않는데 안다고 말하지 마라. 그것은 오해다.

그것은 비단 사람 뿐만이 아니다. 에너지와의 관계에서도 마찬가지이다. 그대가 자신의 내면을 알기 위해서는 다중적인 차원의 에너지 현상을 알아야 한다. 사랑하라! 그대의 동물성을 증오하지 마라. 그대는 그것과 관계를 끊을 수 없다. 그대는 그것의 일부다. 바로 그대의 동물성이 그대를 인간으로 밀어 올린 것이다. 그것에 감사하라.

그대는 동물성을 통해서 어떤 일이 일어날지 잘 알고 있다. 그것은 그대의 마음을 충동질하고 결국 마음을 굴복시킨다. 그래서 그대는 자신의 동물성을 두려워한다. 그것을 붙들어 두고 자기의 통제 속에 두려고 한다. 그대가 주인이 되려는 것이다. 그대가 진짜로 주인이라면 그때는 동물성이 그대를 따를 것이다. 하지만 그대는 동물성이 주인이고 그대가 노예라는 것을 잘 알고 있다. 그래서 노예에서 벗어나 주인이 되려고 그토록 노력하는 것이다.

한 위대한 전사에 얽힌 이야기가 있다. 어느 날 저녁 그는 갑자기 집안에 쥐가 있다는 사실을 알게 되었다. 그는 검술의 명인이었는데 쥐란 놈이 겁도 없이 자신의 눈을 빤히 쳐다보고 있는 게 아닌가? 그는 무척 화가 났다. 그래서 칼을 뽑아 들었지만 쥐는 도망갈 생각을 하지 않았다. 그래서 그는 쥐를 향해 칼을 휘둘렀는데 쥐는 잽싸게 피해 버렸고, 돌에 부딪친 칼은 두 동강이 나버렸다. 물론 그때 전사는 제정신이 아니었다. 그는 부러진 칼로 지칠 때까지 쥐를 쫓아다녔지만 잡을 수가 없었다. 쥐를 잡는 것이 결코 쉬운 일은 아니었다. 그가 계속 실패하자 쥐는 점점 대담해졌다. 그는 어떻게 해야 할지 몰라 친구를 찾아가서 이렇게 말했다.

"살면서 이런 일은 한 번도 없었다. 감히 쥐가 나에게 대항하다니. 하지만 이건 기적이야. 나는 그 쥐에게 완전히 졌어."

그러자 친구가 말했다.

"쥐와 싸우는 것은 어리석은 일이야. 그런 일은 고양이에게 맡기는 것이 제격이지. 고양이나 한 마리 갖다 놓게."

전사가 쥐에게 졌다는 소문은 사방으로 퍼졌고 고양이들도 그 소문을 들었다. 그래서 어떤 고양이도 그 집에 가려고 하지 않았다. 어느 날 고양이들이 모두 모여서 지도자를 뽑아 놓고는 그 지도자 고양이에게 말했다.

"당신이 가라. 그 쥐는 보통 쥐가 아니다. 전사도 졌는데, 우리는 모두 보통 고양이다. 우리가 가서 그 쥐에게 지면 어떻게 되겠는가? 그러니 지도자인 당신이 가라."

지도자는 겁이 덜컥 났다. 사실 모든 지도자들은 하나같이 겁쟁이들이다. 그들은 겁쟁이들에 의해 뽑혔고, 겁이 많기 때문에 지도자가 되려고 하는 것이다. 겁쟁이가 없는 사회에서는 지도자도 없다.

지도자 고양이는 그 집으로 가야 했다. 그 뒤를 추종자 고양이들이 따랐다. 고양이는 잔뜩 겁을 집어 먹고 집 안으로 들어갔다. 그 쥐는 침대 위에 앉아 있었다. 고양이는 그런 쥐를 처음 보았다. 그는 어떻게 해야 할지 몰랐다. 과거의 경험을 되새기면서 한참을 생각했지만 아무런 묘안도 떠오르지 않았다. 그런데 갑자기 쥐가 공격을 해왔다. 고양이는 너무나 놀라 줄행랑을 치고 말았다. 과거에는 그런 일이 한번도 없었기 때문이다. 쥐를 공격하는 고양이가 있다는 소리를 들어본 적이 없었다.

고양이는 너무나 놀라 결국 죽고 말았다. 이웃들은 전사를 찾아가서 이렇게 말했다.

"이제 보통 고양이로는 안되겠네. 왕궁에 가서 왕의 고양이를 빌려다 놓게. 왕궁의 고양이라면 뭔가 할 수 있을 것이네."

그래서 전사는 왕에게 가서 고양이를 빌려왔다. 그런데 왕궁의 고양이 역시 아주 평범해 보였다. 지도자 고양이도 죽었는데 왕의 고양이가 죽는다면 왕에게 뭐라고 변명을 한단 말인가.

그러나 다른 방법이 없었다. 할 수 없이 그 고양이를 들여보냈는데 잠시 후 쥐가 죽어서 나왔다. 그러자 주위에 모여 있던 고양이들이 모두 이렇게 물었다.

"무슨 속임수를 썼는가? 지도자 고양이도 죽었는데 도대체 무슨 수를 썼기에 그 쥐를 죽였는가?"

그때 그 고양이가 대답했다.

"수는 무슨 수가 있단 말이냐? 나는 고양이고 그는 쥐다. 그것으로 충분하다. 다른 수는 있을 수 없다."

이것은 선가(禪家)에서 내려오는 이야기다. 만약 그대의 마음이 주인이라면 그대는 노력할 필요가 없다. 모든 노력은 그대 자신을 속이는 것이다. 그대는 고양이가 아니다. 그런데 쥐와 싸우고 있다. 주인이 되라. 그러나 어떻게 해야 주인이 되겠는가? 탄트라는 이해를 통해서 주인이 된다고 말한다. 그 외에는 아무것도 그대를 주인으로 만들어 줄 수 없다. 이해야말로 주인이 되는 비밀의 문이다. 만약 그대가 그것을 잘 안다면 그대는 저절로 주인이 될 것이다. 그러나 모른다면 그대는 언제나 노예로 남아 있게 될 것이다. 그리고 쥐와 싸움을 계속할 것이다.

이제 됐는가?

소리를 통해 가는 길 III

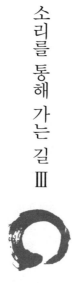

탄트라는 이 세상을 그대의 운명으로
받아들이라고 말한다. 그 운명이 어떠한 것이라도
그대는 받아들여야 한다. 이 받아들이는
그대가 이런 자세를 취할 때만 도움이 된다.

소리를 통해 가는 길 Ⅲ

42

하나의 소리를 영창하고 그 소리를 들어라.
그리고 점점 작아져 가는 소리를 따라 그대의 느낌 역시
침묵의 조화 속으로 깊이 들어가라.

43

입을 가볍게 열고 혀의 중심에 마음을 집중하라.
그리고 호흡이 들어올 때 침묵 속에서 '흐(HH)' 소리를 느껴라.

44

어떤 'A'나 'M' 없이 그저 '옴(AUM)' 소리 위에 중심을 잡아라.

탄트라는 사람을 두 가지 차원으로 나눈다. 하나는 삼사라 (Samsara)이고 다른 하나는 모크샤(Moksha)이다. 그대가 살고 있는 이 세상이 삼사라이고 그 속에 감춰진 궁극의 세상이 모크샤이다. 하지만 이 둘 사이에는 어떤 모순도 없다. 감추어진 것은 바로 지금 여기인 것이다. 물론 그것은 그대에게 알려져 있지 않다. 그러나 존재하지 않는 것은 아니다. 그것은 반드시 거기에 있다. 삼사라와 모크샤는 별도의 것이 아니다. 그것은 존재의 두 가지 차원이다. 그래서 탄트라에서는 거기에 어떤 모순도 갖고 있지 않다. 어떤 이중성도 없다. 단지 우리의 한계 때문에 그것이 두 가지로 나타나 보일 뿐이다. 그것은 우리가 전체를 보지 못했기 때문이다. 우리가 전체를 보는 순간 그것은 하나로 나타난다. 우리가 삼사라, 즉 사바세계로 알고 있는 이 세상이 모크샤, 즉 열반의 세계, 궁극의 세계, 절대의 세계로 나타난다.

다른 전통에서는 이 두 가지가 엄연히 분리되어 있고 거기엔 갈등이 있다. 그러나 탄트라에서만큼은 그런 갈등이 없다. 이것은 가슴에서부터 깊이 이해되어야 할 부분이다. 이것이 이해되지 않는 한 그대는 탄트라의 관점을 이해할 수 없다. 그대가 기독교인이거나 이슬람교도 혹은 힌두교도나 자이나교도라고 할지라도 그대의 믿음은 이중적이다. 거기에 갈등이 있다. 세상은 속된 것이고 신성에 반대한다. 그대는 신성에 이르기 위해서 세상과 싸워야 한다. 이것이 소위 종교라고 불리는 모든 단체와 조직의 일반적인 신념이다.

마음은 이 이중성을 매우 쉽게 이해할 수 있다. 아니, 마음의 기능이란 것이 나누는 것뿐이라서 오직 이중성만을 이해할 수 있다.

마음은 하나의 프리즘처럼 작용한다. 빛이 프리즘으로 들어올 때 그것은 일곱 가지 색깔로 분리된다. 마찬가지로 마음 역시 어떤 대상을 그 자체로 가만 두지 않는다. 더 이상 나누어지지 않는 데까지 분해시켜 버리고 만다. 거기에는 오직 분별만이 남아 있다.

마음은 가장 작은 알갱이에 이를 때까지 분별을 쉬지 않는다. 그래서 그대가 진실을 알려면, 실체를 이해하려면 지금까지의 마음 작용과는 정반대의 과정을 거쳐야 한다. 그것은 분석이 아니라 합일의 길이다. 거기에는 마음이 아니라 무심이 필요하다.

탄트라는 분별하는 것을 부정한다. 전체는 전체라고 말한다. 우리가 알고 있는 부분은 삼사라이고 우리에게 감추어진 부분은 모크샤나 열반의 세계이다. 혹은 그대가 어떤 이름으로 불러도 좋다. 그러나 그 부분은 바로 지금 여기에 있다. 그대는 그것을 인식하지 못한다. 하지만 그것은 이미 지금 여기에 있다. 그대는 그것이 미래의 언젠가 올 것이라고 생각한다. 그러나 존재계 속에는 그것이 지금 여기에 있다. 그대는 그 속에 서 있다. 그대가 무심의 상태에 들어가기만 한다면 그것은 그대에게 자태를 드러낼 것이다. 그대는 지금 태양이 떠오르고 있는데 두 눈을 꼭 감고서 태양이 없다고 말하는 것과 같다. 그것은 지금 여기에 이미 있다. 그대가 눈을 뜨기만 한다면 그것은 명백한 사실로 그대에게 다가올 것이다.

존재계에서는 태양이 존재한다. 그러나 그대에게는 태양이 감추어져 있다. 그대에게는 오직 어둠이 있을 뿐이고, 빛은 그대에게서 숨어 있다. 그러나 눈을 떠보라. 그 순간 빛은, 태양은 그대에게 사실로 다가올 것이다. 그것은 이미 사실이었지만 말이다.

탄트라는 말한다. 이 세상은 이미 신성하다고. 그러나 그대는 눈이 멀어 있다. 그런 상태에서 그대가 아는 모든 것은 오직 속된 것뿐이다. 그러나 탄트라에서 가장 기본적인 명제 중의 하나는 바로 삼사라가 곧 모크샤라는 것이다. 이 사바세계가 곧 열반의 세계이며 궁극이라는 것이다. 현세와 내세가 둘이 아니며 차안과 피안이 다르지 않다는 것이다. 이런 이유로 탄트라에서는 많은 것이 가능하다. 첫째 탄트라는 모든 것을 받아들일 수 있다. 그리고 깊은 수용이 그대를 완전히 이완시켜 준다. 그것 외엔 다른 그 어떤 것도 그대를 이완시켜 주지 못한다.

이 세상과 저 세상 사이에 구분이 없다면, 초월의 세계가 지금 바로 여기에 있다면, 이 물질이 바로 신성의 몸이라면 그땐 아무 것도 부정할 것이 없다. 아무것도 비난받을 것이 없으며 그대는 긴장할 필요가 없다. 그대가 신성을 깨닫는 데 수년이 걸릴지 몰라도 탄트라에서는 어떤 것도 조급하지 않다. 모든 것이 이미 거기에 있고 시간 역시 부족하지 않다. 그것은 언제까지나 바로 지금이다. 그대가 눈을 뜨기만 한다면 그것은 그대 앞에 드러날 것이다. 그대가 갖고 있는 것은 어떤 것이라도 거기에 신성이 감추어져 있다.

그래서 원죄를 부르짖는 기독교나 여타 다른 종교들의 자세는 탄트라의 입장에서 보면 모두 화려한 거짓말일 뿐이다. 만약 그대가 어떤 것을 비난한다면 그것은 그대의 내면에 분열을 일으키는 것일 뿐이다. 그대는 외물의 대상만을 분별할 수 없다. 그대가 사물에 대해 분열을 일으키는 순간 그대 자신 역시 분열된다. 그대가 만약 이 세상은 잘못된 것이며 신성에 이르는 데 방해가 된다고 말한다면 그때 그대의 삶 전체는 저주 속에 빠질 것이다. 그대는 죄의식을 느낄 것이다. 그때 그대는 더 이상 즐길 수 없다. 그때 그대는 웃을 수 없다. 심각함이 그대의 얼굴을 가리고 만다.

그때부터 그대는 오로지 심각하다. 그대는 게임을 벌일 여유가 없다. 이 세상의 모든 마음속에 이런 일이 지금도 일어나고 있다. 사람들은 살아 있는 것이 아니다. 그들은 삶을 있는 그대로 받아들일 수가 없다. 그들은 삶을 부정한다. 그렇게 하지 않고서는 피안의 세계에 도달할 수 없다고 느낀다.

그래서 항상 피안의 세계, 초월의 세계는 이상적인 것이며 미래에나 존재하는 것이 된다. 그리고 이 세상은 언제나 죄악으로 가득 찬 곳이 되고 만다. 그래서 결국 그대를 죄인으로 만들어 버리고 만다. 그대를 신경증에 걸리게 하고 미치게 만든다.

그런 의미에서 보면 탄트라는 유일하게 건강한 종교다. 다시 말해서 어떤 종교가 건강하게 되면 그것은 탄트라가 된다. 그래서 모든 종교는 두 가지 면을 갖고 있다. 하나는 성전, 조직, 의례, 교리 등등의 외부적인 면이고 이것은 삶을 부정하는 것이다. 또 다른 하나는 내부적인 면으로서 신비주의나 밀교에 해당되는 부분인데 탄트라가 바로 그것이다. 그리고 그것은 모든 것을 받아들이는 입장이다.

그대가 이 세상을 전체적으로 받아들이지 않는 한 그대의 내면은 평안해질 수 없다. 배타적인 태도는 긴장을 만들어 낸다. 한번만 그대가 모든 것을 있는 그대로 받아들이고 나면 그때부터 이세상은 매우 편안해진다. 그리고 그것이 기본이라고 탄트라는 말한다. 우선 그대는 먼저 편안해야 한다. 그때만이 뭔가가 가능하다. 만약 그대가 긴장되어 있고 분열되어 있다면 어떻게 초월할수 있겠는가? 그대는 이미 안으로 미쳐 있다. 그리고 이 상황에서 한걸음도 더 나아갈 수 없다. 이 상황에 완전히 묶여 있다.

이것은 매우 역설적으로 보인다. 이 세상에 대해 많이 반대하는 사람일수록 이 세상에 매여 있다. 이 세상은 그대의 적이다. 그대는 이 세상의 포로가 되었다. 그때는 그대가 무엇을 하든지 세속적인 사람으로 남게 될 것이다. 그대는 세상에 대해 싸울 수도 있고 세상을 포기할 수도 있다. 하지만 그대는 여전히 세속적이다.

나는 세상을 포기한 한 성자를 보았다. 그는 돈을 만지지 않았다. 그에게 동전을 던져 주면 그는 눈을 감아 버릴 것이다. 그는 돈에 대해서 매우 신경질적이었다. 그는 사실 정상이 아니다. 그런데 사람들은 그의 이런 모습 때문에 그를 받들어 모셨다. 그들은 그가 해탈한 성자라고 생각했던 것이다. 그러나 그는 아니다. 그는 이 세상에 너무 집착해 있다. 그는 돈을 좋아하는 사람과 다르지 않다. 돈을 상대로 싸움을 계속하지만 그것은 돈에 관심이 있다는 증거다. 단지 돈을 만지지 않을 뿐이다.

왜 돈을 두려워하는가? 왜 싫어하는가? 기억하라. 증오는 애착의 역류일 뿐이다. 그대가 어떤 것에 깊이 애착하지 않는 한 그것을 증오할 수는 없다. 마찬가지다. 돈에 깊은 애착을 갖지 않으면 그토록 돈을 미워할 수 없다.

나는 그 사람에게 물어 보았다.

"왜 그토록 돈을 두려워하는가?"

그가 말했다.

"돈은 방해가 된다. 돈을 향한 나의 욕심을 반대하지 않으면 나는 절대로 신성에 이를 수가 없다."

하지만 이것 역시 또 하나의 욕심일 뿐이다. 그는 지금 거래를 하고 있는 것이다. 그는 돈을 만지면 신성을 잃고 돈을 만지지 않으면 신성을 얻는 것이다. 그는 돈보다도 신성을 가지고 싶어했다. 그래서 그는 돈에 대해 반대하고 있는 것이다.

탄트라는 이 세상에 집착하지도 반대하지도 말라고 말한다. 단지 있는 그대로 받아들이라고 말한다. 세상을 벗어나려는 어떤

노력도 하지 마라. 그러면 결국 부작용과 반발력만 일어나게 될
것이다. 그러나 세상을 있는 그대로 받아들이면 그대는 자연스럽
게 감추어진 영역이나 차원으로 들어갈 수 있다.

세상을 받아들이는 것은 세상을 초월하는 길이 된다. 전체적인
수용은 그대를 변형시킬 것이다. 다른 차원으로 그대의 에너지를
흐르게 할 것이다. 탄트라는 '니야티(niyati)'의 개념을 믿는다.
그것은 운명이라는 것이다. 탄트라는 이 세상을 그대의 운명으로
받아들이라고 말한다. 그 운명이 어떠한 것이라도 그대는 받아들
여야 한다. 그것을 바꾸려고 노력하지 마라. 그것을 개선하려고
노력하지 마라. 그때 그대의 에너지는 흩어지지 않는다. 그리고
그것은 방향을 바꾸어 내면을 관통한다.

이 방편들은 그대가 이런 자세를 취할 때만 도움이 될 수 있다.
그렇지 않으면 아무런 소용이 없다. 그대가 기본 골격만 갖춘다
면 이 방편들은 매우 간단하게 보일 것이다. 그리고 그 골격이 바
로 '수용'이다. 한 번 거기에 수용이 일어나면 모든 것이 쉽게 굴
러갈 것이다.

자, 이제 여섯번째 소리에 관한 방편으로 들어가자.

42

하나의 소리를 영창하고 그 소리를 들어라.
그리고 점점 작아져 가는 소리를 따라 그대의 느낌 역시
침묵의 조화 속으로 깊이 들어가라.

그대가 특별히 좋아하는 소리가 있다면 그것을 이용해도 좋다.
그때 그것은 단순한 소리가 아니다. 그대는 그 소리를 영창하는
동안에 단지 소리에 대해서 뿐만 아니라 그 속에 감추어진 느낌

까지도 영창하는 것이다. 그리고 시간이 지나면서 소리는 사라지고 느낌만이 남게 된다.

소리는 느낌에 이르는 통로로 사용되어져야 한다. 소리는 마음이고 느낌은 가슴이다. 마음은 가슴에 이르는 통로가 되어야 한다. 가슴으로 직접 들어가는 것은 어렵다. 우리는 수많은 생을 살아오면서 그 기회를 놓쳤다. 우리는 어디가 가슴으로 들어가는 지점인지 알지 못한다. 문은 닫힌 것처럼 보이는데 어떻게 들어가겠는가?

우리는 가슴에 대해서 많은 이야기를 나눈다. 사랑은 가슴을 통해서 하는 것이라고 말한다. 그러나 그것은 너무나 관념적인 말이다. 가슴이라는 말마저 우리의 머리 속에 있다. 우리는 가슴이 어디에 있는지 알지 못한다. 나는 지금 신체의 가슴을 말하는 것이 아니다. 그래서 의학은 우리의 가슴속에는 피를 돌리고 있는 심장밖에 없다고 말한다. 거기에 시나 음악 같은 것은 없다고 말한다.

그러나 탄트라는 그대의 가슴 뒤에 숨겨진 더 깊은 중심을 알고 있다. 그 중심에는 오직 마음을 통해서만이 도달할 수 있다. 왜냐하면 우리는 마음속에 서 있기 때문이다. 우리는 머리로 산다. 어떠한 내면의 여행도 바로 여기서부터 시작되는 것이다. 그리고 마음은 소리다. 모든 소리가 멈추면 그대의 마음은 더 이상 작용하지 않는다. 침묵 속에는 마음이 없다. 침묵은 무심이다.

우리는 보통 '마음이 고요하다'라는 말을 자주한다. 하지만 그 말은 틀린 말이다. 마음은 침묵이 사라진 상태다. 마음과 침묵은 함께 존재할 수 없다. 마음이 있을 때는 침묵이 없고 침묵이 있을 때는 마음이 없다. '고요한 마음' 같은 것은 있을 수가 없다. 그것은 마치 '살아 있는 시체'라는 말과 같은 식이다. 어떤 사람이 죽었다면 그는 더 이상 살아 있지 않다. 그리고 반대로 그가 살아 있다면 그는 죽은 시체가 아니다.

그래서 '고요한 마음' 같은 것은 있을 수가 없다. 그러나 이 말은 널리 퍼져 있고, 사람들을 혼동시킨다. 명상을 모르는 사람들이 함부로 이런 엉터리 말들을 사용해 왔기 때문이다. 침묵이 들어오면 마음이 나가고 마음이 들어오면 침묵이 나간다. 그 둘이 함께 있을 수는 없다.

그리고 마음은 소리다. 그 소리가 체계적이라면 그대는 제정신이다. 그러나 그 소리가 혼란스러우면 그대는 미친 것이 된다. 하지만 이 두 경우 모두 소리는 있다. 거기에는 아직 마음이 있다.

그래서 그대가 내면의 중심에 이르는 지점에 서려면 어떻게 해야 하겠는가? 그때는 소리를 이용하라. 어떤 한 가지 소리를 정해서 그것을 영창하라. 마음속에 여러 가지 소리가 잡다하게 있다면 그때는 중심으로 들어가기 어렵다. 그러나 한 가지 소리만 있다면 그때는 쉽게 들어갈 수 있다. 그래서 처음에는 많은 소리들이 한 가지 소리에 의해 점령되어야 한다. 그래서 집중이 필요한 것이다.

한 가지 소리를 영창하라. 마음속에 오직 그 소리만 남도록 계속하라. 처음에는 그대가 들을 수 있도록 크게 하지만 점점 듣기어렵도록 천천히 그리고 약하게 하라. 그러다가 갑자기 그 소리는 떨어져나가 버린다. 그때 침묵이 찾아들 것이다. 침묵이 폭발을 이룰 것이다. 소리는 완전히 사라지고 침묵이 있을 때 거기에 느낌이 있다. 하지만 그 느낌은 사념이 아니다. 그저 순수한 느낌자체일 뿐이다.

그래서 이 방편은 만트라를 사용하는 것이 편리하다. 그 만트라는 자신의 종교에 따라서 달라질 수도 있다. 그대가 만약 힌두교도라면 그때는 '람(Ram)'을 사용하라. 그 소리는 그대의 뼈속 깊이 박혀 있는 소리이다. 그대는 오랜 전통이다. 그대는 인식하지 못하겠지만 과거 여러 전생에서부터 그것은 그대의 만트라였다. 그 소리를 이용하라.

만약 기독교인이 '람'을 사용한다면 그는 깊이 들어갈 수 없다. 그에게는 '람'이 생소하기 때문이다. 차라리 '주예수'나 '마리아'가 훨씬 낫다. 그대에게 익숙한 소리를 사용하는 것이 효과적이다. 새로운 소리에는 그대의 느낌이 깃들어 있지 않기 때문이다.

어릴 때 내 친구 중의 하나가 독일로 이민을 갔는데 그는 거기에서 30년을 살았다. 그래서 그의 모국어를 완전히 잊어버렸다. 그의 모국어는 '마라티(Marathi) 어'였는데 그가 30년 동안 독일어만 사용하다 보니 나중에는 그만 독일어가 자기의 모국어처럼 되어 버렸다. 물론 내가 '모국어처럼' 되어 버렸다고 말하는 것에 주의하라. 어떤 사람도 모국어를 바꿀 수는 없다. 다른 언어를 자주 사용해서 모국어처럼 될 수는 있지만 모국어는 될 수 없다. 그것을 표면적으로는 망각할 수 있을지 몰라도 마음속 깊이 들어가면 거기에는 본래의 모국어가 자리잡고 있다.

그는 30년이 지났을 때 병을 얻었다. 그래서 인도의 가족들이 그를 만나러 갔다. 그는 의식이 왔다갔다했는데 무의식으로 떨어졌을 때는 마라티 어를 사용했고, 의식이 돌아오면 독일어를 사용했다. 그의 의식은 마라티 어를 이해할 수 없었고 그의 무의식은 독일어를 이해할 수 없었다.

무의식으로 깊이 들어가면 마라티 어가 거기에 남아 있다. 그것은 그의 모국어였다. 그 모국어는 어떤 것으로도 대체될 수 없다. 따라서 만약 그대가 어떤 소리에 대해 특별한 느낌을 갖고 있다면 이 방편을 사용하는 데 도움이 된다. 일부러 만들어 낸 소리를 사용하지 마라. 그것은 도움이 되지 않는다. 머리가 아니라 가슴으로 들어가야 하기 때문이다. 그대가 깊은 관심과 애정을 갖고 있는 소리를 사용하라.

만약 이슬람교도가 '람'을 사용한다면 그때는 매우 어려워진다. 그에게는 이 말이 아무런 의미가 없기 때문이다. 이 세상에는 가장 오래된 종교 두 개가 있는데 그것이 바로 힌두교와 유대교이다. 다른 종교들은 대부분 이 두 가지 종교에서 파생된 것들이다. 기독교와 이슬람교는 유대교에서 나온 것이며 불교와 자이나교, 그리고 시크교가 바로 힌두교의 소산이다. 이 거대한 두 흐름은 개종을 믿지 않는다. 물론 지적으로는 개종할 수 있다. 하지만 가슴 깊숙한 곳에서는 여전히 개종이 되지 않는다. 그대는 힌두교에서 기독교로 개종할 수 있다. 그리고 그 반대로도 할 수 있다. 그러나 마음속 깊은 곳에서는 여전히 힌두교도는 힌두교도로 남아 있다. 그대는 교회에 가서 예수나 마리아에게 기도할 수 있다. 하지만 그것은 머리 속에서만 그렇다. 그대의 무의식은 바뀌지 않는다. 그대는 결국 힌두교도다.

힌두교와 유대교는 개종을 믿지 않는다. 그리고 인정하지도 않는다. 인간의 무의식을 바꾸지 않는 한 그의 종교는 바꿀 수 없다. 옆에서 그를 혼란시킬 수는 있다. 하지만 그 혼란 역시 표면적인 것일 뿐 얼마 가지 않아서 본래의 상태로 되돌아간다. 그대가 힌두교도로 태어났다면, 기독교로 개종을 하고 기독교의 만트라를 외운다고 해도 깊이 들어갈 수 없다. 깊은 곳에서는 힌두교의 소리가 남아 있기 때문이다.

그러므로 그대에게 깊은 느낌이 남아 있는 소리를 찾아라. 어쩌면 그대의 이름이 도움이 될 수도 있다. 어떤 특정한 소리를 갖고 있지 않다면 그때는 차라리 자기의 이름이 훨씬 낫다. 부크(Bukkh)라는 이름의 유명한 신비주의자가 있었는데 그는 언제나 자신의 이름을 만트라로 사용했다. 그는 평소에 이렇게 말하곤 했다.

"나는 어떤 신도 믿지 않는다. 그에 대해서 아는 것도 없다. 나는 신들의 이름을 많이 들어 보았지만 그들이 존재한다는 증거는 없다. 그리고 나는 내 자신에 대해 찾고 있다. 그런데 왜 내 이름을 사용하지 않는단 말인가?"

그래서 그는 침묵 속으로 빠져 들어가는 데 있어서 자신의 이름을 이용했다.

만약 그대가 어떤 종교에도 관심이 없다면 그때는 그대의 이름을 사용하라. 그러나 그것은 매우 어렵다. 보통 사람들은 자신을 비난하고 있기 때문이다. 자신에 대해 어떤 존경심도 갖고 있지 않다. 다른 사람들은 그대를 존경할지 몰라도 그대 자신은 자신을 존경하지 않는다.

그러므로 첫번째로 할일은 도움이 될 만한 소리를 찾는 것이다. 예를 들면 그대가 사랑하는 사람의 이름이나 혹은 그대가 좋아하는 꽃 이름도 좋다. 그대가 깊은 애정이나 느낌을 갖고 있는 소리라면 무엇이든 좋다. 그것을 사용하라. 그대가 특별한 소리를 갖고 있지 않다면 그때는 '옴'을 사용하라. 아니면 '아멘'도 좋고 '람'도 좋으며 '마리아'도 좋다. 혹은 붓다의 이름도 좋고 마하비라의 이름도 좋다. 하지만 거기에 느낌이 있어야 한다. 그대 스승의 이름도 좋다. 거기에 느낌이 있다면 말이다. 느낌은 필수적이다.

그리고 나서 그 소리를 영창하라. 그러면서 소리를 점점 줄여가라. 그 소리가 그대 내부에서만 들려올 때까지 줄여 가라. 그때 변화가 일어나는 것을 느끼게 될 것이다. 소리가 사라져 가는 대신 소리에 대한 느낌만 남게 될 것이다. 소리가 완전히 사라지면 거기엔 오직 느낌만이 남게 된다. 그리고 그 느낌은 이름붙일 수 없다. 그것은 사랑이다. 깊은 사랑이다. 하지만 어떤 대상을 향한 것은 아니다. 거기에 일반적인 사랑과의 차이가 있다.

그대가 하나의 소리나 이름을 사용할 때 거기에 사랑이 깃든다. 하지만 그 사랑은 국한된 사랑이며 이미 방향이 잡혀져 있다. 그대가 '람'을 계속 반복할 때 거기에 애착이 있다. 그러나 '람'에 대해서만 그렇다. 람이 사라지면 이제 거기엔 느낌만 남는다. 그 느낌은 그저 순수한 사랑의 느낌이다. 그것은 어떤 대상을 향한 것이 아니다. 그저 사랑의 바닷속에 빠져 있는 것과 같은 느낌이다.

사랑에 대상이 없을 때 그것은 가슴의 것이 된다. 그러나 대상이 있다면 머리에서 작용한다. 어떤 대상을 향한 사랑은 머리를 통해 나온다. 그러나 순수한 사랑의 느낌은 본래 가슴에 있는 것이다. 그것은 그대의 종교와 상관이 없다. 가슴으로 깊이 들어가면 본래의 그대 모습이 나온다. 그것은 힌두교도도 아니고 회교도도 아니다. 그대는 불교도거나 기독교인이 아니다. 가슴은 순수하다. 그대의 존재는 어떤 종교나 이데올로기로도 규정 지을 수 없다. 이 방편의 핵심은 바로 이 근원, 이 가슴의 중심에 이르는 것이다.

그대는 자신의 근원과 연결된 소리를 찾아야 한다. 가슴으로 깊이 들어갈 수 있는 느낌을 가진 소리를 찾아야 한다. 그 소리를 발견하면 그대의 가슴은 진동하기 시작한다. 적어도 그것을 느낄 수 있다. 그대의 온몸은 극도로 섬세해지고 예민해질 것이다. 그때 그대를 포근하게 감싸는 온기를 느낄 수 있다. 그것은 아기가 어머니의 품에 안겼을 때 느끼는 안정감이다. 그때 세상은 더 이상 생존경쟁의 냉정한 세상이 아니라 따뜻하고 포근한 세상이 된다. 그것은 그대의 느낌이 가슴과 연결되었기 때문이다.

힌두 사원에 가면 '가르바그리하(garbhagriha)'라는 말을 들을 수 있다. 그 말은 '자궁의 집'이라는 뜻이다. '가르바(garbha)'란 자궁을 의미한다. 처음에는 왜 그런 이름이 붙었는지 모를 것이다. 하지만 그대가 사원에서 울리는 만트라를 함께 영창해 보라. 모든 사원은 나름대로의 고유한 만트라를 갖고 있다. 그 만트라는 그 사원이 숭배하는 신과 연결된 것이다. 그대가 사원 안에서 그 만트라를 영창하면 어머니의 자궁 안에 있을 때처럼 아늑함과 포근함을 느낄 수 있다. 그곳은 닫혀진 공간이었고 오직 하나의 출구만 있었다.

기독교인들이 처음 인도에 왔을 때 그들은 힌두교 사원을 찾아 갔다. 그들이 처음 받은 인상은 그 사원이 매우 비위생적이라는 사실이었다. 왜냐하면 창문이라고는 전혀 없고 오직 작은 출입구 하나만 있어서 환기가 잘되지 않았던 것이다.

자궁 역시 오직 하나의 문만 갖고 있으며 환기 또한 전혀 되지 않는다. 힌두교 사원은 바로 이 자궁을 흉내내어 지은 것이다. 그렇기 때문에 그 속에서 그대가 만트라를 영창하면 마치 자궁 속에 들어 있는 느낌을 받는다. 그래서 그들은 사원을 '가르바그리하'라고 부르는 것이다. 그 사원에서 밖으로 나갈 때는 새로운 탄생을 연상하게 된다. 그대는 새사람이 될 수 있다. 그대가 애정을 갖고 있는 소리를 그 속에서 영창하면 그대는 자궁 속에 있는 것처럼 느끼게 된다.

이 방편을 실외에서 수련하는 것은 어렵다. 그 이유는 그대의 힘이 약하기 때문이다. 소리를 내는 순간 그것은 밖으로 흩어져 버리고 다시 그대에게 반향되지 않는다. 그래서 작은 골방을 선택하는 것이 좋다. 그것이 그대의 기력을 모으는 데 도움이 된다. 그 골방 속에서는 그다지 큰 힘을 들이지 않아도 그대는 소리의 반향을 들을 수 있다. 그리고 매일 같은 장소에서 이 방편을 수행하는 것이 좋다.

일반적으로 사원에서 다른 종교를 가진 사람들의 출입이 금지되는 것도 바로 이 때문이다. 특히 메카에 있는 모스크에는 이슬람교도 외에는 아무도 들어갈 수가 없다. 다른 종교를 가진 사람이 들어가면 다른 소리를 내게 되고 그것은 결국 전체의 조화를 깨뜨리게 된다. 그러므로 종교가 다른 사람의 출입을 금하면 그런 일은 걱정하지 않아도 된다. 그런 원리를 모르는 무식한 사회 개혁론자들은 사원을 개방하라는 표어를 내세우고 부르짖지만 그것은 넌센스일 뿐이다. 그들 말대로 한다면 모든 것이 뒤죽박죽될 것이다.

힌두 사원은 오직 힌두교도에게만 열려져야 한다. 힌두 사원은 특별한 곳이기 때문이다. 천 년 동안 그들은 어떤 조화를 유지해 왔다. 그리고 아무도 그것을 혼란시켜서는 안된다. 그 혼란은 매우 위험한 것이다. 사원은 공적인 장소가 아니다. 그것은 특별한 사람들을 위한 특별한 장소이다. 그것은 관광객을 위한 장소가 아니다. 지금 인도는 인도인 자신들이 무슨 일을 하고 있는지 모르기 때문에 관광객의 무조건적인 출입이 허용되고 있다. 사원은 절대로 관광을 위한 장소가 아니다. 그것은 특별한 바이브레이션으로 가득 채워진 장소다.

만약 그대가 힌두교 가정에서 태어나 어렸을 때 람 사원에 다녔다면 그대가 성장한 뒤에도 그 사원에 들어가면 람의 만트라가 진동하는 것을 느낄 수 있을 것이다. 그대가 의식적으로 람 만트라를 영창하지 않아도 그대 속에서 람 만트라가 울려 올 것이다. 그것은 그 공간에 퍼져 있는 진동이 그대에게 울려 오기 때문이다. 그 진동이 그대의 가슴을 칠 것이다. 그래서 이 방편을 수행하기 위해선 그런 장소가 좋다는 것이다.

이 방편은 사원에서 사용하는 방편이다. 사원이나 교회나 모스크가 모두 같은 역할을 한다. 그대의 집은 별로 좋지 않다. 다른 진동들이 많이 퍼져 있기 때문이다. 그래서 한 가지 소리로 그 공간을 변화시킬 수 없다. 그대는 그렇게 강인하지 못하다! 그렇기 때문에 어떤 특정한 소리를 갖고 있는 장소로 가는 것이 좋다. 그리고 매일 똑같은 장소에 가서 이 방편을 수련하는 것이 좋다.

그대는 점점 강력해질 것이다. 그대는 점점 마음에서 가슴으로, 표면에서 심층으로 들어가게 될 것이다. 그렇게 되면 그대는 이 방편을 어디에서든지 수련할 수 있다. 그때는 전우주 공간이 그대의 사원이 될 것이다. 그러나 처음에는 특정한 장소와 시간을 정하는 것이 좋다. 매일 정확하게 그 시간을 지켜라. 그러면 사원은 그대를 기다리게 된다. 그대가 올 때 사원의 공간 전체는 그대를 환영하게 될 것이다. 이 말은 상징적인 말이 아니다. 이것은 실제의 문제다.

처음에 이 방편을 수련하는 것은 매일 같은 시간에 식사를 하는 것과 같은 식이다. 그 시간이 되면 그대의 몸은 배고픔을 느낀다. 몸은 자신의 시계를 갖고 있다. 그대는 매일 같은 시간에 잠자리에 든다. 그래서 그 시간이 다가오면 벌써 몸은 잠잘 준비를 하기 시작한다. 하지만 매일 잠자는 시간과 식사 시간을 바꾼다면 그대의 몸은 상당한 혼란을 느낄 것이다.

그래서 의사들은 불규칙한 생활습관이 수명을 단축시킨다고 말한다. 만약 그대가 80세를 살 수 있는데도 불구하고 불규칙하게 산다면 70세밖에 살 수 없게 된다. 하지만 육체의 시계를 정확하게 따라주면 90세까지도 살 수 있다. 10년이 연장될 수 있다는 말이다.

이처럼 그대 주위를 둘러싼 모든 것이 자신의 시계를 갖고 있다. 그리고 이 세상은 우주의 시계에 따라 움직인다. 만약 그대가 매일 같은 시간에 정확하게 사원으로 들어가면 사원은 그대를 맞이할 준비를 하게 될 것이고, 그대 역시 사원으로 들어갈 준비가 되는 것이다. 이 두 가지 준비가 만날 때 결과는 천 배 이상 확장된다.

사원에 갈 형편이 여의치 않으면 그대의 집에 조그마한 공간을 하나 만들어도 좋다. 그 공간은 다른 목적으로 사용하지 말고 오직 명상을 하는 데에만 사용해야 한다. 왜냐하면 모든 목적은 제 나름대로의 진동을 갖고 있기 때문이다. 만약 그대가 돈벌이나 카드놀이를 위한 장소로 그 공간을 사용한다면 그 공간은 이미 잡다한 진동으로 오염되어 버리고 만다. 그래서 진동을 예민하게 이용하는 이 방편에는 적합하지 않은 공간이 되는 것이다.

그대가 집 안에 있는 하나의 작은 공간을 사원으로 만들 수 있다면 그것은 매우 좋은 일이다. 그것을 다른 용도로 사용하지 마라. 오직 명상을 위한 공간으로 사용하라. 그대는 곧 그 결실을 거두게 될 것이다.

자, 이제 소리의 일곱번째 방편으로 들어가자.

43

입을 가볍게 열고 혀의 중심에 마음을 집중하라. 그리고 호흡이 들어올 때 침묵 속에서 '흐(HH)' 소리를 느껴라.

먼저 입을 가볍게 열어라. 그리고 혀 중간에 마음을 두어라. 그 다음에 호흡을 하라. 그때 '흐(HH)'소리가 나는 것을 느껴 보라. 마음은 몸의 어떤 부분에도 초점을 맞출 수 있다. 조금만 훈련하면 누구나 그렇게 할 수 있다. 보통 우리는 마음을 항상 머리에다 집중시키고 있다. 그 집중은 너무나 자연스런 것이고 오랫동안 그렇게 살아왔기 때문에 마음이 머리에 있다고 생각한다. 그러나 이 위치는 언제라도 바뀔 수 있다.

한편 동양, 특히 중국, 한국, 일본과 같은 나라에서는 전통적으로 마음이 단전에 머물고 있다고 믿어 왔다. 그래서 그들은 소위 단전호흡이라는 것을 개발해 냈다. 그리고 그때 마음은 다른 성질을 갖게 된다. 그러나 머리에 마음이 집중되어 있을 때는 그런 특수한 마음의 성질을 느낄 수가 없다.

사실 마음은 육체의 어디에도 존재하지 않는다! 머리에는 두뇌가 있을 뿐 마음이 거기에 있는 것은 아니다. 사람들은 흔히 가슴에 손을 대고는 마음이 있는 곳이라고 표현한다. 그러나 그대는 마음을 몸의 어떤 부분에라도 집중시킬 수가 있지만 이미 집중되어 버린 부분을 쉽게 옮길 수는 없다. 그래서 인간은 대부분 마음을 머리에다 집중시킨 채 그대로 살고 있는 것이다.

예를 들어 인간의 심층심리를 연구하는 현대의 심리학자들은 그대가 섹스 행위를 할 때 그대의 마음은 머리에서 성기관으로 옮겨 와야 한다고 말한다. 그렇게 하지 않으면 원만하게 섹스 행위를 할 수 없다. 그대의 마음이 머리에 있을 때 그대는 섹스 속으로 깊이 들어갈 수 없다. 결코 오르가즘에 도달할 수 없다. 그대는 절정에, 봉우리에 올라가지 못한다. 그래도 아이를 만들 수는 있다. 하지만 사랑의 정점이 무엇인지는 모르고 살게 될 것이다.

그대는 탄트라 이야기나 카쥬라호 사원의 조각들을 결코 이해할 수 없다. 카쥬라호 사원에 가본 적이 있는가? 아마 사진은 보았을 것이다. 거기에 있는 조각상들의 얼굴을 보라. 사랑의 행위에 열중해 있는 남녀의 얼굴들을 보라. 그 얼굴에는 신성이 깃들어 있다. 그들은 섹스 행위를 하고 있지만 그들의 얼굴엔 붓다의 얼굴에서 피어나는 환희가 있다. 그들에게 무슨 일이 일어났는가? 그들은 머리를 통해서 섹스를 하는 것이 아니다. 그들은 섹스에 관해서 생각을 하지 않는다. 그들은 머리를 내던져 버렸다. 그들의 초점은 두뇌에 있지 않다.

그들의 의식은 성기관으로 내려갔다. 이제 마음은 무심이 되었다. 이 때문에 그들의 얼굴은 붓다가 지닌 엑스터시를 가질 수 있게 되었다. 그 섹스는 바로 명상이다. 왜냐하면 초점이 바뀌어졌기 때문이다. 만약 그대가 한 번만이라도 마음의 초점을 바꿀 수 있다면, 그대의 머리에서부터 떨어져 나올 수 있다면, 그대는 이완될 것이다. 그대의 얼굴에 주름 잡힌 긴장은 모두 풀어질 것이다. 그대의 에고는 거기에 없다. 그대의 에고는 죽어 버렸다.

그대시 사념이 복잡일수록 시작이고 이성석인 사람이 된다. 그러나 사랑할 수 있는 가능성은 점점 적어진다. 사랑은 다른 각도의 초점이 필요하기 때문이다. 사랑 속에서는 가슴이 필요하다. 사랑을 하려면 그대는 가슴에 초점을 맞추어야 한다. 그리고 섹스 속에서는 성기관에 초점이 맞추어져야 한다. 그대가 수학 문제를 풀고 있다면 그때는 머리가 필요하다. 그때는 두뇌에 초점을 맞추는 것이 좋다. 그러나 사랑은 수학 문제가 아니다. 더군다나 섹스는 절대로 수학이 아니다. 만약 머리 속에서는 계속 수학 문제가 돌아가고 있는데 그대가 섹스 행위를 하고 있다면 그것은 그저 에너지 낭비에 지나지 않는다. 그때는 모든 노력이 허사가 될 것이다.

　그러나 마음은 변화될 수 있다. 탄트라는 인간의 몸 안에 일곱 개의 에너지 중심(center)이 있다고 말한다. 그리고 각 중심은 다른 기능을 갖고 있다. 만약 그대가 어느 하나의 중심에 집중한다면 그대는 지금과 다른 사람이 될 것이다.

　일본에는 '사무라이'라고 불리는 무사 집단이 있다. 그들은 항상 무술에 대한 훈련을 쌓는데, 그들이 제일 처음 하는 훈련은 마음을 단전에다 내려보내는 일이다. 무사는 단전에 그들의 마음이 집중되지 않으면 싸움을 할 수 없다. 그리고 이것은 잘하는 일이다. 사무라이들은 세상에서 가장 위대한 전사들로 알려져 있다. 그들만큼 철저하게 싸움을 잘하는 사람은 없다. 그들은 이미 보통 사람이 아니다. 그들은 뭔가가 다른 사람들이다.

　싸움을 하고 있을 때는 생각할 시간이 없다고 그들은 말한다. 마음은 시간을 필요로 한다. 계산하는 데 시간이 걸린다. 만약 그대가 갑작스런 공격을 당했을 때 어떻게 막아야 할지 생각을 한다면 그때는 이미 늦어 버린다. 공격을 받으면 즉시 대응해야 한다. 그렇기 때문에 거기에는 마음이 들어설 자리가 없다.

　단전은 언제나 즉각적으로 기능한다. 단전에 집중되어 있는 무사는 언제나 싸움에 바로 들어갈 수 있다. 단전에는 머리와는 다른 미묘한 느낌이 있다. 그것은 무관심이 아니다. 그것은 일종의 텔레파시나 직관력과 같은 것이다. 상대방이 그대를 공격하기 전에 그대는 먼저 살기를 느낄 수 있다. 그래서 상대방이 행동을 취하는 즉시 그대는 방비할 수 있다. 그것은 마음의 작용이 아니라 단전의 작용인 것이다.

　때때로 사무라이들끼리 만나서 싸움을 하게 된다. 그렇게 되면 양쪽 다 지지 않는다. 그래서 이것이 문제다. 둘 중에 누가 승자고 누가 패자가 되는 것이 불가능하다. 서로 공격하기 전에 먼저 알아 버리기 때문이다.

인도에 위대한 암산가가 있었다. 그의 이름은 라마누잠 (Ramanujam)인데 그는 문제가 주어지는 즉시 답을 말할 수 있었다. 영국의 유명한 수학자인 하아디(Hardy)마저도 그에게 완전히 빠질 정도였다. 하아디는 세상에 태어난 가장 위대한 수학자 중의 하나였다. 그런 그가 여섯 시간에 걸쳐 푼 문제를 라마누잠에게 보여주었더니 라마누잠은 즉시 답을 말했다. 그것은 마음에서 일어나는 과정이 아니었다. 마음을 통하려면 시간이 걸리기 때문이다.

라마누잠은 그런 일이 있을 때마다 사람들에게 어떻게 그것이 가능한지 매번 질문을 받았다. 그러면 그는 이렇게 대답했다.

"모르겠다. 문제가 주어지면 그 즉시로 답이 떠오른다. 그것은 머리에서가 아니라 아래로부터 올라온다."

그것은 바로 단전에서 올라오는 것이다. 그는 미리 어떤 훈련도 하지 않았다. 내가 생각하기에 그는 전생에 일본의 사무라이였던 것 같다. 인도에서는 단전을 개발하지 않기 때문이다.

탄트라는 그대의 마음을 어떤 특별한 중심에 집중시키라고 말한다. 그러면 그 결과 역시 특별해진다. 이 방편은 혀의 중간 부분에 그대의 의식을 집중하는 것이다. 왜 하필이면 혀인가? 그대가 뭔가를 막 말하려 할 때는 자연히 입이 조금 벌어진다. 바로 그런 상태에서 혀의 중간에 마음을 집중하라. 그대는 이상한 느낌을 갖게 될 것이다. 왜냐하면 혀는 그대의 생각을 제어하는 중심을 갖고 있기 때문이다. 만약 그대가 혀에 집중하고 있다는 사실을 인식한다면 모든 사념은 일시에 멈출 것이다. 그때 그대의 온 마음이 바로 혀의 중간 부분에 와 있음을 느껴라. 그때 마음은 머리에 있는 것이 아니다. 그대가 무슨 말을 하려 할 때 입이 약간 벌어지는 그 상태로 머물러라. 생각이 바로 말이다.

혀는 언어의 중심이며 언어는 곧 생각이다. 그대는 생각할 때 어떻게 하는가? 거기에 말이 있다. 언어가 없으면 생각도 없다. 생각이란 그대 자신과 이야기하는 것이다. 그때 그대의 혀가 거기에 관계된다. 그대가 생각을 하는 동안 그대의 혀는 진동한다. 마치 다른 사람에게 이야기를 하는 것처럼 말이다. 그때 혀를 느껴보라. 그러면 혀의 중간에서 진동이 일어나고 있다는 것을 느낄 수 있다. 그 진동은 혀 전체로 퍼져 나간다.

그래서 생각이란 안으로 이야기하는 것이다. 그대가 의식을 혀에 전부 집중시킬 수 있다면 그때 모든 생각이 멈출 것이다. 묵언 수행을 하는 사람들이 있다. 그들은 단지 외부적으로 말을 안할 뿐이다. 만약 그대가 외부적으로 말을 멈춘다면 그때부터는 속으로 이야기 하기 시작할 것이다. 만약 그대가 한 달이나 두 달, 아니면 일년 동안 말을 하지 않는다면 그때는 그대의 혀가 매우 강하게 진동하는 것을 느낄 것이다. 그대가 언제나 재잘거리며 말을 할 때는 혀에 에너지가 축적될 시간이 없다. 그대가 생각을 하는 동안 혀에 의식을 집중하면 처음 약간은 미약한 진동이 있지만 곧바로 그대는 더 이상 다른 생각을 계속할 수가 없게 되고 따라서 혀는 진동을 완전히 멈추게 된다. 혀의 진동과 사념은 밀접하게 연관되어 있는 것이다. 만약 그대의 혀를 얼어붙은 것처럼 완전히 멈추게 한다면 그대는 아무런 생각도 할 수 없게 된다.

그리고 나서 '흐' 소리를 느껴라. 숨이 들어오고 나갈 때 '흐' 하는 소리가 들리는 것을 느껴라. 이것은 두번째 단계다.

첫번째 단계에서는 그대의 생각이 멈출 것이다. 그때 그대는 자신이 완전히 굳어져 버린 것처럼 느껴진다. 사념은 흐르지 않고 그대의 내면은 얼어붙었다.

생각 없음 속에서 그대는 영원의 부분이 되기도 한다. 그리고 생각과 함께 그대는 움직임의 부분이 된다. 자연은 움직임이기 때문이다. 이 세상은 움직임이다. 우리가 이 세상을 삼사라라고 부르는 것도 바로 이 때문이다. '삼사라'란 바퀴를 의미한다. 그것은 끊임없이 돌고 돈다. 세상은 그렇게 움직이고 있다. 움직이지 않는 것은 오직 절대뿐이다. 궁극은 움직이지 않는다. 그것은 바퀴의 축과 같다. 바퀴는 돌지만 축의 중심은 움직이지 않는다. 이 세상은 계속 돌고 있지만 초월의 세계는 움직이지 않고 남아 있다. 그래서 그대의 생각이 멈춘다면 그대는 움직이지 않는 세계로 들어갈 수 있다. 갑자기 그대는 이 세상에서 다른 세상으로 옮겨 갈 것이다. 그대는 영원의 부분이 된다. 그것은 결코 변치 않는 여여(如如)의 세계다.

그대는 들이쉬고 내쉴 때 '흐' 소리를 억지로 만들지 마라. 그저 공기가 그대의 혀 위로 흐르는 것을 느끼기만 하면 된다. 그때 그것은 바로 침묵의 소리다. 그대는 '흐(HH)' 소리를 저절로 느끼게 될 것이다. 그것은 너무나 미묘한 소리이기 때문에 잘 들리지 않는다. 그대의 의식이 집중되고 사념이 멈출 때만이 겨우 들리는 소리다. 주의할 점은 그대가 의식적으로 그 소리를 만들어 내지 않아야 한다는 점이다. 그렇게 되면 모든 것은 허사로 돌아간다. 이 방편을 통해 그대는 아무것도 얻을 수 없다. 그 소리는 호흡을 할 때 일어나는 자연적인 소리이기 때문이다. 그 소리는 발견해야 하는 것이지 만들어 내는 것은 아니다. 그래서 방편에서는 숨이 들어올 때 '흐' 소리를 느끼라고 말한다. 왜냐하면 숨을 내쉴 때는 소리를 만드는 경향이 많기 때문이다. 그래서 들숨 속에서 '흐' 소리를 발견해야 하는 것이다. 그대가 깊이 깨어

202

있지 않고서는 그 소리를 발견할 수 없다. 그 소리는 너무나 미묘한 소리이다. 그 소리는 일종의 침묵의 소리이기 때문이다.

먼저 혀에서부터 시작하라. 그때 점점 의식이 집중된다. 그리고 집중과 함께 각성이 일어난다. 각성 속에서 그대는 그 소리를 들을 수 있다. 그 소리는 처음에 목구멍에서 생기는 것이라고 느껴지지만 계속하게 되면 가슴에서 일어나는 소리라는 것을 알게 된다. 그때 그대는 가슴에 도달한 것이다. 그대는 드디어 마음을 초월한 것이다. 이 모든 방편들이 그대로 하여금 생각에서 무념으로, 마음에서 무심으로, 표면에서 중심으로 건너가게 해주는 다리인 것이다.

44

어떤 'A'나 'M' 없이 그저 '옴(AUM)' 소리 위에 중심을 잡아라.

이것은 조금 다른 방법이다. 그러나 어떤 사람에게는 이 방편이 잘 맞을 수도 있다. 특히 시인이나 음악가 혹은 매우 예민한 청각을 지닌 사람들에게는 이 방편이 큰 도움이 될 수 있다. 하지만 청각이 무딘 사람에게는 너무 섬세하기 때문에 매우 어려운 방편이 될 것이다.

우선 그대는 옴(AUM)을 영창해야 한다. 그리고 옴 소리 속에는 세 가지 소리, 즉 A-U-M이 분리되어 있다는 점을 느껴야 한다. A-U-M, 그것들은 거기에 서로 섞여 있다. 섬세한 청각을 가진 귀만이 그것들을 가려내어 들을 수 있다. 보통 사람의 귀로는 불가능하지만 말이다. 만약 그대가 그것을 가려낼 수 없다면 그때는 이 방편이 별로 도움이 되지 않을 것이다. 그대의 귀는 먼저 예민한 청각을 갖도록 훈련받아야 한다.

일본의 선가(禪家)에서는 먼저 귀를 훈련한다. 그들은 나름대로의 훈련 방법을 갖고 있다. 예를 들어 바람이 불 때 소리가 난다면 스승은 이렇게 말한다.

"저 소리에 집중하라. 저 소리의 모든 감정을 느껴라. 소리가 화를 낼 때, 격노할 때, 소리가 자비로울 때, 소리가 사랑을 갖고 있을 때, 소리가 강인해질 때, 소리가 섬세해질 때, … 소리의 모든 감정을 놓치지 말고 느껴라. 바람이 나무에 불어닥칠 때 소리가 난다. 그것을 느껴라. 강물이 흘러간다. 그 소리의 감정을 느껴라."

입문자들은 수개월 동안 함께 머물면서 낮에는 강둑으로 간다. 거기에 앉아 강물이 흘러가는 소리를 듣기 위해서이다. 강물 소리는 언제나 다르게 들려온다. 모든 것이 변하기 때문이다. 물의 양과 흐르는 속도도 수시로 변한다. 그러니 그 소리 역시 변하기 마련이다. 한편 비가 많이 오면 수량이 갑자기 불어나서 홍수가 난다. 그때 강은 생명력으로 흘러 넘친다. 물론 강물 소리도 달라진다. 겨울에는 물 흐르는 소리도 멈출 것이다. 하지만 소리가 멈춘 것은 아니다. 단지 들을 수 없을 정도로 미세해진 것이다. 그대가 의식을 집중한다면 들을 수 있다.

헤르만 헷세의 〈싯다르타〉라는 책에서는 나중에 싯다르타가 뱃사공과 함께 사는 장면이 나온다. 거기에는 싯다르타와 뱃사공 그리고 강밖에는 다른 누구도 없다. 그리고 뱃사공은 매우 고요한 사람이었다. 그는 평생을 강과 함께 살아왔고, 그래서 말이 없었다. 싯다르타가 고독을 느낄 때마다 뱃사공은 강둑으로 가서 강물 소리를 들어보라고 했다. 그것이 인간의 말소리를 듣는 것보다 훨씬 좋다는 것이었다.

싯다르타는 점점 강물 소리에 대해서 귀가 열리기 시작했다. 그는 소리의 분위기를 느끼기 시작했다. 강물은 그 분위기가 다양하게 변화되었다. 어떤 때는 친근한 분위기였고, 어떤 때는 그렇지 않았다. 어떤 때는 강물이 노래했고, 어떤 때는 슬피 울었다. 또 어떤 때는 웃고 있었고, 어떤 때는 슬픔이 있었다. 싯다르타는 그때마다 미묘한 분위기의 차이를 감지해 낼 수 있었다. 그의 귀는 이제 완전히 열렸다.

이 방편을 처음 시작할 때 그대는 어려움을 느낄 것이다. 옴 소리를 영창해 보라. 처음에는 'A-U-M'의 세 가지 소리가 합쳐져서 들릴 것이다. 하지만 어느 순간 그 소리는 각각의 발음으로 분리되어 들리기 시작한다. 그러면 A와 M은 떨어져 나가고 오직 U만 남게 될 것이다. 왜인가? 왜 그런 일이 일어나는가? 사실 실체는 만트라가 아니다. 실체는 A-U-M 도 아니고 떨어져 나가는 것도 아니다. 실체는 그대의 감수성이다.

먼저 그대는 세 가지 소리에 대해서 감각이 열린다. 물론 그것도 매우 어려운 일이다. 그대의 감각이 예민해지면 A와 M은 떨어져 나간다. 그리고 오직 가운데 소리만 남게 된다. 이런 노력을 하는 동안에 그대의 마음은 떨어져 나갈 것이다. 그대가 소리에 깊이 빠져들수록 생각하는 것을 잊어버린다. 생각을 하게 되는 한 그대는 소리를 들을 수 없다. 이것은 그대로 하여금 머리에서 빠져 나오게 하는 간접적인 방법이다. 그리고 여러 가지 방법이 시도되는 동안 그것들은 매우 간단해 보인다. 그대는 어리둥절해 할 것이다. '이런 간단한 방법으로 무슨 일이 일어날 수 있을까?'라고 생각할지 모른다.

그러나 기적은 일어난다. 그것들은 단지 간접적인 것이기 때문이다. 그대의 마음은 매우 미묘한 어떤 것에 초점이 잡힐 수 있다. 일단 그대의 초점이 머리에서 옮겨지면 그대에게는 갑자기 각성이 일어난다.

선(禪)에서는 공안(公案)을 사용한다. 유명한 화두 중에 이런 것이 있다.

"가서 한 손바닥에서 나오는 박수 소리를 들어보라."

이것은 어떤 선사가 한 동자승에게 던진 화두이다. 그 동자승은 스승의 말을 듣고 자기 처소로 돌아가 한 손바닥에서 나는 소리가 무엇인지 알려고 무척 노력했다. 그는 그날 밤 잠을 이루지 못하고 고민했다. 아침에 바람이 불어 나무를 흔드는 소리가 나자 그는 그 소리가 바로 스승이 말한 소리라고 생각하고 스승에게 달려갔지만 스승은 아니라고 했다. 이렇듯 그 동자승은 오랜 세월을 보내면서 그 소리를 찾으려고 했지만 번번이 스승으로부터 틀렸다는 소리를 들을 뿐이었다.

그런데 어느 날은 동자승이 스승을 찾아오지 않았다. 스승을 찾아올 시간이 지났는데도 말이다. 그래서 스승은 제자들을 보내어 동자승을 보고 오도록 했다. 동자승은 나무 밑에 앉아서 뭔가에 깊이 빠져 있었다. 동자승은 드디어 마음에서 벗어난 것이었다. 그는 한 사람의 붓다가 되어 있었다. 제자들은 스승에게 돌아와서 이렇게 보고했다.

"우리는 그를 방해할 수 없었습니다. 그는 마치 붓다처럼 앉아 있었습니다. 그는 뭔가에 깊이 빠져서 마치 삼매 속에 들어 있는 듯했습니다. 그는 아마도 그 소리를 들은 것 같았습니다."

그래서 스승은 직접 동자승을 찾아갔다. 그리고 동자승 앞에 엎드려서 이렇게 물었다.

"그대는 들었는가? 들은 것처럼 보인다."

동자승은 이렇게 대답했다.

"들었습니다. 그러나 그것은 소리 없음의 소리였습니다."

어떻게 이 동자승은 그 소리를 들을 수 있었는가? 그의 감각이 개발된 것이다. 그는 모든 소리를 들으려고 애를 썼다. 그는 매일 귀에 들려 오는 소리에 모든 주의를 다 기울였다. 혹시 한 손바닥으로 나는 소리가 들려 오지 않나 해서 말이다. 밤에도 그는 제대로 잘 수가 없었다. 그의 의식은 언제나 깨어 있었다. 그는 그대처럼 복잡한 사념을 갖고 있지 않았다. 그래서 그는 스승이 자기를 놀렸다거나 말이 안되는 말을 했다고 생각하지 않았다. 그는 자신에게 주어진 화두를 잡고 그것이 풀릴 때까지 씨름했다. 만약 그대가 그런 상황에 있었다면 그대는 당장 이렇게 말했을 것이다.

"이게 무슨 터무니없는 소리란 말인가? 어떻게 한 손바닥에서 박수 소리가 날 수 있는가?"

그러나 그 동자승은 달랐다. 그는 스승을 믿었고 분명히 그런 소리가 있을 것이라고 생각했다. 그는 뭔가 새로운 것을 발견할 때마다 스승에게 달려가서 말했다. 그러나 번번이 빗나갔다. 하지만 그런 과정을 거치면서 그의 감각은 예민해졌다. 그는 어떤 소리에도 공명할 수 있는 섬세한 현악기가 된 것이다. 그는 깨어 있게 되었고 각성의 싹이 텄다. 그가 스승을 찾아갔을 때마다 스승이 이렇게 말했기 때문이다.

"그대가 생각을 계속하면 그 소리를 놓칠 것이다. 때때로 그대가 그 소리를 듣게 되지만 그대가 깨어 있지 못해서 놓치고 마는 것이다. 그러니 깨어 있어라."

그는 계속 찾고 또 찾았다. 그리하여 어느 날 그가 한 점에 집중되었을 때 그의 마음은 순식간에 떨어져 나갔다. 그것은 그가 한 손바닥에서 나는 박수 소리를 찾는다는 간접적인 방법으로 자신의 감각을 개발한 까닭이었다. 동시에 간접적인 방법을 통해 그는 깨어 있게 된 것이다. 결국 그에게는 인식 자체만 남게 되었다. 그것은 어떤 대상에 대한 인식이 아니라 순수한 의식 그 자체로만 남게 된 것이다.

'옴(AUM)' 소리에서 어떤 A나 M 없이 그 소리에 중심을 잡아라. 이것은 매우 섬세한 감각을 필요로 한다. 이 방편이 원하는 대로 그대가 할 수 있게 되면 그대는 옴(AUM)에 대해서는 잊어버리게 될 것이다. 모든 발음들이 그냥 떨어져 나가고 어느 날 갑자기 그대 자신도 떨어져 나간다. 거기에는 오직 소리 없음만이 남아 있게 된다. 그때 그대는 새로 태어난 붓다로서 나무 아래에 앉아 있게 될 것이다.

〈질문〉

"비그야나 바이라바 탄트라에 나오는 여러 가지 명상 테크닉에 관해서 들었습니다. 그런데 그 후로 나에게는 단지 테크닉만을 통해서는 내면의 문이 열릴 수 없다는 느낌이 들기 시작했습니다. 그것은 실제로 입문과 스승의 은총에 달린 것이 아닙니까? 우리가 스승께 입문하는 것이 언제 어떻게 가능하겠습니까?"

실제로 스승의 은총은 또 다른 하나의 방편이다. 단어만 바뀌었을 뿐 아무것도 달라진 것이 없다. 그것은 조복을 뜻한다. 그대가 조복할 때만이 스승의 은총을 받아들일 수 있다. 그리고 조복도 하나의 중요한 방편이다. 만약 그대가 어떻게 조복하는지 모른다면 어떤 은총도 받아들이지 못할 것이다. 누구라도 은총을 줄 수는 없다. 그대가 오직 받아들일 수만 있는 것이다. 깨달은 사람에게는 항상 은총이 흐르고 있다. 그것은 거기에 있다. 그것은 그의 본성이다.

등불이 탈 때 빛이 나오는 것처럼 깨달은 사람은 항상 은총을 뿜어내고 있다. 그것은 노력에서 나오는 것이 아니다. 그것은 저절로 흘러 나오는 것이다. 그것은 본래 거기에 있는 것이다. 만약 그대가 그것을 받아들일 수 있다면 그때는 좋다. 그리고 그대가 그것을 받아들일 수 없다면 그것으로 그만이다.

내가 지금 하는 말이 그대에게는 매우 역설적으로 들릴 것이다. 하지만 그것은 진실이다. 은총은 스승에 의해서 주어지는 것이 아니다. 그것은 제자에 의해 받아들여지는 것이다. 그러나 어떻게 제자가 될 수 있을까? 그것이 바로 테크닉이다. 어떻게 조복하는가? 어떻게 수용적으로 될 수 있는가? 조복이란 이 세상에서 가장 어려운 것 중의 하나다. 그대는 자신의 분노 앞에서도 조복할 수 있는가? 그대는 자신의 슬픔 앞에서, 자신의 존재 앞에서 조복할 수 없다. 뿐만 아니라 그대는 무의미한 것 앞에서도 조복할 수 없다. 그대는 자신의 병 앞에서, 그대 자신 앞에서마저 조복할 수 없다. 조복이란 전적인 복종을 말한다. 그대는 모든 것을 그대의 스승에게 맡긴다. 그대는 이렇게 말한다.

"이제 나는 더 이상 아무것도 아닙니다. 오직 당신만이 계십니다. 당신 뜻대로 하십시오."

그대가 기다리기만 할 때, 그리고 스승에게 가서 스승이 언제 무엇을 할지 이것저것을 물어보지 않을 때, 그대는 제대로 조복한 것이다. 이제 그대라는 존재는 끝났다. 더 이상 물어볼 것도 없다. 하지만 어떻게 그런 경지까지 나아갈 수 있는가?

이것은 또한 엄청난 깨어 있음을 필요로 한다. 보통 우둔한 사람들은 조복이 매우 쉬운 것이라고 생각한다. 그렇게 생각하는 그것이 바로 우둔함이다. 그들은 그대가 스승에게 가서 스승의 발을 만지고 고개 숙여 절하면 그것이 곧 조복이라고 생각한다. 하지만 그것은 조복이 아니다. 그것은 조복과는 아무런 상관이 없다. 조복은 내면의 태도다. 그것은 그대 자신을 완전히 잊어버리는 것이다. 그리고 거기엔 오직 스승만이 남아 있다. 그대는 더 이상 존재하지 않는다.

이것은 오직 깊은 자각 속에서만 일어날 수 있다. 자각은 도대체 무엇인가? 그대가 이 방편들을 계속 수행한다면 그대에게 자각이 일어날 것이다. 그리고 그 자각을 통해서 그대 자신은 아무런 도움이 안된다는 것을 지속적으로 느낄 것이다. 그러나 그것 때문에 미리 속단하지는 마라. 그렇게 되면 그것은 자신의 마음에게 속는 것이다. 일단 방편을 수행하라. 그러면 자연적으로 모든 것이 일어날 것이다. 만약 그 방편이 그대에게 도움이 된다면 그때는 조복을 통할 필요가 없다. 그대는 곧 변형될 것이다. 그대가 진정을 다해 그것을 수행하고 자신을 속이지 않는데도 불구하고 아무 일도 일어나지 않는다면 그때는 절망감을 느낄 것이다. 그리고 그대는 이렇게 말할 것이다.

"나는 이제 아무것도 할 수 없다."

만약 이것이 그대 속으로 깊이 들어갈 수 있는 계기가 된다면 이 절망감은 오히려 좋은 것이다. 그것은 이제 그대가 진정으로 조복할 수 있는 길을 제시한 것이다.

그대는 절망감을 느끼는가? 아니다. 사실은 아무도 절망감을 느끼지 않는다. 모든 사람들이 이렇게 생각하고 있다.

'나는 할 수 있다. 내가 원하기만 한다면 말이다. 지금 안되는

것은 내가 원하지 않기 때문이다.'

그대는 아직 절망적이지 않다. 그대는 단지 게으를 뿐이다. 그리고 거기에는 커다란 차이점이 있다. 게으름 속에서는 어떤 은총도 받을 수 없다. 오직 비장한 절망 속에서만 은총을 받아들일 수 있다. 절망은 게으름의 일부가 아니다. 절망은 모든 노력이 극에 다다랐을 때 일어나는 감정이다. 오직 그때만이 그대는 다른 사람에게 진정으로 조복할 수 있다. 그때 그대의 조복은 하나의 방편이 될 것이다.

그것은 마지막 방편이다. 그러나 사람들은 그것을 처음부터 하려고 한다. 그것은 마지막이며 궁극이다. 노력을 통해서 아무것도 이루어지지 않을 때 거기에는 오직 절망, 절망, 절망만이 남게 된다. 만약 그대가 모든 희망을 잃어버린다면 그대는, 에고는 샅샅이 흩어질 것이다. 그때 그대는 이제 아무것도 남지 않았다는 것을 알게 된다. 그때 그대의 고개는 스승 앞에서 숙여지고 손은 스승의 발을 만지게 된다. 그것은 다른 방식의 도달이다. 그대는 절망 속에서 그를 발견했다. 그대의 전존재는 모든 것을 수용하는 우주의 자궁이 되었다.

그때 은총은 유용한 것이다. 그것은 항상 유용한 것이지만 그대는 자신을 버릴 준비가 되지 않아서 그것을 누리지 못한다. 그대가 깨달은 사람의 옆이나 뒤에서 무수한 시간 동안을 앉아 있어도 거기에서는 어떤 영적 교류도 일어날 수 없다.

한편 거리(距離)에는 세 가지 유형이 있다. 첫번째 거리는 공간의 거리다. 그대는 거기에 앉아 있고 나는 여기에 앉아 있다. 두 지점 사이에는 공간적인 차이가 있다. 그대는 가까이 올 수 있다. 그러면 거리는 좀더 좁혀질 것이다. 그대가 나에게 바싹 붙어 앉게 되면 공간은 완전히 사라진다. 그러나 그것은 공간의 차원

속에서 그렇다.

두번째 거리가 있다. 그것은 시간의 거리다. 그대의 친구가 죽었다. 공간상에서는 두 점 중에서 한 점이 완전히 사라진 것이다. 이제 공간상에서는 거리가 사라졌다. 그대가 눈을 감으면 그대 곁에, 아니 그대 속에 친구가 있다. 하지만 시간상에서는 그때부터 거리가 벌어지기 시작한다. 그대는 시간이 지날수록 늙어 가지만 친구는 죽을 때의 모습 그대로 그대 속에 있다. 이것이 시간상의 거리다.

세번째 거리가 있다. 그것은 바로 사랑의 거리다. 사랑하는 사람이 죽었다. 사람들은 세월이 약이라고 말한다. 시간이 지나가면 모든 것은 잊혀지기 마련이다. 그대가 어떤 사람을 사랑할 때 그는 그대와 가장 가까이 있다. 그가 만일 죽은 사람이라 할지라도 그대의 사랑이 있는 한 거기에는 거리가 없다. 만약 누군가가 붓다와 사랑에 빠졌다면 시간과 공간의 거리는 사라져 버린다. 그는 바로 지금 여기에 있으며 그대는 그의 은총을 받을 수 있다.

그러나 반대로 그대는 지금 한 사람의 붓다 곁에 앉아 있을 수도 있다. 거기에는 시간과 공간의 거리가 전혀 없다. 하지만 사랑이 없다면 거기에는 무한한 거리가 있다. 그래서 어떤 사람들은 붓다와 만나지 않고도 그와 함께 평생을 살아가기도 한다. 그들은 지금 여기에서 붓다를 만나고 있는 것이다.

은총은 사랑의 차원에서 일어난다. 사랑 속에서는 모든 것이 항상 영원한 현재형이다. 그래서 그대가 사랑 속에 있다면 은총을 받을 수 있다. 그러나 사랑은 하나의 조복이다. 사랑은 그대보다 다른 사람이 더 중요해졌다는 뜻이다. 그대는 사랑하는 사람을 위해 기꺼이 자신을 희생시킬 수 있다. 그때는 다른 사람이 중심이 되고 그대는 주변이 된다. 그대는 점점 사라져 가면서 어느

순간엔가 완전히 사라진다. 그리고 다른 사람만 남는다. 바로 그
때가 그대에게는 은총의 순간이다.

그러므로 스승이 그대에게 은총을 베풀어 줄 수 있다고 생각하
지 마라. 먼저 절망의 상태에 이르러라. 그리고 사랑 속에서 전적
으로 조복하라.

그때 스승은 그대를 찾아올 것이다. 제자가 준비되었을 때 스
승은 항상 거기에 있다. 그것은 신체적인 접촉의 문제가 아니다.
그대가 준비되었을 때 사랑의 알 수 없는 차원에서부터 은총이
쏟아진다. 그러나 은총을 하나의 도피라고 생각하지 마라.

나는 앞에서 여러 가지 방편들을 이야기했지만 거기에 두 가지
가능성이 있음을 확실히 안다. 그것은 그대가 어떤 것을 실행해
볼 수 있다는 것과, 그대가 더욱 혼란스러워질 수도 있다는 점이
다. 아마 후자의 가능성이 더 클 것이다. 112가지 방편들을 하나
씩 차례대로 모두 듣고 나면 그대는 상당히 혼란스러워질 수도
있다. 그대는 그것들이 자신의 한계를 넘어선 것들이라고 생각할
지도 모른다. 그렇다면 그 많은 방편들은 무엇을 하기 위한 것이
며 무엇을 하지 않기 위한 것인가?

그래서 어쩌면 그대의 마음은 방편이 꽉 들어찬 명상의 정글
같은 세계로 들어가기보다는 '은총을 받는 것 - 구루크리파
(Gurukripa)'이 더 좋다는 쪽으로 기울지도 모른다. 방편을 따
르는 것은 매우 복잡하고, 따라서 은총을 받는 것이 더 쉽다고 생
각할 것이다.

그러나 그대의 사고방식이 그렇다면 그대에게는 아무것도 일
어나지 않을 것이다. 그것은 그만큼 그대가 절실하지 않다는 뜻
이다. 그러니 이 방편들을 절실하고 성실하게 수행해 보라. 이것
은 마음의 일이다. 그렇게 해서 손해볼 것은 아무것도 없다. 적어

도 그대는 지적인 거인이 될 것이다. 이 세상 그 누구도 그대의
정신적 자유 분방함을 방해하지 못할 것이다. 그리고 그 방편이
성공한다면 그대는 변형될 것이다. 만약 실패한다 해도 실패로
인해서 그대는 조복하게 될 것이다. 그리고 조복은 또한 궁극적
인 방편이 될 것이다.

이제 됐는가?

소리를 통해 가는 길 IV

이름의 소리 속으로 들어가라.

이 소리를 통해서 모든 소리 속으로 들어가게 되리라.

소리를 통해 가는 길 Ⅳ

45

호흡이 끝날 때 '아흐(AH)'로 끝나는 것을 고요히 영창하라.
그러면 저절로 '흐(HH)' 속에 있게 될 것이다.
그것은 자발성이다.

46

두 귀를 손가락으로 막고 항문을 수축시킴으로써 듣는 것을 멈춰라.
그러면 소리 속으로 들어가게 되리라.

47

그대 이름의 소리 속으로 들어가라.
이 소리를 통해서 모든 소리 속으로 들어가게 되리라.

탄트라는 철학이 아니다. 탄트라는 오히려 과학에 가깝다. 과학이 객관적이라면 탄트라는 주관적이다. 그러나 탄트라는 그 접근 방식이 다분히 과학적이다. 탄트라는 경험을 중요시한다. 무엇이 진리이고 진리가 아닌가를 따지는 것은 철학이다. 하지만 탄트라는 그런 것에는 아무런 관심이 없다. 그런 것은 그저 공중에 흩어지는 연기처럼 여긴다. 탄트라는 그 대상이 과학의 대상과 다를 뿐 그 방식은 완전히 과학적이다.

한 가지 일화가 생각난다. 물라 나스루딘이 길을 건너고 있었다. 그곳은 교회당 앞이었다. 그런데 그만 자동차가 달려와 그를 치고는 달아나 버렸다. 그는 노인이었다. 그 주위로 구경꾼들이 금방 몰려 들었다. 어떤 사람이 그는 더 이상 살아날 수 없다고 말했다. 그 때 교회에서 사제가 뛰어나왔다. 그 사제는 한 노인이 숨이 넘어가고 있는 것을 보고는 곧바로 종부성사를 거행하기 시작했다. 그리고는 대뜸 물라에게 이렇게 말했다.

"당신은 아버지 하느님을 믿습니까? 그 아들 하느님을 믿습니까? 거룩한 성령을 믿습니까?"

물라가 눈을 뜨고는 그 사제에게 말했다.

"맙소사! 나는 지금 죽어 가는데 당신은 내게 수수께끼 놀이를 하고 있군."

모든 철학이 이와 같다. 그대는 죽어 가면서도 계속 수수께끼를 풀고 있다. 매순간 그대는 죽어 가고 있다. 사실 매순간 모든 사람은 임종의 침대 위에 누워 있다. 왜냐하면 죽음은 어떤 순간에라도 다가올 수 있기 때문이다. 그러나 철학은 수수께끼를 묻고 대답한다. 탄트라는 '철학이란 아이들을 위한 것'이라고 말한다. 현명한 사람은 철학 때문에 시간을 낭비하지 않는다고 말한다. 그대는 교묘한 말을 생각해 내지만 그것은 어떤 실질적인 결과도 가져다 주지 못한다. 어떤 새로운 시각도, 어떤 변형도 가져다 주지 못한다. 그대는 철학을 공부하기 전이나 후나 똑같다.

그러나 앎이란 이와 다른 현상이다. 그것은 '무엇에 관해서 생각하는 것'과 다르다. 앎은 알기 위해서 존재계 속으로 깊이 들어가는 것을 뜻한다. 이것을 기억하라. 탄트라는 철학이 아니다. 그것은 과학이다. 주관적인 과학이다. 그 접근 방식이 철학적이지 않다. 그것은 현상계에 관한 것이지 이상 세계나 관념에 관한 것이 아니다. 그리고 궁극으로 들어가는 길은 언제나 현상계를 통해서만 들어갈 수 있다. 오직 땅에 발을 붙였을 때만이 궁극으로 들어가는 문이 열린다.

그러나 철학은 그렇지 않다. 철학은 벽에다 페인트로 문을 그린다. 그리고 거기로 들어가려 한다. 하지만 그것은 벽일 뿐이다. 문은 그곳에 없다. 그대는 거기에 앉아서 생각하고 또 생각한다. 문을 찾을 생각은 안하고 가짜 문을 통과할 생각만 하고 있다. 하지만 그것은 영원히 벽일 뿐이다.

그래서 모든 철학이 철학하는 데는 좋다. 그러나 경험하는 데는 무능하다. 탄트라가 방편을 그토록 주장하는 것도 그 때문이다. 과학이 기술을 주장하듯이 탄트라 역시 방편을 주장한다. '탄트라'라는 그 말까지도 방편을 의미하는 것이다. 그리고 그 112가지 방편을 통해 현상계에서 궁극으로 들어갈 수 있다.

자, 이제 소리에 관한 아홉번째 방편이다.

45

호흡이 끝날 때 '아흐(AH)'로 끝나는 것을 고요히 영창하라.
그러면 저절로 '흐(HH)' 속에 있게 될 것이다.

그것은 자발성이다.

고요하게 '아흐' 소리를 영창하라. 왜 경전은 하필이면 '아흐'라는 소리를 들먹이는가? 그것은 그대의 숨이 나갈 때 나는 소리이다. 그대는 그것을 지켜보지 않았다. 하지만 이제라도 그대는 그것을 발견할 수 있다. 호흡이 나갈 때마다 그대는 더욱 고요해진다. 그리고 호흡이 들어올 때마다 더욱 긴장하게 된다. 그 이유는 날숨은 죽음이고 들숨은 삶이기 때문이다. 죽음은 전체적인 이완을 의미한다. 완전히 이완되는 것이 바로 죽음이다. 삶은 전적으로 이완될 수 없다. 그것은 불가능하다.

삶은 긴장과 노력을 의미한다. 오직 죽음만이 이완할 수 있다. 그래서 사람이 절대적으로 이완될 때 겉으로는 살아 있지만 내면에는 죽음이 일어난다. 붓다의 얼굴에는 삶과 죽음이 동시에 표현되어 있다. 그래서 그토록 고요하고 평온한 것이다. 이완만 해서는 삶을 계속할 수 없다. 그대는 잠을 잘 때만 이완된다. 그래서 옛날부터 잠은 죽음과도 같은 것이라고 일컬어지는 것이다. 잠은 일시적인 죽음이며 죽음은 영원한 잠이다. 밤이 그대를 이완시키는 이유는 무엇인가? 그것은 날숨이기 때문이다. 아침은 들이쉬는 숨이다. 밤과 낮은 대지의 날숨과 들숨이다.

낮은 그대를 긴장시키고 밤은 그대를 이완시킨다. 빛은 그대를 긴장시키고 어둠은 그대를 이완시킨다. 밝은 곳에서는 잠들기 어려운 이유가 바로 여기에 있다. 빛은 삶과 같은 것이기 때문이다. 빛은 죽음에 반대한다. 그러나 어둠은 죽음과 유사하다. 그것은 죽음의 서막이다.

그래서 어둠 속에서는 쉽게 이완할 수 있다. 어둠을 두려워하는 사람은 이완할 수 없다. 불가능하다. 왜냐하면 모든 이완은,

어둠이며 어둠이 그대의 삶을 앞뒤로 둘러싸고 있기 때문이다. 그대는 태어나기 전에 어둠 속에 있었다. 그리고 삶이 끝나면 다시 어둠 속으로 들어간다. 어둠은 무한하다. 이 빛과 이 삶은 단지 한순간일 뿐이다. 다음 순간 어둠이 찾아온다. 그대가 이 어둠을 기억할 수 있다면 그대는 지금 여기에서 이완할 수 있을 것이다.

삶과 죽음, 이것은 존재의 양면이다. 들이쉬는 숨은 삶이고, 내쉬는 숨은 죽음이다. 그대는 어느 날 죽는 것이 아니라 매호흡마다 죽고 있는 것이다. 그래서 힌두교에서는 호흡 속에서 삶을 헤아린다. 그들은 삶을 연수로 따지지 않는다. 탄트라, 요가, 고대 인도의 모든 전통적 신념 체계들은 호흡의 개수로 삶을 헤아린다. 그리고 인간은 태어날 때부터 일정한 호흡의 개수를 갖고 나온다고 한다. 그래서 만약 그대가 호흡을 빠르게 한다면 그대는 결국 일찍 죽게 될 것이다. 그대신 호흡의 간격을 늘여서 천천히 호흡한다면 그만큼 더 오래 살 것이다.

동물들을 관찰해 보면 이 사실을 쉽게 확인할 수 있다. 오래 사는 동물, 예를 들어 코끼리는 아주 느리게 숨을 쉰다. 반면에 개는 수명이 짧다. 호흡이 빠르기 때문이다. 개는 사람보다도 훨씬 빨리 호흡한다.

탄트라나 요가 그리고 다른 인도 전통들도 그대의 수명에서 호흡을 헤아린다. 그대에게 주어진 호흡의 개수를 모두 채우고 나면 그대는 죽는다. 그래서 이 방편은 내쉬는 숨을 통해서 침묵 속으로 깊이 들어가도록 한다. 그대가 '아흐'라고 말할 때 그것은 그대가 텅 비게 된다는 뜻이다. 단 한순간이라도 삶은 그대에게서 빠져 나간다. 그대는 죽은 것이다. 극히 짧은 순간 동안 말이다. 그대가 그 순간을 인식할 수 있게 된다면 그것은 그대를 완전히 변화시킬 것이다. 그대는 다른 사람이 될 것이다.

그때 그대는 이 삶이 그대의 삶이 아니며 이 죽음이 그대의 죽음이 아니라는 사실을 알게 될 것이다. 그때 그대는 들숨과 날숨을 넘어선 어떤 것을 알게 될 것이다. 그 모두를 초월해서 지켜보는 영혼을 인식하게 될 것이다. 이 지켜봄은 쉽게 일어날 수 있다. 그대가 호흡 사이에 텅 빈 공간을 인식하는 한 말이다. 삶은 모든 긴장과 함께 저절로 소멸된다. 그러므로 이것을 시도해 보라. 이것은 매우 아름다운 방법이다. 일반적인 방법은 언제나 들이쉬는 숨을 강조한다. 내쉬는 숨에 대해서는 이 방편에서만 강조된다.

우리는 항상 숨을 들이쉬는 것에만 정신을 쏟는다. 결코 그것을 밖으로 내던지지 않는다. 우리는 들이쉬고, 우리의 육체는 그것을 밖으로 내던진다. 그대의 호흡을 관찰하라. 그러면 그대는 이 사실을 알게 될 것이다. 우리는 절대로 숨을 내쉬지 않는다. 내쉬는 것은 몸이 알아서 한다. 우리는 언제나 들이쉴 줄만 안다. 왜냐하면 우리는 죽음을 두려워하기 때문이다. 우리에게 그럴 힘만 있다면 우리는 절대로 내쉬지 않을 것이다. 아무도 내쉬는 숨에 대해서는 강조하지 않는다. 왜냐하면 들이쉰 다음에는 언제나 저절로 내쉬어지기 때문이다. 뿐만 아니라 내쉬지 않고서는 다시 들이쉴 수가 없다.

그래서 내쉬는 숨은 필요악으로 여겨져 왔다. 하지만 기본적으로 우리는 내쉬는 숨에 대해서 관심이 없다. 그리고 이러한 태도는 호흡에만 국한되는 것이 아니라 삶에 대한 우리의 전체적인 태도이다. 우리는 우리에게 들어오는 모든 것에 집착한다. 그러나 우리에게서 나가는 것은 좋아하지 않는다. 그래서 마음은 항상 불행을 느끼지 않을 수 없다.

그리고 여기에는 많은 의미가 함축되어 있다. 그대가 변비로 고통을 받는다면 그것 역시 삶을 대하는 그대의 태도에 문제가 있는 것이다. 그대는 언제나 들이마시기만 할 뿐 결코 내놓을 줄을 모른다. 마음은 내놓을 줄을 모른다. 그래서 변비로 고생하기 마련인 것이다. 변비 역시 밖으로 내보내는 문제이다. 하지만 공포가 거기에 있다. 그대는 축적하기만 할 뿐, 내보내는 데서 생기는 허탈감을 두려워하기 때문에 축적한 것이 독이 되더라도 그냥 버틴다.

만약 그대가 오직 들이쉬기만 하고 내쉴 줄을 모르면 그대의 모든 호흡은 그대에게 독이 된다. 그대는 그 때문에 죽을 것이다. 그대는 생명력을 독으로 바꾸었다. 그것은 불행을 자초하는 길이다. 내쉬는 것이야말로 절대적으로 필요하기 때문이다. 내쉬는 것은 그대에게 쌓인 독을 배출시키는 것이다.

그래서 죽음은 정화의 과정이다. 그리고 삶은 중독의 과정이다. 이것은 매우 역설적으로 보일 것이다. 삶은 그대에게 독을 쌓는 과정이다. 살기 위해서 그대는 많은 것들을 이용해야 하기 때문이다. 그리고 그 이용 과정에서 그것들은 독으로 변한다. 그대는 들이쉴 때 산소를 이용한다. 그 산소는 체내에 남아 있는 찌꺼기를 독으로 변화시킨다. 하지만 그 산소 때문에 삶이 유지되는 것이다. 그래서 삶은 모든 것을 독으로 변화시키는 과정이라 할 수 있다.

이제 서양에서는 거대한 운동이 일어나고 있다. 그것은 생태학이라는 것이다. 인간은 모든 것을 이용하고 그것을 독으로 변화시킨다. 따라서 지구 역시 죽음의 문턱에 다다르게 되었다. 지구는 언제라도 죽을 수 있다. 유사 이래로 이처럼 많은 인구가 이 지구에 산 적이 없기 때문이다. 그래서 나는 죽음이야말로 정화의 과정이라고 말한다. 그대의 몸이 독으로 가득 찼을 때 그대는 죽는다. 그 죽음을 통해 그대는 새로운 몸을 받는 것이다. 그대는 새롭고 신선한 기계를 갖고 다시 시작하는 것이다.

이것은 매호흡마다 일어나는 과정이기도 하다. 그래서 날숨은 죽음과 유사하다. 그것은 독을 배출시킨다. 그리고 만약 그대가 숨을 완전히 뱉어낸 상태로 멈출 수 있다면 그대는 숨이 들어오는 동안에는 결코 만질 수 없는 침묵의 정점을 만질 수 있다.

그리고 호흡은 바다의 조수와 같다. 그대가 숨을 내쉴 때 바닷물은 빠져 나가고 물에 잠겨 있던 해안선이 드러난다. 이것이 바로 이 방편의 요점이다. 이 방편에서는 내쉬는 숨에 역점을 둔다. 그대가 이 방편을 어느 정도 사용한다면 그대의 마음에 많은 변화가 일어날 것이다. 만약 그대가 변비로 고생을 하고 있다면 들이쉬는 숨에 대해 잊어버려라. 오직 내쉬기만 하고, 들이쉬지 마라. 물론 그대가 숨을 내쉬고 나면 자연히 공기는 다시 들어온다. 내 말은 그대의 집착을 들이쉬는 데 두지 말고 내쉬는 데 두라는 뜻이다. 그렇게 해도 절대로 죽지 않으니까 걱정하지 마라. 몸은 언제나 그대가 의식하지 않는 것도 알아서 하고 있다. 이렇게 하면 그대의 변비는 곧 낫게 될 것이다.

만약 그대가 심장병으로 고생하고 있다면 그때도 내쉬는 데 역점을 두라. 들이쉬지 마라. 그러면 그대는 심장병의 고통을 덜 수 있다. 그대가 계단을 올라갈 때 그대는 피곤함을 느낀다. 숨이 찬다. 그때도 마찬가지로 들이쉬지 말고 내쉬기만 하라. 그러면 그대는 지치지 않고 높은 산도 오를 수 있다. 이것은 무슨 원리인가? 그대가 내쉬는 것에 역점을 둘 때 그대는 죽음에 대한 준비를 하는 것이다. 그대는 죽음을 두려워하지 않게 되고 따라서 자신을 열어젖히는 행위를 한다. 그렇지 않으면 그대는 자신을 닫아 버린다. 공포 때문에 말이다.

　그대가 내쉬는 숨에 역점을 둘 때 그대 삶의 모든 시스템은 변화하게 되고 죽음도 받아들인다. 거기에는 공포가 없다. 그대는 기꺼이 죽을 수 있다. 죽을 준비가 되어 있는 사람만이 진정으로 살 수 있다. 오직 그만이 삶의 심층부까지 깊이 들어갈 수 있다. 내쉬어라. 들이마시지 마라. 그대의 마음은 변화하게 될 것이다. 만약 그대가 탄트라의 간단한 방편들에 신빙성을 느끼지 못한다면 그것은 스스로 이렇게 생각하기 때문이다.

　'내 마음은 매우 복잡하다. 그런데 어떻게 이런 간단한 방편으로 이 복잡한 마음을 벗어날 수 있겠는가?'

　아무것도 복잡하지 않다. 단지 어리석을 뿐이다. 어리석은 자는 항상 복잡하다. 현명한 사람만이 단순하다. 그대의 마음은 매우 간단한 현상이다. 그대가 이해하기만 한다면 그대는 그 마음을 쉽게 변화시킬 수 있다.

　그대가 사람의 임종을 보지 못했다면 그대는 죽음에 대해 제대로 이해하지 못할 것이다. 붓다가 출가하기 전 그의 부왕은 사람들에게 붓다로 하여금 죽음을 목격하지 못하도록 하였다. 왜냐하면 점성술사가 와서 어린 붓다를 보고 그가 위대한 구도자가 될 것이라고 예언했기 때문이다. 그래서 그의 부왕은 점성술사에게 어떻게 하면 그런 일을 미리 막을 수 있는지 물었다. 점성술사는 생각하고 또 생각한 끝에 이렇게 말했다.

　"그에게 죽음을 보여주지 마십시오. 그가 죽음을 인식하지 못하는 한 결코 세속적인 삶을 포기하지 않을 것입니다."

　이것은 매우 의미 깊고 아름다운 이야기이다. 죽음은 모든 철학, 모든 종교, 모든 요가와 탄트라의 총 결론이다. 만약 그대가 죽음을 인식한다면 그대는 종교를 생각하게 될 것이다. 인간에게

만 종교가 있는 것도 바로 그 때문이다. 동물들은 죽음을 인식하지 못한다. 그들도 죽기는 마찬가지다. 그러나 그들은 자신의 미래에 죽음이 일어나리라고는 생각하지 못한다.

개 한 마리가 죽어 가고 있지만, 다른 개들은 그것을 보면서도 자기 역시 죽을 것이라는 사실을 모른다. 만약 그대가 다른 사람의 죽음을 보고도 자신의 죽음을 생각하지 않는다면 개와 다를 바 없다. 어떤 개도 구도자가 될 수는 없다. 오직 높은 의식을 가진 자만이 구도자가 될 수 있으며 세속적 삶에 대한 집착을 버릴 수 있다. 오직 그만이 죽음과 만날 수 있으며, 죽음을 이해할 수 있다. 만약 그대가 그렇지 않다면 그대는 동물과 구도자의 중간이라고 생각하면 된다.

오직 죽음만이 독특한 것일 뿐 나머지는 모두 유사하다. 그대가 죽음과 만날 수 있다면 그대는 더 이상 동물이 아니다. 동물에게서는 결코 일어날 수 없는 일이 그대에게 일어난 것이다. 이제 그대는 다른 차원의 의식을 갖게 되었다.

그래서 붓다의 아버지는 붓다로 하여금 어떠한 형태의 죽음도 보지 못하게 했다. 그것은 인간의 죽음 뿐만이 아니라 동물이나 꽃의 죽음까지도 포함되어 있었다. 그래서 정원사는 꽃이 시들기 전에 다른 꽃으로 바꾸어야 했다. 그에게는 어떤 생물이라도 죽는다는 사실이 보여져서는 안되었던 것이다. 그러나 그대는 살아오면서 많은 죽음을 보았을 것이다. 심지어 그대의 부모는 물론이고 아내나 자녀가 죽는 것을 보았을 수도 있다. 하지만 그대는 단지 그들을 위해 울 뿐 자신이 곧 그렇게 되리라는 생각은 하지 않는다.

하지만 붓다의 장래를 점친 점성술사는 이렇게 말했다.

"이 아이는 너무나 예민해서 그에게 어떤 형태의 죽음도 보여서는 안됩니다."

결국 붓다의 부친은 동물이나 꽃 뿐만 아니라 사람조차도 늙은 이는 붓다 곁에 가지 못하도록 하였다. 만약 늙은이가 호흡을 멈추고 죽는 것을 본다면 그때는 붓다에게 심각한 일이 벌어질 것이기 때문이다. 숨을 들이쉴 수 없는 것만으로 사람이 죽을 수 있다는 것이 그의 눈에는 매우 이상하게 보일지 모른다.

만약 그대가 누군가의 임종 순간을 목격하지 않았다면 그대는 숨을 들이쉴 수 없는 것만으로 간단히 죽을 수 있다는 사실이 이상할 것이다. 단지 숨을 들이쉴 수 없는 것만으로 죽다니! 삶은 어지러울 정도로 복잡한데 죽음은 너무나 간단하다. 그대가 숨을 모두 내쉬고 들이마시기 전 가까운 곳에 죽음이 있다. 그대는 그때 죽음을 만질 수 있다. 그 순간엔 그대 속에 있는 모든 것이 고요하고 평온하다.

이것을 하나의 만트라로 사용하라. 그대가 피곤함을 느낄 때마다, 그대가 긴장을 느낄 때마다 숨을 내쉬면서 마지막에 '아흐' 소리가 나도록 영창하라. '알라(Allah)' 역시 '아흐'처럼 그대가 숨을 모두 내쉰 상태에서 자연스럽게 나는 소리이다. 그대에게 숨이 모두 빠져 나갔다는 것은 삶이 모두 빠져 나갔다는 뜻이다. 그대의 모든 문제는 바로 그 삶에 속한 것이다. 죽음에 속한 문제는 아무것도 없다. 그대의 고뇌, 번민, 분노, 슬픔, 그 모든 것들이 바로 삶에 속한 것들이다.

죽음에는 어떤 문제도 있을 수 없다. 죽음은 끝이기 때문이다. 그대는 자신이 죽으면 많은 문제가 일어날 것이라고 생각할지 모르지만 그것은 죽음 때문에 일어나는 문제가 아니다. 그대가 삶에 집착해 있기 때문에 일어나는 문제이다. 그래서 숨이 그대 속에서 모두 빠져 나가고 '아흐' 소리가 저절로 날 때 거기에는 삶

228

이 하나도 남아 있지 않게 된다. 그 순간 내면을 들여다보라. 새로운 숨을 들이쉬기 전에 말이다. 그 틈새 속으로 깊이 들어가라. 거기에 평화가 있다. 거기에 침묵이 있다. 그 순간만큼은 그대 역시 하나의 붓다.

그대가 그 순간을 잡을 수 있다면 붓다가 느낀 맛을 그대도 맛볼 것이다. 한 번 그것을 맛본 이상 그대는 들숨과 날숨 사이에서 그 맛을 가려낼 수 있다. 그때 호흡은 들어오고 나갈 수 있지만 그대의 의식은 그 틈새로 깊이 들어갈 수 있다. 이것은 발견하는 것이지 만들어 내는 것이 아니다. 그리고 숨이 모두 빠져 나갔을 때 그것을 발견하기가 더 쉽다.

그리고 그 다음 들숨이 시작되는 순간에는 어떤 노력도 없이 저절로, 자발적으로 '흐흐(HH)' 속에 있게 된다. 그대가 문 옆에 있는 순간, 바로 문 옆에 있는 순간 그대는 궁극을 엿볼 기회를 잡을 수 있다. 그대에게 파도가 치지 않는 순간 그대는 곧 바다가 된다. 그 순간 그대는 자신이 파도라고 믿어 온 것이 거짓이었음을 알게 될 것이다. 다시 파도가 밀려 와도 더 이상 그대는 흔들리지 않을 것이다. 그대는 자신이 이미 바다라는 사실을 알고 만 것이다.

삶은 곧 파도와 같다. 죽음은 바다다. 붓다가 니르바나는 죽음과 같은 것이라고 그토록 강조한 이유도 바로 여기에 있다. 그는 결코 그대가 불멸의 생명을 얻게 되리라고 말하지 않았다. 그는 오히려 완전히 죽게 될 것이라고 말했다. 예수는 이렇게 말했다.

"내게 오라. 나는 그대에게 생명을 주겠다. 넘치는 생명을. 영원한 생명을."

그리고 붓다는 이렇게 말한다.

"내게 오면 그대로 하여금 죽음을 깨닫게 해주겠다. 나는 그대에게 전체적인 죽음을 줄 것이다."

이 두 가지 말은 서로 다른 것처럼 보이지만 사실은 똑같은 말이다. 단지 붓다의 말이 좀더 근원적이다. 그러나 붓다의 말을 들으면 그대는 두려움을 느끼게 될 것이다. 불교가 인도에서 발을 붙이지 못한 것도 바로 그 때문이다. 인도인들은 인도야말로 이 세상에서 가장 종교적인 나라라고 말하지만 가장 종교적인 사람은 오히려 이 나라에서 뿌리를 내릴 수 없었다.

도대체 무엇이 종교적이란 말인가? 인도인들은 또 다른 붓다를 배출하지 못했다. 그와 비교할 만한 사람은 그 이후로 없었다. 세상은 붓다 때문에 인도를 가장 종교적인 나라라고 생각한다. 하지만 붓다는 여기에서 뿌리를 내리지 못했다. 그는 완전히 제거되었다. 그는 죽음의 언어를 사용했기 때문이다. 그래서 힌두교의 지도계층인 브라만들은 삶의 언어를 사용한다. 붓다는 니르바나를 죽음의 의미로 썼지만 브라만들은 무한한 생명이란 말로 '브라흐만'이란 말을 사용했다.

붓다는 이렇게 말했다.

"그대들 보통 사람들의 죽음은 전체적이지 못하다. 그대들은 다시 태어날 것이다. 그것은 전체가 아니다. 나는 그대들에게 전체적인 죽음, 다시는 태어나지 않는 죽음으로 인도하고자 한다."

전체적인 죽음이란 다시는 태어나지 않는 죽음을 뜻한다. 그래서 붓다는 죽음이란 말을 쓰지 않았다. 그대는 다시 태어날 것이기 때문이다. 붓다의 죽음은 영원한 죽음이다. 그래서 그는 니르바나라고 불렀다. 그것은 완전한 소멸, 완전한 정지를 의미하는 것이다.

우리는 삶에 집착하기 때문에 두려워한다. 이것은 역설이다. 그대가 삶에 집착하면 할수록 그대는 더 많이 죽게 될 것이다. 그리고 그대가 기꺼이 죽고자 한다면 더 이상 죽음은 없다. 그대가 죽음을 받아들일 수 있다면 아무도 그대에게 죽음을 줄 수 없다. 왜냐하면 수용을 통해서 그대는 죽음이 없는 내면의 어떤 것을 인식하게 되기 때문이다.

들이쉬고 내쉬는 숨은 육체의 삶과 죽음이다. 그리고 자신과 육체의 동일시를 깨기란 어려운 일이다. 그래서 들이쉴 때는 의식이 깨어나기 힘들지만 몸 밖으로 숨을 모두 몰아내었을 때는 자신의 본모습을 의식하기가 쉽다. 그 순간만큼은 죽음의 순간이기 때문이다.

그대는 자신이 긴장할 때마다 '아흐' 하고 한숨 쉬는 것을 알 것이다. 그렇게 한숨을 쉬고 나면 긴장이 조금 풀어진다. 또한 그대가 기쁠 때도 똑같은 탄성이 흘러나온다. 이 '아흐'라는 탄성은 숨이 모두 몸 밖으로 빠져 나갈 때 일어나는 자연적인 음성이다. 그대의 숨이 전부 빠져 나가면 그때 그대는 이전에 한 번도 느껴보지 못한 내면의 고요를 경험하게 된다. 그럴 때 다시 숨을 들이쉬어 보라. 그러면 결코 그 좋은 기분을 느낄 수가 없다. 그것은 바로 숨을 들이마신 까닭이다.

그래서 언어는 다르지만 '아흐'와 '흐흐'의 이 두 가지 탄성은 이 세상 어디에 가도 다르지 않다. 어떤 언어를 쓰는 민족이라도 지칠 때는 저절로 '아흐'라는 말이 나온다. 그것은 실제로 자신의 죽음을 부르고 있는 것이기도 하다. 죽음을 받아들임으로써 자신을 이완시키는 것이다. 그리고 기쁨에 넘칠 때도 그는 '아흐'를 연발한다. 그는 너무나 기쁜 나머지 지금 죽어도 두렵지 않기 때문이다. 그는 완전히 자신을 구원한 것이다. 완전히 자신을 이완시키는 것이다.

그때 그대 내면에서 무슨 일이 벌어지는가? 그대는 뭔가 자발적인 어떤 것을 깊이 인식하게 된다. 그것은 존재의 자발성이다. '사하지(sahaj)'가 바로 이것이다. 그대는 본래부터 존재해 있었지만 삶에 너무 집착한 나머지 삶 뒤에 가려져 있는 자신의 존재를 인식할 수 없었다.

삶에 집착하지 않을 때, 들어오는 숨에 애착을 느끼지 않을 때 가려져 있던 존재는 그 모습을 슬쩍 드러낸다. 거기에 일별이 있다. 그 일별은 점점 확실한 깨달음으로 자리잡을 것이다. 한 번 그대가 그것을 알아차리면 절대로 잊어버릴 수 없다. 그것은 그대가 일부러 만들어 낸 것이 아니기 때문이다. 그것은 자발적인 것이다. 스스로 있는 것이다. 단지 그대가 잊고 있었을 뿐이다. 기억을 회복하라.

어린아이들의 숨결을 지켜보라. 그들은 완전히 다른 식으로 호흡한다. 아이들이 잠들었을 때 그들은 가슴이 아니라 복부로 호흡한다. 그러나 그대가 호흡할 때는 가슴이 움직인다. 그대의 호흡은 절대로 복부로 내려갈 수 없다. 왜냐하면 그대는 들이쉬는 데에만 집착하기 때문이다. 그렇게 해서는 절대로 깊이 숨을 쉴 수 없다. 그대는 내쉬는 데 보다 주력해야 할 것이다. 그때 그대의 몸은 알아서 공기를 빨아들일 것이다. 복부의 힘으로 말이다.

몸은 스스로의 지혜를 갖고 있다. 그것은 그대보다 더 현명하다. 그것을 방해하지 마라. 그대가 숨을 들이쉬려고 의식하는 한 그것은 방해받을 것이다. 몸이 모든 것을 알아서 하도록 자연스럽게 내버려두라. 그대가 워낙 들이쉬는 데 집착해 있기 때문에 나는 내쉬라고 말한다. 하지만 본래 호흡은 그대보다 육체가 더 잘 알아서 할 것이다. 몸은 절대로 극단적으로 흐르지 않는다. 그것은 항상 균형을 유지한다. 그러나 그대가 들이쉬는 데 집착한다면 그때는 균형이 깨진다. 그대는 육체의 흐름을 좇아가지 못한다. 무엇이 육체에게 필요한 것인지 알지 못한다. 하지만 필요는 모든 상황을 만들어 낼 것이다.

따라서 육체를 허용하라. 그대가 할일은 그저 묵은 숨을 내뿜는 일이다. 그대 속에 들어간 공기를 내버리는 일이다. 그러면 자연히 호흡은 복부로 내려갈 것이다. 단전으로 내려갈 것이다. 이것이 진정한 단전호흡이다. 그대의 의지로 하는 것은 단전호흡이 아니다. 그대가 하는 일은 그저 복부의 힘에 호흡을 맡기는 것뿐이다. 그 방편이 바로 그대의 묵은 숨을 모두 내쉬는 것이다. 호흡에 대한 집착을 끊어 버리는 것이다. 그렇게 할 때만이 그대의 호흡은 완전히 밑바닥에까지 도달할 수 있다.

과학자들은 그대의 폐에 6천 개의 구멍이 있다고 말한다. 그중에서 단 2천 개만이 호흡하는 데 사용되는 것이다. 나머지 3분의 2는 독가스로 차 있다. 그래서 그것이 마음에 그토록 많은 번민과 고뇌를 일으키는 것이다. 그러나 아이들이 호흡하는 것을 눈여겨보면 그들은 결코 들이쉬지 않는다. 오직 내뱉기만 한다. 들이쉬는 것은 몸이 알아서 하는 것이다.

아기가 태어날 때 그가 첫번째 하는 일은 우는 것이다. 우는 것 덕분에 목이 열린다. 그리고 호흡이 시작된다. 그 울음은 첫번째 '아흐'인 것이다. 그리고 모체로부터 받았던 산소와 공기를 토해낸다. 이것이 그의 호흡에 있어서 첫번째 노력이다. 만약 아이가 울지 않으면 의사는 당황한다. 우는 것은 살아 있다는 표시이기 때문이다. 그는 여전히 자궁 속에 있다고 느끼는 것이다. 그러면 안된다. 그는 울어야 한다. 울음이야말로 자신이 드디어 개체가 되었다는 표현인 것이다. 이제 모체는 더 이상 필요없게 되었다. 그는 스스로 숨쉴 수 있다. 그래서 그가 태어나자마자 첫번째 하는 행위가 바로 모체로부터 받은 것을 내쉬는 것이다. 그리고 나서야 아기의 몸은 공기를 들이마시는 기능을 시작할 것이다.

아이들은 항상 숨을 내쉰다. 만약 그가 들이쉬기 시작하면 그는 이미 늙어 버린 것이다. 그는 그대에게 뭔가를 배웠다. 그는 긴장하고 있는 것이다. 그대가 긴장되어 있을 때는 깊은 호흡을 할 수 없다. 왜인가? 그대의 복부가 경직되어 있기 때문이다. 긴장은 복부의 경직을 가져와서 호흡이 얕아지게 만든다. 그때 그대는 얕은 호흡을 해야 한다.

'아흐'와 함께 숨을 깊이 내쉬어 보라. 거기에는 편안한 느낌이 흐른다. 이 방편을 계속하면 그대는 다른 사람이 될 것이다. 지금까지와는 다른 마음이 개발되기 시작한다. 그대가 들이쉬는 부분에 역점을 둘수록 불행한 마음의 악순환은 계속된다. 하지만 내쉬는 것에 역점을 두면 불행을 느끼는 마음은 점점 사라질 것이다. 강한 소유욕이 사라질 것이다.

그래서 탄트라는 소유욕을 버리라고 말하지 않는다. 그것은 어쩌면 무의미한 말이다. 탄트라는 단지 그대의 호흡 방식을 바꾸라고 말한다. 그때서야 비로소 각성이 싹트기 시작한다. 모든 잘못된 것은 들이쉬는 데 있고 모든 좋은 것, 아름답고 진실된 것은 내쉬는 데 있다. 그대가 거짓말을 할 때는 숨을 들이쉰 상태일 것이다. 그러나 그대가 진실을 말할 때는 결코 숨을 들이쉰 상태에 있을 필요가 없다. 거짓말을 한다는 공포 때문에 숨을 들이쉬는 것이다. 내쉬는 숨과 함께 그대의 진실이 드러날까봐 두려워하는 것이다.

이제부터 이 '아흐'를 계속하라. 그러면 그대의 몸과 마음은 갈수록 건강해질 것이다. 그리고 차원이 다른 평온과 고요가 자라날 것이다.

그럼 열번째 소리의 방편으로 들어가자.

46

두 귀를 손가락으로 막고 항문을 수축시킴으로써 듣는 것
을 멈춰라. 그러면 소리 속으로 들어가게 되리라.

우리는 우리의 육체를 모르고 있다. 뿐만 아니라 육체의 기능
과 그것의 도(道)에 대해서도 알지 못한다. 그러나 우리가 그것
을 지켜본다면 우리는 쉽게 육체를 알 수 있다. 그대는 귀를 막고
항문을 수축시킨 다음 지켜보라. 모든 것이 멈출 것이다. 그대에
게는 세상 전체가 움직이지 않는 것처럼, 모든 것이 얼어붙은 것
처럼 느껴질 것이다. 시간마저 그 흐름을 멈춰 버린 것같이 느껴
질 것이다.

그대가 항문을 수축시킬 때 무슨 일이 일어나는가? 그대의 귀
를 막고 동시에 눈을 감으면 내면에서 한 가지 소리가 들려올 것
이다. 그러나 항문이 수축되지 않았다면 소리는 항문을 통해 새
어나갈 것이다. 소리는 매우 미묘한 것이다. 만약 그때 항문까지
수축된다면 그대는 그대의 내부에서 소리의 기둥을 느끼게 될 것
이다. 그것은 침묵의 소리다. 그것은 소리의 음영이다. 모든 소리
들이 멈출 때 그대는 침묵의 소리, 소리 없음의 소리를 느끼게 된
다. 그러나 항문이 이완되어 있다면 그것은 거기로 새어나갈 것
이다.

귀를 막고 항문을 수축시켜라. 그때 그대는 몸을 잠그게 되는
것이다. 그때 침묵의 소리에서 나오는 존재의 느낌은 깊은 충족
감이다. 그래서 그대는 그것 주변의 것들에 대해 많은 것을 이해
해야 한다. 오직 그때만이 그대는 그 느낌을 얻을 수 있다.

우리는 육체를 모른다. 그것이 구도자들에게 기본적인 문제점
이다. 이 사회는 육체에 대해 아는 것에 반대한다. 사회는 육체를

두려워하기 때문이다. 그래서 우리는 모든 아이들에게 육체를 인식하지 못하도록 훈련시킨다. 무감각하게 만드는 것이다. 아이들의 마음과 육체 사이에 거리를 만들어 자신의 육체를 알지 못하게 한다. 육체에 대해 눈을 뜨게 되면 이 사회에서 문제를 만들어내기 때문이다.

거기에 많은 것이 함축되어 있다. 만약 아이들이 육체를 알게 되면 그는 곧 섹스에 대해서도 눈을 뜨게 된다. 그는 점점 성적으로 감각적으로 변해갈 것이다. 그래서 우리는 아예 그 뿌리부터 잘라 버리려고 한다. 불감증 환자로 만들어 버리는 것이다. 그래서 그대는 자신의 육체를 느끼지 못한다. 뭔가 잘못된 것이 일어날 때에만 겨우 알아챌 정도다.

그대는 두통을 느껴야만이 그제서야 머리가 있다는 사실을 안다. 티눈이라도 생겨야 자신의 발이 있다는 것을 느낀다. 고통이 있어야 그대는 몸을 갖고 있다는 느낌을 갖는다. 하지만 이것은 뭔가 잘못된 것이다. 그대는 즉시 자신의 질병을 알아차리지 못한다. 상당한 기간이 지나고 병이 깊어져서 고통이 심해질 때에야 비로소 자신의 몸에 문제가 발생한 것을 아는 것이다. 그때 그대의 몸은 '나는 여기 있다'라고 그대의 의식에 노크를 해온다. 그래서 아무도 적절한 시기에 의사에게 가지 않는다. 언제나 늦게 도착한다. 이미 병은 깊어져 상당한 고생을 감수해야 할 지경에 이르게 되는 것이다.

만약 아이들 때부터 예민한 감각을 갖고 자라난다면 그는 병이 생기기도 전에 이미 알게 될 것이다. 러시아에서는 병이 발병하기 6개월 전에 알 수 있는 이론에 대해 연구하고 있다. 병은 발병하기 6개월 전에 미리 몸에 통고를 해온다는 것이다. 그러면 그 병에 대비할 수 있게 된다.

그러나 마음의 병에 대해서는 아직도 전혀 연구가 되어 있지
않다. 우리는 죽음조차 인식하지 못한다. 만약 그대에게 내일 죽
을 일이 생기더라도 그대는 오늘까지 아무것도 모른다. 다음 순
간에 죽음이 일어나도 이 순간에는 그것을 모른다. 그대의 육체
에 대해서는 무감각하고 죽어 있는 것과 다름없다. 모든 사회가,
모든 문화가 이런 상태에 있다. 왜냐하면 육체에 반대하기 때문
이다. 오직 우연한 기회로 그대가 섹스에 대해 아는 것만은 용서
받을 수 있다. 그 외에는 육체를 알아서는 안된다.

이러한 상황은 많은 문제점들을 만들어 낸다. 특히 탄트라에
있어서는 말이다. 탄트라는 육체를 알고, 그것에 대한 깊은 감수
성을 필요로 하기 때문이다. 그대는 많은 일을 하지만 자신의 육
체에 대해서는 여전히 눈을 뜨지 못한다. 그래서 이제 육체의 언
어를 이해하기 위한 많은 작업들이 이루어져야 한다. 육체는 그
자신만의 고유한 언어를 갖고 있다. 따라서 심리요법가와 정신분
석가들은 육체의 언어를 이해하는 공부를 해야 할 것이다. 그들
은 육체가 하는 말을 이해함으로써 더 진실한 징후들을 발견할
수 있기 때문이다.

어떤 사람이 정신과 의사를 찾아간다. 거기에는 낡은 심리학
이, 프로이드의 정신분석이 그를 기다리고 있을 뿐이다. 그래서
그는 이야기를 하도록 강요받는다. 자신의 마음에 감추어진 것이
다 드러날 때까지 말이다. 하지만 현대의 정신의학은 그의 육체
를 관찰한다. 거기에서 더 확실한 징후를 발견할 수 있기 때문이
다. 만약 환자가 지독한 에고이스트라면, 그래서 그 에고가 문제
라면 그는 겸손한 사람과는 다른 방식으로 서 있게 된다. 그의 목
은 겸손한 사람과는 다른 각도로 굽어져 있다. 그의 척추는 탄력
성이 없다. 뻣뻣하게 경직되어 있다. 그는 살아 있는 것이 아니라

마치 나무 인형처럼 보인다. 만약 그대가 그의 몸을 만진다면 목재를 만지는 것같은 느낌을 받을 것이다. 거기에는 살아 있는 육체의 따스함이 없다. 그는 군인들처럼 각도 있게 움직인다.

군인들이 걸어가는 것을 보라. 그들은 마치 목상처럼 보인다. 표정이 없다. 그들에겐 죽느냐 죽이느냐의 문제가 달려 있기 때문이다. 그래서 그들은 경직되지 않을 수 없다. 그렇지 않으면 군기가 빠져 있는 것으로 생각한다. 훈련을 잘 받은 군인일수록 장난감 병정처럼 보이는 것이다.

만약 그대가 겸손한 사람이라면 그대는 그와 다른 육체를 갖는다. 그대는 다른 방식으로 서거나 앉아 있다. 만약 그대가 강한 우월감이나 열등감을 갖고 산다면 행동하는 방식 또한 다르다. 만약 그대가 항상 공포를 느낀다면 알지 못하는 힘으로부터 자신을 방어하려는 자세로 서 있게 될 것이다. 반대로 공포를 느끼지 않는다면 그대는 어린아이가 엄마와 함께 있는 것처럼 자유롭게 행동할 것이다. 그대가 어디를 가든지 두려워하지 않는다면 그대를 둘러싼 우주를 마치 안방처럼 느낄 것이다. 그러나 두려워하는 사람은 언제나 무장하고 있다. 이 말은 단지 상징적인 말이 아니다. 심리적으로 그는 무장하고 있다.

빌헬름 라이히(Wilhelm Reich)는 육체의 구조에 대해서 많은 연구를 한 결과 마음과 육체는 서로 깊은 관계를 맺고 있다는 것을 발견했다. 만약 어떤 사람이 두려워하고 있다면 그의 배가 경직된다는 것이다. 그대가 그의 배를 만져 보면 마치 돌덩이를 만지는 것 같을 것이다. 만약 그가 더 이상 공포를 느끼지 않으면 그의 복부는 즉시 이완된다. 같은 이치로 그가 자신의 배를 이완시키면 저절로 공포가 사라진다. 배를 부드럽게 주물러 보라. 그대에게서 공포심이 사라질 것이다. 사랑을 하고 있는 사람은 육체의 성질이 변하게 된다. 그의 몸에서는 훈기가 나온다. 그러나 사랑을 할 줄 모르는 냉정한 사람은 그 몸에서도 냉기가 나온다. 그 냉기나 다른 여러 가지 것들이 하나의 장애물이 되어 그대가 자신의 육체를 아는 데 방해를 한다. 하지만 몸은 어쨌든 제 나름대로의 길을 갖고 있고, 그대 역시 자신의 길을 갖고 있다. 거기에 하나의 장벽이 탄생한다. 그 장벽은 반드시 무너져야 하는 것이다.

어떤 사람이 지금 자신을 억압하고 있는지 아닌지는 내가 보면 금방 드러난다. 만약 그대가 분노를 억누르고 있다면 그때는 그대의 손가락이나 손이 억압된 분노의 감각을 지니게 된다. 그것을 느낄 수 있는 사람은 그대의 손을 만져 보고 그것을 알 수 있다. 왜 하필이면 손인가? 분노는 손을 통해서 배출되기 때문이다. 또한 이빨로도 배출된다. 아주 격한 상황에서 그대가 화를 억누르면 그때는 이빨이 덜덜 떨린다.

만약 그대가 성욕을 억누르면 그때는 성감대 부분에 그 억압된 성욕이 쌓인다. 그대는 그것을 느낄 수 있다. 성감대의 어떤 부위를 건드려도 섹스가 거기에 있다. 그것이 억압되어 있다면 말이다. 그래서 두려워하게 되고 그대의 터치를 피할 것이다. 그것은 그대에게 개방되지 않을 것이다.

전체 여성들 중 절반 이상이 경직되어 있다고들 말한다. 소년들보다 소녀들에게 더 많이 섹스를 억압하도록 가르치기 때문이다. 20세가 될 때까지 섹스를 억압하면 그것은 하나의 습관이 된다. 그때는 사랑을 하게 되어도 그녀의 육체는 열리지 않는다. 너무나 오랫동안 억압받아 왔기 때문이다. 그래서 육체와 마음 사이에는 정반대 현상이 일어난다. 그녀는 사랑을 하고 싶지만 그녀의 육체는 닫혀 있다. 아직 상대방을 받아들일 준비가 되어 있지 않은 것이다.

　만약 그대가 한 남자와 함께 앉아 있는 여자를 본다면, 만약 그 여자가 그 남자를 사랑한다면 그녀는 그에게 끌리고 있는 것을 알 수 있을 것이다. 그녀의 몸이 끌리고 있는 것이다. 만약 그들이 한 소파 속에 앉아 있다면 그 둘의 육체는 서로에게 끌리고 있다. 하지만 그들은 인식하지 못한다. 그러나 그대는 그것을 볼 수 있다. 여자가 남자를 두려워한다면 그녀의 육체는 반대 방향으로 끌리게 된다. 만약 여자가 남자를 사랑한다면 그녀는 결코 그 남자 앞에서 다리를 꼬지 않을 것이다. 만약 그녀가 그 남자를 두려워한다면 그녀는 다리를 꼬고 앉아 있을 것이다. 물론 그녀는 인식하지 못하겠지만 그것은 일종의 방어행위다. 육체는 자신을 제 나름대로 지키고 있는 것이다.

　탄트라는 이 현상을 인식하라고 말한다. 육체의 깊은 감수성과 느낌을 먼저 인식하는 것이 탄트라의 출발이다. 만약 그대가 이 육체를 의식적으로 사용할 수 있다면 육체는 영혼으로 나아가는 데 하나의 수레 역할을 할 것이라고 말한다. 육체에 반대하는 것은 절대적으로 어리석은 짓이라고 말한다. 그것을 사용하라! 그것은 하나의 수레다! 그 에너지를 사용하면 그대는 그것을 초월할 수 있다.

　이제 탄트라는 그대의 귀를 막고 항문을 수축시키라고 말한다. 때때로 항문은 그대가 의식하지 못하는 사이에 이완된다. 만약 그대가 갑자기 공포를 느낄 때 그것은 이완된다. 극심한 공포를 느끼면 오줌마저 흘러 나온다. 그것은 그대의 방광이 이완되기 때문이다. 공포는 심리적인 것인데 어떻게 육체에 변화가 일어나는가? 육체와 마음은 깊은 뿌리에서 하나로 연결되어 있기 때문이다.

공포는 마음속에서 일어나는 것이다. 그대가 두려워하지 않는 한 오줌이 저절로 흘러 나오게 되는 일은 없다. 아기들은 실제로 자기의 육체에 대해서 정신적인 제어장치가 없다. 어떠한 동물도 마찬가지다. 동물들의 방광은 소변이 가득 차면 자동적으로 배출되게 되어 있다. 하지만 인간은 그것을 통제한다. 그것은 마음이 육체의 기능을 억압하고 지배하게 되어 있기 때문이다. 그래서 어린아이들에게 배변 습관을 가르치는 것은 쉬운 일이 아니다. 오늘날 심리학자들은 만약 아이들에게 배변 습관을 가르치는 일을 중단하면 인간성은 많은 개선을 일으킬 것이라고 말한다.

배변 습관은 어린아이들에게 가해지는 첫번째 억압이다. 하지만 심리학자들의 말만 들을 수도 없다. 배변 습관을 가르치지 않으면 많은 문제를 일으킬 것이기 때문이다. 그것은 필요하기 때문에 가르치는 것이다. 아주 부유한 사회가 되면 그 문제에 더 이상 신경 쓰지 않아도 된다. 하지만 지금 형편으로는 힘들다. 아이들이 어디에서나 마음대로 소변을 본다고 생각하면 우리는 감당할 수 없을 것이다. 그래서 우리는 훈련을 시켜야 한다. 그리고 이 훈련은 정신적인 훈련이다. 육체는 그런 훈련에 미리 대비한 어떤 프로그램을 갖고 있지 않다.

인간도 육체에 대해서만큼은 동물과 마찬가지다. 육체는 문화를 알지 못한다. 그대가 마음속 깊이 공포를 갖고 있는 것도 바로 그 때문이다. 육체를 통제하는 장치를 마련해 놓고 나서야 비로소 육체를 이완시킬 수 있다. 그대는 정상 상태에서만 육체를 통제할 수 있다. 비상시에는 통제할 수가 없다. 비상시를 대비한 훈련은 하지 않았기 때문이다. 그대는 오직 진부하게 되풀이되는 일상생활 속에서만 통제가 가능하다. 일단 비상시에는 통제력이 상실된다. 그대의 육체는 자신의 동물적인 방식대로 기능하기 시작한다. 그러나 하나의 관계성이 이해되어지면 그때는 공포가 사라지게 되고 이런 일은 결코 일어나지 않을 것이다. 비상시라고 하는 것은 공포 때문이다. 그래서 소변을 통제하지 못하는 것은 겁쟁이의 표시로 통하고 있다.

만약 그대가 소변을 통제하지 못한다면 사람들은 그대를 겁쟁이로 생각할 것이다. 두려움이 없는 사람에게는 결코 이런 일이 일어나지 않는다. 그는 언제나 깊은 호흡을 하고 있다. 그의 육체와 호흡 체계는 밀접한 관계가 있다. 거기에는 어떤 간격도 없다. 겁쟁이라고 불리는 사람들은 거기에 간격이 있다. 그 간격 때문에 그는 항상 많은 부담을 느끼고 사는 것이다. 그래서 그 스트레스 때문에 소변이 잘 통제되지 않는다. 비상시가 될 때마다 그 부담은 그를 짓누르게 되고 그는 중압감을 벗어나려고 한다. 그것은 자연스런 이치이다. 중압감에서 해방된 겁쟁이는 쉽게 달아날 수 있다. 그때 그는 복부 근육이 이완된다. 긴장된 복부는 유아기적 상태로 도망가는 데 방해가 되기 때문이다.

왜 내가 이것에 대해서 이야기하는가? 나는 그대의 사고의 과정과 소화작용의 과정을 알아야 한다고 말하는 것이다. 그것들은 서로 깊이 연관되어 있다. 심리학자들은 그대의 꿈 중 50에서 90퍼센트까지가 그대의 소화기관과 연관되어 있다고 말한다. 그대가 과식을 하게 되면 반드시 그대는 악몽을 꾼다. 그것은 낮에 받았던 스트레스와 무관하다. 악몽은 과식 때문에 일어난다.

많은 꿈들이 외부적인 속임수에 의해서 만들어질 수 있다. 만약 그대가 손을 가슴 위에서 교차시키고 잠이 든다면 그대는 즉시 악몽을 꾸기 시작할 것이다. 베개가 그대의 가슴 위에 올려져 있으면 악마가 그대의 가슴 위에 올라가서 그대를 죽이려는 꿈을 꾼다. 이것 역시 문제다. 베개처럼 가벼운 것도 그런 무게를 느끼는가? 만약 그대가 깨어 있다면 그것은 무게가 없는 것과 마찬가지다. 하지만 그대가 잠들어 있을 때는 마치 큰 바위가 누르는 것처럼 느껴진다. 왜 그런 무게를 느끼는 것일까?

그 이유는 이러하다. 그대가 깨어 있을 때, 그대가 의식을 갖고 있을 때 그대의 마음과 몸은 직통으로 연결되어 있지 않다. 거기엔 약간의 간격이 벌어져 있다. 그래서 몸의 감각을 정밀하게 느끼지 못하는 것이다. 그러나 잠을 자는 동안에는 그대의 모든 통제 장치가 풀린다. 그대는 다시 어린아이로 돌아가고 그대의 몸은 감각을 되찾는다. 그 예민한 감각 때문에 베개도 바위로 느껴지는 것이다. 감각이 그 무게를 확대시킨 것이다. 그래서 육체와 마음은 깊이 연결되어 있다. 그리고 그 원리를 알게 되면 그대는 그것을 사용할 수 있다.

항문을 수축시켜라. 육체 속에 소리의 근원이 있다고 느껴지는 상황을 만들어라. 그대는 닫혀진 육체의 공간 속에서 침묵의 소리 기둥을 느끼게 될 것이다. 귀를 막아라. 그대 속에서 일어나는 것에 집중하라. 내면으로 들어온 생명 에너지는 빠져 나갈 길이 없다. 소리는 그대의 귀나 항문을 통해 나간다. 그것은 소리가 출입하는 두 개의 문이다. 만약 그 문이 닫힌다면 그대는 쉽게 그것을 느낄 수 있다.

내면의 소리를 느낄 때 무슨 일이 일어나는가? 내면의 소리를 듣는 현상이 일어남과 동시에 그대의 사념은 해체될 것이다. 낮이라도 좋다. 이 방편은 언제든지 해보라. 그대의 손가락으로 귀를 막고 항문을 수축시켜라. 그대의 마음이 멈춰지는 것을 느끼게 될 것이다. 마음은 더 이상 기능하지 않는다. 사념은 그 흐름을 멈춘다. 지속적인 사념의 흐름은 이제 거기에 없다. 그것은 좋다. 그대가 하루에 여섯 번씩 이것을 계속할 수 있다면 3,4개월

안에 그대는 전문가가 될 것이다. 그때는 여기에서 지복이 흘러 나온다.

그리고 내면의 소리를 한 번만 듣게 되면 그때부터 그대는 언제든지 그 소리를 들을 수 있다. 시끄러운 시장 안이나 교통이 복잡한 도로변이라도 상관없다. 외부의 소음은 내면의 소리를 듣는 데 아무런 방해도 되지 않는다. 외부가 아무리 시끄럽더라도 그대는 내면에서 계속되는 세소한 음성을 계속 듣게 될 것이다. 그때는 그대를 방해할 수 있는 것이 아무것도 없다. 만약 그대가 내면의 소리를 들을 수 있다면 그때는 환경의 구애를 받지 않는다. 그대는 침묵 속에 잠길 수 있다. 그대 옆에서 무슨 일이 일어나도 그대는 변화가 없다.

자, 이제 소리의 마지막 방편이다.

47

그대 이름의 소리 속으로 들어가라.

이 소리를 통해서 모든 소리 속으로 들어가게 되리라.

그대의 이름이 만트라로 쉽게 사용될 수 있다. 그대의 이름은 무의식에 깊이 박혀 있기 때문에 많은 도움이 될 것이다. 그것만큼 깊이 들어갈 수 있는 소리도 찾기 힘들다. 만약 우리가 여기에서 모두 잠을 자는데 누군가가 와서 '람!'하고 부른다면 다른 사람은 아무도 깨지 않을 것이다. 오직 자기의 이름이 '람'인 사람만 일어날 것이다. 그것은 자신의 이름이기 때문이다. 그래서 비록 잠이 들었지만 그 소리를 들을 수 있는 것이다. 그것은 표면의식에 기억된 것이 아니라, 바로 무의식에까지 들어가 있는 것이다.

에디슨에 관한 일화를 들은 적이 있다. 그때는 1차대전 중이었는데 토마스 에디슨은 이미 미국의 위대한 과학자로 존경받고 있었다. 그러나 그는 너무 가난해서 드디어는 구호품 배급소에 가서 줄을 서야 했다. 당시, 그는 위대한 사람으로 존경받고 있었기 때문에 그의 이름을 그대로 부르는 사람은 아무도 없었다. 모든 사람이 그를 '교수님'이라고 불렀던 것이다. 그래서 그는 자기의 이름이 뭔지 잊어버리고 있었다. 그러던 어느 날 그가 줄을 서 있는데 누군가가 '토마스 알바 에디슨!'이라고 불렀다. 하지만 그는 멍청하게 서 있었다. 그의 이름이 불려지는 것을 들은 이웃사람은 에디슨에게 말했다.

"왜 가만히 서 계십니까? 교수님의 이름이 불려졌습니다. 그 이름은 교수님 당신의 이름입니다."

그때에야 비로소 자신의 이름이 생각난 에디슨이 말했다.

"그런데 어떻게 내가 그것을 알아들을 수 있겠는가? 아무도 나를 '에디슨'이라고 부르지 않았다. 그것은 너무나 오래 전의 일이었다. 모두들 나를 '교수님'이라고 부르니 말이다."

그대는 자신의 이름을 스스로 불러보지 않았을 것이다. 오직 다른 사람들만이 그것을 사용한다. 그대는 그 이름을 오직 듣기만 한다. 그러나 그것은 깊이깊이 박혀 있다. 그대의 무의식을 관통하는 화살이 되어 말이다. 만약 그대가 그것을 사용한다면 그것은 하나의 훌륭한 만트라가 될 것이다. 그리고 두 가지 이유에서 크게 도움이 될 것이다. 만약 그대의 이름이 '람'이라면 그대는 '람—람—람'을 외우면서 마치 다른 사람의 이름을 부르는 것 같은 느낌을 받을 것이다. 그것이 그대 자신의 이름이라는 생각이 들더라도 그대 속에 그것을 사용하는 어떤 다른 존재가 있는 것처럼 느끼게 되는 것이다. 그것은 육체에 속했거나 마음에 속한 것인지 모른다. 그러나 그가 '람—람'을 계속 부르게 되면 그 자신은 한 사람의 지켜보는 자가 된다.

그대는 항상 다른 사람의 이름만을 불러왔다. 그대가 자신의 이름을 부른다면 그것은 마치 그대가 아닌 어떤 다른 사람에게 속한 것처럼 느껴진다. 그것은 매우 뚜렷한 현상이다. 그대는 자신의 이름에 대해서 지켜보는 자로 남을 수 있다. 이름과 분리된, 그대의 삶 전체와 분리된 자로 말이다. 그대의 이름은 그대의 삶 전체와 연결되어 있다. 이름에서 분리되면 그대의 삶 전체에서 분리된다. 그만큼 이 이름이란 것이 그대 내면에 깊숙이 박혀 있는 것이다. 그대가 태어나고 얼마 뒤로부터 모든 사람이 그 이름을 불러왔기 때문이다. 그대는 항상 그 이름을 들어왔다. 그래서 그 소리를 사용하라는 것이다. 그러면 이름만큼 깊이 들어갈 수 있다.

고대에는 모든 사람에게 신의 이름을 붙여 주었다. 어떤 사람은 람이었고, 어떤 사람은 나라얀이었고, 또 어떤 사람은 크리슈나였다. 모하메트란 이름 역시 신의 이름이다. 본래는 이 세상 모든 곳에서 그렇게 해왔던 것이다.

이 방편을 사용하는 데는 이것은 좋은 이유가 된다. 어떤 사람이 자신의 이름인 '람'을 계속 외운다면 그것은 자신의 이름을 외우는 동시에 신의 이름을 외우는 것이 된다. 그리고 다른 사람이 자신을 부를 때도 마찬가지로 신을 부르는 것이 된다. 신의 이름을 계속 내면으로 외우다 보면 그대는 문득 다음과 같은 생각을 하게 될 것이다.

'이 이름은 나와 다른 그 무엇이다.'

그때 점점 그 이름은 자체적으로 신성을 띠게 될 것이다. 그대는 어느 날엔가 이것이 신의 이름이라는 것을 문득 느낄 것이다. 그대의 이름은 정말 만트라로 변한 것이다.

자신의 이름을 사용하라! 이것은 매우 좋은 방법이다. 그대는 그 이름으로 많은 것들을 할 수 있다. 만약 그대가 아침 다섯 시에 일어나려고 한다면 알람시계가 따로 필요 없다. 단지 세 번만 이렇게 되풀이하라.

"람! 그대는 아침 다섯 시에 정확히 잠에서 깨어나야 한다."

그리고 잠을 자라. 그러면 그대의 이름 '람' 때문에 정확히 잠을 깰 것이다. 이것을 계속 수련하면 어느 날 그대는 갑자기 깨달을 것이다. 아침 다섯 시에 누군가가 와서 그대에게 '람, 일어나게'라고 말하는 것을 깨닫게 된다. 그것은 무의식이 그대를 깨우는 소리다.

이 방편은 말한다.

"그대 이름의 소리 속으로 들어가라. 이 소리를 통해서 모든 소리 속으로 들어가게 되리라."

그대의 이름은 모든 이름들을 위한 문이 된다. 그러나 소리 속으로 들어가야 한다. 먼저 그대가 '람-람-람'이라고 발성한다면 그것은 단지 하나의 단어이다. 하지만 그것을 계속할 때는 다른 의미가 있다. 그대는 먼저 발미키(Valmiki)의 이야기를 들어야 할 것이다.

발미키에게 '람'이라는 만트라가 주어졌다. 그러나 그는 무식한 사람이었다. 교육을 받지 못했고 따라서 단순하고 순진한 사람이었다. 그는 무조건 '람-람-람'을 계속 반복했다. 그러나 반복하는 데만 너무 열중한 나머지 그 발음이 도치되어 자기가 '마라-마라-마라'라고 외우고 있는 것조차 몰랐다. 그는 '람-람-람'을 외웠는데 결국 '마라-마라-마라'가 된 것이다.

만약 그대가 어떤 이름을 빠르게 외우면 그것은 말이 되지 않는다. 그것은 단지 하나의 의미없는 소리에 지나지 않는다. 사실 그때는 '람(신)'이나 '마라(악마)' 사이에 아무 차이도 없다. 그것들은 의미를 지닌 말이 아니다. 그것은 단순한 소리일 뿐이다. 에너지의 진동인 것이다. 그대 이름의 소리 속으로 들어가라. 그 의미를 잊어버려라. 그저 단순한 소리 속으로 들어가라. 의미는 머리 속에 있는 것이고 소리는 온몸으로 퍼져 나간다. 그러니 의미를 잊어버려라. 무의미한 소리를 계속 반복하라. 그 소리를 통해서 그대는 모든 소리 속으로 들어가게 될 것이다. 그 소리는 존재하는 모든 소리의 문이 될 것이다.

인도에서는 옛날부터 인간의 의식을 탐구해 온 사람들의 말에 따라 존재를 구성하고 있는 기본적인 단위는 소리라고 생각해 왔다. 현대 과학은 그것이 소리가 아니라 전기라고 생각한다. 하지만 현대 과학 역시 소리 또한 전기의 한가지 형태라고 말한다. 반면에 인도인들은 전기 역시 소리의 한가지 형태일 뿐이라고 말한다.

그대는 특별한 라가(raga), 즉 특별한 소리를 통해서 불을 일으킬 수 있다는 말을 들어 보았는지 모른다. 이것은 인도인들의 생각이다. 이 때문에 소리가 모든 전기의 기초라고 인도인들은 말하고 있다. 소리를 특별한 방식으로 매우 자주 울려 주면 거기에서 전기가 발생할 것이다.

아주 긴 다리를 군대가 지나간다고 할 때 그들은 절대로 행진곡을 연주하거나 군가를 부르지 않고 조용히 지나간다. 왜냐하면 군인들의 군가나 행진곡 때문에 다리가 무너지는 일들이 아주 여러 번 있었기 때문이다. 그것은 군인들의 무게 때문이 아니라, 그들이 군가나 행진곡에 발걸음을 맞출 때 생기는 규칙적인 소리가 특수한 진동을 일으켜서 교각에 균열이 생기도록 하는 것이다.

고대 이스라엘 역사에 보면 여리고(Jericho) 성에 대한 이야기가 나온다. 그 성은 거대한 성벽으로 둘러싸여 있어서 도저히 점령할 수가 없었다. 결국에는 특별한 소리를 이용해서 그 성벽을 무너뜨렸다. 그들은 성벽을 무너뜨리는 소리의 비밀을 알고 있었던 것이다.

그대는 알리바바의 이야기를 잘 알 것이다. 어떤 특수한 주문을 외우면 바위가 움직이는 이야기는 유명하다. 그러나 이것은 하나의 비유이다. 그 이야기가 사실이든 아니든 한 가지는 확실하다. 만약 그대가 특별한 소리를 만들 수 있다면, 계속 그 소리를 외움으로써 의미도 사라지고 마음조차 사라질 것이다. 바로 그때 그대의 가슴을 막고 있던 바위는 뽑혀 나갈 것이다.

〈질문〉

"당신은 우리에게 명상의 여러 가지 방편들에 대해서 설명해 주셨습니다. 어쨌든 정식으로 입문하지 않으면 그 방편들이 효력을 발휘할 수 없다는 말은 진실이 아닙니까?

그대가 입문할 수 있을 때 그 방편은 질적으로 달라진다. 나는 지금 방편에 대해서 이야기하고 있고 그대는 그것들을 이용할 수 있다. 일단 그대가 그 과학적인 원리와 방식을 알게 되면 그대는 얼마든지 그것을 사용할 수 있다. 그러나 입문은 그것을 질적으로 달라지게 한다. 만약 내가 그대를 어떤 특정한 방편 속으로 입문시키면 그것은 전혀 다른 게 될 것이다. 많은 것들이 그 입문 속에서 적용될 것이기 때문이다.

내가 여러 가지 방편들을 차례대로 한 가지씩 그대에게 설명해

주면 그대는 그것을 자신의 것으로 이용할 수 있다. 그 방편들이 그대에게 맞든지 안 맞든지 나는 설명만 할 뿐이다. 그대가 어떤 유형의 사람인지는 이 자리에서 논의될 수 없다.

하지만 그대가 입문하게 되면 방편보다 그대 자신이 더욱 중요해진다. 스승은 그대를 입문시킬 때 그대를 관찰한다. 그는 그대가 어떤 유형인지를 알아낸다. 그리고 그대가 과거 전생부터 해왔던 수행의 깊이와 지금 당장 작동하고 있는 그대 중심의 기능이 무엇인지도 파악한다. 그때 스승은 그대에게 맞는 방편을 결정한다. 그것은 개인적인 접근이다. 방편은 중요하지 않다. 중요한 것은 그대 자신이다. 그대는 연구되고 관찰되고 분석된다. 그대의 과거 전생이, 그대의 의식이, 그대의 마음과 몸이 철저히 해부된다. 그대가 지금 처해 있는 그 시점에서 여행이 시작되는 것이다.

그때 스승은 그대에게 맞는 특별한 방편을 선택한다. 그는 그대에게 잘 맞도록 방편에 대해서 섬세한 수정 작업을 한다. 이제 그 방편은 오직 그대에게만 맞는 것이 되었다. 그대는 그것에 대해 다른 사람에게 이야기하지 않는다. 그것은 개인적인 것이기 때문에 비밀이 되어야 한다. 만약 그것을 다른 누군가에게 말한다면 그것은 전혀 그에게 도움이 되지 않는다. 어쩌면 해가 될지도 모른다.

내가 여기에서 말하는 112가지 방편들은 모두 일반적인 방법들이다. 나의 설명을 주의 깊게 듣고 힌트를 얻어 그대가 직접 자신에게 맞는 방편을 찾아갈 수밖에 없다. 그래서 어떤 방편이 그대에게 맞으면 그대는 그것을 계속할 수 있다. 그러나 이것은 입문한 것이 아니다. 입문은 개인적인 것이다. 입문은 스승과 제자 단 두 사람 사이의 관계다. 그대가 스승에게 입문하면 방편을 선택하는 사람은 그대가 아니라 스승이 된다. 그대는 스승이 골라 주는 방편을 받아들이기만 하면 된다. 스승은 그대보다 훨씬 예리한 통찰력을 갖고 있어서 그대 자신보다 더욱 정확한 선택을 해줄 것이다. 그리고 방편을 주는 시기 역시 스승이 결정한다.

내가 말을 하는 동안에는 그대의 의식적인 마음이 듣고 있다. 그대는 잊어버릴 것이다. 싸그리 다 잊어버릴 것이다. 그리고는 겨우 몇 가지만 기억할 것이다. 그것도 온통 뒤죽박죽된 상태로 말이다.

스승은 그대의 무의식이 열리는 정확한 순간을 선택한다. 그리고 그대에게 확실한 방편을 하나 준다. 그것은 곧 무의식 깊숙이 자리잡을 것이다. 그래서 입문식은 그대가 반수면 상태에서, 무의식적 상태에서 치러질수록 효과적이다. 그대의 표면의식이 잠들 때 그대의 무의식은 문이 완전히 열리기 때문이다.

그래서 입문에는 헌신이 필요하다. 그대가 헌신하지 않는 한 입문은 주어질 수 없다. 그대가 헌신할 때 그대의 표면의식은 그 의무를 벗고 쉬게 되며 스승과 그대의 무의식이 직접 관계를 맺게 된다.

입문식이 거행될 적절한 시기가 선택되어져야 하고 그대는 준비를 해야 한다. 준비하는 기간이 몇 개월씩 걸릴 수도 있다. 그때는 먹는 것과 자는 것까지 주의 깊게 통제되고 완전히 고요한 정적 속에서 이루어져야 한다. 오직 그때만이 그대는 제대로 입문할 수 있다. 그래서 입문식은 긴 과정이다. 그것은 개인적인 과정이다. 전적으로 헌신할 수 있는 준비가 되지 않는 한 입문식은 가능하지 않다.

그래서 지금 나는 그대를 이 방편으로 입문시키고 있는 것이 아니다. 나는 단지 이 방편들을 그대에게 소개할 뿐이다. 이 방편들 중에서 그대에게 맞는 것을 고르는 것은 그대가 할 일이다. 만약 그대가 나에게 입문하려 한다면 그때는 시간이 오래 걸릴 것이다. 그대를 입문시키기 전에 나는 먼저 그대의 모든 것을 알아야 한다. 어떤 것도 감춘 것 없이 완전히 드러내야 한다. 그러면 문제는 매우 쉬워진다. 올바른 사람이 올바른 순간에 올바른 방편을 통하면 결과는 즉시 나타난다.

입문식을 거치는 동안에 깨달음을 얻는 경우가 종종 있다. 수행자에게는 입문이 곧 깨달음이 되는 것이다. 그때의 방편은 살아 있는 방편이다. 그것은 스승에 의해서 직접적으로 그리고 개인적으로 그대에게 주어진다. 지금 내가 하고 있는 것은 입문이 아니다. 이것을 기억하라. 지금 내가 하고 있는 것은 112가지 방편들에 대한 과학적이고 객관적인 접근일 뿐이다.

만약 그대가 흥미를 가지고 있다면 그때는 입문할 수 있다. 그대가 진실로 관심을 갖게 되면 그대는 입문을 청할 것이다. 스승 없이 혼자서 방편에만 의지한다면 오랜 시간이 걸릴 수 있다. 몇 년이 걸릴지도 모른다. 아니면 몇 생이 걸릴지도 모른다. 하지만 입문을 통한다면 그것은 매우 쉬워진다. 그때는 그대 혼자만 노력하는 것이 아니기 때문이다. 그대는 그대의 문제를 놓고 스승과 함께 탐구한다. 기억하라. 스승은 그대보다 훨씬 지혜롭고 그대보다 훨씬 경험이 많다. 스승은 그대가 겪어야 할 시행착오들을 미리 다 겪었다. 스승은 그대가 고민해 온 문제들에 대해 이미 해결을 다 보았다. 그래서 그는 스승인 것이다. 입문이란 스승이 그대 속에서 활동할 수 있도록 그대를 여는 것이다. 그것은 살아 있는 관계다. 그 관계를 통해서 그대는 쉽게 변형될 것이다.

이제 됐는가?

탄트라적 성행위의 영적 의미

"들어가라. 느낌의 중심 속으로 깊이깊이 들어가라."
자, 그러면 어떻게 이 느낌의 중심으로 들어갈 수
있겠는가? 여기 그 방법이 있다.

탄트라적 성행위의 영적 의미

48

성적인 결합이 시작될 때에 처음의 단계인
'불의 상태'에 머물러 있으라.
이 불의 상태가 계속되도록 하고
마지막의 '타다가 꺼진 불'이 되는 것을 피하라.

49

그토록 깊은 이 포옹 속에서 그대의 감각은 나뭇잎처럼 떨린다.
이 떨림 속으로 들어가라.

50

실제적인 포옹 없이 단지 그 결합을 상상하는 것만으로도
변형이 일어난다.

51

오랫동안 헤어져 있던 친구를 만났을 때 그 기쁨은 말할 수 없다.
이 기쁨 속으로 깊이 스며들어라.

52

먹거나 마실 때 음식의 맛 그 자체가 되라.
그리하여 그 맛으로 그대 자신을 가득 채워라.

지그문트 프로이드는 '인간은 태어날 때부터 이미 신경쇠약 증세를 갖고 태어난다'고 말했다. 그런데 이 말은 절반만 진실이다. 사실 인간은 태어날 때 신경쇠약을 갖고 나오는 것이 아니라 이 사회가 이미 지독한 신경쇠약에 걸려 있는 것이다. 인간은 자신을 둘러싼 채 신경쇠약이 걸릴 수밖에 없도록 몰아가는 바로 그 사회 속에서 태어나는 것이다.

사실 인간은 가장 진실한 상태로 태어난다. 자연적인 상태로, 가장 정상적이고 건전한 상태로 태어난다. 그러나 태어나는 그 순간부터 이 사회의 한 구성원이 되어 신경쇠약 증세가 시작되는 것이다.

우리는 모두 신경쇠약에 걸려 있다. 이제 그대는 하나가 아니다. 그대는 수많은 조각으로 분열되어 있다. 이것을 이해하라. 오직 그때만이 탄트라의 시작이 가능하다. 그대의 '느낌'과 '생각'은 전혀 별개의 것이다. 이것이 바로 신경쇠약의 근본 원인이 된다. 그리고 그대가 믿고 있는 부분은 느끼는 부분이 아니라 생각하는 부분이다. 하지만 '생각'보다는 '느낌'이 훨씬 본질에 가깝다. '느낌'은 '생각'보다 훨씬 더 자연스럽다. 그대는 느낌으로 태어났다. 가슴을 갖고 태어난 것이다. 그러나 후천적인 교육에 의해서 '생각'의 부분이 개발되었다. '생각'이란 무엇인가? 생각이란 사회가 그대에게 부여한 것이다. 그대에게 '생각'이 중요시되면서부터 '느낌'은 제한되기 시작한다. '나는 느낀다'라고 말할 때조차 그것은 정말로 느끼는 것이 아니라 느낀다는 것을 생각하고 있는 것이다. 느낌은 완전히 죽어 버렸다. 이것은 다음의 이유 때문이다.

아기가 태어날 때 그는 느끼는 존재로 태어난다. 그는 생각하는 존재가 아니라 느끼는 존재다. 그는 생각의 차원을 모르고 있다. 그는 하나의 동물이며 자연이다. 하지만 그 상태 그대로 받아들여지지 않는다. 그는 꾸중을 듣고 비난을 받는다. 어떤 규범과 가치관에 따라서 행동하도록 강요받는다. 그래서 그는 느낌을 억눌러야 한다. 그 억누름이 없다면 그는 언제나 그 느낌이 말썽을 일으킬 것이다. 그는 울고 싶을 때 마음대로 울지 못한다. 그의 부모들이 그것을 받아들이지 않기 때문이다. 계속 울게 되면 그는 혼이 난다. 매를 맞게 된다. 사랑을 받지 못하게 된다. 결국 그는 어른들이 시키는 대로 행동해야 한다. 가족들이 원하는 어떤 특정한 관념에 맞게 행동해야 한다. 그래야 그는 사랑받을 수 있는 것이다.

사랑은 순수한 그 자신을 위해 있는 것이 아니다. 부모들이 바라는 어떤 규칙을 따라야 그는 비로소 사랑을 받을 수 있다. 이것은 후천적으로 부과되는 규칙이다. 그것은 결코 자연스러운 것이 아니다. 여기에서 자연스러운 본질, 즉 느낌은 억압당하고 대신에 부자연스럽고 비실제적인 것이 부과되었다. 이것이 바로 그대의 마음이다. 그리하여 여기에 분열이 일어나고 그 분열이 극심해지면 그는 더 이상 진정한 그의 본질과 연결될 수 없게 된다. 그는 완전히 자신의 본질을 망각해 버린다. 그래야만 살아갈 수 있기 때문이다.

지금 그대는 진정한 그대의 본질이 아니다. 지금 그대의 얼굴은 하나의 가면일 뿐이다. 그대의 본래 모습은 그 가면 뒤에 깊숙이 가려져 있다. 그리고 그대는 진정한 자기 자신으로 되돌아가는 데 대하여 일종의 두려움을 갖게 된다. 진실을 느끼는 순간, 진실 쪽으로 되돌아가는 순간, 이 사회는 그대에게 반대할 것이다. 그대를 외면할 것이다. 그래서 그대는 자신의 본래 모습을 외면한다.

이런 분열 상태가 일종의 신경쇠약 증세를 유발시킨다. 그대는 자신이 지금 무엇을 원하고 있는지 전혀 모르고 있다. 그대의 진정한 욕구가 무엇인지 모르고 있다. 결국 이 진정한 욕구가 억눌렸을 때 그대는 상징적인 욕구를 만들어 낸다. 예를 들면 그대는 음식을 계속 먹을지 모른다. 하지만 아무리 먹어도 만족할 수 없다. 먹는 것에 대한 욕구는 사랑에 대한 욕구다. 음식과 사랑은 깊은 관계가 있다. 그래서 사랑이 결핍되었거나 억눌리게 되면 먹을 것을 밝히게 된다. 이 욕구는 결코 충족되지 않는다. 그래서 지금 이 순간에도 우리는 이 왜곡된 욕구 속에서 살아가고 있다. 아무리 채워도 만족할 수 없는 것은 바로 이 때문이다.

그대는 사랑을 받고 싶어한다. 이것은 원초적인 욕구다. 그러나 그대는 이것을 전혀 다른 차원으로 바꿀 수 있다. 예를 들어 그대는 사랑을 필요로 하지만 다른 사람들에게 관심을 끄는 욕구로 변모시킬 수 있다. 그래서 그대는 정치가가 되려고도 하며 대중의 인기를 독차지하는 스타가 되려고도 한다. 하지만 이 모든 행위의 근본적인 욕구는 사랑을 받고자 하는 것이다. 이 세상 모든 사람이 그대에게 비상한 관심을 쏟는다 해도 그대의 근본적인 욕구는 채워질 수 없다. 그것은 단 한 사람이 그대를 사랑해 주는 것으로만 채워질 수 있는 것이다.

어떤 사람을 사랑할 때 우선 그대는 그에게 관심을 쏟는다. 관심과 사랑은 깊이 연결되어 있다. 사랑받고자 하는 욕구가 억눌리게 되면 그것은 상징적인 욕구로 변질된다. 그때 그대는 다른 사람들의 관심을 끌려고 할 것이다. 이런 식으로 그대는 그대가 바라는 것을 얻을지도 모른다. 그러나 결코 충족되지는 못한다. 그 욕구는 변질된 욕구이기 때문이다. 근본적인 욕구와 연결되지 않았기 때문이다. 근본적인 욕구와의 이 차이가 개인에게는 신경쇠약의 원인이 된다.

한편 탄트라는 가장 오래된 개념이며 동시에 가장 새로운 개념이다. 탄트라는 가장 오랜 전통을 갖고 있다. 그러면서 또한 가장 비전통적이기도 하다. 아니 전통적인 모든 것을 거부하고 있다. 그 이유는 무엇인가? 탄트라는 다음과 같이 말하고 있다.

"그대가 전체가 되지 않는다면, 하나가 되지 않는다면 그대는 이 삶을 모두 허비한 것이 된다. 헛탕친 삶이 되는 것이다."

그대는 분열의 상태에 머물러서는 안된다. 하나가 되어야 한다. 전체적인 하나가 되어야 한다. 바로 그대 자신이 되어야 하는 것이다. 그렇다면 이 하나가 되기 위해서는 어떻게 해야 하는가? 하나가 되려고 생각하지 마라. 생각은 아무런 도움도 되지 않는다. 생각은 오히려 분열에서 분열만을 조장하게 된다. 생각은 분석이다. 그러나 느낌은 종합이다. 그것은 분열이 아니라 통합이다. 따라서 하나가 되기 위한 생각이나 연구는 아무런 도움이 되지 않는다. 느낌의 한가운데로 푹 빠져 들지 않으면 이 모든 것들은 아무런 도움이 되지 않을 것이다. 그러나 이는 결코 쉬운 일이 아니다. '느낌의 중심(the feeling center)'에 접근할 때조차 우리는 행동이 아니라 생각으로 접근하기 때문이다.

그대가 '사랑합니다'라고 말할 때, 그때 주의하라. 이 말이 그저 단순한 생각에 지나지 않는지 아니면 느낌인지를 잘 살펴보라. 이것이 생각에 지나지 않는다면 그대는 가장 중요한 것을 잃어버리고 있는 것이다. 느낌은 전체다. 그대의 몸, 마음, 그리고 그대에게 소속된 모든 것이 이 느낌 속에 포함되어 있다. 그러나 생각의 경우엔 거기 오직 그대의 머리만이 포함된다. 전체가 아니라 부분만이 포함되는 것이다. 거기 스쳐 지나가는 생각이 있을 뿐, 다음 순간에는 흔적도 없을 그런 것만 있다. 그렇다. 여기에는 오직 부분만이 포함된다. 불행을 야기시키는 요소만이 포함된다. 부분으로서의 이 생각은 단 한 가지만을 약속할 수 있다. 그대는 결코 충족될 수 없다는 이 한 가지 사실만을 말이다.

'사랑합니다. 그리고 앞으로도 영원히 사랑할 것입니다'라는 말에서 뒷부분의 말은 결코 이루어지지 않는다. 그것은 생각으로부터 비롯된 말이기 때문이다. 그대 존재 전체는 결코 생각 속에 포함될 수 없다. 내일 그대는 어떻게 할 것인가? 이 생각이 지나가 버리고 더 이상 일어나지 않을 때 그대는 그 약속을 어떻게 이행하겠는가? 이제 약속은 하나의 속박이 된다. 견딜 수 없는 속박이 된다.

샤르트르는 어딘가에서 '모든 약속은 거짓이다'라고 말했다. 그렇다. 그대는 전체가 아니기 때문에 어떤 약속도 할 수 없다. 약속한 것은 그저 전체 중의 한 부분일 뿐이다. 부분이 약속을 한다. 그리고 그 부분이 더 이상 영향력이 없게 될 때, 또 다른 부분이 그대를 지배할 때 그대는 어떻게 하겠는가? 도대체 누가 약속을 지킨단 말인가? 그 마음은 이미 지나가 버렸고 억지로 그 약속을 지키려는 데서 위선이 시작된다. 그대는 아주 성실하게 약속을 지키는 척하고 있다. 이렇게 되면 모든 것이 위선에 지나지 않는다. 여기 탄트라는 말한다.

"들어가라, 느낌의 중심 속으로 깊이깊이 들어가라."

자, 그러면 어떻게 이 느낌의 중심으로 들어갈 수 있겠는가? 여기 그 방법이 있다.

48

성적인 결합이 시작될 때에 처음의 단계인 '불의 상태'에 머물러 있으라.

이 불의 상태가 계속되도록 하고 마지막의 '타다가 꺼진 불'이 되는 것을 피하라.

섹스는 깊은 충족감을 줄 수 있다. 섹스는 부분으로 남아 있는 그대를 전체 속으로, 본질 속으로 되돌아가게 할 수 있다. 이것을 이해하라. 우선 첫째로, 섹스는 전체적인 행위이다. 그대 내면의 균형은 이미 부서진 지 오래다. 그대가 섹스를 두려워하는 것은 이 때문이다. 그대는 마음(생각)을 인정했다. 그러나 섹스는 마음의 차원을 넘어선 행동이다. 섹스 속에서 그대의 두뇌는 사라져 버린다. 행동 속에서 그대의 두뇌는 사라져 버린다. 거기 어떠한 이유도 없다. 어떠한 사념도 없다. 만일 사념이 존재하게 되면 그것은 이미 진정한 의미에서의 섹스가 아니다. 그것은 이미 진실이 아니다. 거기에 더 이상 충족감은 없다. 오르가즘은 더 이상 거기에 없다.

이때 섹스는, 섹스의 행위는 그 자체가 이미 두뇌적인 것이 되고 만다. 논리적인 것이 되어 버린다.

이 세상 전체가 갈수록 흥청거리고 섹스에 대한 갈망이 커지는 것은 사람들의 성욕이 점점 더 강해지기 때문이 아니다. 그것은 바로 그대부터도 섹스를 전체적인 행동으로 즐기지 못하기 때문이다. 사실 과거의 세상은 지금보다 더 섹스 에너지가 강했다. 이 때문에 그들은 성에 대해서 지금의 우리처럼 병적으로 집착하지 않았던 것이다. 지금 우리의 성에 대한 이 갈망은 진실을 잃어버리고 거짓만이 남아 있다는 것을 의미하는 것이다. 현대는 점점 더 성을 갈망하고 있다. 이것은 전체로서의 성행위 그 자체가 이제 더 이상 불가능하기 때문이다. 섹스조차 사념의 차원으로 변질되어 버렸다. 그것이 바로 섹스의 타락이다.

사람들은 이렇게 말한다.

"우리는 생각하는 것만으로도 섹스를 즐길 수 있다. 섹스에 대한 책과 영화를 보는 것만으로도 충분히 즐길 수 있다."

사람들은 이런 식으로 성적 욕구를 충족시킨다. 그러나 실제로 성행위를 해야 할 때면 그들은 그것으로 만족하지 못한다. 거기에서 특별한 흥미를 느끼지 못한다. 그들은 섹스에 대해 무능하다는 것을 스스로 잘 알고 있다. 섹스에 대해 생각할 때 그들은 강한 에너지 파장을 느낀다. 그러나 실질적인 행위에 임하게 되면 그들은 거기에 강한 에너지 파장이 더 이상 없다는 것을 느낀다.

그들에게 무슨 일이 일어났는가? 이제 성행위조차 그들에게는 생각의 차원으로 타락해 버리고 말았다. 그들은 섹스에 대해서 그저 생각만 하고 있을 뿐이다. 그들은 결코 완전한 성행위를 할 수 없다. 완전한 성행위를 하기 위해서는 그들의 존재 전체가 거기에 참가해야 하기 때문이다. 그리고 존재 전체가 참가할 경우 머리는 몹시 불안해진다. 머리는 더 이상 거기에서 지도자가 될 수 없기 때문이다. 모든 것을 제 맘대로 제어할 수 없기 때문이다.

탄트라는 그대를 전체로 되돌아가게 하기 위해 섹스를 사용한다. 그러기 위해서는 성행위 자체가 하나의 명상이 되어야 한다. 섹스에 대해서 지금까지 듣고 배워 온 모든 것을, 섹스에 대해 사회가 그대에게 가르쳐 준 모든 지식을 그대는 잊어버려야 한다. 그대의 지위를, 종교를, 그리고 그대의 스승들을 모두 깨끗이 잊어야 한다. 모든 것을 잊어버리고 전적으로 그 속에 뛰어들어야 한다. 자신을 통제하지 마라. 그것은 장애물이다. 섹스 속으로 뛰어들라. 미친듯이 성의 에너지로 들어가라. 무심(no-mind)의 경지는 마치 미친 것처럼 보인다. 그대는 몸이 되어야 한다. 짐승이 되어야 한다. 울부짖는 짐승이 되어라. 짐승이야말로 전체적이기 때문이다.

그렇다. 현대인들에게는 오직 섹스만이 전체로 되돌아가게 할수 있는 지름길이다. 섹스는 그대 속에 있는 가장 깊은 생물학적 중심이다. 그대는 섹스로부터 태어났다. 그러므로 그대의 세포 하나하나는 모두 성 세포이다. 그대의 전신은 섹스 에너지의 파장이다.

이 방편은 우리가 알고 있는 섹스 행위와는 전혀 다른 것이다. 우리에게는 성행위가 일종의 배설이다. 그러므로 성행위 속으로 들어갈 때 그대는 급히 서두르게 된다. 그대는 단지 배설을 원하고 있기 때문이다. 넘치던 에너지는 배설되어 버릴 것이다. 그런다음 편안함을 느낄 것이다. 그러나 배설 뒤의 편안함은 일종의 탈진에서 오는 편안함이다. 이 탈진을 그대는 휴식이라고 생각할지 모른다. 거기에 흥분은, 넘치는 에너지는 더 이상 존재하지 않는다. 그러나 이 휴식은 부정적인 휴식이다. 에너지를 방출함으로써만 휴식을 느낄 수 있다면 이 얼마나 값비싼 대가인가? 이 휴식은 오직 신체적인 휴식일 뿐이다. 이 휴식은 결코 깊은 휴식이 될 수 없다. 영적인 것이 될 수 없다. 서두르지 마라. 끝을 보려고 하지 마라. 처음 상태 그대로 남아 있어라. 섹스의 행위에는 두 부분이 있다. 처음 상태, 즉 애무를 시작하는 상태와 끝의 상태, 즉 사정이 그것이다. 처음 상태에 머물러 있어라. 그때가 보다 따뜻하고 휴식적이다. 서둘러서는 안된다. 끝을 보려고 서두르지 마라. 차라리 끝에 대해서는 완전히 잊어버려라.

"성적인 결합이 시작될 때에 최초의 단계인 불의 상태에 머물러 있으라."

에너지가 넘칠 때 그 에너지를 방출하려 하지 마라. 넘치는 상태 그대로 남아 있어라. 사정을 하려 하지 마라. 사정 따위는 완전히 잊어버려라. 처음의 상태에서, 그 뜨거운 불의 상태에서 전체와 하나가 되라. 뜨거움 그 자체가 되라. 그 남자와 또는 그 여자와 하나가 되라. 하나의 원을 만들어라.

여기 세 개의 가능성이 있다. 두 남녀가 만났을 때 세 개의 기하학적인 도형이 만들어진다. 첫째 사각형, 둘째 삼각형, 그리고 마지막으로 원형이 그것이다.

이 도형들은 가장 오래된 탄트라의 도형이다. 탄트라 성행위의 도형들이다. 두 사람이 성행위를 할 때 그것은 엄밀한 의미에서 본다면 두 사람이 아니라 네 사람이다. 이것이 바로 사각형의 만남이다. 이 사각형의 만남에서 그대는 생각하는 부분과 느끼는 부분의 둘로 나뉘어진다. 그대의 연인 역시 이 두 부분으로 나뉜다. 그래서 네 개의 만남이 되는 것이다. 이 만남은 너무나 복잡하다. 결코 깊은 만남이 될 수 없다. 본질적인 만남이 될 수 없다. 여기 네 개의 구석이 있다. 이 만남은 진실한 만남이 아니다. 만남인 것같이 보이지만 사실은 만남이 아니다. 여기엔 영적인 교제가 없다. 그대의 깊은 부분은 닫혀져 있다. 상대방의 깊은 부분 역시 은폐되어 있다. 오직 두뇌끼리만 만난다. 두 개의 생각하는 부분만 만나고 있고, 느낌의 만남은 아직 은폐되어 있다.

만남의 두번째 유형은 삼각형의 만남이다. 그대와 그대의 연인은 둘이다. 그러다가 이 밑변의 두 각이 어느 순간에 하나가 된다. 어느 순간에 그대 둘은 사라진다. 거기 하나만이 남게 된다. 이 삼각형의 만남은 사각형보다 훨씬 차원이 높다. 단 한순간이라도 그 둘은 하나로 합쳐지기 때문이다. 이 하나의 느낌이 그대에게 생명력을 준다. 에너지를 준다. 이 만남을 통해서 그대는 다시 소생하고 젊어진다.

그러나 원형의 만남이 가장 차원 높은 만남이다. 이 만남이야 말로 탄트라의 만남이다. 이 만남 속에서 그대는 하나의 원을 이룬다. 여기에는 각이 없다. 그러므로 만남은 순간이 아니다. 그것은 시간의 차원이 아니며 일상적인 만남이 아니다. 사정을 하지 않을 때만이 이 만남은 가능하다. 사정을 한다면 이는 삼각형의 만남이 될 것이다. 사정하는 그 순간에 하나됨의 차원이 무너지며 다시 분리가 일어나기 때문이다.

처음의 상태로 남아 있어라. 파국으로 이동해 가지 마라. 그러면 어떻게 처음의 상태로 계속 남아 있을 수 있겠는가? 우선 섹스를 생각하는 그대의 개념부터 변화되어야 한다. 성행위를 하나의 수단으로 생각하지 마라. 그것은 그 자체로 목적이다. 둘째, 미래를 생각하지 마라. 다음 순간을 생각하지 마라. 언제나 '지금 여기'에 머물러야 한다. 성행위의 처음 단계에서 '지금 여기'에 머물 수 없다면 그대는 결코 현재에 머물지 못한다. 오직 본질적인 행동을 통해서만이 우리는 지금 여기, 즉 현재로 돌아올 수 있기 때문이다.

지금 여기에 남아 있어라. 두 몸의 만남을 즐겨라. 두 영혼이 용해되어 하나가 된다. 서로가 서로 속에 녹아드는 것이다. '지금 나는 어디로 가고 있다'고 하는 목적 의식을 완전히 잊어버려라. 그 어디로도 나아갈 곳이 없는 이 차원에 머물러야 한다. 지금 여기에 용해되어라. 이 뜨거움 속에서, 이 사랑 속에서 그대는 서로에게 용해되어 들어간다. 그래서 사랑이 없는 성행위는 서두르게 되는 것이다. 상대방을 욕망을 채우기 위한 노리개로, 물건으로 이용하는 것이다. 상대방은 그저 쓰고 버리는 물건에 지나지 않는다. 그때 상대방 역시 그대를 하나의 물건으로 이용한다. 그때

두 사람은 서로가 용해되는 것이 아니라 서로를 착취하는 것이다. 그러나 거기 사랑이 있다면 상황은 달라진다. 상대방 속으로 용해되어 들어갈 수 있다. 처음 단계에서 서로 용해되는 것은 많은 통찰력을 그대에게 줄 것이다.

성행위를 끝내려고 서두르지 않는다면 그것은 점점 덜 성욕적으로 될 것이다. 그리고 점점 더 영적 차원으로 올라가게 될 것이다. 마음 뿐만 아니라 성기 역시 상대방 속으로 용해되어 들어가 버린다. 깊고 조용한 에너지의 순환이 두 몸 사이에서 일어난다. 이렇게 되면 몇 시간이고 이 상태로 머물 수 있다.

이 상태는 시간이 지나면 지날수록 점점 더 깊어진다. 그러나 생각은 하지 마라. 상대방 속으로 깊이 들어가는 그 순간을 붙잡아라. 거기에 머물러라. 이것이 바로 엑스터시가 될 것이다. 삼마디가 될 것이다. 사정이 엑스터시가 아니다. 이 경지를 맛본 이상 그대의 성욕적인 마음은 비성욕적으로 변화될 것이다. 그리고 여기에 진정한 브라흐마챠리아(완전한 독신)의 경지가 숨어 있다.

이것은 아주 역설적인 것처럼 보인다. 우리는 보통 다음과 같이 생각하고 있기 때문이다. '브라흐마챠리아가 되려면 이성(異性)과의 접촉을 가져서는 안된다'라고 말이다. 따라서 그는 이성을 피해야 한다. 이성이 접근하지 못하도록 해야 한다. 이렇게 되면 아주 위선적인 독신주의가 태어난다. 이성을 멀리할수록 그대는 더욱더 이성을 갈망하게 되기 때문이다.

탄트라는 이렇게 말한다.

"도망가지 마라. 회피하지 마라. 있는 그대로를, 자연 그대로를 사용하라."

차원의 변형을 위해서 그대 전체를 사용하라. 싸우지 말고 있는 그대로 받아들여라. 변형을 위해서는 완전한 수용이 필요하다. 목적 없이, 순수한 유희로서 만난다면 그대와 그대 연인과의 성행위는 언제까지나 처음의 상태대로 남아 있을 수 있다.

홍분은 에너지다. 그대는 이 에너지를 잃을 수도 있다. 또 이 에너지의 절정에 이를 수도 있다. 그러나 거기에 에너지의 상실이 있다. 동시에 좌절감과 허탈감이 뒤따를 것이다. 그대는 이 허탈감을 휴식으로 알고 있을지 모른다. 그러나 이것은 어디까지나 부정적인 휴식이다.

탄트라는 긍정적이며 차원 높은 휴식을 준다. 두 연인은 서로에게 용해됨과 동시에 거기에서 강력한 에너지가 솟아난다. 그들은 하나의 원이 된다. 그리고 거기에서 에너지의 순환이 일어난다. 그들은 서로에게 생명을 준다. 싱싱한 생명 에너지를 주는 것이다. 여기에 에너지의 고갈은 조금도 없다. 아니 더욱더 강한 에너지로 충만해질 것이다. 이성과의 접촉을 통해서 그대 몸의 세포들이 한올한올 되살아 나기 때문이다. 홍분의 상태가 사정의 절정으로 치닫는 일이 없이 서로 속에 용해될 수 있다면, 뜨거움의 처음 상태로 남아 있을 수 있다면 그 뜨거움은 식지 않고 오랜 시간 동안 성의 유희를 연출하게 될 것이다. 에너지의 방출이 없다면, 욕망의 배설이 없다면 그것은 명상이 된다. 그리고 이를 통해 그대는 전체가 된다. 분열된 그대의 인격은 이를 통해서 더 이상 분열되지 않는다. 이 성행위는 분열된 인격을 이어주는 다리가 되기 때문이다.

모든 신경쇠약증 환자들은 그들의 인격이 분열된 사람들이다. 그대의 인격이 다시 연결된다면 그대는 또다시 어린아이가 될 것이다. 순진무구한 어린아이가 될 것이다. 이 순수를 알게 되고 나서도 그대는 이 사회가 요구하는 대로 행동하게 될 것이다. 하지만 이 행동은 어디까지나 연극이다. 그대는 연기를 하고 있는 것

이다. 그래서 그대는 자신이 하는 연기 속에 말려들지 않는다. 이
것은 어디까지나 사회가 요구하는 것임을 그대는 철저하게 알기
때문이다. 그대는 가면을 써야 한다. 그것은 그대가 지금 거짓투
성이의 세상에 살고 있기 때문이다. 가면을 쓰지 않는다면 이 세
상은, 이 사회는 그대를 죽여 버릴 것이다. 우리는 예수를 십자가
에 못박았다. 그것은 그가 이 가면을 여지없이 벗어 던졌기 때문
이다.

이 사회가 요구하는 대로 해주라. 그대 자신을 위해서나 다른
사람을 위해서 불필요한 싸움을 만들지 마라. 하지만 한 번 그대
가 자신의 본래 얼굴을 알고 나면, 그대 존재의 전체성을 깨닫고
나면 이 거짓된 사회는 더 이상 그대를 신경쇠약, 정신분열의 차
원으로 끌어당기지 못하게 될 것이다. 결코 그대를 미치게 만들
지 못할 것이다.

사정을 하게 되면 그와 동시에 순환하는 에너지의 흐름은 끊어
지고 밖으로 흘러나가 버린다. 그러면 거기에 불(火)은 더 이상
없다. 아무런 성취도 없이 그대는 그저 에너지만을 낭비한 것이
다.

그럼, 다음 방편으로 넘어가자.

49

그토록 깊은 이 포옹 속에서 그대의 감각은 나뭇잎처럼 떨
린다.
이 떨림 속으로 들어가라.

이 포옹 속에서, 이 깊은 교류 속에서 그대의 감각은 나뭇잎처
럼 떨릴 것이다. 그 감각의 전율 속으로 들어가라. 그러나 우리는

이것을 두려워한다. 섹스 속으로 들어갈 때 그대 몸이 멋대로 움직이도록 허락하지 마라. 그대 몸이 마음껏 움직이도록 허락하게 되면 섹스의 동작이 그대 전신으로 퍼지기 때문이다. 섹스 에너지가 성기에 국한되어 있을 때는 통제가 가능하다. 그러나 섹스 에너지가 그대 전신에 퍼질 때 그대는 더 이상 통제할 수 없게 된다. 그대는 나뭇잎처럼 떨릴 것이다. 그대는 울부짖기 시작할 것이다. 몸이 성 에너지에 불붙게 되면 이것을 통제한다는 것은 불가능하다.

우리는 우리의 몸짓을 억제한다. 이 사회 전체는 특히 여성의 모든 몸짓을 통제하고 있다. 여성 에너지의 확산을 엄격히 규제하고 있다. 그래서 여성은, 여성의 육체는 굳어져 가고 있다. 남자는 여자들에 대해서 무엇인가를 행사하고 있다. 그러나 여자는 남자에 대해서 아무것도 행사하려 들지 않는다. 그들은 그저 수동적일 뿐이다. 왜 그런가? 왜 남자들은 이런 식으로 여자들을 억압하고 있는가? 그것은 두렵기 때문이다. 여성의 몸이 깨어나게 되면, 여성의 몸에 있는 섹스 에너지가 불붙게 되면 곤란한 일이 생긴다. 그녀를 만족시킨다는 게 여간 어려운 일이 아니기 때문이다. 여성은 고리형의 오르가즘을 갖고 있다. 그러나 남성은 그런 오르가즘을 갖고 있지 않다. 대신 남성은 단 한 번의 오르가즘밖에 없다. 그러나 여성의 오르가즘은 수많은 오르가즘의 고리로 연결되어 있다.

남성의 오르가즘이 단수로 되어 있다면 여성의 그것은 복수이다. 어떤 여성이라도 최소한 세 개의 오르가즘을 가지고 있다. 그러나 남성은 단 하나의 오르가즘밖에 가지고 있지 않다. 남성의 오르가즘이 끝나게 될 때 여성의 오르가즘은 그제서야 잠이 깬다. 여성의 오르가즘은 그때부터 보다 높은 단계의 오르가즘으로 올라가려 한다. 그러나 남성은 오르가즘을 경험한 후 깊은 수면 상태로 떨어져 버린다. 이와 반비례해서 여성의 감각은 점점 더 불붙기 시작한다. 이 때문에 여성은 결코 만족할 수 없다. 남성은 결코 여성을 만족시킬 수 없다. 그 순간, 보다 높은 단계로 올라가고 싶은 그녀의 오르가즘이 억눌려질 때 그녀는 즉시 또 다른 남자를 원하게 된다. 여기 일부일처제의 모순이 있다. 그러나 인간 사회는 일부일처제를 채택하고 있다. 그래서 남자들은 여성을 충족시키는 것보다 차라리 억눌러 버리는 것이 훨씬 쉽다고 생각했던 것이다. 80% 이상의 여성들이 오르가즘이 어떤 것인지조차 모르고 있다. 그들은 단지 아기를 낳아 주고, 남자들의 배설 행위를 돕는 보조 역할을 할 뿐이다. 그들은 남자들을 만족시키는 것으로 흡족해 한다. 하지만 그들 자신은 결코 만족할 수 없다. 보라. 여성들의 이 슬픔을 보라. 여성들의 이 고통을 보라. 이 때문에 여성들의 요구는 관철되지 않는다.

떨린다는 것은 얼마나 좋은 일인가! 섹스의 매동작 속에서 떨리기 시작할 때 에너지는 온몸으로 골고루 퍼져 나간다. 그때 세포 하나하나마다 에너지는 진동하기 시작한다. 하나하나의 세포는 모두 잠에서 깨어나기 시작한다. 모든 세포는 성세포이기 때문이다.

두 개의 성세포가 만나서 그대의 탄생이 이루어졌다. 그대의 몸이 형성되었다. 그대의 모든 세포가 떨리기 시작하는 것이 그대가 사랑하는 사람과 만났기 때문만은 아니다. 이것은 그대 몸 속에서 그대 자신의 반대 극성과의 만남 때문이다. 그대의 세포 속에는 개발되지 않은 이성(異性)의 세포가 있기 때문이다.

또한 이 떨림 속으로 들어가게 되면 마치 동물과도 같아진다. 그러나 인간은 원래가 동물이었다. 인간이 동물이라고 해서 잘못된 것은 하나도 없다.

거대한 바람이 불어온다. 나무가 떨고 있다. 뿌리까지 떨리고 있다. 잎사귀 하나하나마다 모두 신들린 듯이 떨고 있다. 섹스는 거대한 바람이다. 그대 속에서 거대한 에너지의 바람이 불고 있다. 그대여, 전율하라. 그 전율 속으로 들어가 전율 자체가 되라.

그대 전신의 세포가 일어나 춤추게 하라. 그대 연인의 세포 역시 춤추기 시작할 것이다. 그럴 때만 두 사람의 만남이 가능하다. 여기 이 만남은 결코 육체만의 만남이 아니다. 이 만남은 바로 그대 자신의 생명 에너지와의 만남이다.

들어가라. 이 떨림 속으로 들어가라. 방관자로 남아 있지 마라. 관객이 되지 마라. 마음은 관객이다. 방관자로 서 있지 말고 떨어라. 이 떨림 속으로 뛰어들어라. 모든 것을 잊어버리고 떨림 그 자체가 되어라. 떨림은 그대 몸에 국한된 것이 아니다. 그것은 그대 존재 전체와 연결되어 있다. 그대는 이제 떨리는 나뭇잎이다. 여기 두 개의 마음이 있다. 두 개의 육체가 있다. 이 두 개의 육체는 떨리는 두 개의 에너지로 변했다가 마침내 하나의 원을 이룬다. 하나의 순환을 이룬다.

이 순환 속에서 무슨 일이 일어나는가? 그대는 우주의 한 부분이 될 것이다. 그대는 우주와 둘이 아니다. 이 떨림을 통해서 그대는 우주가 된다. 이 순간이야말로 위대한 창조의 순간이다. 그대의 육체는 유동적으로 될 것이다. 그대는 하나의 액체가 될 것이다. 하나의 흐름이 되어 서로가 서로 속으로 스며 들어가게 된다. 여기에 마음은 사라진다. 분별이 사라진다. 그대는 전체가 된다. 하나가 된다. 이것을 '아드바이타(advita)' 즉 불이원(不二元)이라고 부른다. 이 불이원을 느낄 수 없다면 불이원에 관한 모든 철학은 쓸모없게 된다. 그저 말장난에 지나지 않는 것이다.

그러나 이 불이원적인 순간을 경험하게 되면 그대는 비로소 우파
니샤드(Upanishads)를 이해하게 될 것이다. 전체가 무엇이라는
것을, 신비주의가 무엇이라는 것을 이해하게 될 것이다. 그대는
더 이상 이 세상과 분리되지 않는다. 그대는 이제 더 이상 이방인
이 아니다. 지금부터는 존재의 본질이 그대의 집이다. '나는 마침
내 존재의 집으로 돌아왔다'고 느끼는 순간, 모든 걱정은 사라져
버린다. 여기에 싸움이 있을 수 없다. 이것을 노자는 '도(道)'라
고 불렀다. 샹카라(Shankara)는 아드바이타라고 불렀다. 그리
고 그대 역시 자신의 언어로 그것을 이름붙일 수 있다. 하지만 그
것을 머리로 이해하는 것보다 깊은 사랑의 포옹 속에서 느끼는
것이 보다 쉬운 일이다. 살아 있어라. 그리고 진동하라. 떨림 자
체가 되라.

50

실제적인 포옹 없이 단지 그 결합을 상상하는 것만으로도
변형이 일어난다.

이 방편에 익숙해지면 그때는 상대마저도 필요치 않게 된다.
섹스의 여러 가지 동작을 상상하는 것만으로도 충분히 그 상태에
들어갈 수 있다. 그러나 우리는 먼저 떨림의 그 느낌을 알아야 한
다. 그 느낌을 알게 되면 상대와의 실제적인 행위가 없이도 그대
혼자서 그 상태에 도달할 수 있다. 이것은 좀 어렵지만 불가능한
일은 아니다. 거기 오직 에너지의 떨림만이 있다면, 하나의 순환
만이 남는다면 그 순간 상대마저도 사라져 버리게 된다. 이것은
남성보다 여성이 훨씬 쉽다. 여성은 섹스의 동작 속으로 들어갈
때 눈을 감기 때문이다. 이 방편을 수련하는 동안은 두 눈을 감는

것이 좋다. 그럼으로써 순환의 느낌이, 하나로서의 그 느낌이 일어나는 것이 가능하다. 우선 두 눈을 감아라. 연인과 함께 하듯이 누워라. 그리고 연인과의 애무를 기억하라. 느끼기 시작하라. 머지않아 그대 몸은, 몸의 세포들은 떨리기 시작할 것이다. 이 떨림을 따라라. 모든 것을 잊어버려라. 그리고 연인과 함께 하듯이 그렇게 움직여라. 오직 초기에서만 '함께 하듯이'라는 말이 적용된다. 하지만 머지않아 그 말은 말이 아니라 사실로 나타난다.

사랑의 동작 속으로 들어가듯이 그렇게 움직여라. 아니 실제로 사랑의 동작을 시작하라. 소리를 질러라. 움직여라. 그리고 떨어라. 머지않아 순환의 느낌이 올 것이다. 그러나 이 순환은 상대가 없이 만들어진 느낌이다. 그대가 남자라면 이 우주 전체가 여자가 된다. 또한 그대가 여자라면 이 우주 전체는 남자가 된다. 그대는 이제 존재 그 자체와 깊은 교류 속에 있다. 상대방은 더 이상 거기에 없다.

상대방은 문에 지나지 않는다. 본질로 들어가는 문 말이다. 이성과 사랑의 동작을 계속하고 있는 동안 그대는 존재 그 자체와 사랑의 행위를 하고 있는 것이다. 남자는 문에 불과하다. 여자 역시 문에 불과하다. 상대방은 우주 속으로 들어가는 문이다. 그러나 급히 서두른다면 결코 이것을 느낄 수 없다. 이 영적 교류 속에서 이 깊은 포옹 속에서 둘이 몇 시간이고 있을 수 있다면 그대는 상대방을 잊게 될 것이다. 상대방은 전체의 확장에 지나지 않게 될 것이다. 이 방법을 알게 되면 그대 혼자서도 얼마든지 수련이 가능하다. 이는 그대에게 전혀 색다른 자유를 줄 것이다. 상대방으로부터의 자유 말이다.

여기서 상대는 우주가 된다. 그때 이 방편은 계속 사용할 수 있게 된다. 그리고 존재계와 계속 연결 상태로 있을 수 있다. 그리고 그때 그대는 다른 차원에서도 이것을 할 수 있다. 예를 들어 아침 산책을 하면서도 이는 가능하다. 아침 공기와, 떠오르는 태양과의 교류 또한 가능하다.

밤하늘의 별을 보라. 이 영적 교류는 별과도 가능하다. 달을 보라. 달과의 영적 교류가 가능하다. 그대는 이런 식으로 우주 전체와 섹스 행위 속에 있을 수 있다.

하지만 처음에는 이성과 시작해야 한다. 그대는 인간이기 때문이다. 이성은 그대와 가장 가까운 우주이다. 그러나 반드시 이성이 있어야만 하는 것은 아니다. 이성은 단지 문이기 때문이다. 문을 넘어서면 더 이상 문은 필요가 없다.

탄트라는 섹스를 하나의 수레로 사용한다. 섹스란 무엇인가? 섹스는 에너지다. 그것은 훌륭한 방편이다. 섹스는 그대를 변형시킬 수 있다. 그대의 차원을 높일 수 있다. 그러나 지금 우리는 이런 식의 섹스에 대해서 감감 무소식이다. 우리는 섹스를 잘못 사용하고 있다. 부자연스럽게 사용하고 있다. 동물을 보라! 그들은 우리 인간보다 훨씬 자유롭다. 그들은 아주 자연스럽게 그것을 사용하고 있다. 인간은 섹스를 하나의 죄악으로 보고 있다. 여기에서 섹스와 그대 사이에 깊은 갈등이 시작된다. 그대는 섹스 속에서 그대 자신을 완전히 해방시키지 않고 있다. 오히려 그것을 비난하고 있다. 이는 새로운 세대도 마찬가지다. 그들은 말할 것이다.

"섹스를 억눌러서는 안된다. 섹스는 결코 타부(Taboo)가 아니다."

하지만 그들의 무의식에는 계속 섹스를 비난하는 마음이 남아 있다. 그대는 단 한 번도 섹스 속에서 완전히 자유로워 본 적이 없다. 그뿐이겠는가? 때로는 섹스에 대하여 거부감마저 느끼게

될 것이다. 이 거부감이 그대 속에서 분열을 야기시킨다. 갈등을
야기시킨다.

탄트라는 말한다. 전체 속에서 움직여라. 또한 전체적으로 움
직여라. 자신에 대해서는 완전히 잊어버려라. 문화, 교양, 종교,
이데올로기 따위는 깨끗이 잊어버려라. 그저 섹스의 동작 속으로
녹아 들어가라. 거기에서 일어나는 것은 어떤 것도 거부하지 마
라. 완전히 무념(non-thinking)이 되라. 그때 비로소 상대와
하나가 되었다는 것을 느끼게 된다. 그리고 그 '하나됨'의 느낌이
상대방에 대한 집착을 지워 버린다. 상대방은 사라지고, 그 집착
마저 사라지고 거기 오직 우주만이 남는다. 우주 전체가 있다. 그
대는 나무와도 그 행위가 가능하다. 달과도 가능하다. 아니 이 세
상 그 어떤 것과도 섹스의 행위가 가능하다. 이 방법만 알게 되
면, 순환의 느낌을 만들어 내는 이 방편만 터득하게 되면 그 어떤
것과도 교류할 수 있다. 심지어는 아무런 상대가 없이도 이것이
가능하다. 단지 에너지와 말이다.

그대 자신 속에서 이 순환의 느낌은 가능하다. 인간은 양성(兩
性)적이기 때문이다. 남자는 남성이며 동시에 여성이다. 여자 역
시 여성이며 동시에 남성이다. 그 순환의 느낌은 처음에 남자와
여자 사이에서 가능했다. 지금 그대 속에는 그대의 반쪽인 자신
의 이성(異性)이 있다. 그 이성을 깨움으로써 이 행위가 가능해
진다.

이 순환의 느낌이 그대 속에서 만들어진다면 그대는 그대 자신
과 더불어 깊은 포옹의 상태에 있게 될 것이다. 이 순환의 느낌이
올 때 그때 비로소 진정한 의미에서의 브라흐마챠리아의 성취가
가능하다. 그렇지 못할 경우 이 세상의 모든 독신주의는 잘못된
길이다. 그들은 지금 그들 자신의 문제점을 만들어 내고 있을 뿐

이다. 이 순환이 그대 자신 속에서 만들어질 때 그대는 해방이다. 이 모든 것으로부터의 해방이다.

이 때문에 탄트라는 말하고 있다.

"섹스는 가장 깊은 속박이다. 그러나 그것은 또한 가장 높은 차원의 자유를 성취하는 수단이 될 수 있다. 독을 약으로 사용할 수 있다."

이것이 바로 탄트라의 기본 입장이다. 독을 약으로 사용하기 위해서는 지혜가 필요하다. 그러므로 어떤 것도 비난하지 마라. 비난하는 대신 그것을 사용하라. 그리고 어느 것에도 반대하지 마라. 그것을 이용하고 변형시키는 법을 찾아라. 탄트라는 삶의 수용이다. 그것은 가장 깊고 전체적인 수용이다. 따라서 불필요한 투쟁을 만들어 내지 마라. 어떠한 투쟁이라도 그것이 이미 투쟁인 이상 그대 자신을 파괴할 것이기 때문이다.

모든 종교가 섹스를 반대하고 있다. 섹스를 두려워하고 있다. 섹스는 거대한 에너지이기 때문이다. 이 섹스 에너지 속에 들어가게 되면 그대는 더 이상 따로 존재하지 않는다. 그 에너지의 물결이 그대를 어느 곳으로든 데리고 갈 것이다. 이 때문에 사람들은 섹스를 두려워한다. 그래서 사람들은 자신과 섹스의 물결 사이에 둑을 쌓는다. 그런 다음 이 섹스 에너지, 이 생명 에너지가 자신을 장악하지 못하도록 한다. 그것을 다스리고 통제하려고 든다.

그러나 탄트라는 이렇게 말하고 있다.

"섹스 에너지의 통제자가 되려는 것은 위선이다. 그것은 하나의 병이다."

그대는 이 섹스 에너지와 분리될래야 될 수가 없다. 그대 자신이 바로 그것이기 때문이다. 그것은 바로 그대 자신이다. 따라서 모든 분리는 위선일 수밖에 없다. 그대는 그 에너지의 한 부분이다. 그 바다에 이는 한 번의 파도에 불과하다. 그대는 얼어 버릴 수도 있으며 그 바다로부터 분리될 수도 있다. 그러나 그 얼음의 상태는 바로 죽음의 상태인 것이다. 인간은 죽어 있는 상태 속에서 살고 있다. 펄펄 살아 있는 사람은 아무도 없다. 그대는 이 강물 위에 부유하는 죽은 물질일 뿐이다. 녹아라. 녹아서 이 흐름과 하나가 되라.

강물과 하나가 되라. 강물 속에 녹아 들어라. 여기 차원의 변형이 온다. 투쟁을 통해서는 결코 변형이 오지 않는다. 오히려 변형은 자각을 통해서 오는 것이다. 앞의 세 가지 방편은 참으로 중요한 방편이다. 그리고 섹스는 지금 우리가 알고 있는 차원보다 훨씬 심오한 차원을 갖고 있다. 섹스는 결코 일시적인 위안이 아니다. 우리는 이 탄트라적인 섹스를 통해서 에너지를 고갈시키지 않을 수 있다. 여기에 끝은 없다. 섹스는 하나의 순환을 이룬다. 가장 심오한 명상이 된다.

51

오랫동안 헤어져 있던 친구를 만났을 때 그 기쁨은 말할 수 없다.
이 기쁨 속으로 깊이 스며들어라.

만약 그대가 오랫동안 보지 못했던 친구를 만나게 되면 말할 수 없는 기쁨이 솟는다. 그러나 그대의 관심은 그 기쁨이 아니라 친구에게 가 있을 것이다. 그렇게 되면 그대는 어떤 것을 놓치게 된다. 그 기쁨은 순간적인 것으로 변해 버린다. 그대의 관심은 오직 친구에게만 가 있다. 그대는 친구와 더불어 이야기할 것이다.

지난날의 기억들을 더듬을 것이다. 그러나 그 기쁨은 곧 가실 것이다.

오랜만에 친구를 만나 그대 가슴에서 기쁨이 솟을 때 바로 이 기쁨에 집중하라. 이 기쁨을 느껴라. 이 기쁨과 하나가 되라. 친구로 하여금 이 기쁨의 외곽에 있도록 하고 그대 자신이 이 기쁨의 한가운데에 머물도록 하라.

이 방법은 다른 상황 속에서도 똑같은 수련을 할 수 있다. 예를 들어 태양이 떠오를 때 그대는 그대 속에서도 무엇이 떠오르고 있음을 느낄 것이다. 그러면 태양을 잊어버려라. 태양으로 하여금 외곽에 있도록 하라. 그러면 그대 속에서 떠오르는 느낌이 중심이 될 것이다. 그 느낌을 바라보는 자가 되지 마라. 그것 속으로 녹아 들어가라. 그러면 그것은, 그 느낌은 그대 전신에 퍼지게 된다. 그대 존재 전체가 그것으로 충만하게 된다. 일상 생활 속에서 기쁨이나 행복을 느끼는 순간은 드물다. 그러나 그 순간조차도 그냥 놓쳐 버리고 있다. 그대의 모든 관심이 외부의 대상에만 집중되어 있기 때문이다.

기쁨이 있을 때마다 '이 기쁨은 밖에서부터 왔다'라고 느낀다. 친구를 만난다. 물론 이 기쁨은 친구로부터 왔다고 생각한다. 친구를 만났기에 이 기쁨이 일어난 것이라고 생각한 것이다. 하지만 그것은 기쁨이 발생한 근본적인 원인이 될 수 없다. 기쁨은 그대 속에 있다. 친구는 이 기쁨이 그대 속에서 나올 수 있도록 만든 상황에 불과하다. 기쁨이 그대 속에 있다는 것을 인식시키는 계기에 불과하다. 그리고 이것은 기쁨에만 한정되어 있는 것도 아니다. 분노를 느낄 때, 슬픔을 느낄 때, 그리고 불행을 느낄 때도 이것은 가능하다. 이처럼 상대방은 단지 그대 속에 숨겨져 있는 것이 표출되도록 하는 하나의 자극에 불과하다. 그러므로 무슨 일이 일어나든지 그것은 그대 자신 속에서 일어나는 것이다. 그리고 무슨 일이 일어나든지 그 느낌 속에 그대로 남아 있어라. 그러면 그대의 태도에 변화가 올 것이다. 이제까지와는 근본적으로 다른 태도를 지니게 될 것이다.

부정적인 감정을 통해서조차 이 방편을 수행하는 것이 가능하다. 화가 날 때 화를 내게 한 그 사람에게 관심을 쏟지 마라. 그 사람은 분노의 외곽에 남겨 두라. 그리고 그대 자신은 분노 속으로 들어가라. 전체로서 분노를 느껴라. 그대 속에서 분노가 일어나는 대로 그 분노의 불길을 내버려 두라.

"이 녀석이 나를 화나게 했다."

이런 식으로 말해서는 안된다. 그를 욕하지 마라. 그는 상황에 지나지 않는다. 차라리 그에게 고마워해야 할 일이다. 그는 그대의 어느 부분에 충격을 가했다. 거기 상처가 있었다. 이제 그대는 그 상처를 알게 되었다. 그래서 그대는 상처 그 자체가 된다.

부정적인 감정이건 긍정적인 감정이건 가리지 말고 이 방편을 적용하라. 거기에서 많은 변형들이 일어날 것이다. 그 감정이 부정적인 것이라면 그 부정적인 것들이 여전히 그대 속에 남아 있음을 자각함으로써 그 감정으로부터 벗어날 수 있다. 그리고 또 그 감정이 긍정적이라면 그대는 감정 그 자체가 될 것이다. 그것이 기쁨이라면 그대는 기쁨 그 자체가 될 것이다. 그러나 그것이 분노라면 그 분노는 사라져 버린다.

부정적인 감정과 긍정적인 감정은 이 점에서 다르다. 어떤 감정이 그대 속에서 솟아오를 때, 그 감정을 자각함으로써 감정이 사라져 버린다면 그 감정은 부정적인 감정이다. 그러나 감정을 자각함으로써 그 감정과 하나가 된다면 그 감정은 긍정적인 감정이다. 자각은 이같이 두 가지 기능을 발휘하고 있다. 그것이 나쁜 감정이라면 이 자각을 통해서 그대는 자유롭게 된다. 그러나 그것이 축복이라면 그대는 그것과 하나가 될 것이다.

이것이 좋은 감정과 나쁜 감정을 구분하는 기준이다. 자각을 통해서 그 감정이 더욱더 진해진다면 그것은 좋은 감정이다. 그러나 자각을 통해서 사라져 버린다면 그것은 나쁜 감정이다. 그러므로 자각 속에서 죄는 더 이상 남아 있을 수 없다. 덕은 자각하면 할수록 더욱더 무성해진다. 진정한 의미에서의 덕과 죄는 사회적 개념이 아니다. 그것은 내면적 체험이며 느낌이다.

그대의 자각을 사용하라. 자각은 어둠을 밝히는 빛과 같다. 불이 켜지는 순간 거기 어둠은 더 이상 머물 수 없다. 어둠은 실재하지 않기 때문이다. 즉 어둠은 빛의 부재 상태이다. 이 책상, 이 벽은 사라지는 것이 아니라 어둠 속에 묻혀서 보이지 않을 뿐이다. 그러나 불을 켜게 되면 어둠은 사라져 버린다. 어둠이 사라져 버리자 실재가 드러나게 된다. 이 방에 있던 실재의 물건들이 보이게 된다. 자각을 통해서 부정적인 모든 감정은 어둠처럼 사라져 버린다. 미움, 분노, 질투 따위는 흔적도 없이 사라져 버린다. 그리고 대신 그대 속에 묻혀 있던 사랑, 기쁨, 평화 등이 처음으로 드러나게 된다. 그러므로 오랜만에 친구를 만났을 때 기쁨이 솟아오르면 그때 그대는 그 기쁨 속으로 들어가라.

52

먹거나 마실 때 그 음식의 맛 그 자체가 되라.
그리하여 그 맛으로 그대 자신을 가득 채워라.

우리는 매일 음식을 먹는다. 음식이 없으면 살 수 없다. 그러나 우리는 무의식적으로 음식을 먹고 있다. 기계처럼 습관적이다.

식사라는 것이 제대로 음미하지 않는다면 위장 속에 음식물을 채워 넣는 행위에 불과하다. 우선 천천히 먹어라. 그리고 그 맛을 음미하라. 천천히 먹음으로써만 맛의 음미가 가능하다. 천천히, 아주 천천히, 서두르지 마라. 맛을 음미하면서 그 속에 빠져 들어라. 단맛을 느끼면 단맛 그 자체가 되라. 입 뿐만 아니라 온몸으로 그 맛을 느끼도록 하라. 무엇을 먹든지 그대 자신이 그 맛 자체가 되라. 탄트라의 가르침이 여타의 가르침과 정반대의 입장에서 있는 것처럼 보이는 것도 바로 이런 성격 때문이다. 마하트마 간디의 아쉬람(수련원)에서는 다음과 같은 하나의 규칙이 있다.

"맛보지 마라. 무슨 음식을 먹든지 맛으로 먹지 마라. 그저 육체를 지탱하는 약으로 먹어야 한다. 맛은 일종의 욕망이기 때문이다. 그러므로 맛을 봐서는 안된다."

그러나 탄트라의 입장은 이와 정반대다.

"맛보라. 맛을 음미할 수 있는 데까지 음미하라. 가장 민감하게 느껴라. 감각적이 되어라. 아니 감각의 차원에 머물지 말고 맛 그 자체가 되라."

맛이 사라지고 없을 때 그대의 감각은 경직될 것이다. 더욱더 무감각해질 것이다. 이 무감각 속에서는 몸을 느낄 수 없다. 그대의 느낌조차 느낄 수 없다. 그대는 다만 그대 자신의 머리 속에 남아 있게 될 것이다. 머리 속에 고정되어 있는 이것이 바로 분열이요, 갈등이다. 탄트라는 그대 자신 속에 어떠한 분별도 만들어 내지 말라고 말한다. 감각이라는 것이 얼마나 신비로운 것인가? 감각적이면 감각적일수록 삶은 더욱더 활기 차게 될 것이다. 활기 차면 활기 찰수록 에너지는 더욱 넘치게 되고 그대 존재의 문은 더욱 활짝 열리게 될 것이다.

그리고 우리는 다른 사람을 만지지 않으려 한다. 만진다는 것에 대하여 두려워하고 있다. 만진다는 것은 직접이든 간접이든 모두 섹스의 동작과 연결되어 있기 때문이다 그대는 지금 만원 버스 속에 서 있다. 옆 사람도 그대를 건드리지 않고 그대 역시 옆 사람을 건드리지 않는다. 오직 옆 사람과 그대의 육체가 다을 뿐이다. 그대의 감정은 전혀 움직이지 않는다. 그러나 누군가가 일부러 그대의 몸을 만질 경우 그대는 일종의 모욕감을 느끼게 될 것이다. 그가 그대의 몸을 만질 때 그대 자신은 그대의 몸으로부터 저 멀리 떨어져 있을 수 있다. 마치 몸이 없는 것처럼 말이다. 마치 죽은 송장을 만지는 것처럼 말이다.

이와 같은 무감각은 좋지 않다. 그대는 그대 자신의 삶을 지켜야 하기 때문이다. 그대는 죽음을 두려워하고 있다. 그러나 그대는 이미 죽어 있다. 그대가 그토록 죽음을 두려워하고 있는 것은 그대 자신이 지금 살아 있지 않기 때문이다. 그대는 삶을 놓쳐 버렸다. 거기에 죽음이 밀려오고 있다.

정말로 살아 있는 사람은 죽음을 두려워하지 않는다. 그대가 진정 살아 있다면 죽음 따위는 두렵지 않다. 아니 죽음 속에서조차 열렬하게 살아 있을 수 있다. 죽음이 올 때 그대의 감각은 모두 깨어난다. 그와 동시에 그대는 이 죽음까지 음미하게 될 것이다.

죽음! 이 얼마나 위대하고도 신비로운 경험인가? 그대가 진정 살아 있다면 죽음 속에서조차 살아 있을 수 있다. 여기에 더 이상 죽음은 없다. 죽음 속에서조차 살아 있을 수 있다면, 죽어 가는 그대 몸의 감각조차 느낄 수 있다면, 몸의 그 감각들이 그대의 중심으로 수축되어 사라짐을 느낄 수 있다면, 그때 그대에게는 죽음이 없다.

탄트라는 말한다.

"먹거나 마실 때 음식의 맛 그 자체가 되라. 그리하여 그 맛으로 그대 자신을 가득 채워라."

물을 마셔 보라. 물을 마실 때 물의 맛을 느껴라. 자, 두 눈을 감고 천천히 물을 마셔라. 물 맛을 느껴 보라. 물이 입에 닿는 순간 그 맛과 함께 차가움이 전신에 퍼지도록 하라. 온몸으로 그 차가움을 느껴라. 이런 방법을 통해서 그대의 감각은 점점 예민해질 것이다. 그와 함께 그대는 더욱 활기 차고 충만해질 것이다.

느낌의 차원에서 보면 우리는 실패자이다. 삶은 덧없다고 우리는 말한다. 그러나 삶이 이토록 덧없는 이유가 어디에 있다고 생각하는가? 그것은 바로 우리 자신에게 있다. 우리는 결코 이 느낌이란 것으로 충만해 본 적이 없다. 또한 우리 자신을 이 느낌으로 충만해지도록 허용하지도 않았다. 우리는 단단한 갑옷을 입고 있다. 우리는 느낌에 가까이 다가가는 것을 두려워하고 있다. 그래서 우리는 모든 것에 대하여 우리 자신을 방어하고 있다. 우리는 이제 하나의 무덤이 되었다. 우리의 차원은 죽음이다. 그래서 탄트라는 언제나 살아 있으라고 말한다. 더욱 펄펄 살아 있으라고 말한다. 삶이야 말로 신이기 때문이다. 삶 외에 다른 신은 없다. 살아 있으면 살아 있을수록 그대는 신성에 가까워진다. 전체적으로 살아 있으라. 거기 더 이상 죽음은 없다.

〈질문〉

"당신께서 강의하신 대부분의 방편들은 육체를 그 수단으로 사용하는 것이었습니다. 탄트라에서 육체가 그토록 중요한 이유가 무엇입니까?

많은 기본적 요점들이 이해되어져야 한다. 첫째, 그대는 그대의 육체다. 지금 당장에 그대는 육체 외에 다른 아무것도 아니다. 그대는 영혼이나 아트만 등등의 것에 대해서 들어보았을 것이다. 하지만 그것들은 생각이나 개념에 불과한 것이지 그대의 체험은 아니다.

그대가 단지 하나의 육체뿐이라는 것이 지금은 옳다. 그대가 죽음을 모르는 영혼이라든지 불멸의 아트만이라는 생각으로 스스로를 속이지 마라. 그것은 한낱 주워들은 생각일 뿐이다.

그대는 영혼이 존재하는지 안 하는지도 모른다. 그대는 내면으로 깊이 들어가 그 핵심을 꿰뚫은 적도 없고 불멸을 깨달은 적도 없다. 그대는 죽음이 두려워 죽음이 없다는 생각을 붙잡고 있다. 그러나 죽음은 실재하는 것임을 알고 있으면서도 단지 그대는 죽음 없는 상태가 있을 것이라고 믿으며 운좋게 그 상태에 들어갈 수 있기를 바랄 뿐이다.

나는 영혼같은 것은 없다고 말하는 것이 아니다. 또한 죽음 없는 상태란 있을 수 없다고 말하는 것도 아니다. 나는 결코 그런 말은 하지 않았다. 지금 그대에 관한 한 그렇다는 뜻이다. 그대는 단지 육체일 뿐 불멸의 영혼에 대해서는 생각만 갖고 있다. 그대는 공포 때문에 불멸의 영혼이나 신에 대해 믿게 되었다. 그런 것들은 교회나 사원 혹은 모스크에 가서, 혹은 죽음의 문턱에 선 노인을 찾아가서 들은 것들이다.

대부분의 젊은이들은 기본적으로 무신론자들이다. 그러나 나이가 들어갈수록 신이나 내세를 믿게 된다. 젊었을 때는 죽음에 대해서 별로 염려하지 않는다. 그런 것은 남에게나 일어나는 일쯤으로 생각하기 때문이다. 그러나 그대가 늙어갈수록 점점 죽음이 가까이 다가오고 있음을 실감하기 시작한다.

죽음은 가까이 있다. 그래서 사람들은 신앙을 갖기 시작한다. 모든 신앙은 죽음에 대한 공포 때문에 생긴 것이다. 그리고 그런 믿음은 자신을 속이는 것 외에 아무것도 아니다. 지금 당장에 그대는 육체이다. 이것은 사실이다. 그대는 불멸에 대해서 아무것도 알지 못한다. 그대는 오직 죽음에 대해서만 알 뿐이다. 그러나 '죽음 없음'이 거기에 있다. 그대도 그것을 알 수 있다. 믿는 것은 아무 도움도 되지 못한다. 아는 것이야말로 도움이 된다. 그대는 그것을 깨달을 수 있다. 그것들을 경험하지 않는 한 한낱 생각만으로는 아무 소용이 없다.

생각이나 믿음으로 경험을 대신할 수는 없다. 탄트라 수행이 그대의 몸에서부터 시작하는 것도 바로 그 때문이다. 처음에는 육체만이 확실한 사실이다. 그대는 육체에서부터 여행을 시작해야 한다. 그대가 육체 속에 있기 때문이다. 처음부터 고차원적인 것은 좋지 않다. 잘못하면 관념적이 될 수 있기 때문이다. 그리고 그대는 육체 속에 무엇이 있는지 모른다. 그대는 그저 육체만 알 뿐이다. 육체를 넘어선 어떤 경험과는 여전히 거리가 멀다.

그대가 형이상학자나 신학자에게 간다면 그들은 분명히 영혼에서부터 시작할 것이다. 그러나 탄트라는 절대적으로 과학적이다. 그것은 그대가 처한 현실에서부터 시작한다. 그대가 나중에 이룰 수 있는 것에서부터 시작하지 않는다. 거기에서 시작하는 것은 허구가 될 가능성이 크다.

탄트라는 육체에 대해 어떤 비난도 하지 않는다. 탄트라는 있는 그대로를 전적으로 받아들인다. 기독교 신학자들 뿐만 아니라 다른 종교 지도자들도 육체에 대해서 매우 비판적이다. 그래서 그들은 이원론을 만들어 낸다. 그대는 두 개의 존재이다. 하나는 육체이며 다른 하나는 영혼이다. 그들에 따르면 육체는 영혼의

적이다. 그것에 맞서 싸워야 하는 것이다. 그러나 그것은 근본적으로 잘못된 것이다. 이 이원론이 그대의 마음을 쪼개고 인격을 분열시킨다.

일반적으로 종교는 인간으로 하여금 정신분열증을 일으키게 만든다. 모든 분별이 그대를 쪼갠다. 그리고 그대는 여러 갈래로 나뉘어진다. 모든 사람이 여러 가지 분별심으로 분열되어 있다. 거기에는 어떤 유기체적 결합도 없고 중심도 없다. 그저 산산이 부서진 조각들로 군중을 이루고 있다.

그대의 마음과 육체를 나눌 뿐만 아니라 그대의 영혼과 육체까지도 나눈다. 육체는 상체와 하체로 나누어 상체는 좋은 것이고 하체는 우둔한 것, 부정한 것으로 여긴다.

그러나 탄트라는 모든 것을 받아들인다. 그것이 무엇이든지 전적으로 받아들인다. 그래서 탄트라는 섹스조차 전심으로 받아들일 수 있다. 5천 년 동안 탄트라는 섹스를 전적으로 받아들인 유일한 전통이 되어 왔다. 그것은 이 세상을 통틀어 존재하는 유일한 전통이다. 왜인가? 섹스는 바로 그대가 처한 그 자리에서부터 시작하는 지점이기 때문이다.

그대는 성의 중추에 있다. 그대의 에너지는 섹스 센터에 있다. 바로 그 자리에서부터 성장이 시작되어 초월이 일어난다. 만약 그대가 그 중심 자체를 거부한다면 그때 그대는 자신을 스스로 속일 수밖에 없다. 그리고 그대는 어디로도 움직일 수 없다. 오직 그대가 거부한 그 지점에서만 움직임이 가능한 것이다. 탄트라는 육체를 받아들인다. 섹스를 받아들이고 모든 것을 받아들인다. 그리고 탄트라의 지혜는 모든 것을 받아들여 그것을 변형시킨다고 말한다. 오직 무지만이 모든 것을 거부한다고 말한다. 독도 약이 될 수 있다. 지혜를 통하면 말이다.

육체는 육체를 초월하는 수단이 될 수 있다. 섹스 에너지는 영적인 힘이 될 수 있다. 그래서 탄트라에서는 육체를 그토록 중요하게 여기는 것이다. 그대가 섹스 에너지를 부정한다면 영적인 힘 역시 얻을 수가 없다.

그대는 하나의 육체로 태어났다. 그리고 육체로서 살아왔다. 그대는 육체로서 병들고 육체로서 건강하다. 또한 육체로서 젊고 육체로서 늙는다. 그대의 전생애가 이 육체에 집중되어 있다. 그대는 누군가를 사랑하지만 그 사랑마저도 육체를 통해서 이루어지고 새로운 육체를 만들어 낸다.

그대가 생애를 통틀어 하고 있는 일이 무엇인가? 그것은 그대 자신을 보존하는 것이다. 음식과 물과 은신처로서 무엇을 보존하는가? 육체를 보존한다. 그대는 아이를 무엇으로 생산하는가? 육체를 통해서 생산한다. 생애의 99.9%가 이 육체를 중심으로 펼쳐진다. 그대는 초월할 수 있다. 그러나 그 여행은 육체를 통한 것이어야 한다. 육체를 사용해야 하는 것이다. 사실 그대는 육체에 대해서 물은 것이 아니다. 육체는 외형이고 그 내용은 바로 섹스다. 깊이 들어가 보면 육체는 섹스의 상징일 뿐이다.

그래서 섹스에 반대하는 전통들은 육체에 반대한다. 섹스에 반대하지 않는 전통만이 육체를 친근하게 대할 수 있다. 탄트라는 육체에 대해 절대적으로 친근하다. 육체가 성스럽다고 말할 정도이다. 탄트라에서 육체를 비난하는 것은 다른 종교에서 신성을 모독하는 것과 같다. 육체가 죄악이라고 말하는 것은 완전히 넌센스이다. 탄트라에서는 육체를 받아들일 뿐만 아니라 육체야말로 신성하고 순수하다고 말한다. 그대는 육체를 초월의 수단으로, 매개체로 사용할 수 있다.

그러나 만약 그대가 육체와 싸움을 벌인다면 반드시 지고 만다. 그대가 육체와 싸울수록 그대는 점점 병들어 갈 것이다. 그것은 완전히 기회를 잃는 것이다. 싸움은 부정적인 것이다. 탄트라는 긍정적이고 적극적인 변형을 원한다. 육체와 싸우지 마라. 그럴 필요가 없다. 그대가 수레와 싸워 수레를 파괴하면 할수록 그것은 움직이기가 어려워진다.

육체는 아름다운 수레이다. 그것은 너무나 신비롭고 너무나 복잡미묘하다. 그것을 사용하라. 그것과 싸우지 마라. 그것을 도와주라. 그대가 그것에 대항하는 순간 그대는 자신에게 대항하는 것이다. 그것은 마치 사람이 어디를 가려고 하면서 자신의 두 다리를 잘라 버리는 것과 같다. 탄트라는 육체와 그것의 비밀을 알라고 말한다. 그것의 에너지를 알아라. 그 에너지가 어떻게 변형되는지를 알아라.

예를 들면 육체 속의 기본 에너지인 섹스를 주시하라. 일반적으로 섹스 에너지는 생식에 사용된다. 하나의 육체는 다른 육체를 만들어 냄으로써 그 명맥을 이어 간다. 섹스 에너지의 생물학적 효용은 오직 생식일 뿐이다. 그러나 거기에는 또 다른 효용이 있다. 또 다른 창조적 행위가 거기에서 나올 수 있다. 생식은 기본적인 창조 행위이다. 그대는 뭔가를 만들어 낸다. 여자들이 어머니가 되었을 때 느끼는 행복감은 이전에는 느낄 수 없었던 훨씬 미묘한 행복이다. 그녀는 뭔가를 만들어 냈기 때문이다.

심리학자들은 남자는 결코 어머니가 될 수 없다고 말한다. 어머니가 되기 위해서는 여자의 섬세한 속성에서 나오는 창조성을 갖추어야 한다는 것이다. 그리고 그 창조성에서 마음의 안정을 만들어 낸다. 그러나 남자는 그런 기질이 부족하다. 남자도 창조성은 있다. 하지만 그것은 예술이나 발명으로 변형될 뿐 심리적 안정감으로 나오지는 않는다. 이제 심리학자들은 섹스 에너지야

말로 모든 창작의 원천이 된다고 말하고 있다. 그리고 탄트라는 항상 그렇게 말해 왔다. 예를 들어 화가가 그림을 그리거나 시인이 시를 지을 때는 섹스에 대해 완전히 잊어버린다. 그에게는 일부러 브라흐마챠리아(독신 수행)를 강요할 필요가 없다. 그의 섹스 에너지가 자연스럽게 창조적 활동으로 변형되기 때문이다.

브라흐마챠리아를 강요할 필요가 있는 사람들은 오직 수도원에 사는 승려들뿐이다. 그대가 창조적일 때 섹스 에너지가 창조적 행위로 흘러가기 때문에 성욕을 주체하지 못하는 일이 생겨나지는 않는다. 오히려 성에 대해서는 까맣게 잊어버린다. 일부러 노력하지 않아도 저절로 브라흐마챠리아가 되는 것이다. 하지만 일부러 성에 대해서 잊어버리려고 노력한다면, 다시 말해서 일부러 브라흐마챠리아가 되려고 노력한다면 그 노력이 그대로 하여금 성에 대해 더욱 생각하도록 만들 것이다. 그렇게 되면 브라흐마챠리아는 자연스런 것이 아니라 억압되고 변태적인 것으로 왜곡되어 버린다. 그때 섹스는 더 이상 육체의 문제가 아니라 마음의 문제가 된다. 그것은 매우 좋지 못하다. 마음은 전적으로 미칠 수 있다. 그때는 창조적인 행위를 통해 그것을 고칠 수 있다.

탄트라는 그대가 명상 속으로 들어가면 성욕은 완전히 사라지리라고 말한다. 그것은 완전히 사라질 수 있다. 모든 에너지가 더 높은 차원의 중심 속으로 흡수되기 때문이다. 그대의 육체는 많은 에너지 챠크라(center)를 갖고 있다.

섹스는 가장 낮은 챠크라(중심)에 속해 있다. 그리고 인간은 가장 낮은 중심에서 존재한다. 에너지가 상승될수록 더욱 높은 챠크라가 열린다. 같은 에너지가 심장으로 들어가면 그것은 사랑이 된다. 그것이 더 높이 올라가면 완전히 새로운 경험이 펼쳐진다. 같은 에너지가 그대의 가장 높은 중심, 즉 '사하스라르

(sahasrar) 챠크라'라고 불리는 정수리의 한 점에까지 이를 수 있다. 그대의 몸에서 섹스는 가장 낮고, 사하스라르는 가장 높다. 이 두 챠크라 사이에서 에너지는 움직인다. 그것은 섹스 챠크라에서 방출되기도 한다. 그렇게 되면 그대는 하나의 육체를 만들어 내는 것이다. 만약 사하스라르에서 방출되면 그대는 하나의 정신을 탄생시킨다. 자신을 새로 태어나게 하는 것이다. 그것은 생물학적 재생산이 아니다. 영적인 재생산이며 그대는 거듭 태어난다. 그대는 '드위지(dwij)'가 되는 것이다. 인도에서는 거듭 태어난 사람을 '드위지'라고 부른다.

탄트라는 어떤 비판도 갖고 있지 않다. 오직 변형을 위한 비밀스런 방편들만 갖고 있을 뿐이다. 그것이 바로 탄트라가 그토록 육체에 대해서 자주 이야기하는 이유다. 육체는 그대의 출발점으로 이해되어져야 하는 것이다.

이제 됐는가?

환상에서 실재로

꿈을 꿈이라고 의식할 때 그대의 존재는
서서히 깨어나기 시작한다. 그때 그대는
자신의 존재를 느낄 수 있다.

환상에서 실재로

53

오, 연꽃의 눈이여, 감촉의 달콤함이여,
노래하고 바라보며 맛볼 때마다 그대가 존재함을 자각하라.
그리고 언제나 살아 있다는 사실을 발견하라.

54

만족감이 발견되는 곳마다
그 어떤 행위 속에서든지 이것을 실현하라.

55

잠이 들려는 순간, 아직 잠에 떨어지지는 않았지만
외부를 향한 주의력이 사라지는 순간,
바로 거기에서 존재가 드러난다.

56

환영이 그대를 현혹시키고
찬란한 색채들이 그대를 둘러쌀 때,
분별되는 것조차 분별할 수 없게 된다.

문명이란 한마디로 말해서 거짓스러워지는 훈련이다. 그리고 탄트라는 그 반대 과정이다. 그대 자신을 거짓에 물들지 않게 한다. 만약 그대가 이미 거짓스러워졌다면 탄트라는 그대 속에 숨겨져 있는 실체를 만질 수 있도록, 그것과 재접촉할 수 있도록, 다시 진실해질 수 있도록 해준다. 그래서 우선 이해해야 할 것은 우리가 얼마나 계속해서 거짓스러워지고 있는가 하는 것이다. 한 번 이 거짓스런 과정을 이해하고 나면 그 즉시 많은 변화가 일어날 것이다. 진정한 이해는 그 자체가 하나의 돌연변이이다.

인간은 분리되지 않은 채로 태어난다. 그는 몸도 아니고 마음도 아니다. 그에게는 어떤 구분도 없다. 오직 하나의 인격체로서 통일되어 있다. 인간은 마음과 육체 두 가지 다. 그러나 그렇게 말하는 것조차 틀린 것이다. 인간은 정신적 육체, 혹은 육체적 정신이다. 마음과 육체는 인간 존재의 양면이다. 이것은 서로 나뉘어질 수 없는 것이다. 우리가 삶이라고 부르는 어떤 것도 양극성이다.

그런데 문명이라는, 교양이라는 과정을 통해서 분리가 일어난다. 모든 사람은 자신이 하나가 아니라 마음과 육체 두 가지로 분리되어 있다고 교육받는다. 물론 그중에서 어떤 사람은 자신이 육체가 아니라 마음이라고 자신을 선택해서 동일시한다. 그리고 사념의 흐름이, 즉 마음이 자신의 중심이 된다. 그러나 사념의 흐름이란 중심이 아니라 주변이다. 사념 없이도 그대가 존재할 수 있기 때문에 그것은 중심이 아니다. 한 번 그대가 사념 없이 존재한다는 것을 깨닫는다면 사념은 더 이상 중심이 되지 않는다. 만약 그대가 명상 속으로 깊이 들어간다면 그대는 거기에서 아무런 사념 없이 존재하게 될 것이다. 그대가 무의식적인 상태에 있더라도 그대는 존재한다. 따라서 깊은 잠에 떨어지면 그대는 거기에 아무런 사념 없이 존재하게 될 것이다. 사념은 그저 하나의 주변일 뿐이다. 그대의 존재는 주변이 아니라 지금 그대가 알지 못하는 어떤 다른 곳에 있다. 사념이 흘러가는 곳보다 더 깊은 곳에 말이다. 하지만 그대는 계속 마음과 육체 두 가지라고 세뇌당해 왔다. 그리고 육체를 소유한 마음이라고 말한다. 마음이 주인이며 육체는 그것의 노예라고 알고 있다. 그래서 그대는 마음의 편에 서서 계속 육체와 투쟁하고 있다. 여기에 하나의 틈바구니가 생겨난다. 그리고 그 틈바구니가 문제를 일으킨다. 모든 고뇌와 번민이 바로 그 틈바구니 때문에 발생한다.

그러나 그렇지 않다. 그대의 존재는 그대의 육체에 근거하고 있으며, 그대의 육체는 존재계와 분리된 다른 어떤 것이 아니다. 그 육체는 존재계의 일부이다. 그래서 그대의 육체 역시 완벽한 우주이다. 그것은 유한한 것이 아니며 제한된 것이 아니다. 그것은 완전하다. 하지만 그대는 그 사실을 한 번도 지켜보지 않았고 그래서 모르고 있다. 단지 육체는 어디에선가 끝이 난다고 믿고 있다. 그렇다면 그대 육체의 끝은 어디인가? 한번 생각해 보라.

태양은 지구로부터 엄청난 거리에 있다. 하지만 그 태양이 빛을 잃는다면 그대는 그 즉시 이곳에서 죽게 될 것이다. 태양 광선이 지구에 도달하지 않는다면 그 어떤 육체도 살 수 없다. 그토록 멀리 떨어져 있는 태양이지만, 그대는 태양 없이는 존재할 수 없다. 태양과 그대는 불가분의 관계를 맺고 있다. 그렇기 때문에 태양은 그대의 육체와 별개라고 볼 수 없다. 그대는 태양의 연장이며 그대의 연장이 곧 태양이라고 볼 수도 있다.

그대는 아침에 태양이 떠오르면서 동시에 꽃봉오리가 서서히 개화하는 것을 본 적이 있을 것이다. 그리고 밤이 되면 그 꽃은 다시 잎을 닫는다. 그것은 일몰과 관계되어 있다. 그대의 육체는 단순한 육체가 아니다. 그것은 이 우주의 모든 섭리와 밀접하게 이어져 있다. 그대는 지금 호흡하고 있다. 공기가 있기 때문이다. 매순간 그대는 그 공기를 들이쉬고 내쉰다.

만약 단 한순간이라도 공기가 없다면 그대는 죽게 될 것이다. 그대의 호흡은 곧 그대의 삶이다. 그렇다면 그대가 끝나는 부분은 어디에 있는가? 그대와 아무런 상관이 없는 곳은 어디인가? 거기에 한계가 있는가? 아니, 거기에는 한계가 없다. 우주가 한계가 없다면 그대 역시 한계가 없는 것이다. 전우주가 그대와 연결되어 있다. 그래서 그대의 육체는 그대가 생각하는 것만큼 단순한 육체가 아니다. 그것은 그대의 우주이며 그대는 그 속에 뿌리박고 있는 것이다. 그대의 마음 역시 육체 없이는 존재할 수 없다. 그대의 마음도 육체의 일부분이다. 육체의 한 과정인 것이다.

그래서 분별하는 행위는 파괴적이라 할 수 있다. 분별과 함께 그대는 자신을 마음과 동일시한다. 그대는 분별이 있을 수 없다는 생각을 하지 않고 그저 생각한다. 그대는 자신의 사념과 동일시하고 있다는 생각 없이 생각한다. 그때 그대는 마치 자신이 육체를 소유하고 있는 것처럼 느낄 것이다. 이것은 진실의 엄청난 왜곡이며 완전히 뒤바뀐 생각, 즉 전도몽상(顚倒夢想)이다. 그대는 육체를 소유할 수 없다. 육체 역시 그대를 소유한 것이 아니다. 그대와 육체는 둘로 나뉘어진 것이 아니다. 그대의 존재는 하나다. 양극성이 깊은 조화 속에 있다. 그리고 그 양극성은 서로 나뉘어져 있지 않다. 그것들은 하나를 이루고 있다. 또한 그때만 양극성이 서로 대칭적인 역할을 한다. 하지만 이것은 좋은 것이다. 그것은 활력을 준다. 그것은 에너지를 만들어 낸다.

만약 그대 속에 대칭되는 양극이 없다면, 그래서 오직 일방적이라면 그대는 둔감해질 것이다. 그것은 죽음과 다름없다. 마음

과 육체, 이 대칭적인 극성이 그대에게 삶을 주는 것이다. 그것은
서로 반대적이면서 동시에 보충적이다. 그리고 궁극적으로는 하
나다. 같은 에너지가 양쪽으로 흐르는 것이다. 그러나 우리가 한
번 사념의 흐름을 자신과 동일시하면 그때부터 우리는 머리에 중
심을 두기 시작한다. 만약 그대의 다리가 잘린다면 그대는 그대
자신이 잘렸다고 느끼지 않을 것이다. 그대는 '내 다리가 잘렸다'
라고 말할 것이다. 하지만 그대의 머리가 잘리면 그대 자신이 잘
린 것이다. 그대는 살해당한 것이 된다.

　눈을 감고 자신이 어디에 있는지 느껴보면 그대는 즉시 자신이
머리 속에 있음을 느낄 것이다. 하지만 그대는 거기에 있지 않다.
그대가 어머니의 자궁 속에서 처음 생명으로 들어가는 순간, 정
자와 난자가 만나 새로운 개체를 형성하는 순간 거기에는 머리가
없다. 사실 그대는 어디에도 없다. 그대가 있는 곳을 몸 속에서
집어낼 수 없다. 만약 집어낸다면 그 순간 그대는 전체를 놓칠 것
이다. 그대는 모든 곳에 있다. 그대의 생명은 그대 육체 뿐만 아
니라 모든 곳에 펼쳐져 있다. 그것을 따라가자면 우주 끝까지 가
야 한다.

　'나는 내 마음이다'라는 동일시와 함께 모든 것은 거짓이 될
것이다. 그때 그대 자신도 거짓이 된다. 그대의 동일시가 거짓이
기 때문이다. 그래서 이 동일시는 깨져야 한다. 탄트라의 방편들
은 이 동일시를 깨기 위한 것이다. 탄트라의 노력은 그대의 머리
를 없애 버리기 위한 것이다. 그렇다면 인간은 왜 자신의 마음과
동일시하면서 거짓이 되는가? 그것은 마음이란 것이 부수적인 현
상이기 때문이다. 그것은 실체가 아닌 말의 연속적 흐름으로서
생겨난 부산물이다. '사랑'이라고 하는 단어가 사랑은 아니다.
'신'이라고 하는 단어 역시 신이 아니다. 그러나 마음은 이 단어

들로 이루어져 있다. 그때 사랑 자체는 '사랑'이라는 말보다 덜 중요해진다. 신은 '신'이라는 말보다 덜 중요해진다. 적어도 마음에게는 그렇다. 그대가 그 말들 속에서 살아간다면 그대는 더욱 피상적이고 표면적인 삶을 살 것이다. 그대는 말 때문에 실체를 놓치게 될 것이다. 실체는 바로 존재계다.

마음 위에서 사는 것은 거울 위에서 사는 것과 같다. 바람이 없는 날 밤에 호수 가에 한번 가보라. 그때 호수는 마치 거대한 거울처럼 보인다. 그대는 호수 속에서 달을 볼 수 있을 것이다. 하지만 그 달은 거짓이다. 단지 빛의 반사물일 뿐이다. 물론 반사물도 실체에서 나온 것이지만 실체는 아니다. 마음 역시 이와 같은 현상이다. 그것은 반사물일 뿐이다. 그대가 그 반사물에 빠진다면 실체는 완전히 놓치게 될 것이다. 그리고 조금만 물결이 일어도 마음은 혼란스러워진다. 그리고 방해를 받는다. 그러나 실체는 혼란스러워질 수 없다. 우리가 마음 위에서 살고 있는 한 우리는 평안해질 수가 없는 것이다.

탄트라는 내려오라고 말한다. 그대의 머리 위에서 내려오라고 말한다. 반사물에 대해서는 잊어버려라. 실체를 향해 가라. 우리가 이야기하는 모든 방편들이 바로 이것에 관한 것이다. 어떻게 하면 마음으로부터 벗어나 실체로 향할 수 있는가 하는 것이다.

자, 이제 방편으로 들어가자.

53

오, 연꽃의 눈을 가진 이여, 감촉의 달콤함이여,
노래하고 바라보며 맛볼 때마다 그대가 존재함을 자각하라.
그리고 언제나 살아 있다는 사실을 발견하라.

우리는 살아가고 있다. 그러나 우리는 우리가 존재한다는 자각을 하지 못한다. 자기 인식이 없다. 그대는 식사를 하고 있고, 목욕을 하고 있고, 산책을 하고 있다. 하지만 그대는 그 행위 속에서 자신이 존재함을 인식하지 못한다. 그대 주위에 있는 모든 것을 다 보면서 막상 그대 자신은 보지 못한다. 그대는 자신의 존재를 잊고 있다. 나무, 자동차, 집 뿐만 아니라 세상 전체를 인식하기도 한다. 하지만 그대 자신을 인식하지 못하면 그대의 모든 인식은 거짓이다. 왜인가? 그것은 그대의 마음이 모든 것을 반사할 수 있지만 그대 자신은 반사하지 못하기 때문이다. 만약 그대가 자신을 자각한다면 그때는 이미 마음을 초월한 것이다.

자신의 존재는 그대의 마음에 반사되지 않는다. 그대는 마음이라는 거울 뒤에 있기 때문이다. 거울 앞에 있는 것은 뭐든지 거울에 반사되지만 거울 뒤에 있는 것은 거울에 나타나지 않는다. 그대의 눈은 모든 것을 볼 수 있지만 눈동자 자체는 볼 수 없다. 그와 마찬가지로 그대의 마음은 모든 것을 비추지만 마음 뒤에 가려진 그대 자신은 마음의 거울에 나타나지 않는다. 자신의 존재는 언제나 마음 뒤에 숨어 있기 때문이다.

이 방편은 노래하고 바라보고 맛보는 등의 어떤 행위를 하는 동안 그대가 존재한다는 사실을 인식하라고 말한다. 그리고 죽지 않고 언제나 살아 있는 존재의 흐름, 에너지, 생명력이 있음을 발견하라고 말한다. 그러나 우리는 우리 자신을 모르고 있다.

구제프는 서양에서 '자기 인식(self-remembering)'을 기본 방편으로 사용했다. 그 방편은 바로 이 탄트라 경구에서 나온 것이다. 구제프의 모든 시스템이 바로 이 방편에 기포하고 있다. 그대가 무엇을 하든지 자신을 기억하는 것, 자기를 인식하는 것 말이다. 이것은 쉬워 보이지만 사실은 매우 어려운 방편이다. 그대는 계속 자신을 잊어버릴 것이다. 3, 4초만 지나도 그대는 자신을 인식하는 걸 잊게 된다. 그대는 자신을 기억하고 있다는 느낌을 갖고 있을 것이다. 그리고 갑자기 다른 생각을 하면서 다시 이렇게 생각한다.

'옳지, 나는 지금 자신을 기억하고 있어.'

하지만 그대는 잘못하고 있다. 이 생각은 '자기 인식'이 아니기 때문이다. 자기 인식 속에서는 어떤 생각도 있을 수 없다. 그대는 완전히 텅 빈 상태가 된다. 자기 인식은 사념의 흐름이 아니다. 그것은 '나는 존재한다'라고 되뇌이는 것이 아니다. '나는 존재한다'라고 말하는 순간 그대는 놓친 것이다. 그리고 이렇게 되뇌이는 것은 마음의 일이다.

'나는 존재한다'는 것을 말로 하지 말고 느껴라. 그것을 마음속으로 졸이지 마라. 그대가 존재한다는 사실을 단지 느끼기만 하라. 생각하지 말고 느껴라. 그것은 어렵다. 그러나 그대가 계속 노력한다면 이루어질 것이다. 걸어가는 동안 그대가 존재한다는 사실을 느껴라. 이것은 생각이 아니다. 내가 그대의 손이나 머리를 만질 때 그저 그 감촉을 느끼는 것처럼 그대의 의식은 두 개의 화살로 나뉘어질 것이다.

그대는 숲속을 거닐고 있다. 나무들이 거기에 있다. 미풍이 불어 오고 태양이 떠오른다. 이것은 그대를 둘러싼 세상이다. 그대는 그것을 인식한다. 잠시 동안만 기다려 보라. 갑자기 자신이 존재한다는 것을 느낀다. 생각이 아니고 느낌으로 말이다. 그것은 그대에게 일별을 준다. 그 일별은 어떤 LSD도 그대에게 주지 못하는 것이다. 그 일별은 실체에서 얻는 일별이다. 단 한순간에 그대는 존재의 중심에 던져진다. 그대는 거울 뒤에 있다. 그대는 반사의 세계를 초월했다. 그대는 실존이 되었다. 그리고 이 방편은 언제라도 수련할 수 있다. 어떤 특별한 시간대나 장소가 필요치 않다. '나는 시간이 없다'라고 변명할 수 없다. 식사할 때에도, 목욕할 때에도, 걷거나 의자에 앉아 있을 때 그 언제라도 좋다. 그대가 무엇을 하고 있든지 그것은 문제가 되지 않는다. 그대는 갑작스레 자신의 존재를 상기할 수 있다. 그리고 그대 존재에 대한 일별이 계속 일어나도록 노력하라.

그것은 어려울 것이다. 한순간 그것이 거기에 있다는 것을 느끼게 되면 다음 순간 그대는 멀어져 간다. 어떤 생각이, 어떤 반사물이 그대에게 들어올 것이다. 그대는 벌써 그 정보와 관계를 맺고 있다. 그러나 낙심하거나 의기소침해지지 마라. 그대는 반사물들과 함께 수많은 생을 살아왔다. 그것은 마치 로봇의 작동 원리처럼 미리 입력된 것이다. 자동적이고 즉각적으로 우리는 반사물에 던져진다. 그러나 단 한순간만이라도 그대가 일별을 갖는다면 처음에는 그것으로 충분하다. 왜 충분한가? 그대는 언제나 한순간 속에서 살기 때문이다. 그러므로 그 순간 속에서 일별을 가질 수 있다. 그리고 오직 노력만이 필요하다. 계속적인 노력이 필요하다.

그대에게는 오직 한순간만이 주어진다. 그러니 다음 순간까지 걱정하지 마라. 그대가 이 순간에 자각할 수 있다면 그대는 삶 전체를 자각할 수 있다. 이제는 오직 노력만이 필요하다. 이것은 종일토록 행해질 수 있다. 그대가 무엇을 하든지 자신의 존재를 상기하라.

경전에서는 그대가 존재함을 자각하라고 말한다. 그대는 무엇을 어떻게 할 것인가? '내 이름은 람이다. 혹은 예수다'라고 계속 외울 것인가? 아니면 그대가 속한 가족이나 족보, 혹은 나라 아니면 종교, 카스트 계급이나 신조 따위를 생각할 것인가? 그대는 자신이 공산주의자인지 아니면 기독교인인지를 상기할 것인가? 도대체 그대는 무엇을 상기하겠는가? 경전에서는 단지 '그대가 존재함을'이라고 간단하게 말했다. 어떤 이름도, 어떤 나라도, 어떤 족보도 필요 없다. 오직 거기에 단순한 존재만이 있게 하라. 그대가 누구인지 자신에게 말하지 마라. '나는 이러저러한 사람이다'라고 자신에게 대답하지 마라.

그러나 우리는 한번도 단순히 존재 자체에 대해서는 상기해 보지 않았기 때문에 매우 어렵다. 우리는 항상 존재 자체가 아니라 하나의 이름을 가진 어떤 것에 대해서 상기해 왔다. 그대는 자신을 생각할 때마다 그대의 이름, 종교, 국가 등등의 여러 가지 것들을 생각하지만 그대가 존재한다는 단순한 실존은 생각하지 않았다.

그래서 그대는 이것을 연습할 수 있다. 편안한 의자나 나무 밑에 앉아서 긴장을 풀고 모든 것을 잊어버린 뒤에 그대가 존재한다는 것을 느껴보라. 기독교도 불교도 힌두교도 영국인도 독일인도 아닌 그저 그대가 존재한다. 바로 그 느낌을 가져라. 그때 경전에서 말하는 것을 실천하기가 쉬울 것이다. 그대가 자신의 존재를 자각하는 순간 그대는 생명의 흐름 속으로 던져질 것이다. 모든 거짓은 죽을 것이다. 오직 실체만이 남게 될 것이다.

우리가 죽음을 두려워하는 이유도 바로 그것이다. 거짓만이 죽기 때문이다. 실체가 아닌 것은 영원할 수 없다. 그리고 우리는 비실체에 집착해 왔다. 환상과 동일시해 왔다. 힌두교도로서의 그대도 죽을 것이다. 람이나 크리슈나로서의 그대도 죽을 것이다. 공산주의자나 무신론자나 혹은 유신론자로서의 그대 역시 죽을 것이다. 이름이나 모양을 가진 것은 무엇이든지 죽는다. 그대가 이름이나 모양에 집착하면 죽음은 확실히 그대에게 공포스럽게 다가올 것이다. 그러나 실존적인 것, 즉 그대의 근본에게는 죽음이 없다. 한번 모양과 이름이 잊혀지면 그대는 이름도 없고 모양도 없는 것을 내면에서 보게 될 것이다. 그대는 영원 속으로 들어간 것이다.

"그대가 존재함을 자각하라. 그리고 언제나 살아 있다는 사실을 발견하라."

이 방편은 가장 유력한 도움을 주는 방편 중의 하나로서 많은 스승과 마스터들이 사용해 왔다. 붓다 역시 그것을 사용했고, 마하비라나 예수도 그것을 사용했다. 현대에 와서는 구제프가 그것을 사용했다. 다른 모든 방편 중에서도 이 방편은 가장 잠재력이 강한 것 중의 하나다. 시도해 보라. 그러나 시간이 좀 걸릴 것이다. 몇 달이 지나갈 것이다.

오스펜스키는 구제프와 함께 있으면서 3개월 동안 지독하게 노력했다. 그는 자기 인식이 무엇인지에 대한 일별이라도 갖기를 원했다. 오스펜스키는 골방에 갇혀서 오직 한 가지 일에만 몰두했는데 그것은 자기 존재를 인식하려는 것이었다. 처음에는 30명이 이 수련에 들어갔는데 처음 일주일이 지나자 27명이 도망을 갔다. 오직 세 명만이 남아 있었다. 그들은 하루 종일 앉아서 아무것도 하지 않고 '나는 존재한다'라는 생각만을 하려고 애썼다. 중도에 그만둔 27명은 자기가 미칠 것이라는 느낌을 받았던 것이다. 그래서 그들은 달아났다. 그들은 다시는 구제프를 만나러 오지 않았다.

왜인가? 사실 우리는 지금 미쳐 있다. 우리가 누구인지 기억하지 못하기 때문에 우리는 미친 것이다. 하지만 누구나가 다 미쳐 있기 때문에 오히려 미친 것이 정상으로 받아들여지고 있다. 그리고 그대가 진짜 정상적인 상태를 만나게 되면 그때는 그것이

미친 것처럼 보인다.

어쨌든 세 사람은 끝까지 남아 있었다. 그 세 명 중의 하나가 바로 P. D. 오스펜스키이다. 3개월 동안 그들은 골방 속에서 그 수련을 해냈다. 처음 한 달이 지났을 때 그들은 단순히 '나는 존재한다'고 하는 일별을 갖기 시작했다. 그리고 두 달이 지나가자 거기에서 '나는'이 떨어져 나갔다. 그저 '존재한다'라는 일별을 갖기 시작했다. 왜냐하면 '나는 존재한다'에서 그 '나는'마저도 하나의 명목이기 때문이다. 순수한 존재는 '나'도 없고 '너'도 없다.

그리고 마지막 세 달이 지났을 때 그들은 '존재한다'라고 하는 것마저 사라져 버렸다. 그것 역시 하나의 말이기 때문이다. 그때 그대는 진정으로 그대가 무엇인지 알게 된다. 그 지점에 이르기 전에 그대는 '나는 누구인가?'라고 물을 수 없다. 만약 그렇게 계속 묻는다면 그대의 마음은 수만 가지 답을 주워댈 것이다. 그대는 계속 '나는 누구인가? 나는 누구인가? 나는 누구인가?'라고 반복해서 묻지만 그때 떠오르는 대답들은 모두 거짓일 뿐이다. 진정한 한 지점에 이르기 전에 그 물음은 대답되어질 수 없다. 모든 대답들이 다 떨어져 나가고, 질문 자체도 떨어져 나가서 사라진다. 그때 그대는 자신이 누구인지 알 수 있다.

구제프는 이 한 가지 구석을 들이 팠다. 그대가 존재하는 것을 상기시키는 것 말이다. 그리고 라마나 마하리쉬는 다른 구석을 팠다. 그 '나는 누구인가'라는 질문을 묻는 것으로 명상을 삼은 것이다. 그때 마음에서 일어나는 어떤 대답도 믿어서는 안된다. 마음은 '도대체 무슨 넌센스를 묻고 있는가?'라고 자신에게 말할 것이다.

"자네는 남자 혹은 여자다. 자네는 이러 저러하다. 자네는 교

육을 받았든지 안받았든지 부자든지 가난뱅이다. 자네는 이런 사
람이다."

마음은 많은 대답들을 주워댈 테지만 중간에서 물음을 그치지
말고 계속 물어가라. 그 대답들은 모두 그대의 비실재적인 부분
이다. 그것들은 모두 말에서 나온 것들이며 이 사회의 조건에서
생긴 것이다. 계속 물어가면 '나는 누구인가?'라는 화살은 점점
깊이 관통할 것이다. 그리고 어느 순간에 어떤 답도 더 이상 나올
수 없게 될 것이다.

그때가 제대로 되는 순간이다. 이제 그대는 해답 가까이에 있
다. 어떤 대답도 일어나지 않을 때 그대는 진짜로 해답 가까이 온
것이다. 그것은 그대가 마음으로부터 멀어졌기 때문이다. 거기에
는 오직 허공만이 남아서 그대를 둘러싸고 있다. 그대의 모든 질
문은 공허하며 어리석게 보인다. 그대는 누구에게 묻고 있는가?
그대에게 대답해 줄 사람은 아무도 없다. 갑자기 그대의 질문조차
뚝 끊어진다. 질문은 마음의 마지막 남은 부분이기 때문이다. 그
래서 마음이 사라지면 질문 역시 사라지는 것이다. 그때 비로소
그대는 존재한다.

이 방편을 시도해 보라. 거기에 모든 가능성이 있다. 그대가 지
속적으로 이 방편을 수련한다면 그대는 실체에 대한 일별을 갖게
될 것이다. 그 실체는 언제까지나 살아 있는 것이다. 거기에 죽음
은 없다. 자, 두번째 방편으로 넘어가자.

54

만족감이 발견되는 곳마다 그 어떤 행위 속에서든지 이것
을 실현하라.

그대가 목마를 때 그대는 물을 마신다. 거기에서 미묘한 만족감이 얻어진다. 물에 대해서는 잊어버려라. 목마름도 잊어버려라. 오직 미묘한 만족감만을 느끼며 그것에 머물러라. 그것으로 가득 차라.

그러나 인간의 마음은 언제나 뭔가 부족함을 느끼는 상태로 남아 있다. 그것은 항상 불만족한 상태이다. 마음은 결코 만족할 수 없는 것이다. 그대가 불만족스럽다면 그대는 그 불만족으로 가득 차게 된다. 그대가 목마를 때 그대는 그것을 느낀다. 그대는 목마름으로 가득 차게 된다. 처음에는 목에서 갈증을 느끼지만 만약 그 목마름이 그대의 온몸을 가득 채운다면 어떤 순간에 그대는 목마르지 않다는 느낌이 들 것이다. 이 말을 정확히 이해하라. 그대는 목마르다는 느낌을 갖게 된다. 만약 그대가 사막 한가운데 있다면 그리고 거기서 물을 얻을 희망이 전혀 없다면 그대가 목마른 것이 아니라 단지 그대의 몸이 목마르다는 사실을 느끼게 된다.

불만족이 느껴진다. 불행이 느껴진다. 고통이 느껴진다. 그대가 고통을 받을 때마다 그대 존재 자체가 고통스러워진다. 이것이 바로 삶 전체가 지옥으로 바뀌는 이유다. 그대는 긍정적으로 느끼지 않는다. 그대는 언제나 부정적으로 느낀다. 삶은 그렇게 불행한 것이 아니다. 단지 우리가 그렇게 만들고 있을 뿐이다. 불행이란 우리의 해석에서 나온 것이다. 붓다는 지금 여기에서 즐거워한다. 바로 이 삶 속에서 말이다. 크리슈나는 춤을 추며 피리를 불었다. 바로 이 삶 속의 지금 여기에서 말이다. 우리가 불행하다고 느끼는 곳에서 크리슈나는 춤을 추고 있다. 삶은 불행하지도 않고 행복하지도 않다. 행복과 불행은 전부 우리의 해석이다. 삶에 대한 우리의 태도이며 접근 방식이다. 우리가 그것을 어

떻게 보느냐에 따라 달라진다. 그리고 그것은 모두 마음 때문이
다.

이 점을 기억하라. 그대 자신의 삶을 세밀히 분석해 보라. 그대
는 얼마나 많은 축복의 순간들을 경험했는가? 얼마나 많은 만족
과 행복의 일별들을 대했는가? 물론 그대는 몇 번의 그런 시기가
있었을 것이다. 하지만 반대로 고통이나 불행을 경험한 순간들이
훨씬 많다. 그리고 그대는 그 순간들을 차곡차곡 축적해 놓았다.
그리하여 이 삶을 완전히 지옥으로 만들어 놓았다. 그것은 그대
의 선택이다. 아무도 그대를 지옥으로 밀어넣지 않는다. 그것은
그대가 스스로 선택한 것이다. 그대의 마음이 부정적인 태도 그
자체가 되어 버렸다. 그리고는 자신의 삶을 관통하는 기본이 되
어 버렸다. 그대가 마음속에 있을 때 그대는 더욱 부정적으로 된
다. 그리고 부정적인 일들이 더욱 축적된다. 같은 종류들끼리 모
이게 마련이다. 그대는 수많은 생을 이런 식으로 살아왔다. 그대
의 부정적인 접근 방식 때문에 그대는 모든 것을 놓쳐 버렸다.

이 방편은 그대에게 긍정적인 접근 방식을 제시한다. 일상적인
마음과 그 과정을 완전히 역전시키는 것이다. 만족감이 발견될
때마다 그것을 실현시켜라. 그것을 느끼고 그것과 하나가 되라.
이 말을 그저 지나가는 명언의 한 구절 쯤으로 취급하지 마라. 만
족감은 더 위대한 긍정적 실존의 일별로 이어질 수 있다.

모든 것은 하나의 창문이다. 만약 그대가 고통을 그대의 삶이
라고 동일시하게 될 때 그대는 고통의 창문으로 모든 것을 받아
들인다. 그리하여 오직 지옥을 향해서만 창문을 열어 놓고 있다.
만약 그대가 만족의 순간, 행복의 순간, 환희의 순간과 하나가
된다면 그대는 다른 창문을 열게 되는 것이다. 존재계는 동일하
다. 단지 그대의 창문이 다를 뿐이다.

그래서 만족감이 발견될 때마다 그것이 어떤 행위 속에서라도 그것을 실현하라. 어디에서든지! 거기에 조건은 없다. 그대는 친구를 본다. 그대는 즐거움을 느낀다. 그대는 연인을 만난다. 그대는 행복을 느낀다. 이것을 실현하라. 실체화시켜라. 그 순간에 실제로 행복해 하라. 행복을 하나의 창문으로 만들어라. 그때 그대는 마음을 바꾸고 있는 것이다. 행복을 축적하기 시작한 것이다. 그대의 마음은 긍정적인 쪽으로 방향을 전환한 것이다. 같은 세상이 이전과 다르게 보일 것이다.

선의 스승들은 이렇게 말한다.

"이 세상은 똑같다. 그러나 마음이 변덕스럽기 때문에 아무것도 같은 것은 없다. 모든 것은 여여(如如)하지만 세상을 보는 내가 여여하지 않기 때문에 아무것도 여여한 것이 없다."

그대는 이 세상을 변화시키려고 한다. 하지만 그대가 무엇을 하든지 세상은 변화되지 않을 것이다. 왜냐하면 그대가 근본적으로 변화되지 않았기 때문이다. 그대는 더 큰 집, 더 비싼 자동차, 더 아름다운 아내나 남편을 얻을 수 있다. 그러나 그대의 불행한 삶은 아무것도 변화되지 않을 것이다. 더 큰 집도 여전히 작다고 느낀다. 언제나 불만스러운 그대가 하나도 달라지지 않았기 때문이다. 그대의 마음, 삶의 태도, 사물을 바라보는 방식은 여전하기 때문이다. 그대 자신이 근본적으로 변화하지 않는 한 환경을 아무리 바꿔봐야 헛일이다. 오두막에서 궁전으로 이사해도 여전히 그대는 불행하다. 오두막에서 불행했다면 말이다.

그대는 언제나 불행을 달고 다닌다. 그대가 어디로 가든지 불행은 그대와 함께 있다. 그래서 환경의 변화는 진정한 변화가 아니다. 단지 겉모습이 바뀌었을 뿐이다. 오직 인간 의식의 개혁만이 진정한 변화다. 그대의 마음이 부정에서 긍정으로 바뀔 때만이 모든 것이 바뀐다. 만약 그대의 초점이 불행에 맞춰진다면 그대는 지옥에서 살게 된다. 그대가 행복에 초점을 맞춘다면 바로 그 지옥이 천국으로 변할 것이다. 이를 실현하라. 이것이야말로 그대 삶의 질을 변화시킬 것이다.

그러나 그대는 양적인 것에만 관심이 있다. 얼마나 더 부자가 되는가에만 관심이 있다. 질이 아니라 양 말이다. 그대는 두 채의 집과 두 대의 자동차, 아니 그 이상을 소유할 수 있다. 은행 잔고를 더 많이 늘릴 수 있다. 하지만 그대의 질이 여전하다면 사물의 풍요로움은 아무런 소용이 없다. 진정한 풍요로움은 그대 마음의 질에 있다. 가난한 사람조차 질에 있어서만큼은 부자가 될 수 있다. 그리고 부자라도 가난한 사람처럼 허덕일 수 있다. 이것은 언제나 그래 왔다. 양에 집착하는 한 그는 자신의 내면에 다른 차원이 있다는 사실을 알 수가 없기 때문이다. 질의 차원을 말이다. 그리고 그대의 마음이 긍정적으로 변할 때에만 차원이 바뀔 것이다.

내일 아침부터 하루 종일 이것을 생각하라. 그대가 어떤 것이 아름답고 만족스럽고 행복하게 느껴질 때마다 이것을 생각하라. 하루 24시간 동안에는 그런 순간들이 많이 일어난다. 그것을 놓치지 말고 인식하라. 천국이 그대 가까이 있는 순간이 수없이 많다. 그러나 그대는 오직 지옥에만 집착한다. 그래서 그대는 그 순간들을 놓치고 만다. 태양이 떠오르고 꽃잎이 열리며 새들이 노래하고 미풍이 나무 사이로 불어온다. 그것이 일어나고 있다! 어린아이들이 순박한 눈동자로 그대를 바라본다. 그때 그대 속에 섬세한 행복의 느낌이 들어온다. 누군가가 그대에게 미소를 지을 때 그대는 행복을 느낀다.

이것은 축적된다. 그대가 아침부터 시작한다면 저녁 때에는 달을 향해, 별을 향해, 고요한 어둠을 향해 마음이 열린다. 24시간 동안만 실험적으로 해보라. 한번 그대가 긍정적인 기분을 느끼게 되면 그것은 그대를 다른 세계로 인도할 것이다. 왜냐하면 그대가 달라졌기 때문이다. 그대는 새로운 방식으로 세상을 바라보게 되는 것이다.

붓다에 관한 한 가지 일화가 생각난다. 부루나가섭이라는 붓다의 제자가 여행을 떠나면서 붓다에게 와서 이렇게 물었다.

"저는 어디로 가야 합니까? 어디로 가서 당신의 가르침을 전하면 좋겠습니까?"

그때 붓다는 이렇게 말했다.

"그대가 가고 싶은 곳이면 어디든지 가라."

그가 말했다.

"저는 멀리 수카 지방으로 가고 싶습니다."

붓다가 말했다.

"그 지방 사람들은 매우 잔인하고 탐욕적이며 폭력을 좋아한다. 아무도 그들에게 비폭력과 자비를 가르칠 엄두를 내지 못했다. 그러니 부디 그대의 결정을 바꾸기 원한다."

그러나 부루나가섭은 말했다.

"제가 그 곳에 가도록 허락해 주십시오. 아무도 그 곳에 가지 않기 때문에 누군가는 가야 합니다."

붓다가 말했다.

"그러면 먼저 내가 그대에게 세 가지 질문을 하겠다. 만약 그 지방 사람들이 그대를 모욕하고 멸시하면 그대는 어떻게 느끼겠는가?"

부루나가섭은 말했다.

"나는 그들이 단지 욕만 한다면 매우 선하다고 느낄 것입니다.

나를 때리지는 않았으니까요. 그들은 착한 사람들입니다. 나를
때릴 수도 있는데 말입니다."

붓다가 말했다.

"그렇다며 두번째 질문을 하겠다. 만약 그들이 그대를 때리기
시작하면 어떻게 느끼겠는가?"

부루나가섭이 말했다.

"그들은 매우 선한 사람이라고 느끼겠습니다. 그들은 나를 죽
일 수도 있는데 말입니다."

붓다가 말했다.

"좋다. 그러면 마지막으로 묻겠다. 만약 그들이 그대를 죽인다
면 죽어가는 순간에 그대는 어떻게 느끼겠는가?"

부루나가섭이 또 말했다.

"그러면 나는 그들에게 감사할 것입니다. 만약 그들이 나를 죽
인다면 그들은 나를 많은 실수가 일어나는 삶 속에서 자유롭게
만들어 주기 때문입니다. 그래서 나는 고마움을 느낄 것입니다."

그러자 붓다가 말했다.

"그대는 이제 어디로 가든지 좋다. 이 세상은 그 어느 곳에서
나 그대에게 극락이 될 것이다. 이제 어떤 문제도 일어나지 않는
다. 그대가 원하는 곳이면 마음대로 가라."

이런 마음 자세라면 이 세상은 잘못된 것이 하나도 없다. 부정
적인 마음은 모든 것이 잘못된 것으로 보인다. 부정적인 마음은
모든 것을 오직 잘못된 것으로만 보기 때문이다.

탄트라 경전은 이렇게 말한다.

"만족감이 발견되는 곳마다 그 어떤 행위 속에서든지 이것을
실현하라."

이것은 매우 섬세한 과정이다. 그러나 매우 달콤하다. 그대가

그 속으로 들어가면 들어갈수록 그 달콤함은 더할 것이다. 그대는 새로운 향기로 가득 차게 될 것이다. 오직 아름답게 바라보라. 추하다는 생각은 잊어버려라. 행복한 순간을 바라볼 수 있다면 그대는 불행이라고 부를 만한 것이 없다. 그때는 불행의 순간이 더 이상 생기지 않는다. 행복에 관해 초점을 맞추면 조만간 불행은 사라진다. 긍정적인 마음 때문에 모든 것이 아름답게 변한다.

자, 다음 방편이다.

55

잠이 들려는 순간,
아직 잠에 떨어지지는 않았지만 외부를 향한 주의력이 사
라지는 순간,
바로 거기에서 존재가 드러난다.

그대의 의식에는 몇 개의 전환점이 있다. 이 전환점에서 그대는 다른 때보다 그대의 중심에 더 가까워진다. 그대가 운전 중 기어를 바꿀 때 언제나 중립상태를 거치게 된다. 아침에 그대가 잠에서 깨어날 때 그대는 아직 잠이 완전히 깨지 않은 상태인 중립 상태를 거친다. 그때는 비몽사몽의 상태 속에서 그대의 의식은 메커니즘이 바뀌게 된다. 그것은 하나의 메커니즘에서 다른 메커니즘으로 옮겨 가는 것으로 두 메커니즘 사이에는 메커니즘이 없는 상태이다. 거기에는 틈이 있다. 그 틈을 통해서 그대는 존재의 일별을 가질 수 있다.

똑같은 일이 밤에 잠들기 직전에 일어난다. 그대는 깨어 있을 때의 메커니즘에서 잠잘 때의 메커니즘으로 옮겨 가는 동안 또 한 번의 틈이 생겨난다. 그 틈을 통해서 그대가 자신을 인식한다면

그대는 존재의 일별을 가질 수 있다.

어떻게 그것을 하는가? 먼저 그대는 잠을 자려고 누워라. 그리고 방 안을 어둡게 한 뒤에 눈을 감아라. 그리고 기다려라. 잠이 오고 있다. 단지 기다려라. 아무것도 하지 마라. 그대의 몸은 점점 이완된다. 점점 무거워진다. 그것을 느껴라. 수면은 그 자체의 메커니즘이 있다. 그것이 작동하기 시작한다. 그대의 깨어 있는 의식은 점점 사라져 가고 있다. 그리고 그 순간은 매우 미묘하다. 마치 원자처럼 미세하다. 만약 그대가 놓친다면 그것으로 그만이다. 그것은 긴 시간이 아니다. 너무나 짧은 순간이다. 그리고 매우 작은 틈이다. 그 틈을 기준으로 각성 상태에서 수면으로 바뀐다. 그러므로 단지 기다려라. 민감하게 지켜보라. 한순간도 놓치지 마라. 이것은 적어도 3개월은 훈련을 해야 한다. 그래야 그대는 어느 날엔가 순간의 틈을 놓치지 않고 잡아낼 수 있다. 그때 그대는 일별을 갖게 된다. 그러므로 서두르지 마라. 그대는 지금 당장에 그것을 할 수 없다. 그대는 오늘밤 그것을 할 수 없다. 하지만 그대는 이 훈련을 시작해야 한다. 그리고 몇 달이 걸릴 것이다. 보통 매일 밤 훈련을 하면 3개월 정도 걸린다. 매일 밤 그대는 그런 틈을 지나가지만 그대가 그만큼 깨어 있지 못하기에 그런 시간이 걸리는 것이다. 그리고 그대의 의식과 그 틈이 만나는 것도 계획대로 될 수 있는 것이 아니다. 어느 날 갑자기 그대는 깨어 있는 것도 아니고 잠든 상태도 아닌 것을 발견하게 된다. 그것은 매우 기이한 현상이다. 그대는 그때 두려움을 느낄 것이다. 왜냐하면 그대가 아는 것은 깨어 있는 것 아니면 잠자는 것 두 가지뿐이다. 그대는 제3의 지점이 그대의 존재 속에 있다는 것을 모른다. 그래서 그 처음의 충격 때문에 겁을 먹을 수도 있다. 하지만 두려워하지 마라. 새롭고 미지의 경험이 다가올 때는 항상 공포스럽기 마련이다. 사실 이 지점은 그대가 죽은 것도 아니며 산 것도 아닌 상태이다. 이것은 하나의 심연이다.

두 개의 메커니즘은 두 언덕과 같다. 잠이 들 때, 혹은 잠에서 깨어날 때 그대는 하나의 언덕에서 또 다른 언덕으로 건너뛴다. 그러나 중간에 머무른다면 그대는 언덕 사이에 있는 심연으로 떨어질 것이다. 그 심연은 바닥이 없다. 한없이 깊어서 끝없이 떨어진다. 계속 떨어진다. 수피들은 이 방편을 사용해 왔다. 그들은 마지막에 이 방편을 가르쳐 주는데 그 전에 먼저 안전을 위해 다른 훈련들을 시키는 것이다. 그것은 우선 눈을 감고 자신이 깊은 우물 속으로 한없이 떨어진다고 상상하는 것이다. 그 우물은 어둡고 바닥이 없다. 깊은 우물 속으로 한없이 떨어진다고 상상해 보라. 떨어지고 떨어지고 영원히 떨어진다. 거기에 끝이 없다. 그야말로 무저갱(無低坑)이다. 그대는 바닥에 도달할 수 없다. 이제 그 떨어짐은 어디에서도 멈출 수 없다. 만약 멈추려면 눈을 뜨고 상상에서 벗어나는 수밖에 없다.

수피들의 수행체계에서 이 우물 낙하는 위의 방편에 들어가기 전에 먼저 훈련되는 과정이다. 그것이 좋다. 그대가 먼저 그것을 훈련하면 그대는 그것의 아름다움을 알게 될 것이다. 거기에는 침묵이 있다. 그대가 우물 속으로 더 깊이 떨어질수록 더 고요한 침묵 속으로 들어가게 된다. 그때 이 세상은 아주 멀리 떨어져 나간다. 그대는 멀리 멀리 가고 있다고 느끼게 된다. 침묵은 어둠과 함께 커진다. 그리고 바닥 없는 우물 속으로 계속 떨어져라. 공포가 그대를 엄습할 것이다. 그러나 그대는 이것이 상상이라는 것을 알고 있기에 계속할 수 있는 것이다.

이 훈련을 통해서 그대는 이 방편을 수행할 수 있는 능력이 생긴다. 그때 그대는 각성 상태와 수면 상태의 두 언덕 사이에 있는 틈 속으로 떨어지게 된다. 그때 그것은 더 이상 상상이 아니다. 그것은 실재하는 사실이다. 그리고 그 심연도 바닥이 없다. 붓다는 이 심연을 '쑤냐(쇼)'라고 불렀다. 거기에는 끝이 없다. 한번 그대가 그것을 알고 나면 그대는 영원한 존재가 된다. 낮에 의식이 깨어 있는 동안에는 그런 일별을 대하기가 매우 어렵다. 그것은 불가능한 일이다. 그 틈을 만나려면 수면의 메커니즘이 작동동해야 하기 때문이다. 그렇기 때문에 그대는 이 방편을 하루에 두 번 수련할 기회가 있다. 아침에 깨어날 때와 저녁에 잠들 때 말이다.

"잠이 들려는 순간, 아직 잠에 떨어지지는 않았지만 외부를 향한 주의력이 사라지는 순간, 바로 거기에서 존재가 드러난다."

그때 그대는 자신이 누구인지 알게 된다. 그대의 진짜 존재를 말이다. 우리가 낮에 정신이 멀쩡할 동안에도 사실 우리는 거짓이다. 그대가 눈물을 흘리면서 미소지을 때 차라리 더 진실에 가깝다. 하지만 그대의 눈물 역시 믿을 만한 것이 못된다. 그것은 하나의 가장일 수도 있고 연극일 수도 있다. 그대의 미소 역시 거짓이다. 관상학을 연구한 사람이 그대를 보면 그대의 미소는 기식적인 미소라고 말할 것이다. 그 미소 속에는 뿌리가 없다. 단지 그대의 입가에서만 잠시 생겨났다 사라지는 것이다. 그 미소는 내면에서 외부로 나오는 것이 아니다. 그 미소는 억지 미소이다.

그대가 무슨 말을 하든지, 그대가 무슨 행동을 하든지 모두가 거짓이다. 그대는 자신을 아는 일에 있어서 아무런 필요도 없는 행위를 하고 있다. 그대는 전적으로 무지한 상태이다. 만약 그렇지 않다면 그런 거짓된 넌센스들을 계속 달고 다니기란 정말로 어려운 일이다. 그대는 거의 자동적이다. 이 거짓은 그대가 깨어 있는 낮에도 계속된다. 그리고 잠든 시간에도 계속된다. 물론 다른 방식으로 말이다. 그대의 꿈은 실체가 아니다. 그것은 상징적이다. 그대는 꿈속에서조차 놀란다. 그대는 꿈속에서 두려워하고 그래서 상징을 만든다.

이제 정신분석가들은 그대의 꿈을 분석하는 일에 몰두하고 있다. 그들은 그것이 큰 사업이다. 왜냐하면 그대가 자신의 꿈을 분석하지 못하기 때문이다. 그 꿈들은 상징적이다. 그것들은 현실이 아니다. 언제나 비유로 뭔가를 말한다. 만약 그대가 자신의 어머니를 죽이고 싶다 해도 꿈에서조차 그녀를 죽이지 못한다. 그대는 어머니와 닮은 어떤 다른 사람을 죽인다. 그리고 그 꿈은 따로 물을 필요가 없다. 그러나 우리는 너무나 거짓으로 가득 차 있다. 꿈속에서 그대는 홀로 있고 여전히 세상과 사회를 두려워하고 있다.

어머니를 죽이는 것은 아마도 이 세상에서 가장 큰 죄악일 것이다. 하지만 아마도 그대는 왜 어머니를 죽이는 것이 가장 큰 죄악인지에 대해 생각해 보지 않았을 것이다. 그것은 가장 큰 죄악이라고 그냥 배웠을 따름이다. 어머니에게 해를 끼치는 것조차 죄악이라고 말이다. 어머니는 그대를 낳았다. 그래서 어머니를 죽이는 것은 가장 큰 죄악이다. 모든 세상 모든 사회에서 이 사실만은 공통적으로 가르치고 있다. 여기에 동의하지 않는 사회는 지구상에 없었다. 어머니는 그대를 낳았고 그대는 어머니를 죽인다?

그러나 왜 이런 가치관이 생겨났을까? 깊이 들어가면 모두가 어머니의 필요성에 대해 반대하는 가능성만 거기에 있다. 어머니는 그대를 낳았을 뿐 아니라 그대를 거짓되게 만든 장본인이다. 그대를 가식적으로 만드는 데 가장 큰 역할을 한 사람이다. 그대가 어떠한 인간이든 그대의 어머니가 그대를 만들었다. 어머니의

손에서 자랐다면 말이다. 만약 그대가 지옥에 있다면 그녀 역시
그 속에서 가장 큰 부분을 차지하고 있다. 만약 그대가 불행하다면
그대의 어머니는 그 불행 어딘가에 감추어져 있다. 그대의 어머
니가 그대를 낳았고 길렀기 때문이다. 그녀는 그대를 실체로부터
끌어내려 거짓스럽게 만들었다. 첫번째 거짓이 그대와 그대의
어머니 사이에 생겨났다. 첫번째 거짓말이 그대와 어머니 사이에
말해졌다. 첫번째 거짓말이 말이다.

그대가 어릴 때는 어머니가 보여주고 말하고 행동하는 모든 것
이 그대에게 의미심장한 것이다. 만약 어린아이가 웃는다면 어머
니는 그에게 더 사랑을 해주고 안아주며 젖을 줄 것이다. 그것은
하나의 정치이다. 그는 정치를 배우기 시작한다. 그가 울거나 웃
지 않으면 어머니는 그에게 아무것도 해주지 않는다. 그래서 그
는 웃음으로 그의 어머니를 설득시킬 수 있다. 그래서 거짓말이
탄생하게 되는 것이다. 정치가가 존재계 속으로 나온 것이다. 이
제 그는 거짓말을 하는 방법을 배웠다. 이것은 그와 그의 어머니
와의 관계 속에서 배운 것이며 그것이 이 세상과 맺은 첫번째 관
계다. 그리고 그가 자신의 불행을, 지옥을, 혼란을 알기 시작할
때 어머니의 존재가 그 어딘가에 숨겨져 있음을 발견할 것이다.

그대에겐 어머니께 원망을 느낄 모든 가능성이 있다. 모든 문
명이 자신의 어머니를 죽이는 것이야말로 인간의 가장 큰 죄악이
라고 가르치고 있기 때문이다. 그래서 그것은 꿈조차, 상상조차
할 수 없다. 물론 나는 지금 그대가 어머니를 죽여야 한다고 말하
는 것이 아니다. 단지 나는 그대의 꿈 역시 거짓이라고 말하는 것
이다. 그것은 상징적일 뿐 실체가 아니다. 그대는 너무나 거짓투
성이인 까닭에 꿈조차 진실하게 꿀 수 없다.

우리는 두 가지 가면을 갖고 있다. 하나는 그대가 깨어 있을 때

사용하는 것이고 또 하나는 그대가 잠들었을 때 사용하는 것이다. 이 두 개의 거짓 얼굴 사이에 조그만 문이 있다. 간격이 있다. 이 간격 속에서 그대는 자신의 본래 얼굴에 대한 일별을 가질 수 있다. 그것은 사회를 통하거나 그대 어머니를 통한 것이 아니다. 그대 자신을 통한 것이다. 그때 그대는 이것도 아니고 저것도 아니다. 거기에는 어떤 분별도 없다. 오직 진실만이 있다. 거짓은 거기에 있을 수 없다. 그대는 그 얼굴에 대한 일별을 가질 수 있다. 그것은 두 개의 거짓 메커니즘 사이에 있는 순박한 얼굴이다.

보통 우리는 꿈에 대해서는 그다지 신뢰성을 두지 않는다. 우리는 깨어 있는 동안에만 관심을 둔다. 그러나 정신분석가들은 그대의 꿈에 더 신경을 쓴다. 그대가 각성해 있는 상태에서 하는 말은 별로 귀담아 듣지 않는다. 낮에는 그대가 엄청난 거짓말장이가 되기 때문이다. 꿈속에서만이 뭔가를 잡을 수 있다. 잠들었을 때는 꾸며대는 정도가 심하지 않기 때문이다. 그래서 진실에 가까운 뭔가를 얻어낼 수 있다. 예를 들어 독신 승려가 꿈속에서만큼은 성적으로 변한다. 만약에 그대가 독신 수행자라고 하면 깨어 있는 시간대에는 자신의 성을 억압한다. 그때 억압된 성은 꿈속으로 들어간다. 그리해서 그대의 꿈은 성적으로 변한다. 꿈이 성적이지 않은 독신 승려를 찾아보기란 매우 어렵다. 아니 거의 불가능하다. 하지만 성적인 꿈을 꾸지 않는 범죄자들은 간혹 찾아볼 수 있다. 그들은 모든 성적인 요소를 행동으로 분출시켰기 때문이다. 하지만 종교인치고 성적인 꿈을 꾸지 않는 사람은 없다. 난봉꾼은 아마 성적인 꿈을 꾸지 않을 것이다. 그러나 소위 성자들이라고 불리는 사람들치고 그런 꿈을 꾸지 않는 사람은 아무도 없다. 그것은 그대가 깨어 있는 시간 동안 억압한 것이 꿈으로 다시 소생하기 때문이다.

정신분석가들은 그대의 낮 시간대 생활에는 관심이 없다. 그들은 그 생활이 전적으로 거짓임을 알고 있기 때문이다. 만약 진실한 것이 나타난다면 그것은 오직 꿈속에서만이 나타날 것이다. 그러나 탄트라는 그대의 꿈 역시 거짓이라고 말한다. 그것은 깨어 있을 때보다 좀더 진실에 가까울 뿐이다. 왜냐하면 자신을 지키려는 방비가 낮 시간대보다 허술해지기 때문이다. 판단이나 해석을 내리는 것이 잠들어 있다. 그래서 억압된 정보는 그 자신을 표현한다. 물론 상징적으로 말이다. 그리고 그 상징은 분석될 수 있다.

이 세상의 모든 인간은 그 상징이 동일하다. 그대가 낮에는 다른 언어를 말할지도 모르지만 꿈속에서 하는 말은 다른 사람과 똑같다. 이 세상 어디를 가도 꿈의 언어는 같은 것이다. 만약 섹스를 억압했다면 그때는 똑같은 상징이나 그와 유사한 것이 나타날 것이다.

꿈의 언어는 모두 동일하다. 그러나 꿈에서는 그것들이 상징적이기 때문에 여전히 혼란스럽다. 그래서 프로이드는 그것을 나름대로 해석했고 융 역시 다르게 해석했다. 아들러 역시 제나름대로의 해석 방식을 갖고 있다. 만약 그대가 백 명의 정신분석가에게 그대의 꿈을 의뢰한다면 백 가지 해석이 나올 것이다. 그렇게 되면 그대는 그전보다 더 혼란스러워질 것이다. 한 가지 사실에 대해 백 가지 해석이 나오니 말이다.

그러나 탄트라는 말한다. 깨어 있거나 잠을 자거나 그대의 진실은 가려져 있다고. 오직 그 사이에만 진실이 있다고 말한다. 그러니 깨어 있는 상태에만 초점을 맞추지 말고 꿈을 꾸거나 잠든 상태에 대해서도 집중하지 마라. 오직 그 사이에 있는 틈에 대해서만 집중하라. 그 틈을 주시하라. 하나의 상태에서 또 다른 상태

로 넘어가는 사이에 일별이 일어난다. 한 번 그대가 그 틈을 잡아
낼 수 있으면 그대는 그것을 통달할 수 있다. 그때 존재의 다른
차원이 열린다. 진짜 존재가 드러나는 것이다.

　자, 이제 오늘의 마지막 방편으로 넘어가자.

56

　환영이 그대를 현혹시키고,
　찬란한 색채들이 그대를 둘러쌀 때 분별되는 것조차 분별
　할 수 없게 된다.

　이것은 매우 희귀한 방편이다. 이 방편은 여러 스승들에 의해
서 많이 사용된 것이 아니다. 인도의 가장 위대한 교사 샹카라
(Shankara)가 이것을 사용했다. 그의 모든 철학이 바로 이 방편
에 근거한 것이다. 그의 철학은 '마야(Maya)'라는 한마디로 대
표될 수 있다. 샹카라는 모든 것이 환상이라고 말했다. 그대가 보
고 듣고 느끼는 모든 것이 환영이다. 그것은 실체가 아니다. 실체
는 감각에 포착되지 않기 때문이다. 그대는 내 말을 듣고 있고 나
는 내 말을 듣는 그대를 보고 있다. 이것이 전부 환영이다. 꿈과
같은 것이다. 이것이 꿈인지 아닌지를 판단할 길은 없다. 내가 이
것이 꿈인지 아닌지를 어떻게 구별하겠는가?

　장자가 하루는 자고 일어나서 안절부절못했다. 그의 제자들이
주위에 모여들어 그를 보고 있다가 결국 물었다.

　"스승님? 무슨 일이 있습니까?"

　장자가 말했다.

　"꿈 때문이다."

　제자들은 갑작스런 그의 대답을 듣고 그만 웃고 말았다. 그들

은 재미있어 하며 말했다.

"꿈 때문에 그렇게 걱정하십니까? 당신은 항상 이 세상은 걱정 거리가 많다고 말씀하시긴 했지만 그렇다고 꿈 때문에 걱정하십니까?"

그러자 장자가 말했다.

"내가 어떤 꿈을 꾸었는데 그 꿈 때문에 지금 매우 혼란스럽다. 내가 그 꿈에서 나비가 되었기 때문이다."

그 말을 들은 제자들이 물었다.

"그게 뭐 그리 걱정스럽습니까? 별로 이상한 꿈도 아닌데 말입니다."

장자가 말했다.

"그것이 아니다. 나는 지금 장자가 나비 꿈을 꾼 것인지 나비가 장자가 되는 꿈을 꾸고 있는 것인지 확실히 몰라서 그렇다. 나는 지금 혼란에 빠졌다. 어떤 것이 맞고 어떤 것이 틀렸는지 모르겠다. 장자가 나비 꿈을 꾼 것이 옳은 것인지 아니면 나비가 장자 꿈을 꾸고 있는 것이 옳은 것인지를 도저히 판단할 수가 없다."

장자는 그후로도 그 물음에 대해서 답을 얻을 수 없었다. 그는 그후부터 평생 궁금해 하면서 살았다.

지금 내가 그대들에게 이야기하고 있는 것이 꿈이 아니라고 어떻게 단정할 수 있는가? 이것은 감각으로도 구별이 되지 않는다. 꿈속에서도 꿈은 실재처럼 보이기 때문이다. 그대는 꿈을 꿀 때 그것이 실재라고 항상 느끼지 않는가? 꿈이 실재처럼 느껴지는데 왜 실재라고 해서 꿈처럼 느껴지지 않겠는가?

샹카라는 말했다. 그대가 대면하고 있는 상황을 감각을 통해서는 그것이 실재인지 비실재인지 알 수 없다고 말이다. 샹카라는 그것을 '마야'라고 불렀다. 마야는 환영을 의미한다. 환영은 비실재를 말하는 것이 아니다. 환영은 그것이 실재인지 비실재인지 가려낼 가능성이 없는 상태를 말한다. 이 점을 기억하라.

서양의 언어로는 '마야'란 말을 적절하게 번역하지 못했다. 그들은 단지 환영(illusion)이라고만 번역했다. 그러나 그 말은 비실재를 의미하는 것이다. 그 점이 틀린 점이다. 엄밀하게 말해서 '환영'이란 그것이 실재인지 비실재인지 분별할 수 없는 상태를 의미한다.

이 세상 전부가 환영이다. 혼란이다. 그대는 결정할 수가 없다. 그것은 항상 그대를 혼란스럽게 한다. 마치 꿈과 같다. 그래서 이 방편은 샹카라의 철학을 만들어 내게 된다.

'환영은 그대를 속이고', 혹은 이렇게 말해도 된다. '속이는 것은 환영이다. 그리고 '찬란한 색채들이 그대를 둘러쌀 때 분별되는 것조차 분별할 수 없게 된다'에서 환영의 세계는 그 어떤 것도 확실한 것이 없다. 온 세상이 무지개와 같다. 그것은 나타나기는 하지만 존재하는 것이 아니다. 만약 그대와 무지개의 거리가 멀다면 그것은 있는 것처럼 느껴지지만 그 곁에 가까이 가면 그것은 해체되어 버린다.

온 세상이 마치 무지개 색깔과 같다. 모든 것이 멀리 있을 때 그대는 희망에 가득 찬다. 그러나 그대가 가까이 다가갈 때 희망은 안개처럼 사라져 버린다. 그대가 목표 지점에 이를 때 거기에는 오직 재만 남는다. 그 찬란한 색깔들은 사라지고 없다.

그래서 '분별되는 것조차 분별할 수 없게 된다'의 상태가 된다. 그대의 모든 수학, 그대의 모든 계산 체계, 개념, 철학들이 전부 무기력해진다. 그대가 이 환영을 이해하려고 하면 할수록 더욱 혼란스럽다. 거기에는 아무것도 확신할 만한 것이 없다. 모든 것이 불확실하다. 무엇이 진실이고 무엇이 거짓인지 나눌 수가

없다. 그대가 계속 분별하려고 하면 어떤 일이 일어나겠는가? 그
대가 그 자세 속으로 깊이 들어가면 단정할 수 없는 모든 것이 환
영이 될 것이다. 그때 그대는 자동적으로, 자발적으로 그대 자신
에게로 향할 것이다. 그때 그대 자신은 모든 것의 중심이 된다.
오직 그것만이 확신할 수 있기 때문이다.

　이를 이해하라. 나는 밤에 잘 때 나비가 되는 꿈을 꿀 수가 있
다. 그리고 어떤 것이 진짜인지 결정하지 못한다. 아침에 나는 장
자처럼 당황할 수도 있다. 하지만 이 두 가지 다 꿈이다. 거기에
는 어떤 것이 실재이고 어떤 것이 비실재인지 비교할 수 있는 방
법이 없다.

　그러나 장자는 한 가지 사실을 놓치고 있다. 꿈꾸는 자를 말이
다. 그는 오직 꿈만 생각했다. 꿈만 서로 비교하면서 꿈꾸는 주체
를 놓치고 있다. 장자가 나비가 되었다고 꿈꾸는 자가 있다. 그리
고 그 역도 성립된다. 나비는 자신이 장자가 되었다고 꿈꾸고 있
다. 그렇다면 거기에 관찰자는 누구인가? 누가 잠들어 있고 깨어
있지 않은가? 그대는 내게 비실재이고 꿈이 될 수 있다. 그러나
나는 내 자신에게 꿈이 될 수 없다. 왜냐하면 꿈을 꿀 때는 꿈꾸는
자가 필요하기 때문이다. 아무리 거짓스런 꿈이라도 그것을 꾸는
자는 실재로 존재해야 한다. 그 존재 없이 꿈 자체만 존재할 수는
없다. 그러므로 꿈에 대해서는 잊어버려라. 이 방편은 꿈을 잊어
버리라고 말한다. 이 세상은 전부 환영이다. 그러니 이 세상을 추
구하지 마라. 거기에서 확신을 얻을 가능성은 없다. 이제 그 사실
은 과학적인 연구를 통해 증명되고 있다.

　지난 3세기 동안 가장 믿을 수 있는 것은 과학이었다. 그리고
샹카라는 단지 철학적이고 시적인 마음을 가진 것처럼 보였다.
그러나 지난 3세기 동안에 확실했던 과학이 지난 20년 동안에는

불확실해져 버렸다. 이제 가장 위대한 과학자들은 아무것도 확실한 것이 없다고 말하고 있다. 물질에 관한 한 우리는 불확실성을 절감하고 있는 것이다. 모든 것이 하나의 흐름이며 변화의 연속이다. 오직 물질의 겉모양만이 확실한 것처럼 보일 뿐이다. 그러나 물질 속으로 깊이 들어가 보면 거기에는 어떤 것도 확실한 것이 없다. 어떤 부분이 물질이고 어떤 부분이 아니라고 정의할 수 없게 된 것이다.

샹카라도 말했고 탄트라도 항상 말해 왔다. 이 세상은 환영이라고 말이다. 샹카라가 태어나기 전에도 탄트라는 이 방편을 설파하고 있었다. 이 세상은 한낱 환영이며 따라서 이 세상을 꿈처럼 생각하라고 말이다. 보이는 모든 것이 꿈이라는 것을 알게 될 때 그대는 저절로 의식의 초점을 내면으로 돌릴 것이다. 왜냐하면 거기에 진실을 찾고 싶은 깊은 열망이 있기 때문이다.

만약 온 세상이 비실재라면 그때는 거기에 어떤 은신처도 없다. 그때 그대의 삶이란 그림자를 좇아 다니며 시간과 정력을 낭비하고 있는 것이다. 그때 내면으로 들어가라. 한 가지만은 확실하다. 그것이 '나는 존재한다'인 것이다. 만약 세상 전체가 환영이라면 한 가지만은 확실하다. 이것이 환영이라고 아는 사람이 있다는 것이다. 지식도 환영이고 그 지식의 대상도 환영이지만 그것을 아는 사람은 환영일 수가 없다. 이것만이 유일한 확실성이다. 이것만이 그대가 발디딜 수 있는 유일한 바위다.

이 방편은 세상을 꿈으로, 환상으로 바라보라고 말한다. 거기에 나타나는 것은 존재하지 않는 것이다. 단지 무지개일 뿐이다. 이 느낌 속으로 깊이 들어가라. 그대는 자신에게 던져지게 될 것이다. 자신의 내면으로 향하게 될 것이다. 그대는 확실한 진리에 도달하게 된다. 그것은 의심할 수 없는 확신이다. 그것은 절대적이다. 과학은 절대적이 될 수가 없다. 그것은 상대적일 수밖에 없다. 오직 종교만이 절대적일 수 있다. 왜냐하면 그것은 꿈을 찾지 않기 때문이다. 그것은 꿈꾸는 자를 찾는다. 관찰되는 대상이 아니라 관찰자를, 아는 주체를 말이다.

〈질문〉

"꿈속에서도 깨어 있는 의식을 가질 수 있다면 그 방법을 좀 설명해 주시겠습니까?"

꿈은 영화와 같다. 그리고 세상을 비추는 영사막은 바로 마음이다. 마음의 거울 속에는 세상 모든 것이 비쳐진다. 그리고 그 영상이 바로 꿈이다. 그대는 너무 깊이 그것과 연관되어 있다. 그것과 너무 많은 동일시를 하고 있다. 그래서 그대는 자신이 누구인지 완전히 잊어버렸다. 이것이 바로 잠들었다는 뜻이다. 꿈꾸는 자는 꿈속에서 자신을 잃어버린다. 그대는 자신을 제외하고는 모든 것을 볼 수 있다. 이 자기에 대한 무지가 바로 잠이다. 꿈이 완전히 멈추지 않는 한 그대는 결코 자신을 깨닫지 못한다.

그대는 영화를 보다가 갑자기 필름이 끊어져서 영화가 멈췄을 때 그대 자신으로 되돌아오는 때가 있다. 그때야 시계를 보고 몇 시간이 후딱 지나갔다는 사실을 비로소 깨닫는다. 그런데 그대가 느낄 수 있었던 것은 영화의 스토리였지 시간이 아니었다. 그대는 몇 시간이 흐른 것을 느끼지 못하고 슬프거나 우스웠던 것만 느꼈다. 이 얼마나 넌센스인가! 그것은 단지 하나의 영화였을 뿐이다. 스크린 위에 일어난 빛의 장난일 뿐이었다. 영화가 끝난 뒤에야 그대는 자신으로 돌아와서 쓴웃음을 짓는다. 그렇다면 몇 시간 동안 그대는 어디에 있었는가?

그대는 그대의 중심에 있지 않았다. 그대는 완전히 주변으로만 움직였다. 영화가 상영되는 동안 그대는 자신과 함께 있지 않았다. 엉뚱한 곳에서 방황하고 있었다.

이것이 바로 꿈에서 일어나는 것이다. 그리고 이것이 우리의 삶이다. 영화는 몇 시간이면 끝나지만 꿈은 한없이 계속된다. 몇 생을 걸쳐서 말이다. 그러다가 갑자기 꿈이 멈추면 그대는 자신이 누구인지를 바로 알 수가 없다. 그대는 두렵고 당황스럽다. 다시 꿈속으로 들어가고 싶어진다. 그 꿈은 익숙한 것이며 그대는 그것에 길들여져 있기 때문이다.

이것을 선가(禪家)에서는 특히 돈오(頓悟)라고 부른다. 갑작스런 깨달음이란 뜻이다. 그리고 112가지 방편 속에는 갑작스런 깨달음을 줄 수 있는 방편들이 몇 개 있다. 단지 그 충격이 너무 커서 그대가 감당해낼지 의문스럽다. 그대는 폭발할지 모른다. 죽을 수도 있다. 너무나 오랫동안 꿈속에서만 살아왔기 때문이다. 꿈이 없으면 그대가 누구인지 아무런 기억이 없다.

이 세상이 갑자기 사라진다면 그래서 그대만 홀로 남게 된다면 그대는 너무 충격이 커서 죽을 수도 있다. 모든 꿈이 갑자기 사라지는 것도 그와 같은 충격이다. 그때 그대의 세계는 사라질 것이다. 그대의 세계는 그대의 꿈이었기 때문이다.

우리는 이 세상에 실재하는 것이 아니다. 이 세상은 우리에게 있어서 외부적인 사물로 구성되어 있는 것이 아니다. 우리의 꿈으로 구성되어 있는 것이다. 그래서 모든 사람은 자신의 꿈세계 속에서 살고 있다.

명심하라. 우리는 어떤 것도 같은 것을 이야기하고 있지 않다.

심리적으로 뿐만 아니라 지리적으로도 수많은 세계가 있다. 마음
의 수만큼 세상의 수도 많다. 각각의 마음은 그 자신의 세계이다.
그리고 그대의 꿈이 사라진다면 그대의 세상도 사라진다. 그대가
꿈 없이 산다는 것은 매우 어려운 일이다. 갑작스런 방편이 일반
적으로 잘 사용되지 않는 이유가 바로 그것이다. 그래서 점진적
인 방편들이 주로 사용된다.

이 점을 주목하는 것이 좋다. 점진적인 방법들을 사용하는 것은
점진적인 과정이 필요해서가 아니라는 점이다. 그대는 갑자기 지
금 이 순간에 깨달음 속으로 뛰어들 수도 있다. 여기에 아무런 장
벽도 없다. 사실 장벽이 있을 수가 없다. 그대는 이미 깨달은 상
태를 갖고 있다. 이 순간 바로 뛰어들 수 있다. 그러나 그것은 너
무나 위험하다. 반드시 죽게 된다. 그 상태를 그대는 견딜 수가
없다. 그것은 그대에게 너무 큰 것이다.

그대는 거짓된 꿈에만 길들여져 있다. 그래서 그대는 실체와
대면할 수 없다. 그것과 만날 수 없다. 그대는 오직 꿈속에서만
살 수 있다. 그리고 그 꿈은 그대에게서 더 이상 꿈이 아니다. 현
실처럼 존재해 왔다.

깨달음이 시간을 필요로 하기 때문에 점진적인 방법들이 사용
되는 것은 아니다. 깨달음은 절대로 시간을 필요로 하지 않는다.
시간이 필요 없다! 깨달음은 미래에 얻을 수 있는 어떤 것이 아
니다. 그러면 왜 점진적인 방법을 사용하는가? 그것은 그대로 하
여금 실체를 대면할 때 생기는 충격을 견디게끔 도와준다. 다른
뜻이 있는 것은 아니다. 실체를 현실화시키는 데 그것이 도움이
되는 것이 아니다. 단지 충격을 견디게끔 그대를 강하고 담대하
게 만들어 줄 뿐이다.

그대가 즉각적으로 깨달음에 뛰어들 수 있도록 하는 데는 일곱

가지 방편이 있다. 그러나 그대는 그 충격을 견딜 수 없다. 오랫동안 어두운 곳에 살다가 갑자기 햇빛을 보면 눈이 멀어버리듯이 말이다. 엄청난 축복을 감당할 수 없어서 그대는 죽을 것이다.

우리는 이런 깊은 잠속에 있다. 어떻게 이 잠에서 깨어날 수 있을까? 어떻게 꿈속에서 깨어 있는 의식을 가질 수 있을까? 이 질문은 잠에서 깨어나는 데 있어서 의미심장한 것이다.

그리고 꿈속에서 깨어 있는 의식을 가질 수 있는 방법이 한 가지 있다. 그것은 마치 전세계가 단지 하나의 꿈인 것처럼 여기는 것이다. 그대가 하는 것은 무엇이든지 꿈이라고 생각하라. 밥을 먹을 때도 밥먹는 꿈을 꾸고 있다고 생각하라. 앉을 때나 길을 걸을 때나 그 무엇을 할 때나 그렇게 생각하라. 우리가 이 세상을 마야라고 부르는 것도 이 때문이다. 그것은 꿈이며 환상이다. 그리고 그렇게 부르는 것이 단지 철학적인 의미만 있는 것은 아니다.

불행하게도 샹카라(Shankara)의 사상이 외국에서는 단지 하나의 철학으로 소개된다. 그 때문에 그의 사상을 연구하는 데 수많은 오해가 생겨나게 되었다. 서양에서도 버클리(Berkeiey)같은 철학자들은 이 세상이 하나의 꿈이라고 말했다. 그러나 이것은 철학적인 이론일 뿐이다. 버클리는 하나의 가설로서 그렇게 제시했던 것이다.

그러나 샹카라가 이 세상은 하나의 꿈이라고 말했을 때 그것은 철학적 이론이 아니다. 그는 특별한 명상을 통해 그 꿈에서 깨어나기 위한 수단으로 그렇게 말한 것이다. 그리고 그것 자체가 역시 하나의 명상이다. 만약 그대가 꿈속에서 '이것은 꿈이다'라고 의식할 수 있으려면 먼저 깨어 있을 때부터 그렇게 의식해야 한다. 그렇게 하지 않으면 꿈꾸는 동안 그대는 이것이 꿈이라는 것을 의식할 수 없다. 그대는 이것이 실체라고 생각한다.

왜 그대는 꿈속에서 그것이 실체라고 생각하는가? 그대가 의식을 갖고 있는 낮 시간 동안에 일어나는 모든 것이 실체라고 생각하기 때문이다. 그것은 하나의 경향이며 습관이다. 그대에게 깊이 뿌리박힌 관점이다. 깨어 있는 동안 그대가 목욕을 하면 그것은 진짜다. 깨어 있는 동안 그대가 밥을 먹으면 그것도 역시 진짜다. 깨어 있는 동안 그대가 친구와 이야기를 하면 그것도 진짜다. 그대가 무엇을 하든 그대가 하는 것은 진짜이며 실체라고 생각하는 태도는 시간이 갈수록 굳어진다. 그런 태도가 하나의 습관이 되어 마음속 깊이 자리잡는다.

그리고 그대가 밤에 꿈을 꾸는 동안에도 같은 태도가 반복된다. '이것은 진짜다'라고 생각하는 태도는 꿈속에서도 변함없다. 그래서 먼저 분석을 한 번 해보자. 꿈과 현실 사이에는 어떤 유사성이 있음에 틀림없다. 그렇지 않다면 이 태도는 어딘지 좀 달라질 것이다.

나는 그대를 보고 있다. 내가 눈을 감았을 때 나는 꿈속으로 들어간다. 그리고 나는 꿈속에서 그대를 본다. 보는 것에 있어서는 하나도 다른 것이 없다. 내가 실제로 그대를 보고 있는 동안에는 내가 무엇을 하고 있는가? 그대의 영상이 나의 눈에 비쳤다. 나는 그대를 보고 있는 것이 아니라 나의 눈의 망막에 맺힌 그대의 영상을 보고 있는 것이다. 그때 그 영상은 신비한 과정을 통해 변화된다. 과학은 아직 그 과정을 밝혀 내지 못하고 있다. 그 영상은 화학적인 변화를 거쳐서 나의 두뇌에 전달된다. 과학은 그것이 머리의 어느 부분이라고 정확하게 집어내지 못한다. 하지만 어쨌든 내가 보는 것은 눈에서 일어나는 현상이 아니다. 눈은 단지 하나의 창문이다. 보는 것은 머리 속에서 일어난다.

눈을 통해 그대의 모습이 비쳐진다. 그대는 하나의 사진일 수도 있고 아니면 실체일 수도 있다. 혹은 꿈일 수도 있다. 기억하라. 꿈은 삼차원적 영상이다. 사진은 이차원적이기 때문에 금방 사진이라는 것을 눈치챌 수 있다. 그러나 꿈은 삼차원적 영상이다. 거기에 시간까지 관계되면 사차원적 영상으로 변한다. 그래서 마치 실재처럼 보인다. 보이는 것만으로는 꿈인지 현실인지 분간이 잘 안 간다. 그때는 눈이 판단 기준이 되지 않는다.

그때 영상은 화학적인 파동으로 변형된다. 그리고 그 화학적인 파동은 다시 전기적인 파동으로 변한다. 그리하여 두뇌의 어떤 부분으로 간다. 하지만 그 정확한 지점은 아직 알려지지 않았다.

나는 항상 내 속에 있다. 그리고 그대는 항상 나의 외부에 있다. 결코 거기에 만남이 이루어질 수 없다. 그래서 그대가 진실로 존재하는 것인지 아니면 단지 나의 꿈속에 나오는 인물인지는 항상 확실하지 않다. 지금 이 순간조차도 내가 꿈을 꾸는 것인지 그대가 진짜로 여기에 있는 것인지 어떻게 알겠는가?

또한 그대 역시 마찬가지다. 내 말을 듣고 있는 이 상황이 그대의 꿈이 아니라고 어떻게 말할 수 있는가? 따라서 그대가 깨어 있을 때 갖고 있는 사고방식은 잠들었을 때에도 여전히 갖고 있다. 그래서 밤에 그대가 꿈속에서도 모든 것을 실체라고 생각하는 것이다.

지금 이후로는 반대로 생각하라. 이것이 샹카라가 의도했던 것이다. 그대가 지금 보는 모든 것을 꿈이라고 생각하라. 그러나 인간의 마음은 어리석으면서도 교활하다. 샹카라가 '이것은 하나의 꿈이다'라고 말하면 그때 우리는 이렇게 말한다.

"그러면 이렇게 열심히 수행할 필요가 뭐 있는가?"

만약 꿈이라면 먹을 필요도 없다. 왜 계속 먹으면서 꿈이라고 생각하는가? 먹지 마라! 그러나 그때 기억하라. 그대가 배고픔을 느끼는 것도 하나의 꿈이다. 그리고 먹어라. 그러면서 기억하라. 그대가 많이 먹었다고 느낄 때에도 그것은 꿈이다.

샹카라는 그대에게 꿈을 바꾸라고 말하는 것이 아니다. 이 점을 반드시 기억해야 한다. 꿈을 바꾸려는 노력은 또다시 그 이면에 모든 것이 실체라고 하는 믿음이 깔려 있다는 점을 말이다. 그렇지 않다면 어떤 것도 바꿀 필요가 없다. 샹카라가 하는 말은 무슨 경우를 만나든지 그것은 전부 꿈이라는 것이다.

어떤 것도 바꿀 필요가 없다. 모든 것이 꿈이기 때문이다. 낡은 꿈을 바꾸어 새로운 꿈을 꿔봤자 꿈이다. 그러므로 이 모든 것이 꿈이라는 사실을 계속 상기하라. 3주간 정도만 그대가 무엇을 하든지 그것이 꿈이라고 되뇌인다면 그것은 효과를 나타내기 시작할 것이다. 물론 처음에는 힘이 들 것이다. 이전의 구태의연한 마음의 습관으로 자꾸 떨어질 것이다. 그리하여 또다시 이것은 실체라고 생각하기 시작할 것이다. 하지만 그 때마다 그대는 '이것은 꿈이다'라는 사실을 반복하라. 5,6주 정도 지나면 그대는 꿈속에서 갑자기 그 사실을 상기하게 될 것이다.

"이것은 꿈이다!"

이것이 의식으로 꿈을 관통하는 한 가지 길이다. 만약 그대가 꿈속에서 그것이 꿈이라는 사실을 생각해 낼 수 있다면 그때 그대는 낮에도 그 생각을 유지하는 데 별로 힘들지 않을 것이다. 그대는 저절로 그 사실을 인식하고 있을 것이다.

처음에는 하나의 신념을 만드는 것처럼 시작해야 한다. 그대는 계속 '이것은 꿈이다'라고 되뇌이다가 꿈속에서마저 그 사실을 상기할 수 있게 되면 그때는 아침이 되어 잠에서 깨어나도 잠에서 깨어났다는 느낌이 안들 것이다. 그대는 단지 새로운 꿈으로 들어간다는 느낌을 받을 것이다. 그렇게 되면 그대는 24시간 내내 꿈속에 산다는 느낌을 받게 될 것이다. 그대는 이제 내면의 중심에 서게 된다. 그때 그대의 의식은 이중적으로 변할 것이다. 항상 실재라고만 생각한 의식이 이제 서서히 꿈을 의식하게 되는 것이다.

그대가 꿈을 느낄 때 꿈꾸는 자에 대한 의식이 서서히 깨어나기 시작한다. 그대가 영화를 실재라고 생각할 때는 그대 자신을 잊어버리지만 영화가 끝나고 불이 들어오면 다시 그대 자신을 인식한다. 그것처럼 그대가 꿈을 꿈이라고 의식할 때 그대의 존재가 서서히 깨어나기 시작한다. 그때 그대는 자신의 존재를 느낄 수 있다.

이제 됐는가?

삶을 흐르는 물처럼 지켜보는 기법

오, 사랑스런 그대여,
쾌락에도 머물지 말고 고통에도 머물지 마라.
오직 그 가운데 머물라.

삶을 흐르는 물처럼 지켜보는 기법

57

거대한 욕망의 파도 속에서도,
그대여 흔들리지 마라.

58

이른바 이 우주라고 하는 것은 하나의 요술경처럼 나타나며
갖가지 그림을 보여준다.
즐거워하라. 그것을 그렇게 보라.

59

오, 사랑스런 그대여,
쾌락에도 머물지 말고 고통에도 머물지 마라.
오직 그 가운데 머물라.

60

욕망들과 그 대상들은 다른 사람들 속에 존재하듯이
자신 속에도 존재한다.
그러므로 받아들여라. 그리고 그것을 변형시켜라.

본래의 마음은 하나의 거울과 같다. 그것은 순수하다. 그리고 순수하게 남아 있다. 그러나 먼지가 그 위에 앉을 수 있다. 그때 순수함은 사라진다. 그러나 먼지가 순수함을 파괴할 수는 없다. 단지 순수함이 가려질 뿐이다. 그리고 이것이 일반적인 마음의 조건이다. 먼지로 뒤덮인 채로 있는 것 말이다.

그 먼지 뒤에 본래의 마음이 순수한 상태로 남아 있다. 그것은 더럽혀질 수 없다. 그것은 불가능하다. 그리고 만약 그것이 더럽혀질 가능성이 있다면 그때는 그 순수함을 다시 회복할 길이 없다. 따라서 그것은 그 자체로 언제나 순수하다. 단지 먼지로 뒤덮여 있을 뿐이다.

우리의 마음은 본래의 마음에 먼지를 더한 것이다. 붓다의 마음도 먼지로 뒤덮여 있었다. 신성의 마음도 먼지로 뒤덮여 있었다. 그러나 한 번 그대가 그 먼지를 제거할 수 있는 법을 알게 되면 그대는 가치 있는 것을 알게 될 것이다. 그대는 성취할 가치가 있는 것을 모두 성취할 것이다.

이 모든 방편들이 어떻게 하면 매일 쌓이는 먼지로부터 그대의 마음을 깨끗하게 할 수 있는가에 관한 것이다. 먼지는 자연스런 것이다. 그것은 나그네가 길을 걸어갈 때 자연스럽게 먼지가 묻는 것과 같다. 그대는 수많은 생을 지나온 한 사람의 나그네다. 그대는 멀고 먼 노정을 여행해 왔다. 그리고 많은 먼지들이 거기에 묻어 있다.

그대는 이 방편들에 들어가기 전에 많은 것들을 이해해야 한다. 첫째, 동양은 기본적으로 서양과 다르다. 특히 내면의 변형에 관한 태도에서 말이다. 기독교는 어떤 것이 인간의 존재 속에 저절로 생겨난다고 생각했다. 죄악 같은 것이 말이다. 그러나 동양은 어떤 것도 저절로 생겨날 수 없다고 말한다. 존재는 절대적인 순수 속에 남아 있다. 거기에는 어떤 죄악도 없다. 그래서 동양에서는 인간이 정죄되지 않는다. 인간은 그 존엄성이 감해지지 않는다. 오히려 인간은 신성하다. 그는 언제나 그래 왔다. 단지 그대로 내버려두면 먼지가 묻을 것이라고, 그리고 먼지는 반드시 묻게 되어 있다고 믿어 왔다. 그래서 거기에는 죄악이 없다. 단지 거짓된 동일시만 있을 뿐이다.

우리는 마음과 자신을 동일시해 왔다. 아니, 그 마음에 묻은 먼지와 말이다. 우리의 경험, 우리의 지식, 우리의 기억들이 모두 먼지인 것이다. 우리가 알고 있는 것은 무엇이든지, 우리가 경험한 것은 무엇이든지, 우리의 과거가 어떠하든지간에 그것은 모두 먼지들이다. 본래의 마음을 회복한다는 것은 곧 순수함을 다시 회복한다는 말이다. 어떤 경험도 없는 상태, 지식도 기억도 과거도 없는 순수한 상태를 말이다.

과거는 전부 먼지다. 그러나 우리는 그 과거와 자신을 동일시하고, 항상 현재하는 의식과는 동일시하지 않는다. 이런 식으로 생각하라. 그대가 알고 있는 것은 무엇이든지 언제나 과거다. 그리고 그대의 존재는 지금 여기에 있다. 그래서 그대의 모든 지식은 먼지일 뿐이다. '앎(knowing)'은 그대의 순수성이지만 지식은 먼지다. 아는 능력, 아는 에너지, 앎, 이것은 순수한 본성이다. 그 본성을 통해 그대는 지식을 모았고 그 지식은 이제 먼지와 같다. 지금 여기, 바로 이 순간에 그대는 절대적으로 순수하다. 하지만 그대는 그 순수함과 동일시하지 않는다. 그대는 과거와 자신을 동일시한다. 축적된 과거와 말이다. 그래서 모든 명상법들은 기본적으로 그대 자신을 과거와 분리시키는 방법이다. 그리고 그대를 지금 여기로 들어오게 하는 것이다.

붓다는 수년 동안 의식의 순수성을 다시 얻을 수 있는 방법을 찾고 있었다. 과거로부터 자유롭게 되는 방법을 말이다. 그대가 과거로부터 자유로워지지 않는 한 그대는 속박되어 있다. 그대는 노예가 되어 있다. 과거는 그대를 짓누른다. 과거 때문에 현재를 알 수 없다. 과거는 이미 알려져 있지만 현재는 매우 세밀한, 원자와 같이 극미한 순간이다. 그대는 계속 그것을 놓치고 있다. 과거 때문에 말이다. 과거 때문에 그대는 계속 미래로만 튕겨져 들어간다. 과거는 언제나 미래로 투사되기 때문이다. 그리고 과거와 미래는 둘 다 거짓이다. 과거는 더 이상 존재하지 않는다. 미래 역시 아직 오지 않았다. 이 두 가지 존재하지 않는 것 사이에 존재하는 것이 있다. 그것이 현재다.

붓다는 찾고 있었다. 그는 한 스승에서 다른 스승에게로 옮겨 다니며 찾았다. 그는 많은 스승들을 만났다. 그리고 그들에게 가서 물었다. 그는 그들이 시키는 것은 무엇이든지 했다. 여러 가지 방법으로 수행을 했지만 그는 만족할 수 없었다. 어려운 점은 바로 이것이다. 그 스승들은 미래에 관심이 있었다. 죽음을 넘어선 어떤 해탈된 상태에, 삶이 끝난 어떤 지점에 관심이 있었다. 그래서 그들은 신에게, 니르바나에게, 어떤 모크샤에게 관심이 있었다. 하지만 붓다는 미래에 일어날 것에 대해서는 흥미를 느낄 수가 없었다. 그는 오직 지금 여기에만 집중했다. 그는 자신이 만난 모든 스승들에게 이렇게 말했다.

"저는 지금 여기에 관심이 있습니다. 바로 지금 여기에서 어떻게 전체적으로 될 수 있는지, 어떻게 완전하고 순수하게 될 수 있는지 말입니다."

그러면 스승들은 한결같이 이렇게 말하는 것이었다.

"이 방편을 써보라. 이것을 올바르게 수행하게 되면 어느 날엔가, 미래의 어느 상태에 가서는 성취할 수 있을 것이다."

결국 그는 모든 스승을 떠났다. 그리고 홀로 찾을 수밖에 없었다. 그가 무엇을 했겠는가? 그는 매우 간단한 것을 했다. 한번 그대가 그것을 알고 나면 그것은 매우 간단하고 명백하다. 그러나 그대가 그것을 모를 때 그것은 지극히 어려운 것이다. 그것은 불가능하게 보인다. 하지만 그는 오직 이 한 가지만을 했다. 그것은 현재 이 순간에 머물러 있는 것이다. 그는 모든 과거와 미래를 잊어버렸다. 그리고 나서 그는 말했다.

"나는 지금 여기에 있다. 나는 단지 존재한다."

만약 그대가 단 한순간이라도 존재할 수 있다면 그대는 그 맛을 알 수 있다. 그대의 순수한 의식의 맛을. 한번 그 맛을 알게 되면 다시는 잊어버릴 수 없다. 그때 그 맛이, 그 향취가 그대와 함께 남아 있다. 그리고 그것은 그대의 변형으로 이어진다.

그대 자신을 과거로부터 자유롭게 하는 것, 마음의 먼지를 털어 버리는 것, 자기 마음의 거울 속을 들여다보는 것에는 많은 방법이 있다. 이 모든 방편들이 모두 다른 방법들이다. 그러나 모든 방편은 한 가지 깊은 이해가 필요하다. 이 점을 기억하라. 이 방편들은 기계적인 것이 아니다. 그것들은 그대의 의식을 회복시켜 주는 것이다. 만약 그대가 이 방편들을 기계적으로 사용한다면 마음의 평정을 얻을 수는 있을 것이다. 그러나 본래의 순수함에 이르지는 못할 것이다. 그대는 어떤 침묵을 얻을 수는 있지만 그 침묵은 조작된 침묵이다. 그것은 마음의 먼지에 속한 부분이다. 그것은 본래의 마음이 아니다. 따라서 기계적으로 사용하지 마라. 깊은 이해가 필요하다. 그것을 기억하라. 그 이해는 그대의 존재를 회복하는 데 도움이 될 것이다.

자, 그럼 첫번째 방편으로 들어가자.

57

거대한 욕망의 파도 속에서도,
그대여 흔들리지 마라.

욕망이 그대를 휘감을 때 그대는 거기에 휩쓸린다. 물론 그것
이 자연스럽다. 욕망이 그대를 사로잡을 때 그대의 마음은 욕망
의 물결에 따라 요동하기 시작한다. 욕망은 그대를 미래의 어떤
구석으로 밀어 넣는다. 그대는 동요하게 된다. 평안하게 있을 수
가 없다. 욕망(desire)은 결국 병(dis-ease)이 된다.

경전은 말한다. 거대한 욕망의 파도 속에서도 흔들리지 말라고
말이다. 그러나 어떻게 흔들리지 않을 수 있는가? 욕망이란 이미
흔들림을 의미한다. 그런데 어떻게 그 욕망 속에서 평정을 잃지
않을 수 있는가? 그대는 어떤 실험을 해봐야 할 것이다. 오직 그
때만이 그것이 무슨 뜻인지 알 수 있다. 그대는 분노 속에 있다.
분노는 그대를 사로잡는다. 그때 그대는 완전히 정신이 나간 상
태이다. 더 이상 그대는 제정신이 아니다. 그때 문득 흔들리지 않
는 상태를 기억하라. 마치 그대의 내면이 분노라는 옷을 벗어 버
리는 것처럼 말이다. 분노는 거기에 있다. 그러나 이제 그대는 그
분노와는 분리된 내면의 한 점 속에 있다.

그대는 분노가 주변에 있는 것임을 알게 된다. 그리고 그 주변
은 전율하고 있다. 주변은 흔들리고 있다. 그러나 그대는 그 상황
을 볼 수 있다. 만약 그대가 그 상황을 볼 수 있다면 그대는 더 이
상 동요하지 않을 것이다. 그 상황을 지켜보는 구경꾼이 되라. 그
대는 흔들리지 않게 된다. 이 흔들리지 않는 점이 바로 그대 본
래의 마음이다. 그러나 그대는 아직 한 번도 그 점을 본 적이 없
다. 분노가 거기 있을 때 그대는 분노와 하나가 된다. 그대는 분

341
삶을 흐르는 물처럼 지켜보는 기법

노가 그대 자신과 다른 것이라는 사실을 잊어버린다. 그리고는 그 속에서 행동하기 시작한다. 그것을 통해 뭔가를 한다.

두 가지 것이 행해질 수 있다. 분노 속에서 그대는 폭력적이 될 것이다. 그때 그대는 타인에게로 옮겨 간다. 그대와 타인 사이에는 분노가 있을 뿐이다. 내가 여기에 있고 그 다음 분노가 있고 그 다음 그대가 있다. 그때 그대는 내 분노의 대상이다. 분노로부터 나는 두 가지 차원을 여행할 수 있다. 하나는 그대에게로 뻗어 나가는 것이다. 그때 그대는 내 의식의 중심이 된다. 내 분노의 대상이 된다. 그때 내 마음은 그대에게 집중된다. 나를 욕한 사람으로서 말이다. 이것이 분노로부터 그대가 여행할 수 있는 한 가지 길이다. 그리고 또 다른 길이 있다. 그것은 그대가 그대 자신에게로 들어가는 길이다. 그대는 분노의 원인을 제공했다고 느낀 타인에게로 향하지 않는다. 그대는 대상이 아니라 주체를 향해 간다.

보통 우리는 대상을 향해 나아간다. 만약 그대가 대상을 향해 간다면 그대 마음의 먼지 부분은 흔들릴 것이다. 그리고 그대는 '내가 흔들리고 있다'라고 느낄 것이다. 만약 그대가 존재의 중심으로 들어간다면 그대는 마음의 먼지가 흔들리는 것을 구경할 수 있다. 그리고 그대는 '나는 흔들리지 않는다'라고 느낄 것이다. 그대는 어떤 욕망에도 이것을 실험할 수 있다.

성적인 욕망이 그대의 마음에 일어난다. 그대의 온몸이 그것에 휩싸인다. 그대는 성적인 대상으로 이동할 수 있다. 그 대상은 거기에 있을 수도 있고 없을 수도 있다. 그대는 상상력을 그 대상으로 삼을 수도 있다. 하지만 그렇게 되면 그대는 더욱 혼란스러울 것이다. 그대가 자신의 중심에서 멀어질수록 그대는 더 흔들릴 것이다. 그러나 중심에 가까워질수록 더욱 안정될 것이다. 만약 그대가 중심에 바로 서게 된다면 거기에는 더 이상 혼란이 없다.

태풍이 불 때 그 한가운데는 비도 오지 않고 바람도 불지 않는다. 그것이 태풍의 눈이다. 분노의 중심, 성욕의 중심, 어떤 욕망의 중심도 마찬가지다. 그리고 '태풍의 눈'이 없는 태풍은 없다. 분노 역시 그 분노를 초월한 그대 내면의 어떤 것 없이는 존재할 수 없다.

이 점을 기억하라. 그 어떤 것도 반대극 없이는 존재할 수 없다. 반대극은 항상 필요하다. 그대 내면에 움직이지 않은 채로 존재하는 중심이 없다면 거기엔 어떤 움직임도 가능하지 않다. 그대 속에 흔들리지 않는 중심이 없다면 흔들림조차 가능하지 않다. 이를 분석하라. 이를 관찰하라. 그대 속에 절대적인 평정의 중심이 없다면 어떻게 그대가 흔들리고 있다는 것을 느낄 수 있겠는가? 거기에는 비교가 필요하다. 비교할 수 있는 두 지점이 필요하다.

어떤 사람이 병들었다면 그는 절대적으로 건강한 중심이 있기에 자신이 병들었다는 것을 느낄 수 있다. 그는 비교할 수 있기 때문이다. 그대는 머리가 아프다고 말한다. 어떻게 머리가 아프다는 것을 알 수 있는가? 머리 속에 아프지 않은 부분이 있기 때문에 가능한 것이다. 뇌 수술을 할 때 환자가 별로 고통을 느끼지 않는 것도 바로 이 때문이다. 통증을 느끼는 머리 부분 자체가 아프기 때문이다. 그처럼 머리가 아플 때에도 그 아픔을 느끼는 관찰자가 있다. 그때만이 그대는 '내 머리가 아프다'라고 말할 수 있다.

아픔은 아프지 않은 부분에 의해서 감지된다. 만약 그대가 병들었다면 그대는 열이 날 것이다. 하지만 그때 그대는 열 자체가 아니기 때문에 열이 난다는 것을 느낄 수 있다. 열은 열 자신을 느낄 수 없다. 그것을 초월해 있는 그 누군가가 필요하다. 그래서 반대극이 필요한 것이다. 그대가 분노 속에 있을 때 분노 속에 있다는 것을 알 수 있다면 그것은 이미 그대 속에 분노로 동요하지 않는 부분이 있다는 증거다. 하지만 그대는 자신 속에 있는 그런 부분을 보지 못한다. 그것은 언제나 순수한 채로 남아 있지만 말이다.

이 경전은 말하고 있다.

"거대한 욕망의 파도 속에서도, 그대여 흔들리지 마라."

그대는 무엇을 할 수 있는가? 이것은 억압하라는 뜻이 아니다. 이 방편은 분노가 일어날 때 분노를 억누르라는 뜻이 아니다. 만약 그대가 분노를 억누른다면 그대는 다른 부분에서 평정을 잃을 것이다. 그것은 두 배로 혼란스러운 상태다. 분노가 생길 때 그대의 문을 닫아라. 그리고 분노에 대해서 명상하라. 분노를 허락하라. 그대는 흔들리지 않고 그대로 있을 것이다. 그것을 억누르지 마라. 억누르기도 쉽고 표출시키기도 쉽다. 우리는 둘 다 한다. 상황이 허락되면 그대는 분노를 표출시킨다. 만약 그대에게 불리한 상황이라면 분노를 억누른다. 그대의 직장 상사나 그대보다 강한 사람 앞에서는 분노를 억누른다.

표출이나 억압은 둘 다 쉽게 할 수 있는 것이다. 하지만 지켜보는 것은 어렵다. 지켜보는 것은 억압하는 것도 아니며 표출하는 것도 아니다. 엄밀하게 말해서 그것에 대해서 명상하는 것이다.

거울 앞에 서서 화를 내보라. 그러면 동시에 그것을 지켜보게 된다. 그대는 홀로 있다. 그래서 그대는 그것에 대해 명상할 수 있다. 그대가 하고 싶은 것이 무엇이든지 그것을 하라. 그러나 허공 속에다 하라. 만약 그대가 누군가를 두들겨 패고 싶다면 허공을 쳐라. 만약 그대가 고함지르고 싶다면 마음껏 고함질러라. 그러나 홀로 있을 때 그렇게 하라. 이 모든 드라마를 보고 있는 것은 그대 자신이라는 점을 기억하라. 그때 그것은 하나의 싸이코드라마가 될 것이다. 그리고 그대는 그것을 보고 웃을 수 있다. 그것은 그대에게 깊은 카타르시스가 될 것이다. 나중에 그대는 그 문제를 해결했다는 생각이 들 것이다. 그대는 그것을 통해 어떤 것을 얻게 될 것이다. 그대는 성숙될 것이다. 그리고 이제 그대는 분노 속에서도 동요하지 않는 중심이 그대 속에 있음을 알게 될 것이다. 이 중심을 더욱더 확실히 찾아가라. 욕망 속에서 그것을 발견하기가 더 쉽다.

그래서 탄트라는 욕망에 반대하지 않는다. 오히려 욕망 속에 있으라고 말한다. 그러나 거기에 흔들리지 않는 중심이 있음을 기억하라. 그래서 탄트라는 섹스조차 이용될 수 있다고 말한다. 섹스 속으로 들어가라. 그러나 거기에 휩쓸리지 말고 구경꾼으로 남아 있어라. 세밀한 관찰자가 되라. 일어나는 것이 무엇이든지 그것은 주변에서 일어나고 있다. 그대는 단지 한 사람의 구경꾼일 뿐이다.

이 방편은 매우 유용하게 사용될 수 있다. 그리고 이를 통해 그대는 많은 은총을 발견할 수 있다. 하지만 그대가 욕망에 휩쓸려서 동요하게 된다면 그때는 어렵다. 그 중심을 발견하기가 어렵다는 말이다. 그때 그대는 모든 것을 잊어버린다. 욕망에 대해 명상해야 한다는 것까지 잊어버린다. 따라서 이런 식으로 해보라. 먼저 그대에게 분노가 일어날 때까지 마냥 기다리고 있지 마라. 그때가 갑자기 당도하면 자신도 모르게 이전처럼 그 분노의 감정에 쉽게 휩쓸리기 때문이다. 그래서 먼저 그대의 방에 들어가 문을 닫아라. 그리고 기억을 이용하라. 이전에 그대가 분노했던 사실을 떠올려 보라. 다시금 분노가 치밀어 오를 것이다. 그 기억을 이용하라. 그것에 반응하라. 누군가가 그대를 욕하고 비난하던 사실에 대해서 반응하라. 그것을 되풀이하라.

마음이란 단지 녹음기처럼 되풀이된다는 사실을 그대는 모를 수도 있다. 하지만 지금에 와서 과학자들은 그것을 과학적인 사실로 받아들이고 있다. 그대의 기억 중추가 자극을 받으면 그것은 똑같이 되풀이되어 돌아가기 시작한다는 것을 말이다. 예를 들어 과거에 그대가 분노한 사실이 있었다. 그 사건은 그대의 기억 속에 저장되어 있다. 그리고 같은 자극이 주어지면 마치 녹음기처럼 그것은 두뇌 속에서 재생될 것이다. 그것은 전기적인 자극으로도 가능하다. 그때 그것은 이전과 똑같은 느낌을 얻게 될 것이다. 따라서 그대의 눈동자는 충혈되고, 몸은 떨리기 시작하며, 미열까지 날 수도 있다. 모든 것이 그대로 재현된다. 그러나 전기가 나가는 순간 그것은 멈춘다. 만약 그대가 거기에 에너지를 다시 공급하면 똑같이 시작할 것이다.

그래서 과학자들은 마음이란 녹음기와 마찬가지라고 말한다. 그대는 얼마든지 같은 자극만 있으면 그 기억을 재생할 수 있다. 하지만 그때 그대는 기억하려고 하지 마라. 단지 그 경험이 다시 반복된다는 사실을 느끼기만 하라. 그것을 다시 경험할 때 그대는 동요하지 말고 남아 있어라.

그래서 과거의 경험에서부터 시작하라. 그때는 그것이 하나의 게임이라는 사실을 알기에 동요하지 않는 것이 더 쉬워진다. 그것은 실제 상황이 아니다. 만약 기억에 대해서 성공적으로 이 방편을 수행할 수 있다면 그때는 실제로 분노가 일어나도 중심을 찾을 수 있다. 모든 욕망의 흐름 속에서도 흔들리지 않고 그것을 지켜볼 수 있다.

과거의 기억을 이용하는 것은 그대에게 많은 도움을 줄 것이다. 누구든지 인간은 자신의 마음속에 아물지 않은 상처들을 가지고 있다. 만약 그대가 그 상처들에 대해서 이 방편을 시도한다면 그때 상처는 아물 수 있다. 그대는 과거의 짐을 벗을 수 있다. 그대의 마음은 다시 생기를 찾을 수 있고, 묵은 때는 벗겨질 수 있다. 그대에겐 누군가를 죽이고 싶었던 적이 있다. 그리고 누군가를 사랑하고 싶었던 적도 있다. 이것저것을 원했던 적이 있다. 하지만 그것들은 불완전한 상태로 남아 있다. 그리고 그것은 구름처럼 그대의 마음을 덮고 있다.

그 구름은, 그 먼지는 현재 그대의 모든 행동에 영향을 미친다. 그러므로 시간을 거슬러 올라가서 그 기억들을 찾아내어라. 그리고 이 방편을 시도하라. 그대는 그 상처들을 고칠 수 있다. 그리하여 그대는 이제 흔들리는 상황이 와도 흔들리지 않고 중심에 머물 수 있다.

구제프 역시 이 방편을 매우 자주 이용했다. 그는 상황들을 조성했다. 그러나 그 상황들을 조성하기 위해서는 학교가 필요하다. 그대 혼자 그렇게 할 수 없다. 그래서 구제프는 폰테인블루(Fontainebleau)에다 조그마한 학교를 하나 만들었다. 그리고 그는 그곳에서 교사가 되었다. 그는 그러한 상황들을 만드는 방법을 알았다. 예를 들어 그대가 방에 들어간다. 그때 그곳에는 다른 사람들이 떼를 지어 앉아 있다. 그리고 그대가 들어가는 순간 그대에게 화가 일어나도록 어떤 일들이 벌어진다. 그것은 너무나 자연스러워서 그대는 그 상황이 일부러 조작된 것이라고는 생각하지 못한다. 그러나 그것은 하나의 조작이다. 그들 중 누군가가 간접적으로 그대를 비난한다. 그대는 당황한다. 그때 거기에 있던 모든 사람들이 동조한다. 그대는 분노가 폭발할 지경에까지 이른다. 그때 구제프는 돌연 이렇게 외친다.

"잊지 마라. 동요하지 말고 중심을 찾아라."

하나의 상황이 만들어질 수 있다. 그러나 많은 사람들이 참여하는 학교가 필요하다. 그리하여 상황이 무르익는 순간 구제프는 소리친다.

"잊지 마라. 동요하지 말고 중심을 찾아라."

그때 그대는 이것이 조작된 상황임을 알게 된다. 그러나 분노는 갑자기 사라질 수 없다. 그 즉시 사라진다는 것은 불가능하다. 그것은 신체적인 메커니즘이기 때문이다. 그대의 몸에 화학적 변화가 일어났던 것이다.

분노는 즉시 사라질 수 없다. 그대가 속았다는 사실을 알고 나서도 여전히 그대는 흥분된 마음을 가라앉힐 수가 없다. 분노가 거기에 있다. 그리고 그대의 마음은 그것으로 가득 차 있다. 그러나 갑자기 그대의 이성은 가라앉는다. 오직 육체만이, 주변만이 여전히 분노하고 있다. 중심은 갑자기 가라앉는다. 아니, 엄밀하게 말하자면 그대는 자신의 내면에 당황하지 않는 중심이 존재한다는 것을 안 것이다. 그대는 웃기 시작한다. 그대의 눈은 분노로 충혈되었고 얼굴은 일그러져 있다. 야수처럼 말이다. 그러나 그대는 웃기 시작한다. 그때 그대는 두 가지 사실을 알게 된다. 흔들리지 않는 중심과 여전히 흔들리고 있는 주변을 말이다.

그대는 가족들과 이런 학교를 만들 수도 있다. 그래서 가족끼리 서로 도와줄 수 있다. 친구들도 마찬가지다. 온 가족이 서로 의논해서 이런 실험을 할 수 있다. 친구들이 그룹을 만들어서 이것을 시도할 수도 있다. 그리고 이런 실험은 서로에게 많은 도움을 줄 것이다. 한 번 그대가 자신의 고요한 중심을 알게 되면 그대는 그것을 잊을 수가 없다. 아무리 속 터지는 상황이라 할지라도 말이다.

　서양에서는 지금 한 가지 심리 치료법이 개발되었다. 그것은 '싸이코 드라마'라는 것이다. 그것은 정신질환자들에게 많은 도움을 주고 있는데 바로 이 방편에 기초를 두고 있다. 싸이코 드라마 속에서 그대는 단지 하나의 게임을 한다. 처음에는 그것이 게임이라고 생각하지만 그대는 곧 완전히 그 속에 빠져든다. 그렇게 되면 그대의 마음은 작동하기 시작한다. 왜냐하면 마음과 육체는 자동적으로 서로 반응하도록 연결되어 있기 때문이다.

　싸이코 드라마의 연기자를 보라. 화가 나는 상황에서 연기자는 진짜로 화를 낸다. 그대는 그가 단지 연기를 하고 있다고 생각할지 모른다. 하지만 그는 진짜로 화를 내고 있는 것이다. 만약 그의 감정이 고조되면, 분위기에 휩싸이면 그는 진짜로 그 감정에 휩쓸릴 것이다. 그때 그의 연기는 실제처럼 보인다.

　그대의 육체는 그대가 연기를 하고 있는지, 아니면 실제 상황인지 알지 못한다. 그대는 자신을 지켜볼 수 있다. 단지 화가 난 연기를 하고 있다는 것을 알 수도 있다. 만약 그대가 연인이나 아내, 혹은 남편과 성적인 연기를 하고 있다면 그것은 곧 진짜가 되어 버릴 것이다. 왜냐하면 육체는 연기인지 실제인지 모르기 때문이다. 특히 섹스에 있어서는 더욱 그렇다. 상상만 해도 그대의 육체는 벌써 거기에 빠져든다.

　섹스는 육체 중에서도 가장 상상력에 영향을 많이 받는 부분이다. 그대는 상상만으로도 오르가즘을 느낄 수 있다. 육체를 속일 수 있는 것이다. 꿈속에서 그대가 성관계를 갖게 되면 그때 육체는 감쪽같이 속아넘어간다. 꿈속에서, 상상 속에서 그대가 성행위를 할 때 그대는 실제로 사정을 한다. 오르가즘마저 느낀다. 도대체 무슨 일이 일어났는가? 어떻게 육체가 속아넘어갔는가? 육체는 무엇이 실제고 무엇이 거짓인지 알 수 없다. 한 번 그대가 어떤 것을 하기 시작하면 육체는 그것이 실제라고 생각하고 그렇게 행동한다.

싸이코 드라마는 바로 그런 원리에 착안한 기법이다. 그대는 화가 나지 않았다. 단지 화가 난 것처럼 행동한다. 그러나 그대는 거기에 빠져들기 시작한다. 그러면 그대의 주변에서는 화가 난 것이 실제가 된다. 그러나 그 뒤에서 그대는 그것을 지켜보고 있다. 그대는 동요하지 않는다는 것을 알고 있다. 거기에 흔들림이 있다. 그리고 동시에 흔들림이 없다.

이 두 가지 힘이 함께 작동할 때 그대는 저절로 변형된다. 싸이코 드라마 속에서 그대는 진짜 분노를 느낀다. 하지만 일단 한 번 그 상황을 전체적으로 알고 나면 그대는 실제 상황 속에서도 자신의 중심을 찾을 수 있다. 흔들리지 않는 중심을 말이다.

이 방편을 이용하라. 이것은 그대의 삶을 전체적으로 변화시킬 것이다. 한번 그대가 흔들리지 않고 지켜볼 수 있다면 그대에게만큼은 이 세상이 불행하지 않다. 그 어떤 것도 그대를 혼란에 빠뜨리지 못한다. 아무것도 그대에게 상처를 입힐 수 없다. 이제 그대에게 고통이란 것이 존재할 수 없다. 한번 그대가 이것을 알고 나면 그대는 또 다른 것을 할 수 있다.

구제프는 이 방편을 종종 사용했다. 그는 순간순간 자신의 얼굴을 바꿀 수 있었다. 그는 웃고 있다. 그는 미소짓고 있다. 그는 그대를 즐겁게 바라보고 있다. 그러다가 일순간 그대에게 화를 낼 수 있다. 아무런 이유도 없이 말이다. 그에 대한 기록을 보면 그것에 관한 이야기가 있다. 그의 양 옆에 두 사람이 있었다. 그런데 그는 동시에 한 사람에게는 화를 내고 다른 한 사람에게는 웃는 것이었다. 그 각각의 사람들이 한 말을 들어보면 한 사람은 '그때 구제프는 너무나 평화스런 표정을 짓고 있었다'라고 말했고, 다른 한 사람은 '그때 구제프는 너무도 괴팍스런 성질을 갖고 있었다'라고 말했다고 한다. 그는 동시에 두 가지 얼굴을 가질 수 있었던 사람이다.

그대도 중심을 주변으로부터 분리시킬 수 있다면 구제프처럼 할 수 있다. 그때 그대는 어떤 욕망, 어떤 분노 속에서도 전혀 흔들리지 않고 게임을 벌일 수 있다.

이 방편은 그대 속에서 두 가지 극단적인 느낌을 만들어 낼 수 있다. 거기에 양극이 존재한다. 그 사실을 한 번만 확실히 체험하고 나면 그대는 자신의 주인이 될 것이다. 그렇지 않는 한 그대의 인생은 다른 사람이 주인 노릇을 하게 될 것이다. 그대는 단지 하나의 노예가 될 뿐이다. 그때는 그대의 아내가, 남편이, 친구가, 자녀들이 마음대로 그대를 혼란 속으로 밀어 넣을 수 있다. 그대는 자신의 주인이 아니다. 그대는 노예일 뿐이다. 다른 사람에게 붙잡혀 있다. 단지 한 가지 동작만으로도 그대는 울고 웃을 것이다.

그렇게 되면 그대는 행동할 수 있는 자가 아니다. 단지 상황에 따라 자동적인 반응만 보이는 자가 된다. 어떤 사람이 그대를 욕한다면 그대는 화를 낼 것이다. 그때 그대의 분노는 행동이 아니다. 반응일 뿐이다. 어떤 사람이 그대를 이해해 주면 그대는 즐거워한다. 기분이 좋아진다. 그러나 그것 역시 행동이 아니다. 그것은 반응이다. 그대는 도무지 주체적으로 행동할 수 없다.

붓다가 어느 마을을 지나가고 있었다. 사람들이 그에게 몰려들었다. 그들은 그를 반대하고 욕했다. 붓다는 그들의 말을 다 듣고 나서 이렇게 말했다.

"나는 곧 다른 마을로 갈 것이다. 이제 나는 가도 좋은가? 당신들이 내게 할 말이 끝났다면 나는 이제 갈 수 있다. 그리고 돌아오는 길에 이 마을을 들를 것이다. 만약 내가 가고 난 뒤에 할 말이 더 있다면, 다시 들를 때 나에게 말하라."

그 말을 들은 사람들은 놀라지 않을 수 없었다. 그들은 도무지 그를 이해할 수가 없었다. 그들은 한창 욕설을 퍼부으며 비난하고 있었는데 그는 오히려 그들의 말을 당연한 것처럼 듣고 있지 않은가? 그래서 그들은 이렇게 말했다.

"지금 우리는 당신에게 일상적인 이야기를 하고 있는 것이 아니다. 우리는 지금 당신을 모욕하고 있는 것이다."

그러자 붓다가 대답했다.

"당신들은 그렇게 할 수 있다. 그러나 만약 나에게 어떤 반응을 원한다면 그것은 너무 늦었다. 십년 전만 해도 당신들이 내게 그렇게 말했다면 나는 반응을 보였을 것이다. 하지만 이제 나는 행동하는 법을 알았다. 나는 내 자신의 주인이다. 당신들은 나의 행동을 조종할 수 없다. 아무것도 나를 혼란스럽게 할 수 없다. 왜냐하면 나는 내 자신의 중심을 알았기 때문이다."

이 중심에 대한 앎이 그대를 한 사람의 마스터로 만들어 준다. 그렇지 않은 한 그대는 노예일 뿐이다. 한 주인의 노예가 아니라 수많은 주인의 노예 말이다. 그때는 그대를 둘러싼 모든 것이 주인이 된다. 그리고 그대는 전우주의 노예가 된다. 그렇게 되면 분명히 그대는 곤경에 빠질 것이다. 수많은 주인들이 제각기 그대를 여러 가지 방향으로, 여러 가지 차원으로 이끌어 갈 것이다. 그대는 도저히 일관성을 유지할 수 없게 될 것이다. 그대는 갈가리 분열되어 끌려 다닐 것이다. 오직 자신의 주인이 된 자만이 고뇌를 초월할 수 있다.

자, 두번째 방편으로 넘어가자.

58

이른바 이 우주는 하나의 요술경처럼 나타나며 그림을
보여준다.
즐거워하라. 그것을 그렇게 보라.

이 세상은 한 편의 드라마다. 따라서 심각해지지 마라. 심각함
은 그대를 곤경에 빠뜨릴 것이다. 그대는 그 속에서 힘들어 할 것이
다. 그대는 이 세상을 심각하게 대하지 마라. 아무것도 심각할
것이 없다. 온 세상이 단지 한 편의 드라마이기 때문에.

만약 그대가 드라마로서 이 세상을 바라볼 수 있다면 그대는
자신의 본래 의식을 되찾게 될 것이다. 먼지란 것은 그대가 심각
하기 때문에 쌓이는 것이다. 그 심각함이 문제를 만들어 낸다. 그
리고 우리는 진짜 드라마를 볼 때조차 심각해짐으로써 먼지를 덧
붙인다. 영화관으로 가라. 그리고 구경꾼들을 보라. 스크린을 보
지 마라. 그것에 대해서는 잊어버려라. 단지 극장 안에 있는 관객
들을 구경하라. 그들은 영화를 보면서 울고 웃는다. 그리고 장면
에 따라서는 성욕 때문에 몸을 비틀기도 한다. 그 사람들을 구경
하라. 영화보다 재미있다. 도대체 그들은 무엇을 하고 있는가?
스크린은 아무것도 아니다. 흰 천에 영사되는 빛의 장난이다. 빛
과 그림자가 어울려 있는 그림일 뿐이다. 그리고 영사막은 텅 비
어 있다.

그러나 어떻게 해서 그들은 그토록 열광하는가? 그들은 운다.
흐느낀다. 그리고 폭소를 터뜨린다. 그들에게 그림은 그림이 아
니고 영화도 그저 영화가 아니다. 그들은 그것이 단순한 연극이
라는 것을 잊어버렸다. 그들은 그것을 심각하게 받아들인다. '우
와! 살아 있다!'라든지 '진짜다!'라고 외친다. 이런 일은 영화관

뿐만 아니라 모든 곳에서 일어나고 있다. 그대 주위에 일어나는 삶을 한번 보라. 그것이 무엇인가?

많은 사람들이 이 세상에서 살아왔다. 그대가 앉은 자리에는 적어도 열 명이나 되는 사람이 묻혀 있다. 그들 역시 그대처럼 심각하게 살았다. 이제 그들은 더 이상 존재하지 않는다. 그들의 삶은 어디로 가버렸는가? 그들의 문제는 어떻게 되었는가? 그들은 싸웠다. 한 치의 땅을 서로 차지하기 위해서 말이다. 그리고 그 땅은 여기 있지만 그들은 더 이상 없다.

나는 그들의 문제가 전혀 문제될 만한 것이 아니라고 말하지는 않는다. 그 문제들은 그대의 문제만큼이나 심각한 것들이었다. 그것들은 사느냐 죽느냐 하는 문제들이었다. 그러나 그 문제들은 어디로 갔는가? 만약 전인류가 어느 날 갑자기 사라진다 해도 땅은 거기에 있을 것이다. 나무도 거기에 있을 것이다. 강은 여전히 흐르고 태양은 여전히 솟아오른다. 대지는 그 부재를 느끼지 못할 것이다. 인류가 어디로 갔는지 궁금해 하지 않는다.

뻗어 나가는 것을 보라. 뒤를 바라보고 앞을 바라보라. 그대가 있는 모든 차원을 확장해 보라. 그대의 삶이 무엇인가? 그것은 기나긴 꿈처럼 보인다. 그대가 그토록 심각하게 여기는 이 순간은 다음 순간 쓸모가 없어진다. 그리고 그대는 그 사실조차 기억하지 못한다.

그대의 첫사랑을 기억해 보라. 그때는 얼마나 심각했는가? 그 당시 삶은 오직 그것에만 매달려 있었다. 하지만 지금 그대는 전혀 그것을 기억하지 못한다. 아련한 꿈처럼 잊혀져 버렸다. 그대의 삶이 오늘에 달려 있다고 그대가 생각하는 것은 무엇이든지 잊혀질 것이다. 삶은 흐르는 강물이다. 아무것도 남지 않는다. 그것은 돌아가는 필름이다. 모든 것이 또 다른 모든 것으로 변화된

다. 그러나 그대가 당하는 순간에는 그것이 너무나 심각하다. 그
대는 당황하게 되고 동요한다. 그래서 이 방편은 이렇게 말하고
있는 것이다.

"이른바 이 우주라고 하는 것은 하나의 요술경처럼 나타나며
갖가지 그림을 보여준다. 즐거워하라. 그것을 그렇게 보라."

인도에서는 이 세상을 신이 정성 들여 창조해 놓은 작품이라고
보지 않는다. 이 세상은 신이 장난친 것이라고 생각한다. 그래서
그것을 릴라(leela)라고 부른다. 게임이라는 말이다. 이 릴라의
개념은 아름답다. 왜냐하면 창조란 말은 심각하게 보이기 때문이
다. 기독교나 유대교의 신은 매우 심각하다. 단 한 번의 불순종
때문에 아담은 에덴 동산에서 추방당했다. 그리고 아담 뿐만 아
니라 모든 인간이 버려졌다. 아담은 우리의 아버지다. 우리는 그
때문에 이토록 고통을 받고 있는 것이다. 신은 너무나 심각해 보
인다. 신은 아담의 불순종에 복수하고 있는 것이다. 그리고 그 기
간이 너무 길다.

그 죄는 그다지 대수롭지 않게 보인다. 사실 아담은 신 자신의
어리석음 때문에 실수를 범했다. 하나님은 아담에게 말했다.

"지식의 나무에게는 다가가지 마라. 그 열매를 따먹지 마라."

하지만 그런 금지는 심리학적으로 보자면 유혹이나 마찬가지
다. 그 커다란 정원 안에서 오직 한 가지 열매만을 따먹지 말라는
것은 너무나 유혹적인 말이다. 그래서 어떤 심리학자들은 신이
실수를 범했다고 말한다. 만약 그 나무의 열매를 먹어서는 안되
는 것이라면 그런 언급을 아예 하지 않는 것이 더 좋았다. 왜냐하
면 아담이 그 나무에 다가갈 가능성은 전혀 없었기 때문이다. 그
동산은 전인류가 살 만큼 커다란 것이었다. 그런데 '그것만은 절
대로 먹지 마라'라고 말했기 때문에, 그 '마라'라고 한 말 때문에

모든 문제가 발생한 것이다.

아담은 불순종했기 때문에 낙원에서 쫓겨났다. 그리고 그 형벌은 너무나 길어 보인다. 기독교인들은 예수가 십자가에 못박힌 것도 단지 우리를 구원하기 위한 것이라고 말한다. 아담이 저지른 죄에서 우리를 구원하기 위한 것이라고 말이다. 그래서 전 기독교인들은 역사적인 두 인물을 내세운다. 그들이 바로 아담과 예수다. 아담은 죄를 범했고 예수는 그 죄로부터 구원받기 위해서 자신을 십자가에 내버렸다. 그는 고통을 받았다. 아담의 죄를 용서받기 위해서 말이다. 그러나 신은 아직 그 죄를 용서하지 않은 것처럼 보인다. 예수가 십자가에서 죽었지만 모든 인류는 여전히 같은 방식으로 고통을 당하고 있기 때문이다.

아버지 하나님이라는 신의 개념은 매우 추하다. 그리고 또한 심각하다. 인도에서는 신의 개념이 창조자가 아니라 단지 놀이를 하는 존재다. 신은 조금도 심각하지 않다. 그것은 단지 게임이다. 거기에 법칙이 있다. 하지만 그 법칙 역시 게임의 규칙일 뿐이다. 따라서 그대는 심각해질 필요가 없다. 그 어떤 것도 죄가 되지 않는다. 단지 실수만 있을 뿐이다. 그리고 그대는 실수 때문에 고통을 당할 수 있다. 그것은 신이 그대를 벌한 것이 아니다. 그대는 규칙을 어긴 실수 때문에 고통을 받는 것이다. 그대가 규칙을 따르지 않았기 때문이다. 신은 그대에게 관심이 없다. '릴라'라고 하는 개념은 삶 자체에 드라마틱한 분위기를 준다. 그것은 장편 드라마다. 그리고 이 방편 역시 이런 개념에 근거를 두고 있다.

"이른바 이 우주라고 하는 것은 하나의 요술경처럼 나타나며 갖가지 그림을 보여준다. 즐거워하라. 그것을 그렇게 보라."

만약 그대가 불행하다면 그것은 그대가 이 세상을 심각하게 대하기 때문이다. 행복해지려는 방법을 찾지 마라. 단지 그대의 태도만 바꾸면 된다. 심각한 마음을 갖고서는 결코 행복해질 수 없다. 축제를 벌이는 마음으로써만이 행복해질 수 있다. 이 모든 삶을 하나의 신화로, 하나의 이야기로 여겨라. 그대가 한 번 그런 식으로 받아들이면 그대는 불행해질래야 불행해질 수가 없다.

불행은 오직 과도한 심각성에서 나온다. 7일 동안만 그렇게 해 보라. 7일 동안에는 오직 이것만 생각하라. 이 세상은 단지 한 편의 드라마라는 것을 말이다. 그러면 그대는 예전으로 되돌아갈 수 없다. 단 7일 만에 말이다! 그리고 그대는 별로 잃은 것이 없다. 잃어버릴 만한 것을 갖고 있지 않았기 때문이다.

그대는 그렇게 할 수 있다. 7일 동안 모든 것을 드라마라고 생각하라. '쇼'라고 생각하라. 이 7일은 그대에게 많은 일별을 줄 것이다. 그 일별은 그대의 불성(佛性), 그대 내면의 순수성에서 나오는 것이다. 그 일별을 대하면서 그대는 다시 이전으로 되돌아갈 수 없다. 이전의 그 사람이 아니다. 더 이상 그대는 괴로워할 수 없다. 그대는 행복하게 될 것이다. 그리고 그것이 어떤 종류의 행복인지 생각할 수 없다. 그대는 이전에 어떤 행복도 알지 못했기 때문이다. 그대는 오직 불행의 정도만을 알고 있었다. 때때로 그대는 덜 불행한 적이 있었다. 그것을 그대는 행복이라고 부르고 있었던 것이다. 그래서 그대는 행복이 무엇인지 알 수 없다. 오직 이 세상이 연극이라고 생각하는 태도에서만이 행복이 일어난다.

이를 시도해 보라. 축제를 벌이듯이 모든 것을 하라. 단지 연기를 하라. 그대가 남편이라면 남편의 역을 연기하고 아내라면 아내의 역을 연기하라. 게임이 되게 하라. 물론 거기엔 규칙이 있다. 어떤 게임에도 규칙은 필요하다. 결혼도 하나의 규칙이며 이혼도 하나의 규칙이다. 그러나 심각할 필요는 없다. 그리고 하나의 규칙은 또 다른 규칙을 낳는다. 이혼이 나쁜 것은 결혼이 나쁘기 때문이다. 그러나 심각하게 대하지 마라. 그때 그대 삶의 질이 즉시 어떻게 변하는지 보라.

오늘 밤 집으로 가서 그대의 아내나 남편, 혹은 아이들에게 드라마의 한 배역을 연기하듯이 행동해 보라. 그리고 그것의 아름다움을 보라. 만약 그대가 하나의 배역을 연기하고 있다면 그때는 그것을 효율적으로 하려 할 것이다. 그리고 그대는 더 이상 흔들리지 않을 것이다. 그럴 필요가 없다. 그대는 자신의 배역을 연기한 뒤에 침대로 가서 잠을 자면 된다. 그러나 기억하라. 7일 동안은 오직 이 자세를 견지하라. 행복이 그대에게 일어날 수 있다. 그대가 행복이 무엇인지 한번 알고 나면 더 이상 불행 속으로 들어갈 필요가 없다. 그것은 그대의 선택이기 때문이다.

그대가 불행한 것은 삶을 대하는 태도가 잘못되었기 때문이다. 그래서 붓다는 삶을 대하는 태도에 대해 자주 언급하면서 '올바른 태도(正見)'를 강조했다. 그것은 하나의 기준이 된다고 말했다. 그렇다면 무엇이 올바른 태도의 기준이 되는가? 나에게는 그대를 행복하게 만들어 줄 수 있는 태도가 올바른 태도인 것이다. 내게 다른 기준은 없다. 그대를 불행하게 만드는 태도는 잘못된 태도이다. 그 기준은 주관적인 것이다. 그대가 정말로 행복하기만 하면 되는 것이다. 그대의 행복이 기준이다.

자, 다음은 세번째 방편이다.

59

오, 사랑스런 그대여 쾌락에도 머물지 말고 고통에도 머물지 마라.
오직 그 가운데 머물라.

모든 것이 양극단적이다. 그리고 마음은 한 극에서 다른 극으로 움직인다. 결코 그 중간에 머물지 못한다. 그대는 행복하지도 않고 불행하지도 않은 어떤 순간을 아는가? 병들지도 않고 건강하지도 않은 순간을 아는가? 이것도 아니고 저것도 아닌 중도에 머무른 적이 있는가? 마음은 언제나 극단적으로 움직인다. 만약 그대가 행복하다고 느낀다면 그대는 곧 불행을 느낄 것이다. 행복은 사라지고 불행이 찾아온다.

그대는 좋다고 느꼈다가도 곧 나쁘다고 느낀다. 그 중간에 머무는 지점이 없다. 그대는 즉각적으로 이것에서 저것으로 옮겨 다닌다. 괘종시계의 추처럼 왔다갔다 계속 움직인다. 거기에 비밀스런 법칙이 있다. 한쪽으로 다달았을 때 거기에는 반대쪽으로 움직일 만한 힘이 모인다. 그래서 계속 움직일 수 있는 것이다. 그대가 행복하다고 느낄 때 그대는 불행한 쪽으로 나가려는 힘을 모은다. 그래서 나는 웃고 있는 그대를 볼 때마다 그대가 울고 있을 순간이 머지않은 것처럼 보인다.

인도의 시골에서는 어머니들이 이것을 안다. 아이들이 너무 심하게 웃을 때마다 그들은 이렇게 말한다.

"그만 멈춰라. 그대로 나가면 울 것이다."

아이들이 너무 행복해 하면 잠시 후에 그는 불행을 더 크게 느낀다. 만약 아이들이 울고 있을 때 그대가 그것을 멈추려고 하면 잘되지 않을 것이다. 그냥 울게 내버려두면 우는 에너지가 그치고 그는 저절로 다시 웃는 얼굴로 돌아오게 된다.

이제 심리학자들은 어린아이가 울고 소리를 지를 때 그를 억지로 멈추려 들지 말라고 말한다. 그를 설득시키려고 하지 마라. 그냥 내버려두라. 마음껏 소리를 지르면서 울고 나면 그는 다시 즐거워질 것이다. 그때 우리는 어떤 것도 할 수 없다. 웃음도 절반만 진실이고 울음도 절반만 진실이다. 모든 것이 혼란 속에 있다.

그러나 이것은 마음의 자연적인 법칙이다. 그것은 한 극에서
다른 극으로 움직인다. 따라서 이 방편은 그 자연적인 법칙을 바
꾸기 위한 것이다.

"오, 사랑스런 그대여 쾌락에도 머물지 말고 고통에도 머물지
마라. 오직 그 가운데 머물라."

그 가운데 머물기 위해서는 어떻게 해야 하는가? 어떻게 거기
에 머물 수가 있는가? 고통이 거기에 있을 때 그대는 그것으로부
터 벗어나고 싶다. 그것이 저절로 물러갈 때까지 마냥 기다리고
있을 수 없다. 그대의 노력은 반대 방향으로 향해 간다. 행복해지
기 위해서 말이다.

거기에 행복이 있을 때 그대는 어떻게 하는가? 그대는 다른 극
이 들어오지 못하도록 노력한다. 행복이 거기에 있을 때 그대는
행복에 집착한다. 고통이 거기에 있을 때 그대는 그것으로부터
달아난다. 이것이 자연스런 태도이다. 만약 그대가 이 자연적인
법칙을 초월하고 싶다면 그때는 고통이 거기에 있더라도 피하려
하지 마라. 그것과 함께 남아 있어라. 그러면 그대의 전체적인 메
커니즘이 혼란에 빠질 것이다. 하지만 그대로 남아 있어라. 어떤
인위적인 행위도 하지 마라. 예를 들어 두통이 일면 그것과 함께
있어라. 그저 그것을 구경하라. 두통을 해결하려고 하지 마라.

어떤 순간에 행복함을 느낄 수도 있다. 그러나 그것에 집착하
지 마라. 그냥 눈을 감고 구경꾼으로서 그 상태를 지켜보라. 집착
하거나 달아나려는 것은 마음을 덮고 있는 먼지 때문이다. 그 먼
지에게는 그렇게 하는 것이 자연스럽다. 만약 그대가 한 사람의
구경꾼으로 남아 있다면 양극 사이를 왕래하는 것이 자연적인 법
칙이기 때문에 그대는 곧 그 중간에 머물게 될 것이다.

붓다는 자신의 철학을 '중도의 길'이라고 불렀다. 그것은 바로 이 방편 때문이다. 그는 언제나 중도에 머무르라고 말한다. 그 상황이 어떠하든지간에 극단으로 흐르지 말고 중도에 머물러라. 그리고 지켜보는 것을 통해 중도에 머무를 수 있다. 그대가 지켜봄을 놓치는 순간 그대는 이미 극단으로 가 있다. 그것은 집착하거나 탈피하려 했기 때문이다. 따라서 여기에 수용성이 필요하다. 수용성의 극치가 필요하다. 모든 것을 받아들일 때 그대는 지켜볼 수 있다.

그대는 지금 행복하다. 단지 그 사실을 받아들여라. 그것에 집착하지 마라. 불행해지지 않으려고 애쓰지 마라. 어떤 노력도 하지 마라. 만약 불행이 오면 그때도 그것을 받아들여라. 행복이 가는 것을 내버려두라. 단지 언덕 위에 서서 내려다보라. 아침이 오면 저녁도 온다. 태양이 떠오르면 또 지기도 한다. 별들이 거기에 있고 어둠이 있다. 다시 태양이 떠오른다. 그대는 언제나 구경꾼이 되라. 단지 지켜보기만 하라. 저녁이 오면 다음에 아침이 오는 것을 알게 된다. 저녁이 오면 아침이 온다는 사실을 그저 인식하라.

고통이 거기에 있다. 그대는 단지 구경꾼이다. 그대는 고통이 조만간 물러가리라는 것도 안다. 행복이 온다. 그것 역시 조만간 물러갈 것을 안다. 그대는 그저 하나의 구경꾼이다. 어떤 집착이나 도피 없이 그대가 지켜볼 수 있다면, 담담히 바라볼 수 있다면 그대는 중도에 설 수 있게 될 것이다. 시계추가 가운데 머물면 그것은 더 이상 양극으로 이동하지 않는다. 그리고 그대는 처음으로 세상 만물을 있는 그대로 볼 수 있다.

그대가 움직이고 있는 동안에는 세상이 어떤 것인지 알 수 없다. 모든 것이 뒤죽박죽 되어 혼란스럽게 보일 뿐이다. 그러나 그대가 움직이지 않을 때 처음으로 그 실체를 알게 된다. 그대의 마음은 카메라와 같다. 그대가 셔터를 누를 때 카메라가 흔들린다면 사진은 제대로 나오지 않는다.

그대의 마음이 움직일 때 그대가 아는 실체란 그저 혼란뿐이다. 그것은 악몽이다. 뭐가 뭔지 도대체 알 수가 없다. 그대가 중도에 머물 때만이 실체는 그 진상을 드러낼 것이다. 그때 진리가 무엇인지 그대는 알게 될 것이다.

자, 네번째 방편으로 넘어가자.

60

욕망들과 그 대상들은 다른 사람들 속에 존재하듯이 자신
속에도 존재한다.
그러므로 받아들여라. 그리고 그것을 변형시켜라.

이 방편 역시 큰 도움이 될 수 있다. 화가 났을 때 그대는 항상 그 분노를 정당화시킨다. 그러나 다른 사람이 화를 내면 그대는 즉시 그것을 비판한다. 그대가 분노하는 것은 당연하고 다른 사람이 화를 내는 것은 나쁜 것이다. 그대가 하는 것은 무엇이든지 좋다. 만약 그것이 명백하게 나쁜 짓이라도 꼭 필요한 것이라고 말한다. 언제나 그것을 합리화한다.

똑같은 일이 다른 사람에 의해서 저질러졌다면 그때는 그 합리화가 통하지 않는다. 그대가 화를 내었다면 그것은 다른 사람을 돕기 위해 필요한 것이라고 말한다. 그때 그대가 화를 내지 않으면 다른 사람은 크게 잘못될 것이라고 말한다. 그에게 사랑의 매를 들었다고 말한다. 그의 이익을 위해서 그대가 성을 내는 것은 정당화되는 것이다. 그러나 똑같은 상황에서 다른 사람이 화를

내면 그대는 그가 미치거나 아주 나쁜 사람으로 생각한다.

우리는 이중적인 기준을 갖고 있다. 나 자신에 대한 기준과 다른 사람을 평가하는 기준 두 가지가 그것이다. 이 이중적인 기준 때문에 마음은 언제나 깊은 불행 속에 있다. 이런 마음은 단순하지 않다. 그대가 단순한 마음을 가질 때만이 진리에 대한 일별을 가질 수 있다. 오직 단순한 마음만이 이중적인 기준을 떨쳐 버릴 수 있다.

예수는 '그대가 싫어하는 일을 남에게 시키지 마라'고 말했다. 이것은 한 가지 기준을 적용하라는 말이다. 이 방편은 오직 한 가지 기준이어야 한다는 생각에서 나온 것이다.

"욕망들과 그 대상들은 다른 사람들 속에 존재하듯이 그대 속에도 존재한다. 그러므로 받아들여라. 그리고 그것을 변형시켜라."

그대는 예외가 될 수 없다. 하지만 모든 사람들이 자신은 예외라고 생각한다. 만약 그대가 자신을 예외라고 생각한다면 그것은 평범한 마음의 생각임을 알아라. 자신이 평범하다는 것을 아는 것이야말로 이 세상에서 가장 비범한 것이다. 모든 평범한 마음이 자신만큼은 비범하며 예외적이라고 생각하기 때문이다.

그러나 그 누구도 비범하지 않다. 만약 그대가 자신을 비범하다고 생각한다면 모든 사람이 그렇게 생각하고 있다고 알면 된다. 그대 역시 모든 사람 중의 하나이기 때문이다. 그대 주위에는 똑같은 욕망이 그대를 둘러싸고 있다. 그것은 누구에게나 마찬가지다. 그러나 그대는 자신의 섹스는 사랑이라고 부르고 다른 사람의 사랑은 섹스라고 부른다. 그대가 하는 것은 무엇이든지 고상하기 때문이다. 이것은 한 개인에게만 일어나는 것이 아니라 나라나 민족에게도 일어난다. 이 세상이 하나의 집단으로, 군중으로 뭉쳐 있는 것도 이 때문이다.

만약 인도가 자국의 군대에 '방어를 위하여'라는 표어를 내건다면 그때는 중국도 그렇게 말한다. 이 세상의 모든 군대가 방어를 위한 것이라면 그때는 누가 침략자가 되겠는가? 하지만 그대가 역사를 살펴본다면 그 누구도 스스로를 침략자라고 부르지 않았음을 알 수 있다. 물론 패배자가 침략자가 되는 것이다. 패배자는 역사를 쓸 수 없기 때문이다. 오직 승리자만이 역사를 기술할 수 있다.

만약 히틀러가 이겼다면 역사는 달라졌을 것이다. 그때는 히틀러야말로 침략자가 아니라 이 세상의 구세주가 될 것이다. 그때는 처어칠이나 루즈벨트가 침략자가 될 것이다. 그러나 히틀러가 전쟁에 졌기 때문에 그는 결국 침략자가 되고 말았다. 그리고 처어칠, 루즈벨트, 스탈린이 인류를 구원한 것이 되었다. 이런 논리는 개인과 집단을 막론하고 두루 통하고 있다. 우리는 자신이 남들과는 뭔가가 다르다고 생각한다.

아무도 다르지 않다. 종교적인 마음은 모든 사람이 같다고 생각한다. 그래서 그대가 자신을 정당화한다면 그것은 다른 사람에게도 똑같이 적용되어야 한다. 그것이 진정한 종교적인 마음이다. 만약 그대가 다른 사람을 비판한다면 그 기준으로 똑같이 자신도 비판해야 한다. 두 가지 척도를 만들지 마라. 한 가지 척도만을 가질 때 그대는 변형된다. 그때만이 자신을 정확하게 바라보는 지성이 싹트기 때문이다.

우리는 무엇을 하고 있는가? 우리는 욕망이 다른 사람에게는 존재한다는 사실을 받아들인다. 뭐든지 잘못된 것은 다른 사람들에게 존재한다. 그리고 옳고 정당한 것은 그대 속에 있다. 그렇다면 어떻게 그대가 변형될 수 있겠는가? 그대는 이미 변형되어 있다. 그대는 지금 상태가 훌륭하다. 변형시킬 필요가 없다. 세상이 변형되는 것이 필요할 뿐 그대가 아니다. 이 사회에 언제나 지도자, 정신 운동, 예언가들이 있어 왔던 것도 바로 이 때문이다.

그들은 이 사회를 뿌리부터 개혁해야 한다고 계속 떠들어댄다. 그리고 우리는 많은 혁명을 만들었다. 하지만 아무것도 바뀐 것은 없다.

인간은 이전과 그대로고 세상도 그대로 불행 속에 남아 있다. 그저 포장만 살짝 바뀌었을 뿐, 불행은 여전히 계속된다. 세상을 어떻게 바꾸느냐 하는 것은 문제가 되지 않는다. 세상이 잘못된 것이 아니라 그대가 잘못되었다. 그대 자신을 바꾸는 것이 문제다. '어떻게 내 자신을 바꾸느냐?' 하는 것은 종교적인 물음이다. 그리고 '어떻게 세상을 바꾸느냐?' 하는 것은 정치적인 물음이다. 그러나 정치가는 자신이 옳다고 생각한다. 그는 온 세상이 자신과 같은 상태로 바뀌어야 한다고 생각한다. 자신이 그 모델이다. 이상형이다.

그러나 종교적인 사람은 다른 모든 사람 속에서 그 자신을 발견한다. 만약 거기에 폭력이 있다면 그는 즉시 그 폭력이 자신에게도 있을까봐 염려한다. 다른 사람 속에 탐욕이 있음을 볼 때 그가 첫번째 하는 일은 같은 탐욕이 자신 속에도 있는지를 살피는 일이다. 그는 자신의 내부를 살펴서 그 속에 탐욕이 더 많이 들어있음을 보고 자신이 악의 근원이라는 사실을 알게 된다. 그때는 세상을 어떻게 바꾸느냐 하는 것이 문제가 아니다. 자신을 어떻게 바꾸느냐 하는 것이 큰 문제다. 그대가 한 가지 기준만을 적용시키는 순간 그때 그대는 이미 변화되고 있는 것이다.

다른 사람을 비난하지 마라. 나는 그대를 비난하는 것이 아니다. 그대가 다른 사람을 비난하지 않는다면 그대는 그들에게 깊은 자비심을 갖게 될 것이다. 똑같은 문제를 갖고 있기 때문이다. 누군가가 죄를 저지를 때 사회의 눈으로 본다면 그것은 죄다. 그대는 그를 비난하기 시작한다. 그러나 자신 속에 그런 씨앗이 들어 있다는 생각은 절대로 하지 않는다. 어떤 사람이 살인을 저질렀다면 그대는 그를 비난한다. 그러나 그대는 누군가를 죽이고 싶어한 적이 없는가? 살인을 저지른 사람도 그 전에는 살인자가 아니다. 단지 씨앗이 거기에 있었을 뿐이다. 그리고 그 씨앗은 그대에게도 있다. 누가 알겠는가? 어떤 순간이 지나면 그대도 살인자가 될 수 있다. 그러므로 그를 비난하지 마라. 차라리 그를 받아들여라. 그때 그대는 그를 향해 깊은 자비심을 느끼게 될 것이다. 그가 하는 일은 무엇이든지 할 수 있는 가능성이 있기 때문이다. 그대 역시 그렇게 할 수 있다.

비난하지 않는 마음이 바로 자비심이다. 그것은 또한 깊은 수용성이다. 그때 그대는 인간성이 무엇인지를 안다. 그때 온 세상은 그대 자신의 투사체일 것이다. 그것은 하나의 거울이다. 그때 모든 얼굴이 그대 앞에 거울이 될 것이다. 그대는 자신을 모든 얼굴 속에서 볼 수 있다.

"욕망들과 그 대상들은 다른 사람들 속에 존재하듯이 자신 속에도 존재한다. 그러므로 받아들여라. 그리고 그것을 변형시켜라."

수용성은 변형으로 이어진다. 우리는 항상 거부만 해왔기 때문에 이것을 이해하기가 어렵다. 우리는 아무것도 변형시키지 못했다. 그대는 언제나 탐욕으로 가득 차 있지만 그대는 그 사실을 거부한다. 아무도 자신이 탐욕적이라고는 생각하고 싶지 않다. 아무도 자신이 성적인 존재라고 생각하고 싶지 않다. 그대는 화가 나 있다. 그대는 분노하고 있다. 그러나 그대는 그 사실을 거부한다. 그대는 가면을 쓰고 그것을 정당화한다. 자신이 분노 자체라거나 분노의 씨앗을 갖고 있다고는 절대로 생각하지 않는다.

그러나 거부는 결코 그 어떤 것도 변형시킬 수 없다. 그것은 단지 억압할 뿐이다. 억압된 것은 더 강해진다. 그것은 그대의 뿌리까지 내려간다. 그대의 깊은 무의식 속으로 말이다. 그리고 거기에서부터 작용하기 시작한다. 무의식의 어둠 속에서 그것은 점점 강력해진다. 그대는 그것을 받아들일 수 없다. 이제는 그것을 의식조차 하지 않기 때문이다. 수용은 모든 것을 드러나게 한다. 거기에는 더 이상 억압이 존재할 필요가 없다.

그대는 자신이 탐욕적이라는 것을 안다. 분노를 갖고 있고 성욕을 갖고 있는 것도 안다. 그대는 그것들을 자연스런 사실로 받아들인다. 어떤 비난도 하지 않고 말이다. 그것들을 억압할 필요가 없다. 그것들은 마음의 수면 위로 나온다. 그때는 쉽게 제거될 수 있다. 깊은 중심에 숨어 있을 때, 그것들은 처리하기가 어렵다. 그것들이 수면 위로 드러날 때에만 알 수 있는 것이다. 그것들이 무의식 속에 있을 때는 알 수가 없다. 그리고 그대가 아는 병은 치료될 수 있지만 모르는 병은 치료될 수 없는 것이다.

모든 것을 수면 위로 드러나게 하라. 그대의 인간성을 받아들여라. 동시에 그대의 야수성, 동물성도 받아들여라. 거기에 무엇이 있든지 비난하지 말고 받아들여라. 탐욕이 거기에 있다. 욕심을 비우려고 하지 마라. 그대는 할 수 없다. 욕심을 비우려 한다면 단지 그것을 억압하는 것에 지나지 않는다. 그것 역시 또 다른 욕심이기 때문이다. 그것을 다른 것으로 바꿀 수 없다. 만약 그대가 자신의 탐욕을 바꾸려고 한다면 무엇을 할 수 있겠는가? 탐욕적인 마음은, 이상적이고 고상한 것을 바라는 마음으로 겉모습만을 바꿀 것이다. 그대는 점점 더 교활해진 탐욕을 갖게 된다.

만약 어떤 사람이 '그대의 모든 재산을 다 버리면 그대는 신의 나라로 들어갈 수 있다'라고 말했다면 그때 그대는 재산을 포기할 수 있다. 하지만 그것은 일종의 거래일 뿐이다. 탐욕은 탐욕 없음으로 변화될 수 없다. 탐욕은 오직 변형되어야 한다. 초월되어야 한다.

폭력적인 마음이 어떻게 비폭력적으로 될 수 있는가? 그대는 강제로 자신을 비폭력적인 사람으로 만들려고 한다. 하지만 그것 자체가 그대 자신에 대한 폭력이다. 그대는 오직 이해하고 수용할 수 있을 뿐이다. 탐욕 그 자체를 받아들여라. 받아들인다는 것은 그것을 변형시킬 필요가 없다는 뜻이 아니다. 변형은 그대가 자연스런 사실을 단지 있는 그대로 받아들인다는 것을 의미한다. 그때 그대는 이해하게 된다. 탐욕은 항상 그대 속에 있음을 말이다. 그리고 그때 그대가 하고 있는 것은 무엇이든지 그대로 하라. 단지 거기에 탐욕이 있음을 인식하면서 말이다. 이 인식이, 이 자각이 그대를 변형시킬 것이다. 받아들이는 것은 이미 탐욕이 아니기 때문이다.

분노, 탐욕, 폭력 이 모든 것은 무지 때문에 생긴다. 그대가 그 독을 알지 못하기 때문이다. 그대는 자신의 손을 불 속에 넣는다는 사실을 모른다. 단지 무의식적으로 거기에 손을 넣는다. 불이 무엇인지 모르기 때문이다. 그러나 불이 무엇인지 안다면 그대는 그곳에 손을 넣을 수 없다.

그대의 앎이, 이해가 깊어질수록 분노나 탐욕은 독이 되리라는 것을 확실히 알게 된다. 거기에 어떤 억압도 없다면 그것들은 사라진다. 비폭력이나 탐욕 없음의 이상형을 바라지 않는다면 그것은 그 자체의 아름다움을 갖게 된다. 비폭력적으로 되려는 노력 없이 폭력이 사라질 때 그것은 그 자체의 아름다움을 갖게 된다.

또한 비폭력적인 사람도 깊이 들어가 보면 폭력적이다. 그의 폭력은 거기에 감추어져 있다. 그리고 세련된 가면을 쓰고 있다. 그는 자신의 비폭력을 매우 폭력적인 방법으로 자신과 남에게 강요할 것이다. 그 폭력은 매우 미묘한 것이다.

이 방편은 수용하는 것이 곧 변형으로 이어진다고 말한다. 수용을 통해서만 자각이 가능하기 때문이다.

〈질문〉

"당신은 수용이 변형이라고 말씀하셨지만 나는 내 감각과 욕망을 받아들일 때 변형보다는 오히려 동물적으로 되는 것을 느낍니다. 그 이유가 무엇입니까?"

이것이 그대의 변형이다. 이것이 그대의 실체다. 동물과 같아지는 것이 뭐 잘못되었는가? 나는 아직 자신을 동물과 비교하는 사람을 단 한 사람도 본 적이 없다. 스즈키 선사는 이렇게 말하곤 했다.

"나는 개구리를 사랑한다. 인간보다도 개구리를 더 사랑한다. 연못가에 앉아 있는 개구리 한 마리를 보라. 얼마나 명상적인가? 이 세상이 아무리 복잡해도 그에게는 고요함이 흔들리지 않는다. 단지 존재계와 하나가 되어 언제까지나 앉아 있다."

스즈키는 다른 데서 또 이렇게 말했다.

"나는 한 사람의 인간일 때 깨닫지 못했다. 그러나 한 마리의 고양이처럼 될 때 깨달음이 나를 찾아왔다."

고양이를 보라. 그는 이완하는 비밀을 알고 있다. 그는 이완에 관한 어떤 책도 읽지 않았다. 어떻게 이완하는가? 그것을 알고 싶다면 고양이를 보라. 고양이보다 더 훌륭한 선생은 없다. 고양이는 완전히 긴장을 푼 상태에서도 깨어 있다. 만약 그대가 긴장을 푼다면 곧 잠에 떨어진다. 하지만 고양이는 잠속에서도 깨어 있다. 그의 육체는 매순간 충분히 이완되어 있으면서 동시에 탄력성이 있다.

동물처럼 되는 것이 뭐 그리 잘못되었는가? 인간은 에고 때문에 우월감을 갖고 있다. 에고는 말한다. '우리는 동물이 아니다'라고 말이다. 그러나 어떤 동물도 인간이 되려고 하지 않는다. 그들은 자연스럽다. 그들은 존재계 속에서 편안함을 느낀다. 그들은 걱정하지 않는다. 긴장하지 않는다. 물론 그들은 어떤 종교도 만들어 내지 않는다. 그럴 필요가 없기 때문이다. 그들은 어떤 정신분석가도 갖고 있지 않다. 그들이 개발되지 않아서, 진화되지 않아서 그런 것이 아니다. 단지 그럴 필요가 없을 만큼 건강하기 때문이다.

동물이 뭐 잘못되었는가? 왜 그런 비난을 하는가? 이 비난은 인간의 에고에 속한 부분이다. 인간은 성직자 계급을 갖고 있다. 인간은 같은 인간끼리도 우월하고 열등한 것을 나누고 있다. 그러나 어떤 동물도 이런 특권층이 되는 것을 좋아하지 않는다. 다아윈은 인간이 원숭이로부터 진화되었다고 말했다. 하지만 나는 원숭이에게 묻기가 겁난다. 그들은 인간은 진화된 것이 아니라고 말할지도 모른다. 오히려 퇴보했다라고 말할 것이다. 인간은 자신을 중심이라고 생각한다. 하지만 그렇게 생각할 필요가 없다. 그것은 자기 중심적인 넌센스일 뿐이다.

만약 그대가 동물같아진다고 느껴지더라도 거기엔 아무런 잘못이 없다. 하나가 되라. 전체적으로 되라. 깨어 있음 그 자체가 되라. 그 자각 상태는 먼저 그대의 동물성을 회복시킬 것이다. 왜냐하면 그것이 그대의 실체이기 때문이다. 그대의 인간성은 단지 거짓이며 표면적인 부분이다. 누군가가 그대를 욕할 때 그때 그대에게서 튀어나오는 것은 그대의 동물성이다. 그대의 인간성이 아니다. 그대의 인간성은 표면에 드러나 있을 뿐 그 속에는 동물성이 있다. 만약 그대가 모든 것을 받아들인다면 이 표면적인 인간성은 사라질 것이다. 그것은 거짓된 것이고, 동물성이 진짜 그대이다. 그리고 실체를 아는 것이 좋다. 만약 그대가 계속 깨어 있다면 이 동물성 속에서 그대는 신성을 발견하게 될 것이다. 진짜 동물이 되는 것이 거짓 인간이 되는 것보다 훨씬 낫다. 그것이 더 진실에 가깝다. 그래서 나는 동물성을 반대하지 않는다. 나는 오직 거짓에 반대한다. 거짓투성이인 인간이 되지 마라. 한 마리의 진짜 동물이 되라. 그 진실성과 함께 그대는 본질적으로 된다. 그때서야 그대는 계속 깨어 있을 수 있다. 깨어 있다는 것은 진실을 자각하고 있다는 것이다. 거짓에 물들어 있지 않다는 것이다. 그대는 점점 존재의 깊은 층으로 들어갈 것이다. 그것은 동물보다도 실체에 더 가깝다. 그것은 바로 신성이다.

신성은 그대 속에만 있는 것이 아니다. 기억하라. 모든 동물 속에도 신성이 있다. 또한 동물 속에만 있는 것은 아니다. 나무 속에도 있고 바위 속에도 있다. 신성은 모든 것의 기본 중심이다. 그대가 거짓스런 인간이 될 때는 그 신성을 잃을 수 있다. 그리고 진실해질 때 다시 그것을 얻을 수 있다.

이제 됐는가?

파도에서 바다까지

"눈을 감아라! 나는 누구인가?
하는 이 질문을 던진 자가 누구인지 기억해 보라."

파도에서 바다까지

61

파도는 바다와 함께 있고 불꽃은 불과 함께 있듯이
우리 역시 우주적 대양의 한 조각 파도다.

62

내면적으로나 외부적으로 그대의 마음이 방황할 때마다,
바로 여기에 이것이다.

63

어떤 특별한 감각을 통해서 명백하게 드러날 때,
그 자각 속에 머물러라.

　언젠가 스리 오르빈도(Sri Aurobindo)는 삶 전체가 요가라고
말했다. 그렇다. 모든 것이 하나의 명상이 될 수 있다. 모든 것이
명상이 되지 않는 한 명상은 그대에게 일어나지 않는다. 명상은
부분이 될 수 없다. 그대 삶의 한 조각이 될 수 없다. 명상이 일어
나면 그대는 전적으로 그 속에 몰입된다. 그렇지 않으면 명상이
아니다. 그대는 삶의 한 부분만을 명상적으로 만들 수 없다. 그것
은 불가능하다.

　그대는 명상적으로 될 수 있다. 그러나 부분적으로 나눌 수는
없다. 명상은 그대 존재의 성질이 되기 때문이다. 그것은 호흡과
같다. 그대는 무엇을 하든지 호흡을 한다. 걷거나 서거나 앉거나
눕거나 어떤 상태에서도 호흡을 한다.

　명상은 내면적인 호흡이다. 이 말은 비유가 아니다. 글자 그대
로다. 그대가 공기를 호흡하는 것과 똑같이 그대는 의식을 호흡
할 수 있다. 한 번 그대가 의식을 들이마시고 내쉴 수 있다면 그
대는 더 이상 물질의 육체가 아니다. 그때부터 고차원적 호흡의
삶이 시작된다. 그대의 삶은 다른 차원의 영역으로 들어간다. 그
차원은 형이상학적인 차원이다.

　그대의 호흡은 신체적이고 명상은 형이상학적이다. 그래서 그
대는 삶의 일부분만을 명상적으로 만들 수 없다. 그대는 아침에
한 번 명상하고 잊어버릴 수가 없다. 사원이나 교회에 가서 명상
을 하고, 거기에서 나오면 명상을 안하는 식이 될 수는 없다. 그
것은 불가능하다. 만약 그렇게 한다면 그것은 명상이 아니다. 그
대는 명상 속으로 들어간 것이 아니라 겉으로 명상을 하는 흉내
만 낸 것이다. 그대가 들어갈 때 진짜 들어가는 것이다. 그러면
그대가 어디에 있든지 명상은 그대 속에 언제나 있게 된다. 그것
이 그대의 기본을 이룬다.

두번째로 그대는 어떤 장소에서도 명상 속으로 들어갈 수 있다. 삶 전체가 하나의 깊은 명상 속에 있기 때문이다. 산들이 명상하고 별들이 명상을 한다. 꽃들이 명상하고 나무들이 명상하며 모든 원자들이 명상하고 있다. 그리고 바로 이 땅이 명상하고 있다. 삶 전체가 명상하고 있다. 그대는 언제 어디에서나 그 속으로 들어갈 수 있다. 그 어떤 것도 명상의 입구가 될 수 있다. 그 방법이 수없이 많기 때문이다. 그래서 그토록 많은 종교들이 존재한다. 그리고 한 종교가 다른 종교를 이해하지 못하는 것도 바로 그 입구가 모두 다르기 때문이다. 때때로 그 이름조차 알려지지 않은 종교들이 있다. 그대는 그 입구들이 완전히 달라서 그런 사람들을 종교인으로 인정하지 않을 것이다.

예를 들어 여기 시인이 한 명 있다. 그 시인은 어떤 스승을 찾아가지 않고서, 사원이나 소위 종교적인 행위를 하지 않고서 명상 속으로 들어갈 수 있다. 그의 시가, 그의 창조성이 그 입구가 되는 것이다. 그는 그것을 통해 들어갈 수 있다. 동양에서는 도자기공 역시 작업을 통해 그 속으로 들어간다. 궁수 역시 마찬가지다. 정원사도 그렇다. 그 누구라도 어디에서든 명상 속으로 들어갈 수 있다. 그대가 상상할 수 있는 만큼의 많은 문들이 있다. 어떤 행동이든지 문이 된다. 그러므로 행위하라. 방편은, 길은, 방법은 기본이 아니다. 그대를 행동하게 하는 의식의 질이 기본이다.

인도의 가장 위대한 신비주의자 까비르(Kabir)는 직공(織工)이었다. 그는 깨달음을 얻은 뒤에도 계속 베 짜는 일을 그만두지 않았다. 그에게는 수많은 제자들이 있었다. 그리고 그들은 까비르에게 늘 이렇게 말했다.

"선생님, 이제 베 짜는 일은 그만두십시오. 그러실 필요가 없습니다. 우리가 있지 않습니까? 필요한 모든 것을 우리가 제공하겠습니다."

그때마다 까비르는 웃으면서 이렇게 대답하곤 했다.

"이 일은 단지 베만 짜는 것이 아니다. 베를 짜는 것은 외부적인 행동이다. 그대들은 이 일을 하는 동안 나의 내면에서 일어나는 것들을 볼 수 없다. 이 일은 나의 명상이다."

베 짜는 직공이 베를 짜는 일을 통해서 어떻게 명상가가 될 수 있는가? 그것은 마음의 질이다. 그 질 때문에 베 짜는 일은 명상이 될 수 있다. 그때는 외부적인 행동이 문제가 되지 않는다.

또 다른 신비주의자 중에 도공(陶工)이 있었다. 그의 이름은 고라(Gora)였다. 그는 동양인이었다. 그는 도자기를 만들면서 노래하고 춤을 추었다. 그가 물레를 돌리며 도자기를 빚는 동안에는 그 물레의 중심이 자신의 중심과 하나가 되었다. 그대는 물레가 돌아갈 때 거기에 하나의 중심이 생기는 것을 볼 수 있다. 그때 동시에 그대 속에 또 하나의 중심이 생긴다. 그 속에 빠져들 때 보이지 않는 의식의 내면 세계로 들어가는 것이다. 그리고 도자기가 완성되었을 때 그것은 단지 도자기로만 그치는 것이 아니다. 그것은 자신을 완성한 것이다.

어떤 행동이든지 명상이 될 수 있다. 한 번 그대가 어떠한 행동이 명상이 되는지 알게 되면 그대는 자신의 모든 행동을 명상으로 변형시킬 수 있다. 그때 삶 전체는 요가가 될 것이다. 탄트라가 될 것이다. 길을 가든지 사무실에서 일을 하든지, 방 안에서 할일없이 누워 있든지 그 무엇을 하더라도 그것은 명상이 될 것이다. 그러므로 기억하라. 명상은 행동에 속한 것이 아니다. 그것은 행동을 하게 되는 그대 마음의 질이다.

이제 우리는 방편으로 들어갈 것이다.

61

파도는 바다와 함께 있고 불꽃은 불과 함께 있듯이 우리
역시 우주적 대양의 한 조각 파도다.

먼저 파도가 무엇인지 이해해야 한다. 그때 이 의식의 파도가
그대로 하여금 명상 속으로 들어갈 수 있도록 돕는다. 그대는 바
다 위로 출렁이는 파도를 본다. 그것들은 수면 위에 있는 것이다.
그러나 깊이 들어가 보면 파도는 없다. 이를 먼저 이해하라. 파도
가 나타나지만 그것은 단지 감각적이다. 더 깊은 감각에서는 그
것이 존재하지 않는다. 더 깊은 감각에서는 오직 바다만이 존재
한다. 바다 없는 파도는 존재하지 않는다. 파도는 순간적인 현상
이다. 그것은 본질이 아니다. 바다가 바로 본질이다.

언어 때문에 많은 문제가 생겨났다. 우리가 '파도'라고 말할
때 그것은 뭔가 존재하는 것처럼 보인다. 차라리 '파도(wave)'
보다는 '파도침(waving)'이라고 부르는 것이 더 낫다. 그것은
사물이 아니라 현상이고, 본질이 아니라 운동이며, 물질이 아니
라 과정이다. 바다가 물질이며 파도는 그것의 한 모습이다. 바다
는 침묵할 수 있다. 그때 파도는 사라진다. 그러나 바다는 거기에
존재할 것이다.

바다는 침묵 속에서나 활동 속에서나 그 언제라도 존재할 수
있다. 그러나 고요한 파도를 본 적이 있는가? 파도는 운동이며
활동이다. 그것은 고요해지는 순간 사라진다. 그러나 바다는 그
대로 있다.

두 번째로, 파도는 하나의 개체로 나타난다. 파도는 그 자신의
개성을 갖고 있다. 독특하다. 서로 다르다. 똑같은 파도는 없다.
어떤 파도는 조금 크고 어떤 파도는 조금 작다. 그것은 모두 제나

름대로 개성을 갖고 있다. 하나의 파도가 일어나면 다른 파도는 죽는다. 붙어 있으면서 동시에 함께 떠오를 수 없다. 그리고 거기에는 어떤 관계도 없는 것처럼 보인다. 일어나는 파도와 스러지는 파도 사이에 무슨 관계가 있을 수 있는가?

늙은이는 죽고 아기는 태어난다. 그 사이에 무슨 관계가 있겠는가? 만약 그들이 서로 관계가 있다면 그들은 동시에 태어나고 동시에 죽을 것이다. 그러나 한 파도가 스러지면서 다른 파도가 일어나는 것은 죽은 파도로부터 에너지를 모으기 때문이다.

깊이 들어가 보면 그것들은 모두 같은 바다다. 그것들은 서로 다르지 않다. 그것들은 분리되어 있지 않다. 그것들의 개성은 거짓이며 환상이다. 그것들은 개체가 아니다. 그것은 바다와 이중적인 관계가 아니다. 그것의 진실은 불이원성이다. 이제 나는 이 방편을 다시 한번 낭독한다.

"파도는 바다와 함께 있고 불꽃은 불과 함께 있듯이 우리 역시 우주적 대양의 한 조각 파도다."

우리는 우주의 바다 위에 있는 단지 한 조각의 파도다. 이를 명상하라. 이 느낌이 그대 속에 깊이 들어가도록 하라. 그대의 호흡이 마치 파도가 일어났다 스러졌다 하는 것처럼 느끼기 시작하라. 숨이 들어오는 것은 다른 사람의 숨이 나오기 때문이며, 그대가 숨을 내쉴 때 역시 그것은 다른 사람에게 들어간다. 호흡은 생명의 바다 위에 일렁이는 파도다. 그대는 나와 분리되어 있지 않다. 깊이 들어가 보면 우리는 모두 하나다. 그대의 개성은 단지 거짓이며 환상이다. 그것은 실체가 아니다. 실체는 개성이 없다. 무아(無我)다. 바다와 같다.

모든 종교가 자기 중심적인 태도에 반대하는 것도 바로 이 때문이다. 신이 없다고 말하는 사람까지도 비종교적이라고 말할 수는 없다. 그러나 '내가 존재한다'라고 말하는 사람은 비종교적인 사람이다.

고타마 붓다는 무신론자다. 그는 어떤 신도 믿지 않았다. 마하비라 바르다만 역시 무신론자다. 그도 신을 믿지 않았다. 그러나 그들은 성취했다. 도달했다. 전체성을 깨달았다. 만약 그대가 어떤 신도 믿지 않는다면 그것은 비종교적이라고 말할 수 없다. 왜냐하면 신은 종교의 기본이 아니기 때문이다. 에고 없음이 종교의 기본이다. 그대가 신을 믿는다고 하더라도 에고이스트의 마음을 갖고 있다면 그대는 비종교적인 사람이다. 에고 없는 마음은 신을 믿을 필요가 없다. 그는 저절로 신성을 깨닫게 된다. 에고가 없을 때 그대는 파도에 집착하지 않는다. 그대는 바다 깊숙이 들어간다. 그러나 에고를 갖고서는 파도에 집착한다. 삶을 바다처럼 바라보라. 그대 자신이 한 조각 파도임을 느껴라. 그 느낌에 사무쳐라.

그대는 이 방편을 여러 가지 방법으로 사용할 수 있다. 숨을 쉬는 동안 바다가 그대 속으로 들어온다고 느껴라. 바다가 그대 속에 들어왔다가 나가고 들어왔다가 나간다. 호흡의 매순간마다 파도가 일어나고 스러진다고 느껴라. 들숨은 일어나는 파도이고 날숨은 스러지는 파도로서 말이다. 그 둘 사이에 그대는 누구인가? 그저 무(無)일 뿐이다. 쑤냐(Shunya)다. 공(空)이다. 이 공이라는 느낌은 그대를 변형시킨다. 무(無)라는 느낌이 들면 그대의 모든 불행은 사라진다. 그대는 깊은 곳에서부터 안도하게 된다. 그대가 없는데 누가 긴장할 것인가? 그대는 축복으로 가득 찬다. 아니 그대가 축복으로 채워진다는 말이 아니다. 그대는 없고 오직 축복만이 거기에 있다. 그대가 없는데도 그대는 불행을 만들 수 있는가?

그것이 바로 붓다가 궁극의 상태, 즉 아난다(ananda ; 至福)에 대해서 한마디도 언급하지 않았던 이유다. 붓다는 '단지 거기에 불행이 없다'라고만 말했다. 그것이 전부다. 만약 그가 지복에 관해서, 아난다에 관해서 말했다면 그대는 오해할 소지가 있다. 그래서 붓다는 지복에 대해 말하지 않았다. 따라서 그대는 어떻게 불행이 없어지는지를 알려고 하라. 그것은 그대라는 에고 없이 존재하는 것이다.

우리의 문제는 무엇인가? 문제는 파도가 바다와 분리되어 있다고 생각하는 것이다. 만약 스스로 그렇게 생각한다면 즉시 죽음의 공포가 닥쳐올 것이다. 파도는 죽어야 한다. 주위에 있는 모든 파도가 죽어가고 있는 것을 보고 있다. 그대는 자신을 계속해서 속일 수 없다. 누군가가 새로 태어나더라도 거기에는 죽음이 숨겨져 있다. 그래서 그대 역시 죽는다. 만약 파도가 바다와 분리되어 있다고 스스로 생각하면 죽음의 공포는 반드시 닥쳐오고 만다. 그러나 파도가 자신은 존재하지 않으며 단지 바다일 뿐임을 안다면 거기에 죽음의 공포는 없다. 오직 파도만이 죽을 수 있다. 바다는 죽지 않는다. 나는 죽을 수 있지만 생명은 아니다. 그대는 죽을 수 있지만 존재계는 아니다. 코스모스는 죽을 수 없다. 존재계는 계속 파도를 일렁이게 한다. 그것은 그대 속에서 일렁이며 다른 사람 속에서 일렁인다. 그대의 일렁임이 스러질 동안에도 다른 새로운 일렁임들이 계속 시작된다.

한번 그대가 자신을 파도로부터 분리시킬 수 있다면 그대는 바다와 하나가 됨을 깨닫게 된다. 형상이 없는 것은 죽음도 없다. 그리고 죽음의 공포는 그대에게 많은 불행을 낳을 것이다. 모든 고통, 고뇌, 번민은 죽음의 공포가 그 기본으로 되어 있다. 그대는 두려워서 전율하고 있다. 그것을 의식하지 못할 수도 있지만 깊이 들어가 보면 거기에서 매순간 죽을까봐 떨고 있는 자신을 발견할 수 있다.

그대는 많은 안전 장치들을 설치해 놓을 수도 있고, 요새를 만들어 놓을 수도 있다. 그러나 아무것도 도움이 되지 않는다. 아무것도 그대를 죽음에서 구원할 수는 없다. 흙은 흙으로 돌아간다. 그대는 길을 가다가 구두에 묻은 흙먼지를 볼 수 있다. 그것이 나폴레옹의 몸인지 알렉산더의 몸인지 모른다. 어디엔가 알렉산더는 먼지가 되었을 것이다. 그대의 몸에 묻어 있는 먼지가 말이다.

똑같은 일이 그대에게도 일어난다. 이제 그대는 여기에 있다. 다음 순간 그대는 사라질 것이다. 조만간 먼지는 먼지로 돌아갈 것이다. 그래서 그대는 다른 사람의 구두에 묻어 있든지 아니면 도공의 손에 의해서 도자기로 구워질지 모른다. 그대의 몸이, 그대가 사랑하는 사람의 몸이 그렇게 된다고 생각해 보라. 그대 자신이 지렁이나 나무 속으로 들어간다고 상상해 보라. 그러나 이것은 지금도 일어나고 있다. 모든 것은 하나의 형상을 이루며, 형상은 반드시 죽는다. 오직 형상 없음만이 영원하다. 그대가 형상에 집착할 때, 자신을 형상과 동일시할 때, 자신이 하나의 파도라고 생각할 때 그대는 스스로 심각한 문제에 떨어지는 것이다. 하지만 그대는 대양이다. 파도가 아니다.

이 명상은 큰 도움이 될 수 있다. 그것은 그대에게 변형을 가져다 줄 수 있다. 그것은 그대를 돌연변이로 만들 수 있다. 그대의 모든 삶에 이 명상이 퍼지게 하라. 호흡할 동안에도 생각하고, 밥 먹을 동안에도 생각하라. 무엇을 하든지 이 사실을 생각하라. 언제나 형상은 파도이며 형상 없음은 바다라는 것을. 형상 없음은 죽음 없음이다. 형상은 곧 필멸(必滅)이다. 그대는 어느 날 갑자기 죽는 것이 아니다. 그대는 매일 죽어 가고 있다. 어린 시절도 죽고 젊은 시절도 죽는다. 그리고 노년이 되면 그때 노년이 죽는다. 그리고 형상은 사라진다.

매순간 그대는 어떤 것 속으로 죽어 들어간다. 그리고 어떤 다른 것이 새로 태어난다. 그대가 탄생한 날은 탄생한 첫날이 아니다. 그것은 단지 앞으로 다가올 더 많은 탄생의 한 부분이다. 그대가 이 삶을 마치는 날은 처음 죽는 날이 아니다. 그것은 이번 생의 마지막 죽음일 뿐이다. 그대는 그 전에도 여러 번 죽었다. 매순간 어떤 것이 죽어 가고 있고, 어떤 것이 새로 태어나고 있다. 그대의 일부가 죽고 일부는 태어나는 것이다.

과학자들은 그대 몸 속에 7년 이상 살아 있는 것은 아무것도 없다고 말한다. 모든 세포는 변한다. 만약 그대가 70년을 산다면 그대의 세포는 열 번이나 바뀐다. 그때마다 그대는 새롭게 태어난다. 새 몸이 되는 것이다. 매순간 어떤 것이 바뀌고 있다.

그대는 하나의 파도다. 그것은 본질이 아니다. 파도는 잠시도 멈출 수가 없다. 움직이지 않는 파도는 있을 수 없다. 그대는 끊임없이 움직이는 과정 중의 하나다. 만약 그대가 이 흐름과 동일시한다면 그대는 탄생과 죽음 사이에만 있는 것으로 제한된다. 그때 그대는 불행해질 것이다. 그때 그대는 실체의 껍데기만 붙잡게 된다. 이것이 바로 샹카라가 말한 '마야'다. 그리고 바다는 브라흐만이다. 바다는 진리다.

따라서 그대 자신을 일어나고 스러지는 파도의 연속으로 생각해 보라. 하지만 그대는 어떻게 해볼 수가 없다. 이 파도들은 잠시 후에 사라질 것이다. 나타나는 것은 사라질 수밖에 없다. 그것에 대해 어떤 조치도 취할 수 없다. 모든 노력이 절대적으로 쓸모없다. 오직 한 가지 할 수 있는 것은 그 파도의 움직임을 지켜보는 것이다. 구경꾼이 되는 것이다. 한 번 그대가 구경꾼이 된다면 갑자기 그대는 파도 너머에 있는 그 무엇을 알게 된다. 그것이 바로 바다다.

우주는 그대를 통해서 파도친다. 그것을 느껴라. 그것에 집중하라. 그것을 명상하라. 수많은 방법으로 그것이 그대에게 일어나도록 자신을 허용하라. 수많은 길을 통해서 말이다.

앞에서 나는 호흡에 대해 말했다. 성욕도 마찬가지다. 성욕이 그대 속에서 일어난다. 그것을 느껴라. 그대 자신의 욕망으로서가 아니라 그대 속에 일어나는 대양의 한 조각 파도로서, 삶의 고동으로서, 그대 속에 일어나는 생명력의 물결로서 말이다. 그대는 사랑의 행위 속에서 타인과 만난다. 그것을 두 파도의 만남으로, 두 개체의 만남으로 생각하지 마라. 두 개의 개체 같은 것은 더 이상 존재하지 않는다. 파도는 사라지고 오직 대양만이 남아 있다. 그때 섹스 행위는 하나의 명상이 된다. 그대에게 일어나는 것이 무엇이든지 행위가 아니라 명상으로 느껴라. 그것이 그대에게 일어난다고 생각하지 말고, 우주에서 일어난다고 느껴라. 그대는 우주의 일부일 뿐이다. 수면 위의 한 파도일 뿐이다. 따라서 모든 것을 우주로 떠넘겨라.

일본의 위대한 선사(禪師) 도원(道元)은 배고픔을 느낄 때마다 이렇게 말했다.

"우주가 나를 통해 배고픔을 느끼는 것 같다."

그는 목마를 때에도 이렇게 말했다.

"존재계가 내 속에서 목말라 한다."

명상이 그대를 인도해 갈 곳이 바로 이것이다. 그때 모든 것이 그대의 에고로부터 떨어져 나가서 우주의 한 부분이 된다. 그때 일어나는 것은 그 무엇이든지 존재계 자체에서 일어나는 것이다. 그대는 더 이상 존재하지 않는다. 그때 더 이상 죄도 없다. 책임도 없다.

나는 그대가 아무런 책임도 질 필요가 없다고 말하는 것은 아니다. 그렇다고 본래 죄인이라고 말하는 것도 아니다. 죄는 그 성립이 불가능하다. 죄는 오직 에고를 통해서만 일어날 수 있기 때문이다. 이제 그대는 더 이상 무책임해질 수 없기 때문에 책임이라는 문제가 성립되지 않는 것이다. 오직 그대만이 존재하는데 누가 그대에게 책임을 물을 수 있단 말인가? 이제 그대가 어떤 사람이 죽는 것을 본다면 그대는 그와 함께 자신이 죽는 것을 느끼게 될 것이다. 우주가 죽어 가고 있고, 그대는 그것의 한 부분이다. 만약 그대가 활짝 피고 있는 한 송이 꽃을 본다면 그대 역시 그 꽃과 함께 피어날 것이다. 이제 우주 전체가 그대가 된 것이다. 그런 깊은 충만과 조화 속에 있는 것이 바로 삼마디(Samadhi) 속에 있는 것이다.

명상은 길이다. 그리고 이 하나됨의 조화, 전체와 하나됨의 이 느낌이 목적이자 궁극이다. 이것을 해보라! 바다만 생각하고 파도는 잊어버려라. 그대가 파도라고 생각할 때마다 그대는 파도로서 행동하기 시작할 것이다. 그때 그대는 뭔가를 잘못하고 있는 것이다. 그대는 불행을 만들어 내고 있는 것이다.

그대를 벌주는 신 같은 것은 없다. 어떤 환상에 사로잡혀서 기도를 올릴 때마다 그대는 자신을 벌하는 것이다. 그렇지 않다. 신 대신에 법(Dharma)이 있다. 도(Tao)가 있다. 만약 그대가 그것과 조화를 이룬다면 그대가 지복을 느낄 것이다. 그러면 하늘 위에 앉아서 그대를 벌주는 사람이 없음을 안다. 그대의 죄상을 낱낱이 기록해 놓는 책 같은 것도 없음을 안다. 그리고 그럴 필요도 없다. 법이나 도라고 하는 것은 단지 중력과 같은 것이다. 만약 그대가 똑바로 걷고자 한다면 중력은 도움이 될 것이다. 만약

잘못 걷는다면 넘어질 것이고 뼈가 부러질지도 모른다. 하지만
그것은 누가 그대를 벌한 것이 아니다. 단지 중력의 법칙에 조화
를 이루지 못했을 뿐이다.

그대가 잘못 걸어서 넘어지면 뼈가 부러질 것이다. 따라서 잘
걷고자 한다면 중력을 이용하라. 에너지는 잘 이용할 수도 있고
잘못 이용할 수도 있다. 그대가 자신을 하나의 파도로서 느낄 때
그것은 우주의 법칙에 저항하는 것이다. 그때 그대는 실체에 저
항하는 것이며 따라서 스스로 불행을 자초하는 일이다. 이것이
바로 업(karma)의 원리인 것이다. 그 법칙을 제정한 사람은 없
다. 신도 심판관이 아니다. 심판이란 추한 것이다. 만약 신이 심
판관이라면 그는 완전히 지쳐 버릴 것이다. 그렇지 않으면 틀림
없이 미쳐 버릴 것이다. 그는 심판관이 아니다. 그는 통제자도 아
니고 법을 제정한 사람도 아니다. 우주는 단지 그 자신의 법칙을
갖고 있을 뿐이다. 그리고 그 기본적인 법칙은 그대가 실재 속에
있을 때 지복 속에 있게 된다. 그리고 그대가 비실재 속에, 거짓
속에 있을 때는 불행 속에 있는 것이 된다.

이제 두번째 방편으로 넘어가자.

62
내면적으로나 외부적으로 그대의 마음이 방황할 때마다,
바로 여기에 이것이다.

마음이란 것은 하나의 문이다. 그것이 어디를 방황하더라도,
사색을 하거나 꿈을 꾸거나 무엇을 생각하더라도 바로 그 순간,
그 마음은 문이 된다. 이것은 매우 혁명적인 방편이다. 왜냐하면
우리는 평범한 마음이 문이 된다고는 결코 생각해 보지 않았기

때문이다. 우리는 항상 지고한 마음, 이를테면 붓다나 예수의 마음만이 문이 될 수 있다고 생각했다. 그리고 그들은 초인간적인 마음을 갖고 있다고 믿어 왔다. 그러나 그대가 갖고 있는 바로 그 마음이, 꿈을 꾸고 계속 쓸데없는 망상을 피우고 있는 그 마음이, 추한 욕망과 갈증과 분노와 탐욕과 모든 저주스런 것들로 가득 찬 바로 그 마음이, 도저히 통제할 수 없이 계속 과거와 미래를 왔다갔다해서 마치 정신병원 같은 그 마음이 바로 문이 된다고 이 방편은 말하고 있는 것이다. 그래서 그대의 마음이 어디를 방황하든지 언제나 이 사실을 기억하라. 중요한 것은 대상이 아니다. 그것이 내면이건 외부이건 상관이 없다. 바로 그때의 그 마음이 열쇠가 된다.

많은 것들이 이해되어져야 한다. 첫째로 평범한 마음은 우리가 생각하는 것만큼 평범하지 않다. 평범한 마음이라고 해서 우주적인 마음과 동떨어진 것은 아니다. 평범한 마음은 우주적인 마음의 부분이다. 평범한 마음의 뿌리는 존재계의 바로 그 중심에 뿌리박고 있다. 그렇지 않다면 그대는 존재할 수 없다. 어떤 죄인이라도 이 신성에 뿌리를 내리고 있다. 그렇지 않다면 그는 존재할 수가 없다. 만약 악마가 존재한다면 그 역시 신성의 지지 없이는 존재할 수 없다.

존재계의 모든 것은 현존이 가능하다. 그 자체로 오직 존재 속에 뿌리박고 있기 때문이다. 그대의 마음은 꿈을 꾸고 있다. 상상을 하고 있고, 방황과 긴장을 하고 있으며, 고뇌와 불행 속에 있다. 그러나 그것이 어떤 상태에 처해 있건 그것은 전체성 속에 뿌리박은 채로 남아 있다. 그렇지 않으면 그 모든 것은 불가능하다. 그대는 존재계를 벗어날 수 없다. 그것은 불가능한 일이다. 바로 이 순간에도 그대는 그 속에 뿌리박고 있는 것이다.

그렇다면 무엇이 이루어졌는가? 만약 바로 이 순간 우리가 존재계 속에 뿌리박고 있다면 그때 존재계는 아무것도 이루어진 것이 없다는 에고이스트 마음에 나타날 것이다. 우리는 이미 신성 속에 있다. 그런데 그대는 왜 몸이 달아 안절부절못하는가? 그대는 신성 속에 있다. 하지만 그대는 그 사실을 자각하지 못하고 있다.

마음이 방황할 때 거기에는 두 가지가 있다. 마음과 방황, 마음이 향하는 대상과 마음 자체, 하늘을 떠도는 구름과 하늘 자체가 있다. 여기에 분명히 구름과 하늘의 두 가지가 있다. 종종 구름이 너무 많아서 하늘이 사라진 것처럼 보일 때가 있다. 그대는 하늘을 볼 수 없다. 그러나 그대가 볼 수 없다고 해서 하늘이 없어진 것은 아니다. 그것은 없어질 수 없다. 하늘이 없어지게 하는 방법은 없다. 하늘은 거기에 있다. 가려졌든 가려지지 않았든, 보이든 보이지 않든 그것은 거기에 있다.

그러나 구름 또한 거기에 있다. 만약 그대가 구름에만 집착한다면 하늘이 사라질 것이다. 만약 그대가 하늘에 주의를 기울인다면 구름은 단지 일시적인 것일 뿐이다. 그것은 왔다가 가는 것이다. 그대는 구름에 대해 너무 걱정할 필요가 없다. 그것은 오기도 하고 또 가기도 한다. 아무리 많은 구름이라도 하늘을 파괴시킬 수는 없다. 1인치라도 말이다. 구름은 하늘을 더럽게 만들 수 없다. 구름은 하늘을 어떻게 할 수 없다. 하늘은 언제나 그 순수성을 간직하고 있다.

그대의 마음이 방황할 때 거기에 두 가지가 있다. 하나는 구름인 사념이고 다른 하나는 하늘인 의식이다. 만약 그대가 대상인 사념에 집착한다면 그대는 하늘을 잊어버린다. 그대는 주인을 잊어버린다. 그대는 손님에게 너무 많은 관심을 쏟고 있다. 생각들,

사념들은 지나가는 객이다. 그대가 그 객들에게 초점을 맞출 때 그대 자신의 존재는 잊어버리게 된다. 그러니 객으로부터 주인을 향해 초점을 옮겨라. 구름으로부터 하늘로 시선을 옮겨라. 이것을 실제적으로 수련해 보라.

성욕이 일어난다. 이것은 하나의 구름이다. 혹은 더 큰 집을 가지고 싶은 탐욕이 일어난다. 이것 역시 한 조각 구름이다. 그대가 그 구름에 너무 강하게 사로잡히면 그것이 누구에게 일어난 것인지를 완전히 망각한다. 도대체 그 구름 뒤에 누가 있는가? 그 구름이 어떤 하늘 속에서 이동하고 있는가? 하늘을 기억하라. 그러면 갑자기 구름이 사라진다. 그대에게는 대상에서 주체를 향한 초점의 방향 전환이 필요할 뿐이다. 구름에서 하늘로, 객으로부터 주인으로 말이다. 그것은 단순한 초점의 자리 이동이다.

선의 스승인 임제(臨齊) 선사가 설법을 하고 있었다. 그때 대중들 중 한 사람이 이렇게 물었다.

"제게 유독 한 질문이 떠나지 않는데 대답 좀 해주십시오. 나는 누구입니까?"

임제는 말을 끊었다. 모든 사람의 이목이 거기에 집중되었다. 도대체 그가 어떻게 대답할까? 그러나 임제는 대답하지 않았다. 그는 자신의 자리에서 내려와 질문한 사람에게 다가갔다. 사람들의 눈이 그 장면에 집중되어 숨조차 쉬지 않는 것 같았다. 그는 도대체 어떻게 하려는 것일까? 그는 단지 제자리에 앉아서 대답만 하면 되는 것이 아닌가? 법석(法席)을 내려올 필요가 없지 않은가? 질문을 던진 사람은 임제가 가까이 오자 겁에 질렸다. 임제가 꿰뚫어 버릴 듯한 시선으로 그를 노려보았던 것이다. 임제는 그 남자의 어깨에 손을 얹고 심하게 흔들어 충격을 주면서 외쳤다.

"눈을 감아라! '나는 누구인가?'라는 이 질문을 던진 자가 누구인지 기억해 보라."

그 사람은 눈을 감았다. 물론 겁에 질린 채로였다. 그는 이 질문을 던진 자를 찾기 위해 내면으로 들어갔다. 그리고는 되돌아오지 않았다.

대중(大衆)들은 기다리고 기다렸다. 그의 얼굴은 여전히 고요한 침묵에 빠져 있었다. 그때 임제는 그에게 다시 한번 충격을 가해야 했다.

"이제 나와서 대중 앞에 고하라! 그대가 누구인지 말이다."

그러자 그 사람은 갑자기 웃기 시작했다. 그리고 이렇게 말했다.

"이 얼마나 기적적인 방법인가? 하지만 어떤 사람이 지금 당장이라도 나에게 이 질문을 한다면 나 역시 똑같은 행동을 했을 것입니다. 나는 대답할 수 없습니다."

그것은 단지 초점의 자리 바꿈일 뿐이다. 그대는 질문을 한다. '나는 누구인가?'라고 말이다. 그대의 마음은 그 질문에 초점이 맞추어져 있고 대답은 질문하는 자의 질문 뒤에 가려져 있을 뿐이다. 따라서 초점의 방향을 바꾸라. 그대 자신에게로 돌아가라.

이 경전은 말하고 있다.

"내면적으로나 외부적으로 그대의 마음이 방황할 때마다, 바로 여기에 이것이다."

대상에서 마음 자체로 옮겨 가라. 그러면 그대의 마음은 더 이상 평범한 마음이 아니다. 그대는 대상에 얽매여 있기 때문에 평범해진 것이다. 그러나 대상에서 벗어나는 순간 그대는 스스로 한 명의 붓다가 된다. 그대는 이미 붓다다. 단지 두터운 구름에 억눌려 있다. 뿐만 아니라 그대 자신이 그 구름에 집착하고 있다.

그 구름들이 물러가지 못하게 하고 있다. 그대는 그 구름들을 자신의 재산으로 생각하는 것이다. 많이 가지면 가질수록, 부자가 될수록 더 좋다고 생각한다. 그리고 그 뒤에 있는 그대의 하늘은, 내면의 공간은 가려져 있다. 따라서 그 하늘은 구름 뒤로 사라져 버리고 구름이 그대의 삶이 되어 버렸다. 구름의 삶이 바로 삼사라, 곧 이 세상인 것이다.

그러나 초점이 바뀌어지면 단 한순간만이라도 하늘을 볼 수 있다. 그 일별은 언제나 갑작스럽게 일어난다. 그것이 갑작스럽게 일어난다고 해서 그대가 아무것도 할 필요가 없다는 뜻은 아니다. 그대는 많은 노력을 기울여야 한다. 하지만 그 일별은 결코 점차적으로 일어나는 것이 아니다. 그대가 노력하고 또 노력하던 어느 날 문득, 물이 수증기가 되는 온도에 이르는 순간처럼 다가온다. 갑자기 거기에 있던 물이 사라져 버린다. 그것은 증발되어 버렸다. 그 순간 그대는 더 이상 대상 속에 있지 않게 된다. 구름을 향해 있던 그대의 초점은 내면의 공간 속으로 향하고 있는 것이다.

그대의 시선 중 일부는 내면을 향하고 일부는 외부의 구름을 향하는 그런 일은 결코 일어나지 않는다. 그것은 나누어질 수 없다. 10%는 내면이고 90%는 외부라든지, 20%는 내면이고 80%는 외부라든지 하는 따위의 분배는 절대로 불가능하다. 그것은 언제나 100%로 일어난다. 왜냐하면 그대는 자신의 초점을 나눌 수 없기 때문이다. 그대는 대상을 바라보든지 아니면 자신을 바라보든지 둘 중의 하나만이 가능하다. 세상을 바라보든지 브라흐만(Brahman)을 바라보든지 하나만 할 수 있다. 그대는 다시 세상으로 돌아올 수 있다. 다시 초점을 바꿀 수 있다. 그리고 바로 그때만이 그대가 스승이 될 수 있다. 진정한 마스터인 것이다. 그대가 원하는 대로 초점을 변화시킬 수 있게 되었다.

티벳의 신비주의자 중에 하나인 마르파(Marpa)가 기억난다. 그가 깨달음을 얻었을 때, 붓다가 되었을 때, 자기 내면의 공간과, 무한성과 조우하게 되었을 때 어떤 사람이 그에게 물었다.

"마르파여! 당신은 이제 어떻습니까? 불행과는 이별하게 되었지요?"

그때 마르파의 대답은 매우 엉뚱했다. 어떤 붓다도 그런 식으로 대답하지는 않았다. 마르파는 이렇게 대답했다.

"이전처럼 불행할 수 있다."

질문한 사람은 그 대답을 듣고 당황했다. 그는 반문했다.

"이전처럼 불행할 수 있다고요?"

그러자 마르파는 웃으면서 말했다.

"그렇다. 하지만 차이는 있다. 그 차이란 지금의 불행은 의도적인 것이라는 데 있다. 때때로 세상을 맛보기 위해서 나는 외부를 향해 시선을 옮길 것이다. 하지만 나는 이제 마스터가 되었다. 내가 원한다면 언제라도 다시 내면으로 들어갈 수 있다. 이처럼 양극으로 움직이는 것은 좋다. 한 극으로 이동해 갔을 때 나머지 한 극 역시 살아 남는다. 그래서 나는 때때로 불행 속으로도 들어갈 것이다. 그러나 지금 불행은 내 속에서 일어나는 어떤 것이 아니다. 불행이 일어나더라도 나는 그것들에게 얽매이지 않을 수 있다."

물론 그대가 자발적으로 움직일 수 있다면 그 어떤 것에도 얽매이지 않고 움직일 수 있다. 한번 그대가 자신의 초점을 내면으로 바꿀 줄 알게 되면 그대는 외부 세계로 되돌아갈 수 있다. 모든 붓다들이 이 세상으로 되돌아왔다. 그리고 다시 이 세상을 향해 시선의 초점을 바꾸었다. 하지만 그때 그들의 내면은 더 이상

이전과 같지 않다. 그들은 완전히 자각하고 있다. 그러면서 구름들이 다시 일어나는 것을 허용한 것이다. 하지만 그것은 아름답다. 때때로 하늘이 구름으로 뒤덮혔을 때 그 광경은 아름답다. 구름의 움직임 역시 아름다운 광경이다. 그래도 하늘이 그대로 있다면 구름의 움직임은 얼마든지 허용될 수 있다. 문제는 하늘이 자신을 잊어버리고 오직 구름에만 집착할 때 생겨나는 것이다. 그때 모든 것은 추해진다. 자유를 잃어버렸기 때문이다.

그래서 이 방편은 아름답다.

"내면적으로나 외부적으로 그대의 마음이 방황할 때마다, 바로 여기에 이것이다."

이 방편은 선(禪)의 전통에서 깊이 사용되어져 왔다. 선은 그대의 일상적인 마음, 즉 평상심(平常心)이 곧 붓다의 마음이라고 말한다. 먹는 것을 통해 그대는 한 명의 붓다가 된다. 잠자는 것을 통해서도 그대가 붓다임을 확인할 수 있다. 우물에서 물을 길어도 그대는 붓다이다. 그대는 이제 붓다이다. 상상할 수 없는 일이 일어난 것이다! 그것은 꿈처럼 황홀한 일이지만 사실이다.

만약 그대가 물을 길 때 단순히 물을 긷기만 한다면, 그것으로부터 어떤 문제도 만들어 내지 않는다면, 그대의 마음이 구름에 집착하지 않고 의식의 하늘이 맑게 개어 있다면 그때 그대는 한 명의 붓다다. 식사를 할 때에도 어떤 사념에 끌려다니지 않고 단지 식사만 한다면 그대는 붓다다. 그러나 그대는 그냥 식사만 할 수는 없다. 그대는 수천 가지 생각들과 함께 먹는다. 마음은 지금 전혀 여기에 존재하지 않는다. 그대의 육체는 그저 로봇처럼 기계적으로 먹기만 할 뿐 마음은 다른 곳에 가 있다.

며칠 전에 한 대학생이 이곳에 찾아왔다. 그는 시험을 앞두고 있었는데 나에게 와서 이렇게 말했다.

"나는 지금 매우 혼란스럽습니다. 나는 어떤 소녀와 사랑에 빠졌습니다. 그런데 내가 그녀와 함께 있을 동안 나는 시험을 걱정하고 있습니다. 그리고 시험 공부를 할 때에는 그녀 생각만 납니다. 그러니 어떻게 해야 합니까? 공부를 할 때는 그녀 생각만 나고 막상 그녀와 함께 있을 때는 곧 닥쳐올 시험만 생각납니다. 모든 것이 뒤죽박죽입니다."

이것은 비단 그 청년 뿐만 아니라 모든 사람이 처해 있는 상황이다. 그 상황은 정말 말 그대로 뒤죽박죽이다. 그대가 사무실에 있을 때는 집을 생각한다. 그리고 집에 있을 때는 사무실을 생각한다. 하지만 그대는 그런 마술 같은 일을 할 수 없다. 집에 있을 때는 집안일만 할 수 있다. 그리고 사무실에 있다면 사무만 볼 수 있는 것이다. 사무실에 앉아서 마술을 부려 집안일을 해치울 수는 없다. 만약 그렇게 하려고 한다면 그대는 제정신이 아니다. 그때는 모든 것이 뒤죽박죽으로 된다. 그 어떤 것도 분명한 것이 없다. 그래서 이 마음이 바로 문제가 되는 것이다.

우물에서 물을 길을 때는 물만 길어라. 만약 그대가 하나의 일에서 단순하게 행동할 수 있다면 그대는 한 명의 붓다. 그래서 그대가 선사들을 만나서 그들에게 '당신의 수행은 무엇입니까? 당신은 어떻게 수행합니까?' 라고 묻는다면 그들은 이렇게 말한다.

"우리는 졸리우면 잠을 자고 배고프면 밥을 먹는다. 그것이 전부다. 다른 수행은 없다."

그러나 보기에는 간단하게 보이지만 이것은 지극히 어려운 일이다. 그대가 밥먹을 때 그저 밥만 먹을 수 있다면, 앉아 있을 때 그냥 앉아 있을 수만 있다면, 다른 어떤 것도 하지 않고 말이다. 그대가 그 순간에 다른 곳으로 옮겨 다니지 않고 머무를 수 있다면, 어떤 미래나 과거로도 빠져 나가지 않고 그 순간에 몰입할 수 있다면, 그 순간이 바로 유일한 존재계다. 그때 그대는 붓다가 된다. 바로 이 마음이 붓다의 마음인 것이다.

그대의 마음이 방황할 때 그것을 억지로 멈추려고 하지 마라. 그저 하늘을 자각하라. 그 마음을 어느 한 곳에 붙들어매려고 하지 마라. 어떤 집중도 하려고 들지 마라. 그저 자유롭게 떠다니도록 내버려두라. 그 떠도는 현상에 주의를 쏟지 마라. 찬성이나 반대 때문에 그대는 방황에만 집착한 채로 남아 있다.

하늘을 기억하라. 방황하는 것을 허용하라. 그리고 단지 이렇게 말하라.

"좋다. 그것은 그저 길 위를 지나가는 교통 수단이다."

사람들이 복잡하게 이길 저길을 옮겨 다닌다. 그와 마찬가지로 마음도 똑같이 붐비고 있다. '나는 오직 하늘이다, 구름이 아니다'라고 생각하라. 그것을 느껴라. 기억하라. 그리고 그 속에 남아 있어라. 그대는 곧 구름이 개이는 것을 느끼게 될 것이다. 그리고 푸른 하늘을 바라보게 될 것이다. 그대의 초점이 진실로 어떤 순간 내면으로 향한다면 구름은 물러가고 그대는 하늘이 된다. 더 없이 맑고 순수한 처녀성의 하늘 말이다.

한번 그대가 이 순수성을 알고 나면 그대는 다시 구름의 세상 속으로 나올 수 있다. 그때 이 세상은 그것 나름대로의 아름다움을 갖고 있다. 그대는 이제 마스터이기에 세상은 더 이상 나쁘지 않다. 그것은 사랑스럽다. 그대는 내면의 진실을 아는 마스터로서 세상의 아름다움과 어여쁨을 알 필요가 있다.

자, 세번째 방편이다.

63

어떤 특별한 감각을 통해서 명백하게 드러날 때,

그 자각 속에 머물러라.

그대는 눈을 통해서 바라본다. 기억하라. 눈이 보는 것이 아니라 눈을 통해서 그대가 바라보는 것임을 말이다. 눈은 볼 수 없다. 보는 자는 뒤에 가려져 있다. 눈은 단지 하나의 창문일 뿐이다. 그러나 우리는 눈이 본다고 생각한다. 또한 귀가 듣는다고 생각한다. 하지만 아무도 귀만으로 들을 수 없다. 단지 귀를 통해서 들을 뿐이다. 듣는 자는 뒤에 가려져 있다. 귀는 음파를 받아들이는 수용기관일 뿐이다.

내가 지금 그대를 만진다. 내가 손바닥으로 그대를 사랑스럽게 어루만진다고 해서 손이 그대를 만지는 것은 아니다. 손을 통해서 내가 만지는 것이다. 손은 하나의 기구에 불과하다. 그래서 두 가지 유형의 만짐이 있을 수 있다. 내가 그대를 진짜로 만질 때와 단지 형식적으로 만지는 것이 그것이다. 사랑을 가지고 어루만지는 것과 상대방의 감촉이 내게 전해져 오는 것을 싫어하면서도 어쩔 수 없이 악수를 하는 것 말이다. 처음의 만짐은 나의 가슴이 담겨져 있다. 그러나 후자의 만짐은 거기에 내가 없다. 단지 죽은 손만 거기 있을 뿐이다. 만약 상대방이 민감하다면 그는 죽은 손을 느끼게 될 것이고 모욕감을 느낄 것이다. 그대는 그를 속이고 있는 것이다. 그대는 그를 만지고 있지만 실제로는 만지지 않는다.

여성들은 그 점에 있어서 매우 예민하다. 그대는 촉감으로 여자들을 속일 수 없다. 그들은 감촉에 있어서 대단히 민감하다. 그래서 그들은 안다. 남편이 듣기 좋은 이야기를 하고 꽃을 사주며 '당신을 사랑해'라고 말하지만 그의 손길은 그가 거기에 있지 않음을 나타낸다. 그때 여자들은 곧 알아차린다. 여성들은 민감한 촉감을 본능적으로 타고난다. 그대가 마스터가 되지 않고는 그들을 속이기가 어렵다. 그대 자신의 주인이 되지 않는 한 그대는 그들을 속일 수 없다. 그러나 마스터는 남편이 되는 것을 좋아하지 않는다. 그것은 정말로 어렵다.

그대가 말하는 것은 무엇이든지 거짓될 것이다. 그대의 손길이 그것을 보여준다. 아이들도 매우 예민하다. 그대는 아이들을 속일 수 없다. 그대는 아이들을 애무하지만 그 애무는 죽은 것이며 형식적인 것임을 아이들은 금방 알아차린다. 그대의 손에 흐르는 에너지가, 사랑의 에너지가 없다면 그들은 금방 알아차린다. 오직 그대의 손길에 그대 전체가 담길 때, 거기에 그대가 현존할 때, 그대의 중심이 손으로 이동할 때, 거기에 그대의 영혼이 존재할 때 그때 손길은, 감촉은 달라진다.

이 경전은 말한다. 감각은 단지 문이고, 수용기관이며 하나의 통로라고 말이다. 그대는 그 뒤에 가려져 있다. 음악을 듣는 동안 귓속에서 그대 자신을 잊어버리지 마라. 그대 자신을 놓치지 마라. 귀 뒤에 숨어 있는 자신을 자각하라. 각성하라. '누군가를 바라보는 동안⋯⋯' 이것을 해보라. 지금 당장 나를 바라보면서 해보라. 무슨 일이 일어나는가? 그대는 눈에 의해서 나를 바라볼 수 있다. 내가 '눈에 의해서'라고 말할 때 그것은 그대가 눈 뒤에 감추어진 자신을 자각하지 못하고 있다는 말이다. 그대는 눈을 통해서 나를 바라볼 수 있다. 내가 '눈을 통해서'라고 말할 때는 그대와 나 사이에 눈이 있다는 말이다. 그대는 눈 뒤에 서 있고 단지 눈을 통해서 나를 바라보고 있다. 마치 어떤 사람이 창문이나 안경을 통해서 보는 것처럼 말이다.

그대는 은행 직원이 안경테 너머로 그대를 치켜 보는 것을 경험한 적이 있는가? 그의 안경은 코에 걸려 있고 그는 안경을 통해서가 아니라 그것이 방해가 되는 것처럼 직접 나를 바라본다. 그처럼 나를 바라보라. 마치 그대의 눈이 코 위로 흘러내린 듯이, 눈 위로 나를 바라보라. 갑자기 그대는 뭔가 질적인 변화가 일어나는 것을 느낄 것이다. 그대의 초점이 변화했다. 눈은 단지 하나의 문이다. 이제 하나의 명상이 된 것이다.

소리를 들을 때도 귀를 통해서 들어라. 그리고 귀가 아니라 그대 내면에 듣는 중심이 있음을 자각하면서 들어라. 촉감도 마찬가지다. 손은 그저 촉감을 전달하는 기구일 뿐 그 뒤에 감촉을 느끼는 자가 숨어 있다. 어떤 감각에서든지 그대는 내면에 감각의 중심이 있음을 느낄 수 있다. 모든 감각이 그 내면의 중심으로 들어간다. 거기에다 보고를 한다. 그대가 나를 바라보고 내 말을 들을 때 그대는 눈과 귀를 통해서 보고 듣는다. 그리고 그대 속으로 깊이 들어가 보면 보는 자와 듣는 자가 같은 자임을 그대는 알게 된다.

만약 내가 체취를 풍긴다면 그대의 코는 그것을 맡을 것이다. 그때 세 가지 다른 감각이 하나의 중심에 보고된다. 그래서 그대는 그 정보들을 정리할 수 있다. 그렇지 않으면 어려워진다. 만약 보는 주체가 그대의 눈이고 듣는 주체가 그대의 귀라면 그때는 눈과 귀가 서로 다른 것이어서 그 정보를 통합하는 데 어려움을 느낄 것이다. 하지만 눈을 통해서 보는 자가 귀를 통해서 듣기도 하고 코를 통해서 냄새 맡기도 하기 때문에 정보의 통합에는 어려움이 없는 것이다. 그리고 이 통합하는 자는 그대의 감각기관들과는 다르다. 모든 감각들은 이 통합하는 자에게 보고된다. 이 자는 중심에서 모든 것을 통합하고 하나를 이룬다. 이것은 하나의 기적이다.

나는 하나다. 나의 육체와, 육체 속의 현존과, 육체의 냄새, 내가 말하는 행위 이 모든 것이 하나다. 그대의 감각은 나를 분리시킬 것이다. 그대의 귀는 내가 어떤 것을 말할 때 보고할 것이며, 그대의 코는 내 몸의 어떤 냄새를 보고할 것이고, 그대의 눈은 내 모습을 보고할 것이다. 나는 하나지만 그대의 감각기관은 모두 따로 행동하여 나를 분리시킨다. 그리고는 각자 분리되어 보고된 정보들이 다시 하나가 되는데 내가 그대 속에서 하나가 되는 곳이 바로 그대 존재의 중심이다. 그것이 그대의 의식이며 자각이다. 그리고 지금까지 그대는 그것을 완전히 잊어버리고 살아왔다. 망각이 곧 무지가 된 것이다. 그리고 자각은 자신을 아는 지식의 문을 열어준다. 그대는 내면의 자각 외에 다른 어떤 방법으로도 자신을 알 수 없다. 어떠한 경우에도 오직 그 자각 속에 남아 있어라. 자각을 지키고 있어라. 처음에는 무척 어려울 것이다. 우리는 계속 잠에 떨어질 것이다. 눈을 통해서 사물을 보는 것은 지극히 어려워 보인다. 눈에 의해서 보는 것은 쉽다. 지금까지 그렇게 보아 왔기 때문이다. 하지만 눈을 통해서 본다면 처음에는 일종의 긴장감을 느끼게 될 것이다. 그것은 그대 뿐만 아니라 그대가 바라보는 사람 역시 그런 느낌을 받는다.

만약 그대가 눈을 통해서 바라보는 기분으로 누군가를 쳐다본다면 그는 자신이 관통당하는 듯한 느낌을 받는다. 마치 그대가 무례한 행동을 하는 것처럼 말이다. 그대가 뭔가 자연스럽게 행동하지 않고 있다는 것을 다른 사람이 문득 알게 된다. 왜냐하면 그대의 눈길이 상대방을 꿰뚫는 것 같기 때문이다. 그대의 시선은 깊어진다. 그것은 그대의 깊숙한 곳에서 나오는 것이기에 상대방의 깊은 곳까지 관통한다. 그래서 비밀 위에 세워진 이 사회는 다른 사람을 쳐다볼 때 사랑하는 관계가 아니면 깊이 쳐다보지 못하게 하는 것이다. 그대의 사랑하는 사람만이 그대의 깊은 시선을 두려워하지 않는다. 그는 그대 앞에서 완전히 벌거벗을 수 있다. 완전히 열려질 수 있다. 그러나 사랑하지 않는 관계에서는 그런 시선이 허용되지 않는다.

인도에서는 그런 식으로 사람을 뚫어지게 바라보는 사람을 루크차(luchcha)라고 부른다. 그것은 보는 자(seer)란 뜻이다. 그리고 루크차는 로찬(lochan)에서 나왔다. 로찬은 눈을 의미한다. 따라서 루크차란 '그대를 향해 눈이 된 사람'이란 뜻이다. 그러므로 그대가 모르는 사람을 그런 식으로 쳐다보지 마라. 그는 그대가 한 명의 루크차라고 생각할 것이다.

처음에는 사물을 놓고 해보라. 한 송이의 꽃, 나무, 밤하늘의 별을 향해 해보라. 그것들은 그대에게 어떤 저항감도 표시하지 않을 것이다. 아니 그것들은 오히려 그대의 바라봄을 좋아하고 이해할 것이다. 그리고 나서 사랑하는 사람을 향해서 해보라. 그대의 아내, 아이들에게 말이다. 때때로 그대의 아이를 무릎 위에 앉혀 놓고 눈을 통해서 그를 바라보라. 아이는 이해할 것이다. 그는 다른 누구보다도 잘 이해할 것이다. 아직 사회의 물이 들지 않았기 때문이다. 그는 아직 왜곡되지 않았으며 자연스럽다. 그대가 눈을 통해서 그를 바라본다면 그는 깊은 사랑을 느끼게 될 것이다. 그는 그대의 현존을 느낄 것이다.

그대의 연인을 바라보라. 그렇게 함으로써 그대는 이 방편의 느낌을 서서히 받아가면서, 그것에 대해 더욱 능숙해져 갈 것이다. 그리고 그렇게 됨에 따라 다른 사람을 바라보는 일도 가능해진다. 그때는 아무도 그대가 왜 그토록 깊이 바라보는지 눈치채지 못하기 때문이다. 한 번 그대가 그대의 감각 뒤에서 언제나 자각한 상태로 서 있는 기법을 갖게 된다면 감각들은 더 이상 그대를 속일 수 없다. 그렇지 않으면 감각들은 그대를 속일 것이다.

하나의 겉모습으로 꾸며진 세상에서 감각들은 그대로 하여금 그것이 실체라고 느끼게 할 것이다. 만약 그대가 감각을 통해서 그것들을 바라보고 자각한 채로 남아 있다면 세상은 서서히 그대에게 하나의 환영처럼 나타날 것이다. 그때 그대는 본질을 관통하게 될 것이다. 이 모든 것의 본질 말이다. 그것은 브라흐만이라고 불리는 것이다.

〈질문〉

"당신은 사람들이 분노와 폭력, 섹스 등등을 표현하는 데 진실되지 못하다고 말했습니다. 그리고 인도의 대학생이나 젊은 세대들이 서양의 젊은이들보다 감정을 표현하는 방식이 소극적이며 덜 폭력적이라고 말했습니다. 이것은 서양의 젊은이들이 자신들을 표현하는 데 더 진실한 것입니까? 섹스나 분노 등과 같은 감정을 있는 그대로 표출하는 것이 진실을 향한 성장이란 말로 표현할 수 있습니까?"

우리는 많은 것들을 살펴봐야 할 것이다. 첫째로 진실해지는 것은 전체적으로 사실적이어야 함을 의미한다. 이데올로기들, 이론들, 무슨 무슨 주의들, 이런 것들은 모두 그대를 왜곡시킨다. 그리고 그대에게 거짓된 인격을 형성시킨다. 그대는 교양이란 이름의 여러 얼굴들을 갖고 있다. 그대가 나타내는 것은 무엇이든지 그대가 아니다. 거기에 실체는 항상 빠져 있다. 그리고 그대는 갑자기 행동하고 있다. 그대 자신의 삶은 더욱 적어지고 어떤 것을 흉내내는 게임은 더욱 늘어간다. 그것은 그대의 진짜 영혼이 아니다. 그것은 교양이고 교육이며 문명이고 사회다. 인간은 세련되어질 수 있다. 그리고 그대에게 세련되어지는 부분이 늘어날수록 진짜 그대 자신은 줄어든다.

실체는 교육받지 않은 그대의 내면이다. 그것은 사회에 의해서 물들지 않은 부분이다. 그러나 이것은 매우 위험하다. 어린아이가 홀로 남겨진다면 아이는 동물과 같아질 것이다. 그는 순수하다. 그러나 동물과 같다. 그는 사람이 되지 않는다. 그래서 거기엔 어떤 가능성도 없다. 우리는 어린아이를 홀로 내버려둘 수 없다. 우리는 뭔가를 해야 한다. 그리고 우리가 무엇을 하든지 그것은 아이의 진짜 자아를 혼란시킬 것이다. 그것은 아이에게 옷을 입히고 가면을 주는 것과 같다. 그는 배우가 될 것이다. 그는 진실을 잃어버릴 것이다. 그러나 만약 그대가 아이를 홀로 내버려둔다면 그는 동물처럼 될 것이다. 순수하고 진실해지겠지만 인간은 아니다. 그래서 우리가 그를 가르치는 것은 필요악이다. 우리는 그를 교육하고 세련되게 만들어야 한다. 그때 그는 인간이 될 것이다.

제3의 가능성이 이들 명상 테크닉들을 통해 열려 있다. 명상의 모든 테크닉은 인간에게 부여된 여러 가지 조건들을, 가면과 옷들을 벗어 버리는 것이다. 사회가 주는 것은 언제든지 다시 취할 수 있다. 그래서 그대가 명상을 통해서 그것들을 벗어 버린다고 해도 그대는 동물이 되지 않을 것이다. 그때는 인간 그 이상의 뭔가가 될 것이다. 그대는 초인, 동물이 아니면서 순수함을 지닌 인간 이상이 될 것이다.

어떻게 이런 일이 일어나는가? 아이에게는 문화를 가르쳐야 한다. 그를 홀로 내버려둘 수가 없다. 그대로 두면 그 아이는 동물이 될 것이다. 물론 그는 순수해질 것이다. 하지만 그렇게 되면 세상을 잃는다. 인간에게 열려 있는 의식의 차원을 놓칠 수밖에 없다. 그래서 그는 먼저 인간이 되어야 한다.

그렇다면 그는 왜 진실하지 못한가? 그는 자신의 내면은 동물인 채로 남아 있으면서 겉으로 인간성이라는 교양의 옷을 입고 있기 때문이다. 그래서 그는 분리되어 있다. 그리하여 동물은 그의 내면에서 살아갈 것이고, 인간은 그의 외부에서 살아간다. 그대가 무슨 행동과 말을 하든지 그것은 이중 매듭이 된다. 한 가지는 인간으로서 그대의 체면을 유지해야 하고 또 한 가지는 그대 속에 들어 있는 동물을 만족시켜야 한다. 이런 상황이 결국은 문제를 만들어 낸다. 그래서 모든 사람이 부정직하다. 그대가 이상주의자가 될수록 그대는 부정직해지는 것이다. 이상은 '이렇게 하라'라고 말하지만 그대의 내면 속에 있는 동물은 거기에 반대할 것이다. 그것은 이상이 말하는 것과 정반대로 행동하고 싶어 한다.

그러면 무엇을 할 수 있겠는가? 그대는 다른 사람을 속일 수 있다. 그때 한 가지 얼굴을 계속 유지할 수 있다. 거짓 얼굴을 말이다. 그리고 동물의 삶은 계속 유지된다. 그대는 성적인 삶을 계속 살 것이다. 하지만 결코 그것에 대해 입 밖에 내지 않는다. 그대는 단지 브라흐마챠리아(독신 수행)에 대해서만 이야기할 것이다. 그대의 성적인 삶은 어둠 속에 가려져 있다. 사회 뿐만 아니라 가정 속에서도 말이다. 그리고 심지어는 그대의 의식 속에서도 그러하다. 그대는 그것이 마치 자신의 부분이 아닌 것처럼 어둠 속으로 밀어 넣어 버렸다. 그대의 생물학적 본성은 교육에 의해 변화되지 않기 때문에 그대는 결국 원치 않는 행위를 계속해 나간다.

그대의 유전자는, 그대의 육체를 이루고 있는 세포는 교육을 통해 변화되지 않는다는 사실을 잊지 마라. 어떤 학교도, 어떤 이데올로기도 그대의 내면에 있는 동물을 바꿀 수 없다. 오직 과학적인 테크닉을 통해서만이 내면의 존재를 변화시킬 수 있다. 단지 도덕적인 가르침만으로는 불가능하다. 그리하여 변화된 후에라야 그대는 이중성을 벗어난다. 그대는 단순해지는 것이다.

동물은 단순하며 통일되어 있다. 그리고 현자 역시 단순하고 통일되어 있다. 그러나 인간은 이중적이다. 그것은 동물과 현자 사이를 오가기 때문이다. 그대는 신(God)과 개(dog) 사이를 왔다갔다한다. 신을 거꾸로 읽으면 개가 된다. 개를 거꾸로 읽으면 신이 된다. 사실 신과 개는 어떤 의미에서 하나이다. 그것들은 통일 속에 있다. 그러나 인간은 그렇지 못하다. 인간은 내면 속에서 개로 있으면서 겉으로는 신처럼 행동한다. 바로 이 점이 긴장과 고통을 만들어 낸다. 모든 거짓된 것을 만들어 낸다. 그대는 추락해서 동물이 될 수 있다. 그러면 그대는 인간보다 더욱 진실해질 것이다. 그러나 많은 것을 놓치게 될 것이다. 그대는 신이 될 수 있는 가능성을 놓치게 될 것이다.

동물은 절대로 신이 될 수 없다. 동물은 초월의 문제를 모르기 때문이다. 동물은 변형될 그 무엇이 없기 때문에 결코 신이 될 수 없음을 기억하라. 동물은 아무런 문제가 없다. 갈등도, 투쟁도, 욕구불만도 없다. 그래서 변형이나 초월의 문제도 없다. 동물은 무의식적이다. 그래서 거짓말을 할 줄 모른다. 동물에게 있어서 거짓말이란 있을 수 없다. 그들에게는 거짓이란 개념조차 없다.

그들은 진실할 수밖에 없다. 진실은 그들의 선택이 아니다. 그들은 진실의 노예일 뿐이다. 동물은 진실할 수밖에 없다. 다른 선택권이 없다. 동물은 오직 자기 자신일 수밖에 없다. 거기에는 어떤 자유도 없다. 그러나 그대가 진실하다면 그것은 하나의 성취이다. 그대는 언제라도 거짓일 수 있기 때문이다. 가능성은 열려 있다. 그러나 그대는 그것을 선택하지 않는다. 그대는 다른 것을 선택한다. 그것은 의식적인 선택이다.

물론 그러한 때에 사람들은 항상 어려움 속에 있다. 선택하는 것은 항상 어렵다. 그리고 마음은 이루기 쉬운 것을 선택하고 싶어한다. 최소한의 저항만으로 어떤 것을 성취하고 싶어한다. 거짓말을 하는 것은 쉽다. 남을 사랑하는 것처럼 보이게 하는 것은 쉽다. 그러나 진짜로 사랑하는 것은 매우 어렵다. 꾸미는 것은 쉽지만 실제로 그렇게 되기란 정말 어려운 일이다. 그래서 사람은 간단하고 쉬운 것을 택한다. 희생 없이 고통 없이 얻을 수 있는 것을 말이다.

인간에게는 자유 의지가 있다. 동물은 단지 노예 상태. 그러나 인간에게는 선택의 의지가 있는 만큼 어려움과 고통이 존재한다. 그리고 거짓이 있다. 그대는 속일 수 있다. 하지만 이것은 필요악이다.

인간은 동물처럼 단순해질 수가 없다. 그러나 그는 동물보다 더 단순하고 순수해질 수 있다. 인간이 더욱 복잡하기 때문에 더욱 단순해질 수 있는 것이다. 오히려 더 순수해지고 더 단순해질 수는 있지만 동물과 같아질 수는 없다. 동물의 순수는 무의식적인 순수이다. 그러나 인간은 의식을 갖고 있다. 이제 그는 두 가지 일을 할 수 있다. 계속해서 거짓과 함께 살아갈 수 있다. 갈등 속에서 자신과 분리된 채로 말이다. 그러나 그에게 일어나는 모든 현상에 대해서 그는 의식할 수 있다. 그리고 거짓스런 행위를 그만둘 수도 있다. 그때 그는 희생을 치러야 할 것이다. 그리고 다시 진실해질 수 있다.

그러나 이 진실은 동물의 진실과는 질적으로 다르다. 동물은 무의식적이기에 그는 어떤 것을 의식적으로 할 수 없다. 그는 자연에 의해 움직여지는 것일 뿐이다. 그러나 인간의 진실은 자기 스스로 선택하는 것이다. 그 누구도 그에게 진실을 강요할 수 없다. 오히려 모든 것은 그에게 진실해지지 않도록 요구하고 있다. 사회가, 문명이, 그를 둘러싼 모든 환경이 말이다. 그러나 그는 진실해지기를 결심한다. 이 결심은 그대를 하나의 자아로 만들어 준다. 동물은, 거짓 속에만 사는 인간은 결코 누릴 수 없는 자유를 준다.

사실 그대가 거짓말을 할 때마다, 부정직해질 때마다 그것은 강요된 것이다. 그것은 그대의 선택이 아니다. 왜 거짓말을 하는가? 그것은 사회 때문이다. 그대가 진실을 말하면 그대는 고통을 받게 된다. 그래서 그대는 거짓말을 하고 고통을 피해 간다.

그대가 진실을 말하는 것은 그대의 선택이다. 아무도 그대에게 진실을 말하라고 강요하지 않는다. 모든 것은 그대에게 거짓을 말하라고 강요한다. 그러나 그대가 한 번 진실을 선택한다면 그대는 처음으로 자아를 얻게 되는 것이다.

그래서 인간의 진실과 동물의 진실은 다른 것이다. 인간의 진실은 의식적인 진실이다. 인간이 진실해질 때 그는 붓다가 된다. 물론 붓다도 동물만큼 순수하고 단순하다. 단 한 가지 차이점을 빼고는 말이다. 그것은 그가 의식적이라는 점이다. 그는 완전히 깨어 있는 것이다.

'이것은 서양의 젊은이들이 더 진실하다는 뜻입니까?'라는 질문이 어떤 의미에서는 그렇다고 대답할 수 있다. 점점 진실해진다. 왜냐하면 그들은 더욱 동물처럼 변해 가고 있기 때문이다. 그것은 선택에서 나온 진실이 아니다. 그것은 가장 쉬운 길이다. 그

406

냥 추락하는 것이다. 서양의 젊은이들은 동양의 젊은이들보다 더욱 동물적으로 깊이 떨어지고 있다. 물론 동양도 서양을 맹렬하게 따라가고 있다. 하지만 그들이 먼저 시작했다. 동양의 젊은이들은 아직 거짓 속에 있다. 그들은 아직 염치를 차린다. 그러나 이 모든 것들이 선택의 차원은 아니다. 무의식적인 흐름이다.

동양의 젊은이들에겐 아직도 진실해져선 안되는 사회적 관습과 제도가 많다. 서양의 젊은이들은 그런 제도에 대항해서 혁명을 일으켰다. 물론 그 혁명의 방향은 동물적 순수를 향한 것이다. 그래서 그들 사이에는 섹스와 폭력이 그토록 난무한 것이다. 이미 한 번 방향이 잡히면 기회는 사라지고 만다. 붓다도 혁명 속에 있고 히피도 혁명 속에 있다. 그러나 그 혁명들은 서로 다르다. 질이 다르다. 붓다 역시 모든 제약 조건에 대해서 반대한다. 하지만 그는 그것을 초월해 간다. 그의 길은 인간이나 어떤 동물보다도 더 고차원적인 것이다. 그러나 그대의 혁명은 동물을 향해 내려가는 혁명이다. 그대 역시 하나의 통일체를 향해 움직여 가지만 그것은 인간 이하의 상태로 가는 것이다.

어쨌든 혁명은 좋은 것이다. 한번 마음에 혁명의 바람이 불기 시작하면 그대는 곧 이해하게 될 것이다. 그때는 퇴보 뿐만 아니라 진보도 가능하다. 그래서 서양의 젊은이는 조만간에 이해할 것이다. 그들의 혁명은 변화라는 점에서 좋지만 그 방향은 잘못되었음을 말이다. 그래서 서양에서 새로운 인간상(人間想)이 탄생할 가능성이 생겼다.

인간은 삶의 제약들에 대항해서 혁명을 일으키고 그것을 넘어가야 한다. 그러나 그대가 혁명의 재미만 만끽하고 추락해 버린다면 그때 혁명은 파괴적인 것이 될 것이다. 그것은 어떤 창조성도 갖고 있지 않다. 사실 종교는 가장 깊은 혁명이다. 하지만 한

번도 그대는 그런 식으로 생각해 보지 않았다. 우리는 종교를 가장 정통적인 것, 올바르고 보수적인 것으로 생각했다. 그러나 그렇지 않다. 종교는 인간의 의식 가운데 가장 혁명적인 것이다. 그것은 그대로 하여금 동물이나 인간보다도 더 높은 차원에 이르게 해주기 때문이다. 그리고 이 테크닉들은 그런 혁명에만 관계가 있는 것이다.

그래서 시바가 진실하라고 말하는 것은 당나귀처럼 되라는 뜻이 아니다. 당나귀로 계속 남아 있으라는 뜻도 아니다. 그대의 거짓된 인격을 자각하라는 뜻이다. 그대를 감추고 있는 옷, 가면, 그리고 이전에 그대라고 생각했지만 사실 그대가 아닌 그 모든 것들을 인식하라는 뜻이다. 인도에서는 자비나 비폭력에 대해서 많은 말을 한다. 그리고 인도인은 비폭력적이라고 누구나 생각한다. 그러나 만약 그대가 그들의 행동을 관찰해 보면 그들은 매우 폭력적이라는 사실을 알 수 있을 것이다. 단지 그런 자신을 깨닫지 못하고 있을 뿐이다. 다른 사람에게 비폭력적으로 되라고 강요하는 것이 바로 폭력이다. 진실하게 되는 것은 자신의 진짜 마음 상태가 무엇인지를 이해하고 깨달아야 한다는 것이다. 생각도 아니고, 원리도 아니다. 바로 마음의 상태이다. 그대의 마음 상태는 무엇인가? 그대는 폭력적인가? 그대는 화가 나 있는가?

시바가 '진실하라'라고 한 말은 그대 자신의 진짜 모습을 이해하라는 말이다. 오직 사실만이 변화될 수 있다. 허구는, 소설은 변화될 수 없다. 만약 그대 자신을 변형시키고자 한다면 그대는 먼저 그대 자신의 진실에 대해서 알아야 한다. 그대는 폭력적이지만 자신은 비폭력적이라고 생각한다. 그렇다면 거기에는 변형에 대한 어떤 가능성도 없다. 그런 비폭력은 어디에도 없기 때문에 그대는 변화할 수 없다. 그 대신 폭력이 거기에 있다. 그러나 그대가 그 사실을 인식하지 못하는 한 어떻게 그대에게 변화가 일어날 수 있겠는가?

우선 있는 그대로의 진실을 알아야 한다. 어떻게 진실을 알 수 있을까? 그대의 해석 없이 그것들과 만나야 한다. 그것이 앞에서 '바라보라'라고 말한 것이다. 그대의 부하가 오고 있다. 그대 자신이 그를 어떤 눈길로 보고 있는지 바라보라. 그대의 상사가 오고 있다. 자신이 상사에 대해 어떻게 보는지를 바라보라. 그대의 눈길은 부하나 상사를 대하는 데 차이점이 없는가? 그렇지 않다면 어떤 차이점이 있는가? 만약 차이점이 있다면 그대는 폭력적인 사람이다. 그대는 사람을 있는 그대로 보지 않는다. 언제나 편견과 선입관의 색안경을 쓰고 사람을 본다. 거기에는 항상 그대의 해석이 따른다. 그가 부자라면 그대는 다르게 볼 것이다. 그리고 만약 그가 가난하면 또 다른 방식으로 본다. 거기에서는 나름 대로의 균형을 갖추고 있다. 가난한 사람을 대할 때 그대는 그를 쉽게 대한다. 그것은 일종의 폭력이다. 그를 모욕하는 것이다. 부자를 대할 때 그는 약간 어렵게 대한다. 이미 거기에는 미묘한 계산이 깔려 있다.

그대의 계산을 살펴보라. 그대가 자녀들에게 화를 내고 있다. 그대는 그들이 잘되기를 바라는 뜻에서 화를 낸다고 말한다. 그러나 깊이 들어가 보라. 그 말이 진실인지 깊이 생각해 보라. 그대의 아들이 지금 그대의 말을 듣지 않는다. 그러면 그대는 화가 난다. 하지만 아들이 그대의 말을 듣지 않아서 모욕감을 느낀 것인가? 아니면 정말로 아들의 이익을 위한 것인가? 사실은 그가 그대의 말을 듣지 않았기 때문에 그대의 에고는 상처를 입은 것이다.

만약 그대의 에고가 상처를 입었다면 그것은 사실이다. 하지만 그대는 그것이 아무것도 아니라고 가장하기 시작한다. 그대가 화가 난 이유는 아들의 이익을 위한 것이라고 생각하지만 그것은 자신을 속이는 것일 뿐이다. 진실로 사랑 때문이라면 그대는 화를 내지 않는다. 사랑 속에서는 에고가 사라진다. 거기에 상처받을 에고는 남아 있지 않다.

그렇다면 그대가 단지 가장을 하는 것인가? 그가 말을 듣지 않는다고 해서 자존심이 상했다고 느끼는 것인데도 말이다. 아니면 그대가 무슨 말을 하든지 그것이 그에게 진정으로 옳은 것인지 확신할 수 있는가? 그대 속으로 깊이 들어가 보라. 그리고 무엇이 사실인지 정확히 알아내어야 한다.

그대가 변형하는 데는 사실의 부분만을 변형시킬 수 있다. 실제로 존재하지 않는 것은 변형할 수도 없다. 허구는 변형되지 않는다. 그러므로 그대의 생각과 그대가 하고 있는 모든 것 속으로 깊이 들어가 보라. 그리고 사실을 파 내어라. 그대의 해석과 변명을 갖다 붙이지 마라. 그럴싸한 말들로 색칠하지 마라.

그대가 깨어서 자신을 들여다보기 시작한다면 그대는 점점 진실해질 것이다. 그 진실은 동물의 진실과 다르다. 그 진실은 깨달은 사람의 진실이다. 그대 자신이 얼마나 추하다는 사실을, 자신이 얼마나 폭력적이라는 사실을 잘 알면 알수록 그대는 자신의 내면을 관통하고 자신이 하고 있는 행동이 얼마나 넌센스인가를 깨닫게 될 것이다. 그때 그대는 더욱 깨어 있게 된다. 그리하여 그대의 추함은 점점 떨어져 나갈 것이다. 추함은 그대의 무의식에서 생겨난 것이기 때문이다. 한번 그대가 자신의 추함을 발견한다면 그것은 계속되어질 수 없다.

만일 그대가 자신을 들여다보지 않는다면 그대의 추함은 번지르한 것으로 겉을 가장하게 된다. 그리고 그것을 아름답다고 느낄 것이다. 그 이면에는 추함이 숨겨져 있지만 절대로 그 속을 들여다보지 않는다. 모든 사람들이 그렇게 살아가고 있다. 이것이 문제다. 아들은 에고가 상했기 때문에 아버지가 화를 낸다는 사실을 잘 알고 있다. 그러나 아버지는 그것을 숨기려 한다. 그대는 자신의 추함을 다른 사람에게 숨길 수 없다. 오직 자기 자신에게만 숨길 뿐이다. 마치 닭이 숨을 때 자신의 머리만 땅속에 박고 자신이 안전하게 숨었다고 생각하는 것과 같은 형편이다. 그대는 자신에게 폭력이 숨어 있음을 모든 사람에게 드러내고 있다.

그대는 오직 자신만을 속일 수 있다. 모든 사람이 자신은 정말로 지고한 존재라고 믿는 이유도 바로 그것이다. 하지만 다른 사람은 아무도 그 생각에 동의하지 않는다. 그것은 자신의 착각에서 생긴 결론이기 때문이다. 그대의 아내는 그대가 위대한 존재라고 생각하지 않는다. 그대의 아이들 역시 마찬가지다. 그대의 친구, 그대를 아는 어떤 사람이라도 그대가 위대한 존재라는 사실에 동의하지 않는다.

러시아의 속담 중에 이런 것이 하나 있다.

"모든 사람이 자신의 마음을 있는 그대로 표현한다면 이 세상을 통틀어서 네 명의 친구를 가진 사람은 아무도 없다."

그것은 사실이다. 그대의 친구는 그대에 대해서 생각하는 것을 결코 말로 표현하지 않는다. 친구 관계가 지속될 수 있는 것은 바로 그 때문이다. 그러나 그대의 친구는 항상 그대의 등뒤에서 모든 것을 말하고 있다. 그러나 자신의 생각을 솔직하게 말하는 사람은 아무도 없다. 왜인가? 그대는 오직 그대 자신만을 속일 수 있기 때문이다. 그대는 타인을 속일 수 없다. 오직 자기 도취만이 가능하다.

어떤 사람이 속을 준비가 되어 있지 않는 한 그대는 어떤 누구도 속일 수 없다. 그러므로 그대의 해석을 던져 버리고 아무런 해석 없이 있는 그대로의 사실을 보라. 그리고 두려워 마라. 추한 것들이 거기에 수없이 있을 것이다. 만약 그대가 그 장면을 두려워한다면 그대는 결코 그것을 바꿀 수 없다. 그 장면을 있는 그대로 받아들여라. 그리고 지켜보라.

이것이 바로 지켜본다는 것의 의미다. 그것의 적나라한 모습을 바라보는 것이다. 그 뿌리에까지 파고 들어가서 낱낱이 분석하라. 왜 그것이 거기에 있는지, 그대가 어떤 식으로 그것을 돕고 유지하고 있는지 말이다. 그대는 추한 것들을 키워 왔다. 이제 그 모든 실체를 들여다보라.

시바는 말한다. 만약 그대가 그것을 전체적으로 바라볼 수 있다면 그대는 즉시 그것을 떨쳐 버릴 수 있다고 말이다. 바로 이 순간 그대는 모든 추함을 없애 버릴 수 있다. 그것을 보호하고 있던 사람은 바로 그대였기 때문이다. 그래서 그 뿌리를 캐낼 수 있는 사람도 바로 그대다. 그것은 그대의 창조물이다. 지금 당장 그대는 그것을 던져 버려라. 그리고 다시 쳐다볼 필요도 없다. 하지만 그대가 이 일을 하기 전에 먼저 그대는 그것이 어떤 현상인지, 얼마나 복잡한 것인지, 그리고 그대가 어떻게 매순간 그것을 키워 왔는지 정확히 이해해야 한다.

만일 어떤 사람이 그대에게 욕을 한다면 그대는 어떻게 반응하겠는가? 만약 그의 말이 옳다면? 그때는 그저 보아라. 그가 옳을지도 모른다. 그대 자신보다 그가 더 정확할 수도 있다. 그는 외부의 방관자로서 보기 때문이다.

그러므로 반응하지 마라. 기다려라! 그에게 이렇게 말하라.

"나는 당신이 하는 말을 주시할 것이다. 당신은 나에게 욕을 했다. 그리고 나는 사실을 주시할 것이다. 당신이 옳을 수도 있

다. 만일 당신이 옳다면 나는 당신에게 감사할 것이다. 나로 하여
금 그 사실을 깨우치게 해주었기 때문이다. 그러나 당신이 틀렸
다면 나는 당신의 실수를 알려줄 것이다. 그러니 나로 하여금 주
시하도록 시간을 달라."

결코 반사적인 행동을 하지 마라. 만약 그대가 나를 욕한다면
나는 그대에게 이렇게 말할 것이다.

"기다려라. 7일 동안만 살펴보자. 나는 그대가 무슨 말을 하든
지 그것을 주시해서 살필 것이다. 그대가 옳을 수도 있다. 그대의
입장이 되어 나를 살펴볼 작정이다. 그리고 그대가 옳았을 때 나
는 그대에게 감사할 것이다. 그러나 만약 그대가 틀렸다는 사실
을 알게 되면 나는 그대가 틀렸다는 것을 가르쳐 줄 것이다."

그러니 반사적인 행동을 할 필요가 과연 있겠는가?

그대는 나를 욕했다. 그때 내가 어떻게 행동하겠는가? 나 역시
그대를 욕하란 말인가? 그러면 나는 주시 속에서 빠져 나온다.
나는 반사적인 행동을 한다. 그대가 나를 욕하면 나 또한 그대를
욕한다.

기억하라. 반사적인 행동은 결단코 옳지 않다. 그것은 옳을 수
가 없다. 그대가 나를 욕한다면 그대는 나를 화나게 하는 가능성
을 만든 것이다. 그러나 그때 내가 화를 낸다면 나는 무의식적인
행동을 한 것이다. 나는 그대에 관해서 전혀 생각해 보지 못한 것
을 말한다. 그대의 욕설 때문에 나는 순간적으로 폭력을 행사하
는 것이다. 그리고 다음 순간 나는 후회할 것이다.

반응하지 마라. 실제 상황을 지켜보라. 그대의 관찰이 전체적
이라면 그대는 어떤 것도 쉽게 버릴 수 있다. 그것은 그대 손안에
있다. 그대가 그것에 집착하고 있기 때문에 거기에 있는 것이다.
그러나 그대는 그것을 쉽게 떨쳐 버릴 수 있다. 거기에는 어떤 억

압도 없다. 그대가 사실을 지켜볼 때 거기에는 어떤 억압도 있을 수 없다. 그대가 좋아해서 그것을 계속하든지 아니면 그것이 싫어서 떨쳐 버리든지 둘 중 하나다.

이제 됐는가?

오쇼에 대하여

오쇼의 가르침은 어떠한 틀로도 규정하기 힘들 만큼 다양한 주제를 다루고 있다. 그의 강의는 삶의 의미를 묻는 개인적인 문제에서부터 현대사회가 안고 있는 시급한 정치 · 사회적인 문제에 이르기까지 거의 모든 주제를 망라한다. 오쇼의 책은 그가 직접 저술한 것이 아니라, 다양한 국적의 청중들에게 들려준 즉흥적인 강의들을 오디오와 비디오로 기록하여 책으로 펴낸 것이다. 그는 자신의 강의에 대해 이렇게 말했다. "내가 무슨 말을 하건 그 말은 지금 이 시대의 당신들을 위한 것일 뿐만 아니라 다가오는 미래 세대를 위한 말이기도 하다."

런던의 선데이 타임스(Sunday Times)는 20세기를 빛낸 천 명의 위인들 중 한 사람으로 오쇼를 선정했으며, 미국의 작가 탐 로빈스(Tom Robbins)는 오쇼를 '예수 이후로 가장 위험한 인물'로 평가하기도 했다. 인도의 선데이 미드데이(Sunday Mid-Day)는 인도의 운명을 바꾼 열 명의 인물을 선정했는데, 그 중에는 간디, 네루, 붓다 등의 인물과 더불어 오쇼가 포함되어 있었다.

오쇼는 자신의 일에 대해 새로운 인간이 탄생하도록 기반을 닦는 것이라고 했으며, 이 새로운 인간을 '조르바 붓다(Zorba the Buddha)'로 부르곤 했다. 조르바 붓다란 니코스 카잔차키스의 소설 속 주인공인 그리스인 조르바처럼 세속의 즐거움을 누리는 동시에, 붓다와 같은 내면의 평화를 겸비한 존재를 일컫는다. 오쇼의 가르침에 일관되게 흐르는 정신은, 과거로부터 계승되어온 시대를 초월한 지혜와 오늘날의 과학문명이 지닌 궁극적인 가능성을 한데 아울러 통합하는 것이다.

또한 오쇼는 점점 가속화되는 현대인들의 생활환경에 맞는 명상법을 도입하여 인간의 내면을 변화시키는 데 혁명적인 공헌을 하였다. 그의 독창적인 '역동 명상법'들은 심신에 쌓인 스트레스를 풀어줌으로써 일상생활 속에서 더 수월하게 평화와 고요함을 경험할 수 있게 해준다.

아래의 두 책을 참고하여 오쇼의 생애에 대해 더 자세하게 알아볼 수 있다.
· 「Autobiography of a Spiritually Incorrect Mystic」
· 「Glimpses of a Golden Childhood」

오쇼 국제 명상 리조트

Osho International Meditation Resort | **www.osho.com/meditationresort**

위치

인도 뭄바이(Mumbai)에서 남동쪽으로 160킬로 떨어진 뿌네(Pune)에 위치하고 있는 오쇼 국제 명상 리조트는 휴가를 즐기기에 매우 적합한 곳으로, 우람한 나무들이 주거지역을 둘러싸며 40에이커에 달하는 아름다운 정원을 형성하고 있습니다.

특징

매년 100개국이 넘는 나라로부터 수많은 방문객들이 오쇼 국제 명상 리조트를 찾아오고 있습니다. 이 독창적인 명상 리조트는 축제를 즐기듯 즐거운 분위기 속에서 더 평온하며 더 깨어있는 창조적인 방식으로, 새로운 삶의 길을 경험할 수 있는 기회를 제공합니다. 몇 시간의 단기 프로그램에서부터 해를 넘기는 장기 프로그램에 이르기까지, 선택의 폭이 매우 다양합니다. 아무것도 하지 않고 그저 휴식을 취하는 것도 오쇼 국제 명상 리조트에서 제공하는 프로그램 중의 하나입니다.

모든 프로그램은 '조르바 붓다(Zorba the Buddha)' 라는 오쇼의 비전에 바탕을 두고 있습니다. 조르바 붓다는 날마다의 일상생활에 창조적으로 임하며 침묵과 명상 속에서 고요하게 휴식하는 새로운 유형의 인간을 뜻합니다.

명상 프로그램

활동적인 명상, 정적인 명상, 전통적인 명상법, 혁신적인 방편들, 오쇼의 역동 명상법에 이르기까지 각 개인에 맞는 명상 프로그램이 하루 종일 진행됩니다. 이 명상 프로그램들은 세계에서 가장 큰 규모의 명상홀인 '오쇼 오디토리엄(Osho Auditorium)' 에서 진행됩니다.

멀티버시티 Multiversity

오쇼 멀티버시티가 제공하는 다양한 종류의 개인 세션, 수련 코스와 그룹 워크숍은 창조적인 예술, 건강 요법, 인간관계 개선, 개인의 변형, 작업 명상, 비의적인 학문과 선(禪)적인 접근방식이 도입되었고, 프로그램의 범위 또한 스포츠와 레크리에이션 등을 망라하고 있습니다. 이처럼 다양한 프로그램들은 명상과 결합되어 성공적인 효과를 내고 있는데, 이것은 오쇼 멀티버시티가 인간을 여러 부분들의 조합으로 보는 것에서 그치지 않고, 그를 훨씬 뛰어넘는 존재로 인식하는 명상적 이해에 기반하기 때문입니다.

바쇼 스파 Basho Spa

고품격의 바쇼 스파에는 울창한 나무와 열대식물에 둘러싸인 야외 수영장, 독창적 스타일의 넉넉한 자꾸지(Jacuzzi), 사우나, 테니스장을 비롯한 여러 체육 시설 등이 아름답게 배치되어 있습니다.

먹거리

리조트 내의 여러 식당에서는 서양식, 아시아식, 인도식 채식 요리가 제공되며, 대부분의 식재료는 명상 리조트의 방문객을 위해 유기농법으로 생산된 것들입니다. 빵과 케이크 역시 리조트 내에서 자체적으로 만들고 있습니다.

야간 행사

야간에도 다양한 종류의 행사가 벌어집니다. 그중 최고로 꼽히는 댄스파티를 비롯해 별빛 아래서 행해지는 보름날 명상 프로그램, 각양각색의 쇼와 음악 공연, 그리고 여러 가지 명상법들이 진행됩니다. 이 밖에도 플라자 카페(Plaza Cafe)에서 친구들을 만나 즐기거나, 정적에 잠긴 아름다운 정원을 산책하는 것도 좋습니다.

편의 시설

리조트 내에는 은행, 여행사, 피시방이 준비되어 있습니다. 기본적인 생필품은 갤러리아(Galleria)에서 구입이 가능하며, 멀티미디어 갤러리(Multimedia Gallery)에서는 오쇼의 미디어 저작물을 구입할 수 있습니다. 그 밖에 더욱 다양한 쇼핑을 즐기고 싶은 분들은 뿌네 시내에서 인도의 전통 상품을 비롯한 다국적 브랜드의 여러 가지 물건들을 구입할 수 있습니다.

숙박 시설

리조트 내에서는 오쇼 게스트하우스(Osho Guesthouse)의 품격 있는 객실을 이용할 수 있습니다. 더 오랜 기간의 체류를 원하는 방문객은 '리빙 인(Living In)' 이라는 패키지 프로그램을 이용하거나, 리조트 밖에 있는 다양한 종류의 호텔과 아파트를 이용할 수도 있습니다.

더 많은 정보를 보시려면 아래의 웹사이트를 참고하시기 바랍니다.

www.OSHO.com

오쇼 닷컴에서 제공하는 내용

인터넷 매거진, 오쇼 서적, 오디오와 비디오, 영어와 힌디어로 된 오쇼 저작물들,
오쇼 명상법에 대한 정보, 오쇼 멀티버시티의 프로그램 스케줄,
오쇼 국제 명상 리조트에 관한 정보

관련 웹사이트

http://OSHO.com/resort
http://OSHO.com/magazine
http://OSHO.com/shop
http://www.youtube.com/OSHO
http://www.oshobytes.blogspot.com
http://www.Twitter.com/OSHOtimes
http://www.facebook.com/pages/OSHO.International
http://www.flickr.com/photos/oshointernational

아래의 주소를 통해 오쇼 국제 재단에 접촉할 수 있습니다.
www.osho.com/oshointernational
oshointernational@oshointernational.com